谢晖法学论著系列

大、小传统的沟通理性：

民间法初论

（增订版）

谢晖 著

法律出版社
LAW PRESS · CHINA

再版说明

近十五年来，我一直关注、协调并参与国内有关民间法的学术研究和学术会议。其实，我对民间法的这种青睐和关注，不止在这15年间。长期以来，我就被不同地方人们生活得丰富多彩、风俗的百里不同以及规范交往的大相径庭所吸引。具体来说，这种兴趣来源自：一是我作为陇东农村长大的公民，对于乡民日常生活规范和公共交往的经验；二是顾颉刚、闻一多等先生在20世纪前期有关我国民俗的深入研究和精彩论述对我的启迪；三是在宁夏这个地域文化独特的回族自治地方，我的第一份意义非凡的工作经历；四是我在吴家麟先生关照下，成功申报并调研教育部人文社会科学项目——"回族法文化研究"的学术体会。

这些经历，让我在回思法律秩序及其形成机制的时候，尽管对作为"大传统"的国家法关注有加，并因所学专业的深刻影响，不时地以国家法律原则与规范为基础，打量民间法对社会交往的规范、贡献与不足。但与此同时，作为长期受民间法意识熏染的学子，我也不断地反思作为人类智虑的国家法，应对自生自发的社会秩序之态度。不知不觉间，民间法的研究，与法哲学、法律方法的研究一样，成为我专事法学教学和研究事业以来，最重要的教学和学术努力方向之一。特别是进入21世纪以后，我的学术自觉是：想方设法勾连民间法与法律方法、权利哲学之间的关系，尽量使我研究的三大兴趣或者三个领域能有一个总体的表达，以凸显三者之间的逻辑脉络。

进言之，此种关注，不仅是我个人的学术兴趣所在，也是法律实践的基本逻辑要求。作为人类自觉行为系统，或者作为“大传统”的法律规范，与人类自发的交往行为系统——作为“小传统”的民间规范之间究竟是何种关系？换言之，法律与社会之间究竟是何种关系？究竟是社会决定法律，还是相反，法律决定社会？这些对学者们而言司空见惯的问题，看似已得到解决，但实际上，无论在理论上，还是实践中，仍然是困扰人们的重要话题。说社会决定法律，可谓铁板钉钉，毋庸置疑。但它解决不了何以在同一个时代、同一个国家，法律制度之不同，致使人们的生活方式截然相异的问题：东、西德曾经的差异，韩国、朝鲜当下的区别，是最显眼不过的事实。说法律决定社会，似乎也有根有据，也能自圆其说，但它解释不了何以文化差异（无论历时性的文化差异，还是共时性的文化差异）总是决定着法律差异这样一个事实，以及由该事实引出的话题。

所以，这种两难的问题，绝不是一种或此或彼的单项选择，而是需要深入其里、丝丝入扣地不断观察、仔细论证、不断充实的学术研究问题。我把民间法置于这一实践视野和学术视野中进行研究，一是去寻求法律与社会关系的多元情状；二是想证成并表达国家法与民间法共在的社会事实；三是想达成社会秩序构造中法律与社会的互促共进；四是想促进司法中国家法与民间法间的余缺互补。这样的学术目的，不但需要深入扎实的专门探讨，而且也需要视野开阔的关联研究。这正是我在关注民间法研究的同时，也关注它与法律方法及规范法学、法哲学及法律哲学内在关联的缘由所在。

《大、小传统的沟通理性》一书，就是我这一探索的初步成果。该书于2011年作为我主编的“民间法文丛”之一种，由中国政法大学出版社出版。此次为编辑出版“谢晖法学论著系列”之需要，在该书约定的版权期限届满前，征得中国政法大学出版社及该丛书策划编辑张越的同意并慷慨授权，由法律出版社再版之。再版之际，我对书稿内容予以扩充，故属于增订再版。与此同时，在原书名后加了个副标题——民间法初论，以更切题地表达本书的内容。在本书再版之际，感谢中国政法大学出版社及张越编辑，感谢法律出版社及周丽君编辑，也感谢中南大学法学院及陈云良院长为该书出版所提供的支持！

谢　晖

2017年3月16日于长沙

日常生活批判与法学研究（代序）*

在法律学术界，人们对法律究竟是什么，有许多完全不同的界定，但其中两种观点值得这里特别关注：一是把法律看做理性，无论这种理性是神启的理性、自然的理性还是人的理性；二是把法律看做经验：法律来自于人们的日常生活以及日常生活的内在规定性。把法律看做理性，就意味着法律仅仅是精英们的事情，和普通公民没有必然的逻辑关联，即使有，也是精英们强加给普通公民的一种规范，而不是从公民的日常交往行为中自然衍生出来的规范。反之，如果把法律界定为人们根据日常交往关系的内在规定而安排生活的规范，那么，法律就是和任何一位普通公民息息相关的存在，它不待精英们特别强加，就自然会体现于公民的日常交往行为中，因为如果不这样，人们的日常交往行为就无由展开。

当把法律纳入日常生活视野中观察时，它其实是交往行为中人们意志实践的基本游戏规则。它不但不远离人们的日常交往和生活，而且就是人们日常交往行为的基本条件和根据，须臾不能离开人们的日常生活。这大概正是我们把市场经济界定为法治经济，把民主政治界定为法治政治，甚至把多元文化界定为法治文化的基本言说根据。失却了人们日常生活关注的法律，也只能被人们的日常生活本身所抛弃。所以，才有所谓“纸上的法律”这样的说法。那意思就是

---

* 本文原载《光明日报》2006年2月14日。

说,即使你在法律条文上规定了再严谨的法律,但如果这些条文不能有效地融入主体日常交往的生活世界,那么,它只是死的规则,或者只有象征意义,而缺乏实践意义。这方面,我国曾经颁布的《全民所有制工业企业破产法》可谓绝好的例证。

大概正是出于这种考虑,社会法学者既没有停留于价值设证,像自然法学者那样强调法律的价值追求;也没有满足于国家立法的严谨、有序,像规范法学者那样津津于规范内部的逻辑证成。与此不同,他们旗帜鲜明地把论证的触角伸向人们的日常交往行为领域,其中"活法"或者"行动中的法"这一类概念的提出,就十足地表明了他们对作为非日常生活的,或者远离日常生活的一些法律规定可能带来的对日常生活世界的挑战、销蚀、无效之担心、忧虑和理论矫正。他们强调要从人们日常生活的事实中去观察法律、发现法律。一方面,要把业已制定为纸上的法律的规定代入人们的日常社会生活中去,倘若这种代入不能发生可预期的法律调整效力,则只能被判定为缺乏生活活性的"死法"。另一方面,进一步的问题是:"死法"的存在并没有消灭人类生活必需的秩序;反之,人类总是生活在秩序体系中,否则,社会的存在、公共交往的进行、人们的日常生活等都将无从谈起。恰恰是在这国家法律失效,但人类秩序依然有效的事实中,社会法学者发现了另一类"活法",这就是"民间法"。这样,"活法"的含义,既包括在人们日常生活中被遵循、运用,从而具有实效的国家法,也包括因为人们构造秩序的需要,而在公共交往行为中所形成的自生自发规则。

社会法学者的如上努力,事实上就是把法学研究纳入日常生活领域。当然,在日常生活中寻求法学研究的对象、灵感和动力,必然存在一个法学研究者自身对日常生活的态度问题。其中两种最基本的态度是:要么以日常生活为根据,构造作为国民公共交往甚至跨国交往的规则,把法律纳入日常生活的世界。这其中所存在的文化复杂性及其方案、路径的艰巨性可想而知。要么对日常生活世界报以必需的同情,但与此同时还要以批判的姿态剖析日常生活世界可能存在的对公共规范的解构、销蚀,把日常生活纳入既定的法律世界。当然,这也不是一项轻松的任务,因为复杂、多样的生活世界总会给人们留下这样的问题:以法律统率日常生活,那么,究竟是谁的法律?谁的日常生活?这时,其实又回到和前一问题大体相当的提问上了。

毫无疑问,由日常生活的世界向法律世界的转换,其实质是从日常生活世界向非日常生活世界的转换、从日常生活事实向制度事实的转换。在这一转换过程中,对日常生活世界自身的考量、研习和批判可谓基本前提。丧失这一前提,则作为制度事实的法律就无由形成,人类依据法律而建构秩序的理想就只能是枉然。但话又说回来,一旦作为制度事实的法律得以形成,那么,它发挥作用的基本条件就是要回到或者还原到人们的日常生活世界中去,否则,法律不过徒具形式,无所作为。因此,日常生活世界与非日常生活世界、日常生活事实与制度性事实、经济基础与上层建筑、市民社会与政治国家……这些对应概念的分野,在人们的日常生活实践中并不是那么截然两分的,它们只是学术研究者们为了其学术研究本身的方便和明晰而给出的概念。这些,无疑给法学研究提供了一种新的学术视角,也拓展了新的学术思考空间。

现在,在哲学界,学者们已经超越了仅仅关注实证的社会学视角,而将日常生活理论由社会学的实证升华为哲学的反思和辨析。作为哲学思考的日常生活理论,其要旨就是要沟通日常生活与哲学思辨间的关联,以日常实践为向度或坐标来搭建哲学思考的平台。把日常生活自身纳入哲学视野中,从而使自在的日常生活及其合理或非理形成自觉的证明效力。具体到法律和法学领域中,我觉得这一理论的意义在于:

其一,以日常生活为根据,发现人们生活中的规定性(法律)。归根结底,不是法律派生了人们的日常生活,而是日常生活和主体交往关系决定了法律的内容和面向。在西方法律实践中,英美法系陪审团对案件事实的认定,在一定程度上就是在社会纠纷这种生活事实中发现法律、发现规则。尽管在那里有遵循先例的原则,但先例并非案件的必然解决方案。先例识别本身就是对遵循先例的一种修正措施,而根据当下的案件进行必要的创造——自由裁量更意味着在案件事实中直接发现法律(规则)。至于强调制定法的国家,其法律制定的基本事实根据和逻辑前提是对主体生活实践及其关系的把握。即使在现代中国的立法史上,人们也不难发现这样的例证。譬如,清末以来的民法典起草和制定工作,是与当时中国民、商事习惯的社会调查工作紧密地联系在一起的。这种调查工作,其实就是在以往并没有民法典的日常生活实践中发现民法典起草和制定的日常生活事实和基础。我以为,当下中国的民法典制定工作所缺乏的,同时亟须我们做的,就是寻求人们日常生活中的支持因素。

不过话说回来,日常生活乃是一个变量,而不是"天不变、道亦不变"的常量。譬如,一个传统农业社会的日常生活和现代工商社会的日常生活就呈现着完全不同的样态。因此,对日常生活的梳理、观察、解析、批判本身也是一个变量。我们不能以一个农耕社会的日常生活及其规定性来规范工商社会的日常生活,当然,我们也不能硬性地以一个工商社会的标准来调整农耕社会的日常生活。不仅如此,日常生活还是一个文化的概念,不同民族的文化传统、生活方式构成其日常生活中最坚固的内容,因此,在不同文化背景的日常生活之间更不宜硬性地推行一种所谓普适性的规范。这样,发现人们日常生活中之规定性的学术研究,就多了一重复杂性。但无论如何,这在立法理论和研究中是格外重要和必要的。

其二,以日常生活为根据,研究法律应用的过程和方法。法律的制定,固然要全方位地作用于公共交往的一切领域,但其典型的运用,则在借助法律对社会纠纷的解决上。然而,立法仅为司法者解决人们的纠纷创造了一个必要的前提,它不可能包办对所有社会纠纷的解决方案,其基本原因在于法律有穷尽而生活世界中的纠纷无穷尽。这种冲突使法律在人们纠纷解决中的作用是有限度的。但是,法治原则容不得人们在纠纷解决中轻易放弃法律,这就需要在理论上为完善法律“打圆场”——寻求有说服力的案件解决方案,在法治原则之下,为社会纠纷的解决寻求基本的方法和出路。

可以说,以规范(而不是价值、事实)为典型研究对象的法学,在近百年来,越来越发展成为一种以司法活动为中心的技术之学、方法之学。特别是在法学相当发达的国家,为了解决法律规范和案件事实之间的冲突、张力,法律方法论业已成为法学院教授的重点课程。然而,倘若法律方法离开人们日常生活交往的事实,而仅满足于推理、解释、论证一类的技术规程,那么,它也只能提供给人们一套在解决案件过程中的说服技巧,而不能解决人们心悦诚服地接受案件判决的问题。这种矛盾,在我看来,最好是借助日常生活来进行。其中所谓“民间法”的作用,在这样的场合,就可大为显现。笔者在未来准备做的一项学术努力,就是设法把“民间法”和法律方法的研究结合起来,其实就是把人们的日常生活事实和在规范内部或者适用规范过程中所派生的法律方法结合起来,从而为法律和案件事实间的脱节寻求可能的弥补方案。

其三,以日常生活为根据,反思法律自身可能存在的一系列问题。如前所说,只要我们把法律建基于生活世界,而不是远离生活的抽象理性世界,只要法律是人们日常公共交往的行动指南,而不是仅供精神贵族们任意拿捏、赏玩的工具,只要法律是人们对日常生活认识的结果,而不是神灵启示的结果,那么,法律自身的局限性,如法律漏洞、法律冲突、法律时滞等就是不可避免的。特别是自从近代商业社会、城市社会以来所形成的法治,把法律凌驾于一切社会规范之上、一切社会主体之上,从而法律无形中成了没有君主社会的君主,没有神仙时代的神仙。作为一位法学者,既要为法律的这种至高无上的规范效力而高兴、自豪,但这种高兴和自豪只有进一步立基于人们日常交往行为中时,才更有价值。

当代西方世界中所兴起的批判法学、后现代主义法学,在一定程度上正是本着对日常生活负责,而不仅是对用文字堆砌的法律负责的态度,才提出了对法律和法治的深入批判和反思。就我国而言,尽管法治建设才刚刚起步,法治理念却因为体制自身的掣肘,尚远未建立。但是对业已建立起来的一些法律制度,根据我国既有的和正在形成的人们的日常生活而加以反思、评判、辨析,自然也是法学家们理应关注的问题。在这个意义上讲,如果日常生活批判成立的话,那么,对法律的日常生活批判照样成立。对法律的日常生活批判,一是根据日常生活来对照、反思、检讨法律的问题,二是对人们的日常法律生活本身进行清理、总结和提升。正是这种对法律的反思,才可能使我们在推进法治的同时,也把法律真正融进日常生活世界,而不是相反,使法律远离人们的日常生活。

法学界不少人很是喜欢霍姆斯的这句名言,笔者以前未曾引用过,今天写这么一篇文章,不妨将其引在这篇文章之末尾:“法律的生命不在于逻辑,而在于经验。”①

---

① [美]小奥利弗·温德尔·霍姆斯:《普通法》,冉昊、姚中秋译,中国政法大学出版社2006年版,第1页。首次出处是霍姆斯所写的一篇书评中,参见 Olive Wendell Holmes, Jr., “Review of C. C. Langdell, Summary of The Law of Contract”, *American Law Review* 14, 1880。

目录

大、小传统的沟通理性*

——兼论当代中国官方与民间的法律沟通

大传统与小传统二词是本文所涉及的基础性概念。这对概念首先由美国人类学家罗伯特·雷德斐在1956年出版的《农民社会与文化》一书中提出。[①]两者的基本含义分别是"某种优势文明的文化形态表现于宗教、文学、艺术等的传承规模,与地方性社区的小传统相对而言""一个复杂社会中具有地方社区或地域性特色的文化传统"。[②] 这对概念自提出以来已经摆脱了作为"社会本体"的属性定位,而成为一种具有相当普适性的社会科学研究方法。这不止在人类文化学界如此,在史学界、文学界、社会学界亦如此。随着法社会学特别是法人类学研究的迅速崛起和深入,大、小传统划分的分析方法业已被法学界所接受。法学研究日渐摆脱大传统——国家法作为唯一对象的情形,不少学者将目光投向了小传统——民

---

* 本文主要内容,原载《学习与探索》2000年第1期。本文部分内容,曾收入笔者的论文集《法的思辨与实证》(法律出版社2001年版)中。收入本书的,是其扩展版。由此给读者带来的不便,望能谅解!

① 参见宣炳善:《"大传统"与"小传统"的学术意义》,载《社会科学报》1998年11月5日。

② 覃光广等主编:《文化学辞典》,中央民族学院出版社1998年版,第32、42页。

间法,[1]有关民间习惯法、宗族法、民族法等研究的学术著作不断涌现。在研究过程中,有学者甚至指出"活生生流动于"中国民间的法律传统,尤其是小传统,应当是中国法制建设的主要资源。[2] 可以预料的是,随着中国法制现代化建设的深入发展和学术资源的不断挖掘,对小传统——民间法的研究必将日渐深入。本文拟从法学角度探讨当代中国作为大传统的国家法与作为小传统的民间法之间的冲突及其沟通机制,从而为中国乡村法制建设思考一条可能的逻辑理路。

一、大、小传统间冲突的必然性

大、小传统作为人类社会在演进过程中长期积淀并必然衍生的社会现象,自始便是一种对应关系,从而也是矛盾的存在。其矛盾冲突的基本内蕴,就在于两者存在相对性。这种相对性既包含两者间的互依,也包含两者间的冲突。前者是指没有小传统的存在,大传统便丧失其所指,而没有大传统的作用,小传统亦无须被提起。后者则指这两种相对应的力量之价值取向在本质上是个别的,这就不可避免地使两者形成一种冲突的对应关系。

那么,这种冲突背后的具体力量是什么?笔者以为,至少有如下诸点:

其一,对立的主体。大传统是一种与国家相关的存在,而小传统是一种与民间社会相关的存在。在资本主义以前的人类历史上,国家与社会的这种分野常常被国家强控的现象所遮蔽,从而形成一种只见国家不见社会的情形,以教统政的古代印度、伊斯兰国家如此,即使在商品经济相当发达的时期的古希腊和古罗马的一些地区,社会的存在也被人们所必需的强大的国家权力所掩盖。至于以中国为代表的东亚国家,其国家统驭社会、遮蔽社会的情形更甚。然而这种现象并不否定国家与社会两种社会实体并存的事实。即使在中国这种国家强控社会的文化传统中,流散于民间的小传统并未被大传统所摧灭;相反,由于"天高皇帝远"的

---

① 事实上,自人类学者马林诺夫斯基始,对法律的考察即已深入"民间",其所著的《原始社会的犯罪与习俗》(夏建中译,台湾桂冠图书股份有限公司 1994 年版)一书,既是社会学名著,亦是法学名著。同类著作在西方人类学界和法学界虽不能说汗牛充栋,但至少可说洋洋大观。其中影响最大、为法学界人人皆知的是由著名法人类学家霍贝尔教授所著的《原始人的法》。该书在大陆有两个版本,即由严存生主译的《原始人的法》(贵州人民出版社)和周勇译《初民的法律》(中国社会科学出版社)。另外,新近出版的日本学者千叶正士所著的《法律多元》(强世功等译,中国政法大学出版社 1997 年版),用日本材料印证了法律多元,也有较大影响。

② 参见苏力:《法治及其本土资源》,中国政法大学出版社 1996 年版。

自然因素和“家-国同构”的政治建构因素，中国古代国家与社会分立的实际情形更为豁然。社会虽不是自主的，却是实在的。我把这种情形称之为“皇权国家”与“宗法社会”的分野。[①] 事实上，“家-国同构”只是一种仿照意义上的同构，即国家的组建及设置仿照家庭而立，至于在社会治理结构上，不但未实现家-国同构，而且家-国之分立明显，这从国家的刑罚权与家庭的家父权之分立、国家强控与农民不堪重负而揭竿反抗的对立史中均可见一斑。正是这种对立，使中国之大、小传统各自拥有其雄厚的主体力量，以致表面化的中国史也有两种，一种是出自官方的所谓“正史”，另一种则是出自民间的所谓“野史”。[②] 中国古代的故事如此，其他古代国家亦莫能外。至于到近代商业社会以来，政治国家与市民社会的分立既是不争的事实，也是人类社会发展的方向，从而两者相互成为自治的实体。这使源生于两者的大传统与小传统更有了实际的主体动力，这种动力就是大、小传统间对立的动力。

其二，对立的利益。社会与国家间，无论各自以压制的实在方式存在，还是以自治的实在方式存在，都分别代表着或是为了各自的利益。当然，两者有利益的一致性，这种一致性在很大程度上讲是两者的互需性。具体社会主体的自治性形成自治主体间利益的集合，在法律上，这种利益的基本诉求是权利。社会的普遍利益需求是支持国家从而支持另一种利益的强大动力，因此，国家所代表的利益，应当是而且只能是公共的。国家利益使国家权力必然具有公共性，这正是分散的社会主体利益能够存在的基本保障。如此，则社会与国家各自所代表的利益间的互需性昭然若揭。然而，这种互需性并不是说两者总是融洽的。事实上，国家所代表的利益具有聚合性特征，社会所代表的利益具有分散性特征。此种聚合性与分散性间总是一对深刻的矛盾。两者在如下情形下必然会产生冲突：首先，当聚合性的国家权力无规则地侵夺社会利益时；其次，当分散性的社会权利无疆界地侵入公共权力领域或避匿权力监督时；最后，当公共权力与个别个体利益暗中勾结，吞夺更广泛的社会主体利益并同时影响权力公共性形象时。然而，既然以国家所代表的权力和以社会为代表的权利作为人类具有普遍性的社会规则，其在逻辑理路上

---

① 参见谢晖：《政治家的法理与政治化的法》，载《法学评论》1999年第3期。

② 必须说明的是虽然正史与野史自身代表着大、小传统之分野，但其所论内容则未必正史中全是大传统的实录，野史中全是小传统的实录，特别是野史，其内容大多与官方行为相关，因此，可以说其视角或许是小传统的，其内容却每每是官方的。

是相反的,那么其间的冲突便是必然的。这便揭示了大、小传统必然冲突的利益动因。

其三,对立的人性。人性的论定是破解一切社会现象的基本钥匙。笔者倾向于人的本性是个体性与社会性的矛盾统一体的观点。① 个体性是每个人要求自治,从而要求权利支持的基本人性根据;社会性是每个人要求交往,从而要求权力保障的基本人性根据。因此,无论是社会与国家主体的对立,还是权利与权力需求的对立,都在于它们所依赖的人性——个体性与社会性的对立。不过,严格说来,大、小传统的形成更多地基于人之社会性的凝聚。大传统是人之社会性在更广泛、更宽阔的境界下的凝聚,而小传统则是人之社会性在较小的特定区域或特定社群间交往中的结晶。与此同时,小传统的形成,来自于主体需求基础上的自觉,因此,其更能深刻地反映主体的个体性诉求。而大传统来自于教化或强制的塑造,因此,其更能集中地表达主体的社会性诉求。这正是笔者将大、小传统的冲突在最终意义上归因于人之本性——社会性与个体性间冲突的缘由所在。这一结论,进一步说明了大、小传统间冲突的根源及动力,也说明了大、小传统间冲突的必然性。

二、沟通大、小传统间冲突的既有方式

当代中国大、小传统间的分裂、冲突甚至对抗既是必然的,又是强烈的——一端是西来的建构式传统,包括法律的、政治的、经济的、精神-意识形态的新兴传统,另一端却是固有的经验式传统,包括习惯的、社区生活方式的、文化意识的固有传统。总结沟通大、小传统间的既有经验,并为沟通中国大、小传统间的冲突寻求一条相对合理的路径,对当代中国乡村法制建设而言,其意义是明显的。那么,大、小传统间既有的沟通方式有哪些呢?

(一)"地方性知识"与放任性沟通

"地方性知识"是美国人类学家吉尔兹·克利福德先生用以说明法律之存在特征的基础性概念。在他看来,一切法律都是"地方性知识",应当以"地方性知识"的霸权取代"普适性知识"之"虚设"。② 这一理论

① 此种人性观贯穿在笔者对许多法律现象的分析中。参见谢晖《法律信仰的理念与基础》《价值重建与规范选择——中国法制现代化沉思》《法学范畴的矛盾辨思》等著作,分别由山东人民出版社于1997年、1998年、1999年出版。

② 参见[美]吉尔兹·克利福德:《地方性知识事实与法律的比较透视》,邓正来译,载梁治平编:《法律的文化解释》,三联书店1994年版,第73页。

虽然从实证层面证明了"普适性知识"的虚妄,但却从另一层面设定了一种"普适性知识",即"地方性知识"是普适的、放之四海而皆准的。以这种观点来说明如何沟通大、小传统间的关系,可能的路径只有通过对"地方性知识"的放任性尊重来实现。

诚然,从国家的产生看,国家源于社会,而不是相反。因之,与国家相伴的大传统亦来自于、滋长于社会中的小传统。但是,这种发生意义上的说明只能表达当时大、小传统的关系。一旦国家独立于社会,则国家是社会的异在,相应地,与之相伴的大传统也是小传统的异在。因此,以发生时国家与社会的关系,从而形成的大传统与小传统的关系来支持小传统对大传统的统驭,显然是乏力的。"地方性知识"可以令我们充分确信尊重小传统的必要性,但既然大传统来自小传统,则其自身也有被尊重的必要性,这就势必会产生当两者发生难以共存的矛盾、冲突甚至对抗时,究竟以小传统为准据,还是以大传统为准据的问题。就当今中国而言,那就是究竟要维护作为大传统的国家法律,还是要维护作为小传统的民间习俗的问题。依照"地方性知识",结论是显然的,即放任"地方性知识",否定"普适性知识",从而以小传统取代大传统。然而,这种"地方性知识"的放任不仅与中国自古而然的价值观相异,而且与以分析见长的英美理念也不吻合,不然,英国为何在"新大陆"曾不遗余力地消灭印第安人、摧残印第安文化,而今又强调对北爱尔兰的主权。如果说这种反面的例子正好支持了尊重"地方性知识"的合理性的话,那么,为何欧洲各独立国家要放弃各自相当的"地方性知识"而创造一种"大传统"——欧盟及其法制?这至少表明放任"地方性知识"并不是沟通大、小传统间冲突的明智选择。

(二)"威权意识形态"与强控式"沟通"

权威可以分为多种,按照韦伯的区分,它大体上可分为法理型权威、传统型权威和超凡魅力型权威。前者所"依据的是对既定规则之合法性及根据这些规则被授权发布主要命令者之权力的信任",中者所"依据的是对古老传统的神圣及据此行使权威者之合理性的既定信任",后者则"依据的是对某个个人罕见的尊严、英雄主义、模范的品格以及由他所揭示或制定的规范模式的信仰"。[①] 这种权威类型学,已被国内外学者所普遍接受。但必须指出的是,实践中的权威可能是学理上诸种权威类型的

---

① [美]罗德里克·马丁:《权力社会学》,丰子义、张宁译,三联书店1992年版,第162~163页。

综合,如不少宗教在树立超凡魅力型权威时,同时又造出各种具有规则意义的经典。这要求学者们应仔细地,而不能仅拘泥于某家学说来分析实践中的权威。

权威的强制推行即为威权,其实践的逻辑一般是教化与强制双重并用。因此,意识形态对任何一种威权都是必要的。问题在于意识形态自身的威权化往往使其堕入强制之列,一旦意识形态被赋予了强制推行的属性,它便成为一个国家自上而下地进行社会控制、强制处理社会冲突的工具。

借助一元化威权的意识形态来沟通大、小传统之间的关系,①在人类历史上并不罕见,即使号称民主且被不少人所钟情的美国,在其关键时刻,也会把某种其所首肯的意识形态强制地在国内和国际上推行开来。至于在一个专制国家,以强制方式推行某种意识形态,从而沟通社会关系,处理大、小传统间的矛盾冲突,则司空见惯。然而,此种沟通方式的普遍存在并不意味着笔者对它的肯定。事实上,借强制推行威权化意识形态而沟通大、小传统,只是大传统对小传统的蔑视或无视,只能摧灭小传统,因为意识形态必然属于大传统。任何一种小传统,也许会形成该小传统作用区域内的意识结构,但其有效性只在该区域内,从而不可能形成凌驾于其余一切小传统之上的意识形态。可见如果说"地方性知识"所表达的是一种小传统的文化霸权,从而有可能引致小传统与小传统之间、小传统与大传统之间的无限冲突和混乱的话,那么,"威权意识形态"所导致的只能是大传统的文化霸权,其可能的结果不是保护大传统所依赖的小传统,不是两者间的沟通,而是大传统的单方面强暴,是大传统对小传统的摧灭。因此,无论"地方性知识"的沟通,还是"威权意识形态"的沟通,在思维方式上是完全一致的,都是人们对各自所抱守的传统所持的极端自负的结论。

(三)"党派化政策"与劝教式沟通

我国学者刘小枫在谈到中国面临的现代性问题时,一再言及政党,如与世俗国家、民族国家相对的"政党国家",与自由契约法律秩序相对的"政党科层法律秩序",与儒家精英伦理、契约正义伦理相对的"政党伦

① 严格说来,把这种情形称为沟通,明显地不尽如人意。事实上,它只能被称为"打通"而不是沟通。因为沟通应是双向的。这里勉强采用"沟通"一词,只是为了相对方便地说明大、小传统间的连接类型。

理”等，构成了当代中国现代性的基本事实。① 那么政党是通过何种方式来沟通大、小传统之间的关系呢？一言以蔽之，即党派政策。②

自辛亥革命以来，中国即进入了由党派化政策来沟通和调节大、小传统之关系的时代，共和国成立以前，军阀混战与割据时期无须说，即使相对统一的民国政府也不是借助法律沟通大、小传统，而是公开主张政策化的党治。由孙中山倡导、蒋介石力行的军政与训政，充分体现了党派政策之治理作用，从而在本质上变成一种党派化意识形态的统治。此种以党派化政策来沟通大、小传统关系的做法在几乎所有新兴民族国家的初期都被广泛地采用。

以党派化政策来沟通大、小传统之间的关系，所借助的是道德化的党，即党既有能左右政策执政的权威，又有号令民众的信用。一旦党不是借助其威信和信用，而是靠某种非理性的强制来推行其政策，则党的代表性自成问题。因而，其借政策对大、小传统的沟通，要么陷入极权的国家主义，如斯大林时期的苏联；要么滑向放任的“民粹主义”，如“文化大革命”时期的中国。其结果与前述两种沟通方式在事实上无异。

既然党派化政策沟通大、小传统之间的关系是以党的道德为基础、以党的信用为前提的，那么真正意义上的党派化政策式的沟通，应是以说明和劝教为主的，而不是以武力强制为主的。建设“法治国家”口号的提出可被视为对以党派化政策沟通大、小传统间关系的方式进行变革的宣言。这一宣言的实践会有助于克服借党派化政策沟通大、小传统的不足，从而最终导向制度创新和大、小传统的另一种沟通。笔者认为，这种创新的沟通机制应是已被现代许多国家的实践证明了的、行之有效的契约性法律。

三、沟通大、小传统的最高理性

自20世纪以来，中国固有的法律大传统虽然失效，但其从来没有放弃过建立法律秩序的努力，并且除了个别时期以外（如“文化大革命”期间）至少在形式层面上不缺少法律，有些法律甚至规定得相当不错。然而，令人遗憾的是，这些法律至今尚未成为大、小传统间联系的通道，有时甚至相反，成为大、小传统间扩大鸿沟的规则表现。这是因为：我们的

① 参见刘小枫：《现代性社会理论绪论》，上海三联书店1998年版，第90、131、172页。

② 国内有些学者曾称这种党派化政策为“政策法”，参见武树臣：《三十年的评说“阶级本位·政策法”时期的法文化》，载《法律科学》1993年第5期；孟勤国：《关于政策法的若干问题研究》，载《天津社会科学》1990年第1期。

法律——来自西方文化背景下的规则在我们这里至今仍是一种“精英理性”，从而也只是一种“大传统”，相应地，它缺乏小传统的有力支持。因此，将这种法律强制推行于民间的努力——所谓“政府推进型”法治之路，[①]事实上与上述沟通大、小传统之第二种方式无异，即以大传统强制取代小传统之路。且不说其预期的效果如何，仅这种方法本身就明显地含有大传统霸权的不当因素。这就明示人们大传统与小传统间的关系，不仅需要法律来沟通，而且需要进一步说明能沟通此种关系的法律究竟应是什么样的，特别是针对当代中国大、小传统间的冲突，沟通两者的法律规则有什么特点。

可以说，法学界关于法律演进类型的理论是众说纷纭的，而我们所最熟知的是苏联法学家借马克思主义之名所作的分类，其核心是突出了法律作为阶级矛盾、阶级斗争和国家官方统治工具的属性。对此，我国法学界近年来多有反思，因为按这种法律观，任何时代的法律，无非是一种隶属于国家、服务于国家的大传统，对于社会，对于小传统，法律只是压迫的工具，而非利益的准则。于是，要说明真正能沟通大、小传统关系的法律，笔者不得不再次引用梅因的那句名言：“可以说，所有进步社会的运动，到此处为止，是一个从‘身份到契约’的运动。”[②]由此他把人类历史上的法律一分为二，即“身份性法”与“契约性法”。事实上，凡是国家法意义上的身份性法，在本质上必然属于“大传统”，是隶属于国家的大传统的一部分。因此，人们的社会关系及社会交往，皆服从于由国家出面的这种身份性法律的安排。既然它只属于大传统，则以身份性法律沟通大、小传统间的关系，事实上是以大传统取代小传统的沟通。其结果只能是大传统的霸权和小传统的受动，甚至被抑制和摧灭。可见，沟通大、小传统的任务只有靠契约性法律了。

起始于西方商品经济和商业文化的契约性法律自始便是大、小传统间相沟通的规范准则和机制。由于政治国家与市民社会的分野，导致了这两种社会实体各自对对方的明显依赖性，两者各自代表了人们对交往

① 在我国，绝大多数学者对这一法治进路强烈支持，而蒋立山更形成了其系统的学说，强调“政府推进”的意义。参见蒋立山：《中国法制现代化建设的特征分析》，载《中外法学》1995 年第 4 期；蒋立山：《法治现代化方案问题讨论》，载《依法治国的理论与实践》，同心出版社 1999 年版，第 229 页。与此相对的是以苏力为代表的地方性知识论者，参见苏力：《法治及其本土资源》，中国政法大学出版社 1997 年版。笔者主张契约性的法治之路，这必然是一种上下主动、契约性沟通的法治，参见谢晖：《价值重建与规范选择——中国法制现代化沉思》，山东人民出版社 1998 年版。

② [美]梅因：《古代法》，沈景一译，商务印书馆 1959 年版，第 97 页。

秩序的要求和自由行动的要求。人们交往秩序的度就是其自由行动的边界,同时,人们自由行动的度亦当是其交往秩序的边界。这种秩序与自由间契约性的操守正是现代社会沟通大、小传统间关系的基本方式。考诸世界发达国家的历史,其大、小传统间的沟通大体上是循着契约性法的路径而展开的。不仅与市民社会关联更为紧密的民商法在内容上充分体现为契约性法,而且那些明显与政治国家从而与大传统联系更紧密的宪制法、诉讼法、刑事法等也是宏观意义上的社会契约。国家与社会正因为有了沟通双方关系的契约性法律准则,所以能够恪守其职、各尽其责、各行其权,并进而互不相犯、互不推诿、互不侵夺。

中国乡村社会的法制建设应在整个国家法制建设的背景下进行。乡村社会固然是与城市社会,甚至与整个官方相对应的社会实体,但同时它又是中国国家的有机组成部分。与此同时,如果说小传统更能代表中国固有的文化特质的话,那么,与城市社会相对的乡村小传统更是中国文化特质的活化石,其对立于大传统的特征更为明显。然而,法的统一性、公平性、正义性不可能肯认国家法与乡村民间法的对峙性存在。否则,不但在形式上法律无法成为契约性法,而且在功能上只会导致社会的失序或无序,从而导致官方法与民间法的功能俱失。那么,如何才能协调国家法与民间法的这种对峙性存在?我觉得唯一的出路,应是国家法对民间法的合理包容,即国家法的契约化。

如前所述,作为大传统的当代中国国家法,其基本精神及规范模式来自西土,在其所来自的地方,毫无疑问是一种契约性的存在。然而,"进口"至中国之后,它已丧失了在西土的那种契约属性,而变成了国家意志下的大传统。虽然,我们也强调人民代表在立法中的作用,但因其文化素质、选举方式、工作方式等方面的欠缺,无法真正实现大、小传统间紧张关系的融通。因此,现行法律虽不能说是身份性的,但可以肯定,此类法律还大量存在,特别在涉及城乡关系、官民关系、上下关系时,一些法律和具有实际法律强制力的政策每每是身份性的,但距契约性法律的要求也相当遥远。在这种背景下,中国法律的契约化改造依然须从沟通大、小传统的关系着手。也就是说,只有当大、小传统间的关系依照契约性的规则处理时,才能证明中国法律自身是契约性的,否则,一旦国家法律因与乡村习俗相距太远而难以实行,则除去有形的经济成本浪费外,更有无形的社会成本之耗散和心理成本之摧残,那样,所谓法律,要么是借法治之名造成一种实质的人治,要么连推行人治的功能也无法达到。这就要求,当代中国的法制建设须更为自觉地沟通大、小传统。所谓沟通大、小传统,一方面,可以从静态意义上来理解,即国家制定的法律既充分体现高层的精英理性和大传统的既存,也充分体现低层的大众理性和小传统的既存。另一方面,也可从动态意义上来理解,即契约性法律对大、小传统的沟通,既是大、小传统间的互需互动机制,同时又长期影响着法律在这种互需互动机制变迁时的修正。因此,一种契约性法律的产生,并不意味着其能一劳永逸地沟通大、小传统间的关系。大、小传统与契约性法律间的一般关系应为前者是后者得以产生的广阔社会背景,而后者是前者得以理性协调的规则化标准。这使大、小传统间不再是一种任何意义上的包容关系,而是在契约性法律沟通下的互养关系。这种互养关系的动态表现即是大、小传统间的良性互动。

契约性法律之所以是大、小传统间关系沟通的最高理性,是因为其使国家与社会的独立性有了规范化的保障,国家因人们的需要而独立地存在,社会因人们的需要而自治地运行。进一步讲,契约性法律对国家与社会各自独立性的规范化保障,也必然是该种法律对大传统与小传统的同时尊重,是对精英理性与大众理性的兼收并蓄,是对官方与民间各自必要性与合理性的同等呵护。

中国乡村法制建设事实上关系着整个中国法制的状貌,然而在当下中国,法律对官方与民间的沟通机能却显然不足,这直接影响了乡村的法制建设。本文的探讨就是为了使这一状貌表现得更和谐,即通过契约化法律沟通官方与民间、国家与社会、精英与大众、城市与乡村间的关系,这种法律便是大、小传统间的沟通理性。这里,笔者愿借用著名儒学家杜维明先生在谈到有关伦理问题时的结论:

> "如何使根源性与普适性相协调,使具体性和普遍性相统一,特别是在地方性很强的背景下,如何在尊重地方性的前提下,达致全球伦理。我主张伦理原则的融会,在不消解根源性的前提下,扩展全球性,让地域性各安其分,各得其所。"①

这种融会,即可谓契约式沟通。

---

① 李明华:《回应与创新——就"哈佛儒学研讨会"访杜维明先生》,载《求是学刊》1994 年第 4 期。

四、大、小传统的断裂结构和沟通难题

(一)中西之变

尽管契约性沟通是解决大、小传统关系的一种理想模式,但这种理想模式的实现还必须受诸多的给定条件的制约。譬如,契约型沟通要求大、小传统之间本身具有一定的同构性、可沟通性和互补性。如果大、小传统本身是完全对立的,是没有任何沟通和互补可能的,那么,两者的契约性沟通,就只能是一种奢望,是一种不切实际的要求。再譬如,大、小传统之间虽然有一定同构性、互补性,但如果一个国家的意识形态或者主体意识结构完全把他们置于对立面来处理,也就很难实现大、小传统间的理想沟通和契约性构造。所以,按照契约式沟通的方案解决大、小传统的沟通问题,在两者本身同质、同构的国家,可能不存在什么问题,但是在两者分裂、对峙的国家,困难和问题就会很多。

众所周知,自从海通以来,中国就遭遇了一个相当严峻的问题:究竟取法西人还是崇尚本土?为此,近代以来经历过多次反复的争论。从“师夷长技”和政制、文化中国的选择,中经戊戌变法、清末新政与文化中国的试验,一直到新文化运动和“全盘西化”,[①]在这一激烈的争鸣和拓进过程中,人们深切地感受到了“两千年未有之大变局”。从此以后,中国就面临着一个不能回避的中、西关系问题。而这一关系,是中国文化自身的传统格局所无法完全消化和处理的。在历史上,中国曾面临过佛教文化的深刻影响,但彼时,除了个别时期,如“三武一宗毁佛”这样的极端事件之外,[②]中国文化并没有感觉消化不良的问题;反之,中国文化强大的惯性、韧性和消化能力,成功地将外来的佛教文化改造成为中国传统的一部分。如今,儒、释、道的三教合一,在中国是一个基本的事实。在不少地方,还存在三教合一的寺院。[③] 所以,佛教文化之于中国传统文化,只是改变了其成分,并没有改变其性状。尽管中国传统文化对佛教文化的吸收、融合,直到融会贯通也经历了数百年之久的历程。

但是,中、西之别却不是如此,自从中西冲突以来,这一冲突始终围绕着一个十分敏感的问题:究竟是以西方文化为主,吸收、消化本土传统

---

① 萧功秦:《儒家文化的困境》,四川人民出版社 1986 年版。

② 求士等:《“三武一宗毁佛”的历史考察》,载《学术界》1995 年第 4 期。

③ 譬如在河南焦作,就有存在了数百年的“三教寺”;在山东莒县定林寺,自从刘勰以来,就强调三教合一,已近一千五百年了;在四川青城山,三教合一的小寺庙也可见到;甚至最能体现儒家仁政精神的泰山,也存在三教合一的文化遗迹。这足以表明,我国传统文化对佛教文化的吸收、消化和融汇的状况。

文化,还是以本土传统文化为主,吸收、消化外来的西方文化?如果选择前者,毫无疑问,这是一种国家精神结构的重建问题。如果选择后者,则涉及本土传统文化有无消化能力的问题。这正是亘古未有之大变局所涉及的最关键和最棘手的问题。众所周知,在外来压力之下,因为亡国亡种甚至亡道之危的负荷,或让中国被迫地选择了向西方学习,如洋务运动的经世致用、戊戌变法和清末立宪的治国安邦,都是在此种压力之下迫不得已的选择。或让中国莽撞地选择西化,如新文化运动的狂飙突进等,都是中国学习西人,在文化上改造自身的努力。无论人们在政治意识形态上对此做何种解释,但在社会变革动机上,否定这些努力,至少不甚客观。只有当人们把失败、错误当做其既有行动中的有机组成部分的时候,我们才能更往前看。或让中国较为理性地向西方学习,改革开放以来的诸多举措,今天评判尽管为时尚早,但其推行的方式和步骤,至少是有序的,从这层意义上讲,是理性的。

这表明,中西对比及其强大压力,让中国人以实用主义的眼光,掉转头来,冷眼向洋,抉择了改革自变、开放求强的道路。但问题是,这一道路在本质上讲,是对中国文化传统之质的改变,它不是让中国文化在成分上增加了多少或者改变了多少,而是在性质上面目全非了。今日之中国,已远非往昔之中国了!在这个意义上,当有些学者提出“新道统”这样的概念,并拟以法学作为新道统建设的知识基础时,我给予了热烈但谨慎的回应。①

当然,在这种明显的中西之变之外,有些学者更强调古今之变,②甚至把这种中西之变,也解释为古今之变的一部分。尽管这种说法有一定道理,如果从“主权中国”的视角,或者以文字、语言以及借助此种文字和语言所导致的思维方式为核心的“文化中国”的视角看,今天所发生在中国的变革,是古老中国自身发展、进化的一部分。但如果从当下的问题看,所谓古今之变,在笔者看来,本质上不过是把中、西之变这种明显地涉及外部性的问题,基本上解释或转化为内部性的问题。但这其中的疑点是:当下中国的进化和发展,主要是内部性问题吗?如果回答是,那

---

① “新道统论”的说法由魏敦友提出,并做了初步的论证(参见魏敦友:《新道统论为中国法学奠基》,载《检察日报》2011 年 1 月 6 日)。笔者在他的一次讲座上,对这种观点作出了一些回应和评论(参见谢晖:《对魏敦友新道统论的评议》,载 http://longfu. fyfz. cn/art/875389. htm,2011 年 1 月 9 日访问,部分内容载《检察日报》2011 年 1 月 6 日)。

② 参见高全喜等:《路径选择:古今中西之变》,载 http://book. ifeng. com/lianzai/detail_2010_03/03/358965_14. shtml,2011 年 1 月 9 日访问。

么,我们可以把这一变革主要归类于古今之变;如果回答不是,则我们应更深入地反思中西之变的事实。这也是自由主义与新儒家在当今的一些争论中所涉及的重要问题之一①。

笔者认为,中国目前面临的主要问题还是中、西之变问题,因此,主要问题仍然是外部性问题。特别是在中国既有的文化传统还不足以很好地吸收、融合外域物质文明、制度文明和精神文明,变成自己文化的结构性要素的情形下,这一问题还相当严重和复杂,因此,也就形成了中国目下明显的大、小传统分庭抗礼、二元对峙的情形。这种对峙,从发展的前景看,是中国面临的古今之变问题,是一个内部性问题;但从当下的事实看,是中国所面临的中西之变问题,主要是一个外部性问题的内部解决问题。

这种中西之变,以及由此所引发的问题的外部性,就在客观上形成了一种大小传统的断裂结构。所谓大小传统的断裂结构,就是指大小传统之间互不关联、互不认账、各自运行、各自制序的情形。其典型表现是,在国家大传统层面,我们的主要制度、主要价值取向甚至思维方式,已经明显地取法西方,西方的制度架构、价值追求成为结构中国社会、中国制度的内核。不论源自大陆模式的制度框架,还是源自苏联模式的价值－意识形态框架,都是如此。但是,这种外来的制度框架和价值追求,尽管经过了“文化大革命”如此激烈的强制性推销,经过了三十余年改革开放的洗礼,仍然没有获得小传统的认同和支持。这样,以大传统为主形成的正式秩序和以小传统为主形成的非正式秩序间、公共交往和日常生活间,就基本上是不关联的“两张皮”。不但如此,大小传统间的紧张关系在这些年来越来越突出。特别是当大传统并没有很好地汲取西方文化的精髓,而小传统又越来越具有自主性的背景下,这种对峙、冲突和不睦,就更加明显、紧张和难以沟通。

显然,这是当今中国大小传统沟通的重大难题。对此,无论采取林毓生意义上的“创造性转化”,还是采取李泽厚意义上的“转换性创造”,②笔者认为都有很大的难度。前者的难度在于我们已经面临的是两套文化－传统体系的势均力敌的对峙,究竟需要创造性转换什么?是创

---

① 在这方面,我国台湾一些学者的研究值得重视,如翁志宗的博士论文《自由主义与当代新儒家政治论述之比较》(“国立”政治大学中山人文社会科学研究所2001年博士学位论文)。

② 参见林毓生:《中国传统的创造性转化》,三联书店1988年版;李泽厚:《再说“西体中用”》,载陈明主编:《原道》(第3辑),中国广播电视出版社1996年版。

造性地发现小传统当中可资大传统建设的因素，并将其转化为大传统，还是创造性地发现大传统当中的可资小传统发展的因素，并让民间社会接受？这种创造性转换的价值基点究竟是什么？这些问题，一旦摆到实践中，依然是未解的难题。后者的难度则在于一种自然推进的转换，不借助理性的力量，果真能自然地推出创造的结果来吗？明末清初发达的商业没有催生出资本主义的事实可谓明鉴。当然，和“创造性转化”相比较，“转换性创造”在价值的指涉上甚为明了，但在技术上的操作仍嫌模糊。

总之，当下中国中西之变的现实，给中国大小传统之间按照契约方式的沟通，带来了很大的难题。这一难题的关键，是要把“西”这样一个外部性问题，转化为内部性问题。只有当中西之变的外部性问题真正转化为古今之变的内部性问题的时候，才有可能获得更好的解决方案。

（二）央地关系

在讨论我国大小传统的沟通难题时，还有一个重要的因素不得不提及，那就是我国当前的央地关系，即中央和地方的关系问题。这是一个自古以来就一直困扰中国的重大问题。周朝的分封制，虽曾创造了西周的辉煌，但自春秋以来，凡是实行类似制度的时候，几乎毫无例外地导致天下大乱、民不聊生。秦朝的大一统制，虽然很容易获得国家的疆域统一，国力有时候因之而大振，但过度的中央集权，不但遏制地方积极性和主动性的发挥，而且很容易滋生地方阳奉阴违的事体，并最终导致上下的信息交流机制阻断，地方事实上我行我素、各自为政、鱼肉百姓的情形，最终结果是人民揭竿而起、天下举义。一部中国历史，就在所谓“天下大势，合久必分，分久必合”这种看似符合自然周期率，实则存在制度结构的弊端中上演着。

对这种情形，中华人民共和国的缔造者们也予以高度的重视。在中共一些重要历史时期，共产党人就如何处理民族关系问题和国家结构问题展开过认真的讨论，甚至究竟在中国要实行联邦制还是单一制，实行民族区域自治还是进行民族自决，这些都是曾经讨论过的问题。[①] 中华人民共和国成立以来，在我们业已选择了单一制模式的国家结构背景

① 参见周昆云:《民族自决权·联邦制·民族区域自治——抗日战争时期中国共产党民族理论思想得再探讨》，载《广西民族研究》2001 年第 2 期。

下，毛泽东在《论十大关系》中，重申了中央和地方关系的重要性。[①] 甚至在制度上，为了有效地解决央地关系，中华人民共和国接续了民国政府的做法，改变了自古以来在中国国家政权组织结构中，从中央到地方的政权组织不超过四级的传统格局，而设立了乡（镇）这一级国家政权组织。

但是，理论上的强调和事实上的举措，仍然没能很好地解决央地关系；反之，央地关系一直是中华人民共和国成立以来最棘手，也最重要的政治、经济关系之一。“一统便死，一放便乱”，就是对中华人民共和国成立以来央地关系的很好写照。五级国家政权组织的设立，并没有解决大、小传统的沟通问题，反倒因为大传统对小传统的挤压能力越强，挤压结果也日甚，导致大、小传统间的矛盾日趋激烈。再加之处在大传统中心的中央和越往下级越趋近于小传统中心的地方之间的矛盾，使大、小传统的矛盾，在一定意义上演化为中央和地方之间的矛盾，尽管地方政府在形式上、名义上仍是大传统的代表。

笔者认为，导致这种情形的根本原因仍然是单一制的国家结构问题。虽然这一国家结构对于解决国家暂时的统一而言功莫大焉，但对大、小传统关系的沟通而言，问题很多。

众所周知，在现代大国里，解决中央和地方关系的基本方式有两种：一种是联邦制，另一种是单一制。两者各有利弊。联邦制容易调动、发挥地方的积极性，也容易沟通和小传统的关系，因为自治的地方立法，很方便把地方性因素或小传统吸纳为地方大传统的内容，因此，也就容易实现大传统与小传统的同构效应和沟通效果。但其重要缺陷是过大的自治权，很容易导致地方有“异心”，从而引致国家的分裂。苏联、南斯拉夫、捷克斯洛伐克等国家的分裂，就是显证。这对把统一作为民族精神和国家最重要的意识形态的中国而言，是难以选择通过联邦制的方式解决大、小传统的沟通问题的。

单一制的国家结构，其基本的优点是易于维护一个国家的暂时的、条件给定的统一，但是，这种统一的前提是中央的集权。因此，中央和地方之间，大、小传统之间，国家法和民间规范之间就难以避免地会出现一系列的矛盾和问题，地方的自主性、积极性问题很难调动起来，小传统的作用不但难以发挥，而且还是大传统时刻准备压制甚至灭除的对象。所

---

① 毛泽东：《论十大关系》，载《毛泽东选集》（第5卷），人民出版社1977年版，第267～288页。

谓“破四旧、立四新”的历史，所谓“移风易俗，破除封建迷信”的举措等，尽管不乏历史的必要性，但并没有实质地解决大、小传统间的沟通问题。相反，随着时过境迁，大、小传统之间的矛盾和对立变本加厉、日甚一日。

当然，谈到单一制在大小传统的沟通方面所面临的这些问题时，人们自然也会联想起在像日本、法国这些实行单一制的大国里，为什么能够较好地解决大、小传统之间的沟通问题？笔者觉得，这一方面必须从市民社会和政治国家的关系问题考察起，因为在这些国家，早已产生了成熟的市民社会，独立的各种社会组织，能够很好地把小传统的功能发挥到社团内部、法团内部、其他社会组织内部。而国家也乐于将这些细枝末节的问题交由市民社会自治地解决。另一方面，我们也需要从这些国家对单一制的有效改造着手思考。在法国、日本等单一制大国，虽然中央有高度的权威，但同时已经赋予地方，特别是城市以高度的自治权。所以，地方不仅是中央的派出机构、附属机构，而是自治机构。有一次就此问题笔者曾讨教日本北海道大学铃木贤教授，他认为这确实是一个很重要的问题，但在日本，主要是通过赋予地方自治和自治权，以解决相关问题的。那么，地方自治为什么能解决相关问题？这端在于一旦地方自治，地方当局就不仅需要向中央负责，而且必须向地方负责，向选民负责。这迫使其关注地方实情，关注在地方立法中、政策中、日常实践中把地方性的小传统内容积极吸纳到地方公共事务中，因此，大传统可以和小传统实现相互支持、相互为用、良性互动。

我国的国家结构及其所衍生的一系列问题，使我国大、小传统的沟通存在明显的难题。如何破解这样的难题？毫无疑问，通过政治体制改革，推进选举制度，赋予地方一定的自治权，特别是地方事务的立法和地方选民纠纷的司法自治权等都是沟通两者的有效措施。但这些都是一种长远的期待。笔者认为当下亟须做的，是在民生和人权的理念下，关注大小传统的沟通问题。对此，我将另文撰述。

中国法学的路向与民间法*

2005年,一篇名为《中国法学向何处去》的长篇论文吸引了法学界诸多法学者的眼球。这不仅是因为一家身在体制内的法学学报不惜版面,前所未有地连续四期予以刊载之,也不仅是因为作者邓正来君这些年来在社会学科界的知名度和学术影响,更是因为作者在文中对"中国问题"和"中国意识"的深切关怀,唤起了人们对长期以来在我国法学研究中"中国缺席"的切身忧虑。可以认为,这是该年度法学界所发生的最重大的"学案"了。笔者在认真对待该文对中国法学的"理想图景"关注的同时,①也对该文有关中国法学的路向计划心存不满。借着邓兄邀笔者为此作文之契机,将对邓文的品读及本人一些不成熟的主张概述如下。其中涉及的有些问题,或许严格说来,并不是对邓兄文章本身的回应,而是要在邓正来文章之外讨论问题。可能与邓正来的约文宗旨不合,请兄勿怪。

一、法治、大国意识与中国法学的理想图景

20世纪80年代以来,在中国古典思想库中早已存在的人治和法治这对范畴,被饱经国家动乱、人民流离之苦的法学家们重新提了出来。起初提出并论

---

* 本文主要内容原载《学习与探索》2006年第4期,收在本书的是其扩展版。

① 当然,邓兄在该文所用的是"中国法律理想图景"。他对中国法学向何处去的论述,也是"根据"这一理想图景而展开的。因此,笔者在下文中也把这一"理想图景"运用于有关法学的建构中。

证此一问题的目的，大概仅仅是要解决如何克服个人恣意、领袖专权，并借法治以实现“人民当家作主”、实现“四个现代化”的一种政治理想情怀。[①] 经过十八年左右的持续讨论，法治的部分理想，终于在 1997 年被执政党所接受。然而，当“……建设法治国家”的命题作为一项国家行动战略提出，并在某种程度上日显其要时，人们越来越发现，这一治理方式所牵连的，绝非仅仅是一些法律人的事，也非只关涉司法者或立法者的问题。这种完全不同于君主擅断的治国理政方式，所连带的是整个政治关系、经济关系、文化关系和社会关系的革命。特别是在国际交往秩序也日益法治化的时代，中国法治进一步牵连的，乃是其在世界性或全球性交往行动结构中的地位问题。

或许是出于这种深刻的感受，人们可以发现，从来不忘大国心志的中国学人，即使过去很少受过法学训练，也纷纷把目光转向法律、法治、法学这些在传统中国学问格局中不值一提的领域。[②] 如果说在 20 世纪，很多其他文科学科的学者，对法学仍然持一种无关紧要的态度的话，那么自 21 世纪以来，法学则在哲学家、社会学家、经济学家、政治学家、伦理学家，甚至一些自然科学家那里得到了空前的关注，有些学者甚至结合自己的专业优势，参与到某种跨学科意义的法学知识的生产中来。与此同时，一些知识视野较宽的法学者也把其他学科的知识运用到法学研究中来。

中国的学人们对法学的态度为什么会有这样的转向？一种浅俗的说法可能是从事法学好混碗饭吃。当然，绝不排除一些人投身法学领域的此种生存或生活动机，但更值得考究的是，一些本无衣食之忧的学者，也把其精力投入对法学的研讨上来。这其中的原因究竟何在？对此，可能因为人们观察视角的不同会言人人殊，但就笔者的观察以为，这是中国学人魂牵梦绕的“大国意识”的自觉反映——因为正如前述，在当今全球化、世界化的国际交往行为格局中，如果不能娴熟地运用法律，无论是作为私主体的公民、法人，还是作为公主体的国家、国家机构，都只是在表面上被套入这个世界结构中，但在根底上，仍然在世界结构之外，人家

---

① 感兴趣的读者，不妨再看看《法治与人治问题讨论集》一书中的相关论述。该书最新版本由社会科学文献出版社 2003 年出版。

② 尽管在中国传统的学问体系中，在经学的宰制下，律学和子学、兵学、医学、文学、农学等一样，是古典中国学术百花园中不可忽视的内容，但律学从来没有像其他几种学问那样被发扬光大；反之，却被认为是刀笔之吏们玩弄的权术而已。对此，王明德在他的《读律佩觿》中已经发出过相关慨叹。该书由法律出版社 2000 年出版，可参见。

绝对不会认为你是世界结构的一部分。如果纯粹按照意识形态化的“严正声明”、强烈抗议之类行动，而不知如何将自己的诉求借诸法律表达出来，那么，其在国际交往中就可能意味着被边缘化甚至被放逐这样一种结局。今天一些不知运用法律的集权国家，尽管其言往往谔谔，但在国际交往中，却只能屈居边缘。

大概正是出于这种考虑，出于对公共交往、国际合作、全球战略中法律作用的这种深刻领悟和观察，关注中国大国地位的学者们，在中国业已在经济上所取得的骄人成绩的鼓舞下，又重新思谋起那个被西方洋枪大炮曾经毁坏的大国，并由此更进一步，设法在世界交往格局中听到、看到中国作为世界交往秩序中大国的地位、大国的声音、大国的主张和大国的角色！① 诚然，作为一个有着数千年历史文化积淀的国家，作为一个有着世界五分之一人口的国家，作为一个有着广袤领土的国家，作为一个其语言、文字在实际上具有广泛影响的国家，她对大国地位的谋求，不仅仅是政治家的事，甚至也是“匹夫”们应肩负的责任。

然而，在今天的世界格局中，大国地位的实现，仅靠一个国家悠久的历史文化、众多的人口、广袤的土地、运用广泛的语言文字，甚至富有吸引力的GDP，都不能直接连通其要津，因为我们看到，这些因素业已具备的一些国家，仍然徘徊在当今世界秩序中的大国门外。笔者以为，除此之外，一个国家能否在国际的交往规则上提出自己的意见，表达自己的主张，并实际地将其写入或以行动体现到国际交往的规则中去，乃是其在全球交往中实现大国地位的基本标志。君不见在加入世界贸易组织过程中中国作为一个独在的，并没有被真正纳入世界交往体系中的“大国”，处处受其他在交往规则上更有发言权的大国乃至小国所裹挟、牵制的情形吗？

正是在这个意义上，鄙人以为，在当今世界的全球化交往格局中，一个国家大国地位的确立，除了如上一些必要的因素之外，更多地取决于

---

① 2004年，一些学者专门编辑出版了《大国》丛刊。它的编辑者高全喜教授在一个发言中谈到该刊的宗旨时这样说：“随着中国社会的全面进步，一个有着几千年文明传统的中华政治共同体正开始以一个大国的姿态步入二十一世纪的国际秩序，尽管我们曾经有过辉煌的大国历史，尽管我们正经受着转型时期的巨大阵痛，面临着体制内外的诸多难题，但毕竟我们迎来了千年难逢之变局的历史机遇。所谓的‘大国’，是中华政治共同体目前的一种动态的描述，其所蕴涵的多层意义有待开放性的辨析来厘定，正像王焱在封底文字所指出的，它求索的‘是中国作为古老的文明大国在今天的国际社会中自处及自立于世界之林的道理’，即‘大国之道’。”高全喜等：《大国之道与大国问题》，载《博览群书》2005年第7期。

她在国际制度—规则建设上的发言权和实际影响能力。发言权大,实际影响能力强,则其大国地位也就有保障;发言权小、实际影响力弱,则即使她在其他方面再有建树,也很难恭列大国之中。在此意义上,大国的地位实际取决于她对国际交往的制度规则之发言能力、影响能力。

为什么会如此呢?这必须涉及制度和公共交往中的人(国家)的内在关联问题。在我国,人们尽管人云亦云地谈论制度问题,但往往不求甚解地谈论它的大有人在,因之,制度在人们的交往实践中,也就变成了说起来严肃,行动起来却如云里雾里的东西。特别是把制度不适当地和法律相割裂的情形,严重地影响了人们对制度(这里专指正式制度)的理解。例如,经济体制(制度)改革、政治体制(制度)改革等,为什么形不成法律成果?笔者认为,这和我们没有把法律和正式制度必然联系起来有关。鄙以为,就正式制度而言,没有形成法律成果,就很难说有正式制度。法律是正式制度的符号标志。言及这些,恰恰是要进一步说明为什么一个国家对国际交往制度和规则的影响程度,决定着其在国际交往中的地位高低、影响大小。

以法律为符号表征的任何制度,其所指向的是在法律有效的时空范围内的所有人、所有组织、所有交往行动者。因此,一个国家对国际交往中的法律规则能施加何种程度的影响,自然也就决定着在某一法律的时空效力范围内,该国的实际地位。完全可以说,在今日世界的交往秩序中,所谓处于强势的西方世界,其实质是为世界交往的行为规则施加了更多的影响而已。但这一影响却不是以给自己带来不利的道德主义为原则的,而是根据其国家利益为基准的功利主义为原则的。中国倘要进入世界交往秩序中大国的行列,如果不关心世界交往中法律的走向,不关心如何在国际法律的制定中表达其更多的主张,并以此为基础推进国内的法治建设,那么,中国在世界体系或者世界结构中的大国地位就只能是一种迷梦!

由法治、大国意识的如上解读连带而来的,则是相关的法学问题。既然我们在寻求大国地位的途程中,必然要求其对国际交往的行动规则有能力施加影响,也就意味着我们需要拿出具有中国"品牌"和中国"知识产权"的法学产品来。这种要求,套用邓文对法律的描述,可以被称为法学的"中国理想图景"。如果这种套用成立,那么,毫无疑问,这是一个很具有见地的主张。尽管在以往的意识形态宣传中和学术(包括法律学术)研究中,人们早已用另一个词汇——"中国特色"来安排相关的言说话语,但法学的“中国理想图景”的提出，却不乏自身独在的意义。在笔者看来，它一方面是法学应和这种大国诉求的必然要求；另一方面也是大国诉求和这个国家对人类交往规则的影响程度密切相关的必然要求；再一方面更是在法治的理想图景下安排国民交往秩序、行使治理策略的必然要求。

我们早已懂得这样的道理：“没有革命的理论，就没有革命的实践。”倘若抛弃其中略显老套的“革命”之说，而把它用于当前我们正在进行的法治建设中时，人们就不难发现：与法治相关的理论的滞后、匮乏、不受重视业已成为我国法治建设的明显“瓶颈”。因此，提出中国法学的“理想图景”，就绝不是杞人忧天，而是一个潜在的大国在需要其负责任的国际事务中、内国建设中，所必须有的理论准备。但问题是：究竟中国法学的理想图景是什么？如何实现中国法学的理想图景？邓正来在文中对此并没有明确的结论，鄙人此文也只在第二个问题上做些外围的探讨。

二、拒绝西方？照搬西方？抑或寻求法学世界结构中的自我？

对当下中国法治和法学而言，我们正面临着一种非常乖张的困局：一方面，追求法治和法学的中国理想图景，乃是在中国定位中中国人理所当然的行动策略；另一方面，法治后进的中国又不得不面对来自欧美世界已经结出的先进法治和法律果实。在这种二难选择中，我们不得不遭遇种种尴尬。例如，我们主张一种中国理想图景，但我们又不得不借助英文以扩展自己思想和知识视界。[①] 因为毕竟近现代意义的法治和法学，乃是西方文化的产物。

尽管在笔者的一篇文章中曾这样说，在西方法治文化中，有四个要素，即自由要素、公平要素、权威要素和管理要素。其中前两者分别主要来自希腊文化和罗马文化，权威要素主要来自希伯来文化，而管理要素则在很大程度上借鉴了古典中国的“文官制度”——科举考试制度。并且我以此说明西方法治文化的开放性和我们吸收西方法治文化的合法性。[②] 又尽管在古典中国的思想体系中，人治和法治作为一种相反的治理范畴，早在先秦时期就已经深受思想家们的关注。然而，中国固有的

---

① 记得2005年邓正来听到别人说我不懂英文时，就在一次电话中深表遗憾。这其中的尴尬自不待言。笔者2005年和邓正来共赴西班牙参加世界法哲学大会，在大会全体发言人中，竟没有一位中国学者的发言安排。想必当时邓兄和我一样很是郁闷。所以，他在会议召开期间，并不总是出席会议，而是躲在那个遥远世界的一间并不怎么起眼的房间撰写此书。在今天看来，笔者是完全可以理解他的做法的。

② 参见谢晖：《论西方法治的中国因素及其成因》，载谢晖：《法的思辨与实证》，法律出版社2001年版。

科举制度也罢,思想库中业已存在的法治理念也罢,皆未催生出类似于在近、现代西方所发生的那种法治成果和法学成果。在此种背景下,罔顾西人已有的法治贡献和法学成就,无非是一叶障目,自难奏效。但是,一味地囿于西人学说,罔顾中国人固有的生活方式、文化理念以及法制状况,也可能会造成其言谔谔、其效寥寥的情形。

正是这种二难选择,导致中国学人长期以来的一些争执:在清末之际,有礼教派和法理派的争论;在民国时期,有以学衡为代表的国粹派和形形色色的西化派之间的争论(其中含有相关制度建设方面的争论);在最近十数年,则有本土资源论和法律移植论的分歧。虽然,在这些争论中,人们很少(甚至未曾)看到、听到有关拒绝来自西方的法治理论和法学学说的主张,但一种全盘引进西人制度、学说的观点却时有所闻。然而,争论与否是一码事,人们实践中究竟如何做是另一码事。在这其中,一方面,我们在法学教育和研究中大体上走的是西方的法学路数;另一方面,人们深感这一路数本身存在的危险。基于此,有人干脆面向古典,走经学教育的道路。出身于法学的蒋庆在贵州龙场驿的试验,即使不能被纳入法学教育和研究的视角去分析,但也颇能说明在以上的争论之外,中国人在西学和中学之行动选择上的分裂。这就不得不使我们面对这样的问题:在中国法治现代化进程中,我们的法学究竟要拒绝西方?照搬西方?还是寻求在法学的世界结构中的自我?

显然,这是一个并不难回答的问题。在当下中国的法治建设和法学理论构建中,无论拒绝西方还是照搬西方,在理论和实践层面皆存在难以跨越的问题。因此,可能的出路就只能是寻求在法学之世界结构中的自我。笔者对这一判断的基本定位是:中国法学的理想图景当是站在和世界其他国家法学交流的基础上,在关注自己生民日常交往行为的实践的背景下,在中国法治建设的实践支撑中,重塑或者创生自己的学术理路。

一个基本可以证成的判断是:中国法学的重塑或创生过程,大体上会经历这样两个阶段:

在中国法学发展的第一个阶段,所奉行的只能是"西方法学在中国"的理路。这种情形,取决于我们自身的制度文化基因中法治因子的匮乏,也取决于即使古代中国也有特别值得我们自豪,乃至不乏当代价值的法律制度内容的事实。[①] 但源自西土的近、现代法治,却在文化因子上

---

① 对此,笔者在《法治讲演录》(广西师范大学出版社 2005 年版)中曾经做过一些基本的梳理,可参见。

有着与传统中国根本不合辙的内容。这种情形表明,倘若对源自西土的法治、法学及其精神不经过系统的消化,那么,我们建设的所谓法治,可能是南辕北辙的;我们的所谓法学,也可能会成为无根游谈。在此意义上说,中国法学理想图景创生过程中对西方法学的引进、借鉴、消化、吸收实在是我们无法回避的问题和无法跨越的过程。就目前情形而言,我们不是吸收得过分了;相反,我们还引进、吸收得很不到位、很不充分。也因为如此,我们在世界性的法学论坛上,很少有和他人对话的机会。我倒觉得,这主要不是我们所掌握的外语工具欠佳:试想,当世人皆知中国的法学和法学家在世界法学讲坛上不能没有一席之地时,语言的藩篱、屏障还会有那么重要吗?毕竟中文即使在联合国,也是其工作语言之一。

在中国法学发展的第二阶段,则是中国法学学人以熔冶外域的法学成果及其方法为工具,以本土法制建设所面临的问题为依据,构建中国法学,并和外域法学对话、交流、互动的时代。这个过程,事实上已经在隐隐呈现。具有世界声望的一些法学大家如德沃金、伯尔曼的中国之行,首届世界华人法哲学大会即将在中国的召开,都可能意味着至少自20世纪以来,一直独霸世界的西方法学业已把其关注点投向了中国。特别是东亚国家和地区的和平崛起,并由此在地缘政治、经济和文化意义上必将唤起的区域合作意识,将会更进一步地催化东亚地区法律共同体的诞生,并因此催化东亚法学的诞生。如今,东亚法哲学会议已经按部就班地召开了六届,第七届东亚法哲学大会也将于2008年在长春召开。这种会议持续不断的召开,本身业已证明了初步被唤醒的东亚意识、东亚法治和东亚价值。笔者认为,这也是在东亚地区具有独特文化地位,并且在未来也可期待地具有独特政治地位和经济地位的中国,在法学上足以在世界法学结构中有一席之地,并作出其独特贡献的良好契机。当然,这一过程的完成尚需时日,但其可期待性则已经曙光初露。只要内、外部环境不打断这一进程,中国法学理想图景的建构、实现也就不难期待。随着新一代懂外语、懂法学、参与能力强的法学家的成长,这一图景框架的形成,应当不会太遥远的。

那么,何以中国法学需寻求在世界法学秩序中的自我?笔者以为,这至少有如下几点原因:

一是当代中国以及中国法学所处的世界格局之必然要求。如果说前现代社会的世界体系主要是一个受帝国意识和帝国权力支配的体系的话,那么,近、现代以来,特别是“二战”以后的世界体系,尽管还存留着帝国意识的残余,但总体说来,至少在学理上和国际交往规则上是一个各国之间平等地交往、对话沟通、取长补短的世界体系。联合国、世界贸易组织以及形形色色的世界性国际组织和区域合作性国际组织,所奉行的都是国家之间的平等交往原则。在这样一个世界体系中,国家间的交往也罢、以国家为边际的各国国民间的交往也罢,都须按照形式统一的规则模式而交往。这对中国法学的建构而言,自然要求只有在瞄准法学的世界秩序的基础上,才有可能展开我们自主性的探讨。因为所谓自主性必须是在平等主体的交往、比较中才显示其意义、价值的。倘若缺失了在平等主体之间交往中的比较,那么,与其说是自主,不如说是“独自”。那样的法学,充其量只是一个国家法学人的自言自语和孤芳自赏。它既不是在比较意义上的一个国家的法学发展的自主意识,也不能够真正在比较中彰显中国法学的理想图景。因之,只有把中国法学放在法学的世界结构中,中国法学的理想图景才显得格外必要、可能。

二是当代中国法学者所接受的法学训练之必然要求。如前所述,自从西式法治引入中国以来,中国法学学人所接受的法学教育、法学理论,大体上是来自西方的。即使我们过去所接受的苏联的法学学说,抛开意识形态因素的影响,也是发生在西方世界文化体系中的学说。或者进一步讲,当下的世界法学结构,就是以西方人所建构的法学理论为主干的。在这一格局中,倘若我们不进入西方世界的法学理论中,就意味着我们在世界法学格局中的必然退出,就永无可能青出于蓝而胜于蓝地展示我们在世界法学结构中的存在和力量。中国法学发展的这种当下之事实,决定了我们的法学理想图景必须关注世界,才能自我创生,并和世界交流、对话、合作。

三是中国作为一个大国对法学发展的必然要求。在前文中笔者已经阐述了一个大国的法治、制度贡献以及连带地对法学的要求。尽管中国法学的理想图景需要搭架在世界法学结构中,在世界的结构性交往中彰显自己的存在,但这也在逻辑上必然意味着中国的法学是自主地存在着的。倘若世间根本就不存在一种自主的中国法学,那么,中国法学的理想图景、中国法学在世界法学结构中的地位、贡献等就只能是子虚乌有。所以,在世界法学结构中的中国法学,须是以中国法学的自主存在为根基的,否则,就将皮之不存,毛将焉附了。通过这种阐述,则“寻求在世界法学秩序中的自我”这个命题,是否可以这样理解:关注世界法学秩序，是中国法学理想图景得以创生的前提、方法、工具；创生自主的中国法学，是中国法学理想图景的关键；渗入世界法学结构，并参与法学的世界性对话、合作和交流，是中国法学在这个全球化时代既展示自我存在，又展现其贡献的基本目的。如果这种定位无误，那么，也就必然意味着当代中国的法学的发展必须要“寻求在世界法学结构中的自我”。

三、申言中国法学的路向

中国法学发展的路向问题，是近十余年来中国法学学人始终关心的一个话题。记得在1999年，童之伟兄就以“中国法理学向何处去”为题，联合《法学研究》和《法商研究》编辑部，召集国内部分法学学人进行过专题研讨。如今，邓正来又以《中国法学向何处去》为题，专门论述此一问题，更耐人寻味。在一定意义上，它是对当下中国法学根基不稳的一种自觉反思，也是寻求中国法学根基的一种宏大尝试。基于此，作者指出：

> “……中国法学，或中国学术，在当下世界结构中的首要任务，……绝不是借助西方的各种后现代理论去参与一种解构的‘狂欢’……而是要为当下世界结构中为人们视而不见的极其隐蔽的推行某种社会秩序或政治秩序的过程或机制进行揭示和批判，进而根据我们对中国现实情势所作的‘问题化’理论处理而去建构中国自己的一种有关中国未来之命运的‘理想图景’。”①

尽管按照汉语的一般表述方式衡量，如上引文在表述结构上有很多值得关注的“瑕疵”，但作者在此提出的问题还是十分明朗的，即笔者要把那些被遮蔽的、尚未在学术上被开发的、中国人构建社会和政治秩序的因素，纳入到中国法律理想图景的建构中。然而，正如作者通过“或中国学术”（当然，严格说来，此处所涉及的恐怕只是中国“社科学术”）这样的表述已经隐含地表明的那样，如上的任务，岂止是中国法学理想图景建构的任务？至少中国的政治学、社会学、经济学、伦理学、人类学等学术都在以此为基准，寻求相关学科建构的“理想图景”。所以，笔者在网上评论邓正来目前的贡献时曾这样指出：

> “迄今为止，邓正来主要在政治哲学和社会科学的一般理论领域活跃着。在法学领域，其基本没有进入……”

对此，邓正来在回应中指出：

① 邓正来：《中国法学向何处去——构建“中国法律理想图景”时代的论纲》，商务印书馆2006年版，第23页。

“……我历来对‘标签’不感冒，甚至对把我做的研究称作某种‘学科化’的标签也不在乎。有论者说是政治哲学，有论者说是批判法学，有论者说是社会理论，这些都不是我关心的，因为我关心的是理论问题。因此也建议大家不要再讨论这些没有意义的问题了。”

由此可以看出邓正来对法学研究的心界。但问题是，这果真是“没有意义的问题”吗？在这个学术的社会分工日益精细的时代，哪个人敢声称自己的“理论问题”就是放之四海而皆准的？就是可适用于一切学科的？果真如此，还需要以“中国法学向何处去”为题吗？那干脆说“中国学术向何处去”岂非更好？正是在我们无法避免学术分工这一意义上，笔者说一位学者，总不能在这个时代领有所有标签——人们在和他（她）交流时，总要首先问他（她）究竟是政治学家、经济学家、社会学家抑或法学家，然后才能寻求和他（她）如何对话，对什么话。那种把自己视为什么都是但什么也不是，从而对“标签”嗤之以鼻的做法和说法，可能恰恰会导致事与愿违：表面上体现着其对某种宏大问题的把握和领会的尊严，骨子里却丧失了在这个不可避免的多元学术分工时代的独立和自治。甚至由此进入另一种不可交流、只可领会的境地，其学术成果要么导致“本质性专制”（当其被要求强制理解时），要么只能作为图书馆里封存的产品。如此南辕北辙，我们何故要拒绝“标签”？

更重要的是，包括邓正来在内，我们所做的工作在事实上恰恰是有标签的。在笔者看来，如前所述，迄今为止，邓正来所做的主要学术工作，是政治哲学或者社会科学的一般领域。尽管《中国法学向何处去》是其向法学界发展的努力，但既有的学术训练不是一天两天就可以克服和改变的。基于这样一种考虑，笔者觉得邓正来在此文中的努力，乃是在政治哲学意义上理解法学。**尽管文中所提出的“问题”本身不乏对法学发展的极强的指导意义，但如果我们不把这些问题导入法学研究的范式体系中，那么，人们的研究或人们的追问仍然无法顺利进入“中国法学向何处去”这一问题中。因此，在笔者看来，“中国法律的理想图景”这一问题本身很重要，但把它带入笔者法学范式，而不是政治学、社会学或经济学等范式中进行研究，对“中国法学向何处去”这一提问而言也许更重要！**

这样，我们就可以进入对中国法学发展路向的思考了。多年前，笔者在一本书中对中国法学发展的现状作出了初步总结，认为价值法学、社会法学、规范法学、利益法学、综合法学和史料法学的学术分野已经形成,并指出了它向流派化方向发展的可能。① 以目前我国法学发展的情形看,法经济学、法律与文学以及法人类学的研究也是值得我们关注的。尽管这些研究到目前为止,所运用的仍然只是来自西方的法学学术范式和分析工具,但其对推动本土法学多元化发展的贡献有目共睹。不经历此一过程,中国法学自主性的发展就不可想象。

那么,究竟应如何比较准确地看待中国法学的发展路向问题?我觉得,对这一问题可以做如下的总结和陈述:**中国法学发展的基本路向是多元发展和重点突破。**

所谓中国法学的多元发展,正如前述,一方面,它业已是中国法学发展的一个基本事实;另一方面,法学多元发展的这种事实绝不仅仅是简单地搬来,而在一定程度上是立基于当代中国社会发展的、以利益分化和多元利益为标志的社会问题中。

说中国法学的多元化发展业已是一个基本事实,不仅仅出于如上的判断:价值法学、社会法学、规范法学等来自西方的法学流派的方法、研究领域已经被我们初步拿来。而且在于这些不同的研究,业已在对如上不同的法学流派感兴趣的中国法学者之间,形成了对相关知识领域具有某种"垄断性"的理解。这在一些学术会议上我们完全可以看得出来。一位对经济分析法学娴熟的学者的发言,可能对一位感兴趣于价值法学的学者而言就如同听"天书";同样,一位专研法律论证理论的学者之发言,对一位专攻法律社会学的人而言亦如同听"天书"。这种不同学者对不同领域知识认识和研究的垄断性,恰恰说明仅仅在理论法学领域,中国法学者已进一步分工。特别是在近些年召开的一些专门会议上,如已经连续进行四届的全国"法律经济学"研讨会、即将进行两届的全国"民间法和民族习惯法"研讨会、在北京和杭州分别召开的全国"法律与社科"和"法律与人文"学术研讨会、最近刚刚结束的"全国法学(律)方法论"研讨会②……已然将中国理论法学研究的触角,从综合性的理论法学

① 参见谢晖:《价值重建与规范选择——中国法现代化沉思》,山东人民出版社 1998 年版,第 315 页以下。与此同时,刘作翔、孙笑侠、朱苏力等学者也提出或实证了中国法学多元化、流派化发展的可能。参见刘作翔:《多元的时代与多元的法学》,载《学习与探索》1995 年第 3 期;谢晖:《创建我国的法学流派初论》,载《法商研究》1995 年第 6 期;谢晖:《创建多元化的法理学》,载《法律科学》1995 年第 3 期;谈义:《中国法理学的流派与方法刍议》,载《法学》1996 年第 2 期以及苏力的论文集《也许正在发生》,法律出版社 2004 年版等。

② 与此相关的标志是:一些专门性的法学刊物和法学网站的出现。对此,笔者在先前的一篇文章中曾专门做过评论,参见谢晖:《当代中国的法学刊物与法学发展》,载《法制与社会发展》2005 年第 1 期。

研究深入到更加细化和专业化的境地。我的基本判断是，倘若再经过十到十五年左右持续不断地努力，中国法学进一步朝多元化、流派化的发展方向会更加明朗。

说中国法学的多元发展在一定程度上是立基于当代中国社会发展的、以利益分化和以多元利益为标志的社会问题上的，那是因为当下的中国，尽管问题丛生，独特性明显，但它的问题是和现代化这一世界趋势相伴生的。因此，在外域现代化过程中诞生的法学成果，乃至其他学术成果，尽管不可以也不可能全盘照搬过来，但我们借鉴之，对切入当下中国的问题并非毫无意义。相反，它们恰恰可能是切入中国在现代化进程中所面对之问题的方便的工具。“工欲善其事，必先利其器”，倘若我们放着这种方便的工具不用，不用其以分析当下中国秩序构建中存在的种种问题、种种做法，则无异于狗熊掰玉米。在这方面，其实邓正来的研究可谓作出了有价值的示范，因为在方法谱系上观视，邓正来的研究无论如何还是拿来的。

所谓中国法学的重点突破，就笔者个人的判断，则在于规范法学的努力。而规范法学的努力，一言以蔽之，乃是要求中国法学学人认真寻求“法律的内部知识”——“根据”法律所得出的知识。这些知识，笔者初步的总结有如下诸点：

一是有关法律概念的知识，即作为法学者，对浩如烟海的法律上规定的基本概念、常用词汇，必须要有明确的学理性阐释。这种阐释既涉及语义学的运用，更涉及语用学的运用。如果人们把法律概念的知识仅仅看做对法律词汇所做的字面意义的解释，那也就太看轻法律概念或词汇自身所蕴涵的问题了。正是出于这种考虑，我倡导法学者，特别是那些有才华的理论法学研究者，应把主要精力投注到有关法律概念的理论解说和探寻上。近些年来，有些学者已尝试将语言学、语义学和语用学的方法运用到法学研究，但仍然只是一种宏观的运用，还没有像外域的法律经济学研究那样，运用这些方法于具体制度或概念的剖析上。

二是有关具体法律规范逻辑结构的知识。虽然在我国已有的法理学教材中，法律规范及其逻辑结构是人们必须讲解的内容。但很遗憾，我国关于该问题的研究到目前为止，仅止于教材所阐述的那些常识。然而，不同的法律规范——如授权性规范和禁止性规范、公法规范和私法规范、内国法规范和国际法规范、成文法规范和判例法规范等，具有完全不同的逻辑结构，但至今我们不仅在部门法上，而且在法理学上也没有就此做进一步的研究和努力；相反，中国的法学教育、特别是法理学教育，把学生的主要精力引导到普通哲学、政治哲学、社会哲学等领域了。这尽管并非不必要，但如果法理学研究生、博士生专研于此，我想，对于法学以及法学所面对的问题本身而言，可能并无所裨益。因此，我觉得认真关注对法律的学习，关注不同法律规范的逻辑结构及其知识，理应是作为一位法学家彰显其贡献的领域。

三是有关法律规范之实践指向的知识。法律规范本身是干瘪的，它要进一步获得圆润和丰满，就必须和它所指向的实践相关联。但任何一种法律规范，人们制定它的初衷就是要寻求规范对主体交往行为的秩序化处理。我们知道，不同的规范指向不同的行为。但究竟一种规范是如何指向，并调整人们的法律行为的，这需要一种理论的论证和预设。特别是在法律中作为连接词汇的那些"虚词"，更直接关涉法律规范最抽象、最一般的实践指向问题。对这些词汇疏于考察，则只能导致我们对法律内部知识认知的肤浅。这些年来，我把最优秀的博士研究生引导到对于法律当中的"可以""应当""必须""不得""是"等在我看来是"法眼"的词汇及其和实践的关联研究上，其用意就是想倡导学生把更多的精力投注到对法律内部知识特别是法律规范之社会实践指向的寻求和研究上。

四是有关法律方法的知识。在这方面，国内法学界，特别是法理学界和民法学界已经开始了认真的研究。相关法律方法研究的专著、论文、课题不断涌现，也出现了几个以法律方法研究为特色的学术机构。我们知道，法律本身不是万能的，但社会纠纷必须根据法律来作出权威的决断。法律方法的任务，就是即使面对有问题的法律，也要通过法律方法把它修补得没问题，从而寻求个案解决中"唯一正确的解决方案"。法律方法研究的基本使命就是要在法律规范之外寻求法律的内部知识——一种法律适用中的技术性知识。

如果把法律内部知识的前三者看做人们对法律进行"审美"的产物的话，那么，法律方法这种法律的内部知识则是人们对法律进行"审丑"的产物。因为它本身表明，"法无完法"。正是如上四者，共同构成所谓"法律的内部知识"。笔者以为，中国法学如果有一个主导的发展路向的话，那一定要落脚到对如上法律内部知识的寻求上来，而不是其他——尽管从我本人的研究兴趣而言，更感兴趣的则是"外部法理学"，或者"法律的外部知识”。

四、大国法理格局中的民间规范

中国法学发展的路向——以规范法学为核心的多元格局的法学发展,虽然需要法学家把主要精力投注到法律规范、法律政策、司法判例等对象的研习和把握中,但对作为法律支持性因素的非正式制度或民间规范关注不够,可能会限制规范法学研究的视野,影响规范的知识产品对法律和司法实践的有效支撑,最终使规范法学的实践品格反而下降。所以,在强调以规范法学为核心的多元法学发展时,特别关注对民间规范的研究,并且尽量使这一研究靠近规范法学的基本思路,协助规范法学参与法律实践,特别是司法实践,在一个大国的法理构建中,是值得认真考量、研习和关注的。

众所周知,法律自身虽然是社会秩序的结构者,但它的产生、发展和完善,却取决于社会结构本身,在这个意义上讲,法律又是社会结构的被结构者、被决定者。法律的发展永远不能超出社会结构、人们的日常生活和交往方式以及一个社会可能提供的物质生活条件的制约。这在一个国家的法律体系产生的时候,固然需要法学者、执政者对和社会结构、人们的日常生活和交往方式以及与人们的物质生活条件息息相关的民间规范进行考察、梳理、研究和总结,①即使在一个国家已经成功地建立了配套的法律体系之后,也不能无视民间规范进一步对正式法律制度可能的支持作用、修补作用和完善作用。

所以,民间规范和国家正式法律的关系研究,是一个具有长久意义的命题和课题,而不是只具有现实意义的、权宜性的命题和课题。特别对一个大国而言,更是如此。大国的国家结构和法律构造,有些采取联邦制模式,有些采取单一制模式。在联邦制模式下,法律和民间规范的关系较好处理:对于全国普适的民间规范,可以升华为联邦法律,对于只

① 如在德国民法典制定的前后,包括基尔克、萨维尼等在内的一些伟大的法学家,把其研究精力投注到对日耳曼习惯法,以及已经成为欧陆人们交往习惯的罗马法传统的研究上,以作为支撑民事法律制定和变革的重要学理基础。在我国清末民初,为了民事立法的需要,对各地在经济交易、婚姻家事等方面的习惯进行了认真的调查和研究(参见前南京国民政府司法行政部编:《民事习惯调查报告录》,胡旭晟等点校,中国政法大学出版社 2000 年版)。而在英美法系国家,法官对案件的裁决,常在民间规范寻求灵感,即使是他们对海外的殖民统治,也常常能“以夷制夷”,关注当地民间规范的使用(参见苏亦工:《中法西用——中国传统法律与习惯在香港》,社会科学文献出版社 2002 年版;张志超:《徘徊于东西方之间:英租威海卫时期的法治》,载《开放时代》2009 年第 2 期)。

在一定区域内有效的民间规范,则通过地方法律予以表达。因此,以国家法律牺牲地方习惯的可能性大大降低;反之,民间规范和国家法律之间的同构性却能较好地凸显。

但是,在单一制大国里,地方自治相对较弱,有些国家甚至没有明确的地方自治,从而中央和地方的分权关系不甚明晰,甚至在理念上、意识形态上公开反对运用中央和地方分权这样的字眼。所以,中央集权就是维系单一制大国的基本方式。其优点是能在前提给定的情形下,维护一个大国的暂时统一,但其弊端在于极不利于地方积极性、主动性和能动性的发挥,也不利于在地方权力保障的前提下,理直气壮地给地方对法律方式的应用科以责任。这种集权在立法上的基本表现就是地方很少有立法权,立法权基本上集中在中央。即使法律赋予立法权的地方,其立法的效力往往只具有行政管理领域的效力,在司法上,只能作为参照。如此这般的结果,导致立法上如下两方面的情形:

一方面,民间规范在全国统一的法律中很难得到体现,民间交往方式、交往理据和交往结果,往往不是法律的结构对象,反倒是法律的解构对象。这样,就势必让民间规范和国家法律之间在用力上出现反方向的排斥、对撞、倒转情形。显然,这是社会结构形成过程中的无形损耗和浪费,其结果只能给人们的交往行为带来不便,而不是便利。主体在国家法面前,往往是陌生者,而不是熟悉者;反之,他们在民间规范面前往往是熟悉者,而不是陌生者。所以,国家法对民间规范的回避、无视、反应不敏、表达不足等,很易导致主体交往时对它的规避、保持距离和心理陌生。要让主体主动适应国家法,从而使陌生的国家法变成日常生活中熟悉的国家法,又谈何容易。总之,国家过于集中、过于统一的立法机制及其对民间规范的忽视、无视、甚至蔑视,耗散了民间规范和国家法互动地、合力地构造秩序的可能,反倒把民间规范推向了构造法律秩序的对立面。显然,这无论从实用主义视角来看,还是从价值论视角来看,都是得不偿失的事。

另一方面,拥有一定立法权的地方,因为在立法精神甚至具体的行为规范上必须保持和国家立法的一致,所以,各个地方为了保持政治正确,维护中央尊严,在地方性法规中几乎不敢越雷池一步。除了一些地方的试验性立法之外,地方立法很少具有创造性。为了体现立法的“进步”价值,也很少对地方性民间规范进行有效的回应,因此,地方的正式立法,仍然和民间规范之间是互不粘连的“两张皮”。更兼之在司法中,地方立法不能作为案件裁判的根据，所以，即使一些地方立法偶尔规定了地方性民间规范，也在纠纷解决中得不到司法的呼应。这一切，都使民间规范在我国正式秩序的构造中，处于一种被排斥状态，从而很难和国家法之间产生良性互动，更遑论合力制序。但是在日常生活和非正式秩序中，恰恰是民间规范决定着人们的交往和行为举止。无论如何，这是当代中国所面临的突出问题，也是中国社会构造和有效秩序形成中的严峻事实。

这种情形的形成，和一种片面的，甚至畸形的“进步”意识形态息息相关。自从近代以来，一直担当落后并挨打角色的中国，一反常态地把眼睛盯向发达的西方文明，并通过新文化运动、五四运动、“文化大革命”以及改革开放等一系列的变革，在理论及心理上否定、排斥既有的文明成果，也否定根据这些文化成果所产生的民间规范——尽管人们仍然交往在民间规范的惯性下。此诚如黄源盛对于民国之后司法实践的概括那样：

> “事实上，民初的中国社会是一个无数旧势力应改造而未改造，无数新势力求生而不得生的时期……在此种情况下，国家机关正宜直接间接促进这些习惯的改变，不宜更给这些习惯以优越的法律效力。”①

此种情形，使人们在举措及行动上笃力于摧残传统文化及其所导致的一切民间规范，并因此“恨”屋及乌，连当下中国人创造的一些民间规范，也想当然地归类为落后之列——尽管人们仍然以传统的方式摧残传统、摧残民间规范；在制度及实践上，人们只以为来自国家的规范才是正宗的，是值得尊重并表达“进步”观念的。因此，即使有一些很向往全球化的法学家，在反对国家主义法律观的同时，又在理论和行动上自觉或不自觉地积极维护国家主义法律理念。② 这种单向度的“进步”观，推出

---

① 黄源盛：《民初大理院司法档案的典藏整理与研究》，载《政大法律评论》1998 年第 59 期。

② 周永坤教授就是一方面，他积极地倡导并宣传法律的全球化，支持法律的世界主义立场，并强调只有法律的世界主义，才是克服法律国家主义的法宝（参见周永坤：《世界法及法的世界化探索》，载《东吴法学》1996 年卷）。但另一方面，他在批判目前我国法律全球化和世界主义不足的同时，又积极捍卫现有法律的尊严（这点作为法科学子，一般都会赞同），从其“现在‘民间法’的词都可以用，凭什么……”的说法，显然表明其对民间法这一用法的疑心，也预示着其对民间规范参与正式秩序构造的保留（参见周永坤：《跳出“土匪史观”，重写民国法制史》，载 http://guyan.fyfz.cn/art/284612.htm#comment，2011 年 1 月 6 日访问）。笔者认为这其中也反映了学者在某种想象的“进步”意识形态下，思维世界的逻辑短路。

结果的是国家法自上而下，永远伟居中心，而社会力量、民间规范只能屈居边缘，且无法和国家规范处于协力状态，只要两者相遇，一般是受排挤和遭打压的状态。如此等等，使国人对“进步”的基本希望，寄托于拿来，而不是自生自发；寄托于政府，而不是芸芸众生。甚至凡是自生自发的，想当然也是落后的，只有拿来的才是进步的！这种“进步”意识形态导致的后果是自我的丧失，是大国意识的泯灭。可也是在这里，我们的不少知识分子一方面不遗余力地宣传自主自治的自由主义，另一方面强调按照某种世界主义的尺度，让这样一个大国亦步亦趋！笔者以为，如果套用哈耶克的书名，这种抛弃了自生自发秩序的“进步”意识形态，只能是“致命的自负”。① 他所导致的，也只能种下的是龙种，收获的却是跳蚤。

显然，这是一种行动和逻辑的背反，纠正这种行动和逻辑悖反的基本方式，就是重新反思和打量“进步”观念，把“进步”理念至少奠定在内生和外揽两个层面上。内生是指关注自身文化传统、公民创造的力量，特别是关注相关民间规范和非正式秩序，以作为支持国家法律的内生力量。外揽是指放开眼界，积极观察、筛选和吸收一切有利于呵护，甚至重建内生秩序的有效规范，以实现一个大国、一个主权国家公民交往秩序的建构和维护。在这两者中，内生是内因，是决定的因素，外揽是外因，必须受内生需要的决定。这应是一种常识。

这种内生和外揽的关系，也为我们重新反思、打量和创新我国的法学进路提供了一条思路。毫无疑问，经过近代特别是晚近三十多年来我国法学家持续不断的学术引进工作，中国法学家对西方法学的了解有了长足的进步，并在此基础上，使自身的法学思维能力、学术水平和作业成果有了明显的提升。但即使如此，中国法学还没有创生出法学的“中国范式”，甚至在有些学者看来，目前压根儿就不存在“中国法学”，只存在西方法学的“中国表达”②。这是令人不无尴尬的问题。在这一情境下，中国法学连自身的问题都不能了然于心，如何参与法理的全球对话，如何参与全球秩序的结构运动？

所以，在放眼世界的同时，更应脚踏实地地关注中国的交往秩序问

---

① 参见[英]弗里德里希·冯·哈耶克：《致命的自负》，冯克利等译，中国社会科学出版社2000年版。这种“致命的自负”及其危害，在由国家推导的我国短短三十余年的“进步”过程中业已出现的生态失衡、环境恶化、资源枯竭、能源短缺、信任危机、人际恶化、官民对立、公平沦丧等一系列现实中不难得见。

② 参见刘星：《西方法学理论的“中国表达”》，载《政法论坛》2005年第1期。

题，关注国人交往行为，特别是非正式交往行为中的民间规范问题，关注在中国独特的经济、社会实践中自创的规范内容。这些问题，都摆在我们面前，尽管没有权威的法律规制，但实践中有行动的规范和程序。这些都需要法学家真正沉下心来，认真总结，而不是要么对其视为落后，嗤之以鼻、不屑一顾，要么以为事不关己，无须法学踏入其中。

笔者甚至认为，我国法学界对内生于中国之民间规则、民间非正式交往秩序、官方非正式经验、中国的政治和政府运作模式以及中国的司法和其他纠纷解决方式等的总结是否扎实、到位，是中国法学能否从中创造出法学的“中国范式”的关键所在，是中国法学能否在未来中国社会结构和社会秩序的建构中起到理论支持作用的关键所在，是中国法学能否进行法理的全球对话、国别对话，并以对话者的姿态对人类法理以及全球化的国际交往秩序有独特贡献的关键所在，当然，也是勾勒中国“法学理想图景”不能不予以关注的关键问题。

更值得关注的是，我国法学对民间规则的关注和探寻，并在民间规则基础上发现、创新和总结法理，和以规范法学为主，构筑我国的法学体系并不矛盾。因为民间规范在主旨上，是国家法制定、修改和完善的支持力量——只要我们能够坚持以内生秩序为主的秩序生成之路。特别是在涉及法律方法的一些领域，纯粹依赖规范分析，常常捉襟见肘，反倒是借助民间规范研究等社会学思路，问题更容易迎刃而解。这就需要进一步关注民间规范的研究和规范法学特别是和法律方法的结盟问题。

全球化的法律、法理与民间法*

近年来，关于经济全球化的讨论在我国学界不断地被提起，以至于影响到我国的政府决策和民众生活，不过，内生于经济结构中的法律的全球化问题却只有个别人在偶尔研究。① 人们经常讲，作为体制的市场经济就是法治经济，依此类推，以市场为枢纽的全球化的经济必然意味着法律的全球化，因为经济的指令规制着法律的指令。如果说全球化的市场经济创造着人类具有普遍性的行为模式的话，那么，全球化的法律现象则预示着法律在全球普适性的可能。法律发展的全球化现象对法理学的发展提出了全新的要求——我们不仅要站在国家法的立场上研究法律，而且也要站在法律全球化（世界法②）的立场上研究法律。

一、法律的全球化提出的几个重要的法理学问题

两年前，随着中国加入 WTO 进程的临近，笔者曾

---

* 本文主要内容原载《山东公安专科学报》2002 年第 3 期，收在本书的是其扩展版。

① 据笔者所知，在法学界，对该问题关注较多的有李双元、朱景文、周永坤和公丕祥等学者，尽管他们的研究无论在方法、视域还是内容上都存在明显不同。

② 对“大同”世界的憧憬和向往，几乎是古今中外思想家们共有的情结。从《礼记·礼运》篇对“大同”理想的描述，到康德所设想的“永久和平”，都勾画了某种大同理想。然而，实践意义上的大同理想却随着人们交往行为的世界化和法律的全球化而现端倪。不过法律的全球化和世界化毕竟存在着一系列挑战，这是由于大同理想的实践进路本身还存在着一系列问题，参见［法］马蒂：《世界法的三个挑战》，罗结珍等译，法律出版社 2001 年版。

撰文强调要重视《入世与法律的世界意识》,[①]在该文中,已经涉及法律的世界化现实对于法理学研究的意义与挑战。与此同时,周永坤也以《法理学——全球视野》来命名他的一部书,[②]总揽全书,其虽然并不以法律的世界化这一现象作为法理展开的对象根据,但全球视野的法律意识培养有助于我们理解法律全球化所提出的法理学问题。

放眼当今世界的法律,我们会发现两样存在:一样是法律以地方化和多元化的方式存在,因此,法律被人们称为"地方性知识",[③]随之便展开了法律与不同地区、不同民族之固有生活关系之人类学和社会学视野的法学研究;另一样是法律以越来越世界化和一元化的方式存在,因此,法律可被视为"普适性知识"。[④] 于是,对法律的研究也多从政治学和伦理学的层面展开。这种几乎完全对立的情形并不难理解,即使在古代世界,"追求变化中的不变和多样性中的统一性"[⑤]也是一个不争的事实。只是当我们生活的这个时代已经将多样性明显地、越来越多地被包容在统一性之中时,法学学理上对这一事实的严重忽视或者熟视无睹就显得反差太大,因而提出法律世界化进程中的法理学问题,也就显得有了特别的必要。那么,法律的全球化究竟向法理学提出了哪些必须关注的问题?

法律世界化中所提出的法理学问题甚多,因此,不同学者完全可以站在其各自视角提出他所认为的最重要的问题,但笔者认为,如下诸方面是需要我们应当特别予以关注者:其一,如何理解法律全球化对法理学研究的一般意义?其二,如何对在法律全球化背景下的法律以定性?其三,如何确定法律全球化背景下主权国家在法律运行中的作用?其四,法律全球化与法学家关于法律普适性的努力间是何种关系?其五,如何处理在法律全球化背景下"普适性知识"与"地方性知识"之间的关系?如下笔者将围绕着这些问题,展开初步探讨。

---

① 该文载于《法制日报》1999年12月4日,转载于《新华文摘》2000年第1期。

② 该书2000年由法律出版社出版。

③ 参见[美]克利福德·吉尔茨:《地方性知识:事实与法律的比较透视》,邓正来译,载梁治平主编:《法律的文化解释》,三联书店1994年版,第73页以下。

④ 我们知道,从以价值追求为宗旨的自然法学一直到强调一般性理论的"马克思主义法学",都以寻求法律的普适性为己任,因此,"放之四海而皆准"就是关注法律普适性的学者们之梦寐以求的理想。对法律的普适性追求大体上构成了法学家追求的最高使命。

⑤ [美]乔治·霍兰·萨拜因:《政治学说史》(上册),盛葵阳、崔妙因译,商务印书馆1985年版,第51页。

二、法律全球化对法理学研究的一般意义

法律全球化趋势的出现,对法理学的研究而言,既提出了全新的研究内容,又提出了与传统法律观念截然有别的新型法律观念。前者是就法理学在法律全球化趋势下所遭遇的客观境况而言的,后者则是就由此种客观境遇所必然衍生的法律观念而言的。法律全球化趋势对于法理学研究的一般意义,既在于法理学研究内容的扩展,也在于法律和法学理念的革新。

法理学研究内容的扩展表现在:以内国法律为主要研究对象转向以国际法律为主要研究对象。在这一转向过程中,展现在我们面前的问题主要有:法律全球化的参照视角和标准是什么?是"内国法的国际化"还是"国际法的内国化"[①]?全球化的法律所存在的理据是什么?如何对法律全球化进行价值反思和品评?

对于这些问题,因观察视角、分析方法的差异以及事实本身的冲突多变,人们也许会得出并不相同的结论。但毕竟和一些纯粹观念性的概念相比较,它们都属于事实的范畴,属于人们能够耳所闻、目所见的内容,因之也就属于人们能够通过语言和文字表达和再现的领域。[②] 在此对如上问题做一简要的回答,也就具有可能。

法律全球化的研究参照确实是费人神思的问题。在内容上,它是牵动全人类需求及福祉的重要问题,但在形式上,它却是某种强势文化如流水般自高向低流淌的结果。显然,法律之全球化并不是将不同民族、不同国度之法律简单相加,也不是相异类型的法律之匀力互渗,而是在文化-利益冲突中人们不得已的一种选择。在此选择中,来自西方的法律规则和法律观念因为其与人们国际性交往的事实更为吻合而占尽先机,因此,在总体上讲,法律全球化是以西方法律文化向世界各国的渗透为基本参照的。尽管西方的法治及法律文化也融合了包括中国法律文

---

① 朱景文在论述这一问题时,把这两个方面当做法律全球化(世界化)的两种不同趋向进行分析,以说明法律全球化其实是"内国法的国际化"和"国际法的内国化"两者相互作用、相辅相成的事实和过程(参见朱景文:《比较法社会学的框架和方法——法制化、本土化和全球化》,中国人民大学出版社2001年版,第612页以下)。这种论述,虽反映了一种可描述的事实,但并未进一步回答这种事实何以必要与可能以及两种趋向得以形成的内在逻辑根据。

② 老子云:"道可道,非常道。"从而将世界一分为二:"可道"之经验的世界和"非常道"之超验的世界。在哲学家们的观念中,能够言说的只是经验的事实界、现象界,而非超验的逻辑界、本体界。前者应归于科学研究,而后者应归于神灵-宗教世界。

化在内的世界其他国家的优秀法律文化遗产。[1]

要一般性地评论法律全球化中"内国法的国际化"和"国际法的内国化",显然不能进一步说明是何种意义的内国法被国际化。同前一问题一样,在"内国法的国际化"上,并非所有国家的内国法都能被国际化,事实往往是在国际事务中能够发挥更大作用的内国法被国际化的可能性程度更高。大国主导的世界不仅体现在人们对国际之现实政治的感受上,而且也表现在与此紧密相关的规则选择上。例如,WTO 的规则,毫无疑问受美国影响更大。

至于全球化法律存在的理据,早已不再仅仅是统治阶级进行政治统治的需要,而毋宁说是人类交往行动之秩序的内在要求。这样,法律世界化趋向之存在理据,就直接指向人性之必然。由此导致的价值承载是:一方面,通过法律的全球化在更大程度上扩展和实现人的需要——自由和秩序需要;另一方面,这种世界性齐一化的法律也有可能妨碍人类需要的实现,导致对人类价值追求的伤害。故而法理学应直面法律全球化所带来的迥异于以往的种种价值问题,从而将法理学代入全新的价值视域和意义领地。

法律全球化趋势对于法理学的一般意义,除如上分析之外,还涉及法理学在这一趋势下,能够给主体带来某种法律观念,培养主体某种法律思维方式。这既是法理学的基本使命,也是法理学的一般意义所在。然而,法理学所"产出"的法律观念及法律思维方式,只能是法律本有的内在规定性之结果,而不是相反,法理学的论证决定法律观念和法律思维方式。因此,法理学是法律这一存在的意识形式,法律的存在方式及特征决定着作为意识形式的法理学之内容。正是在这里,法律全球化趋势给法理学以全新的意义,其全新之处就在于它打破了主权国家对正式法律的垄断,使正式法律在主权国家之间也赢得了存在。因此,传统的主权国家之正式法律观念在这里要被改写,取而代之的将是建立在全人类整体需求基础上的法律理念。至于在法律全球化过程中所反映出的政府诚信观念、主体平等观念、办事透明观念、权力有限观念以及行为守法观念等与以往的法律观念和法律思维方式相比较更为彰显。显然,法理学研究需要认真对待法律全球化趋势下的这种新型法律理念。

三、法律全球化背景下法律的定性问题

尽管一些热衷于法律人类学和法律社会学研究的学者强烈反对对

---

① 谢晖:《论西方法治的中国因素及其成因》,载《金陵法律评论》2001 年秋季号。

法律的本质定性,而认为这种定性充其量不过是"一个虚构的神话",[①]但他们还是坚持以"地方性知识"对法律作出了"不是定性的定性"。可见,法学学术作为一种对法律的理性反思和逻辑关照,离不开对法律在本质视角的定性,问题只在人们是从何种角度所得出的何种定性,而不在要定性还是不定性。

法律的世界化乃是适应全球化的贸易活动以及与此相关的文化、政治交往活动的蓬勃发展而产生的。尽管它的真正实现是一个无限发展的过程,因为它总是以不同国家和民族集团之法律的差异性和多样化为前提的。[②] 但法律全球化的发展业已成为一种事实。这不但表现在国际法在全球化过程中所扮演的重要角色上,而且也表现在内国法对国际法的汲取吸收上。那么,如何看待法律全球化背景下的法律?

法律是事物之法的规定性的表现。事物的法的规定性和法律的规范表达之间构成了一种表里关系。如果说传统的国家法所反映的是在主权国家范围内人们交往行为事实的规定性的话,那么,世界化背景下的法律则反映的是在全球范围内人们交往行为事实的规定性。全球化的法律则是这种规定性的外在的、规范的和逻辑化的表达。可见,法律的全球化,并不是人们刻意而为的理性,而是全球化的人类交往行为之必然的逻辑结果。

在主体全球性交往之事实中,至少存在如下两方面的规定性:

首先,主体间全球性合作的规定性。法律的全球化趋向在形式上表现为国家间的联合,但在实质上表现为主体间进行国际交往的必要。人类文明的进化,可以视做合作方式不断扩展的进化。如果借用哈耶克的看法,则是人类在合作基础上秩序不断扩展的进化:"我们的文明,不管是它的起源还是它的维持,都取决于这样一件事情,它的准确表述,就是在人类合作中不断扩展的秩序。"[③]主体之间的全球合作及其需求,奠定

---

① 法律文化研究中心:《法律的本质:一个虚构的神话》,载《法学》1998 年第 1 期。

② 在 2003 年 4 月 1 ~2 日于杭州召开的"第八次海峡两岸法学学术交流会"上,针对李双元先生所长期研究的法律趋同化问题以及他在该次会议上所作的关于国际私法趋同化的报告,学者们展开了热烈的讨论,其中笔者提出的主要的商榷意见是如何看待趋同化的前提——差异的存在以及与趋同化几乎同时存在的法律的差异化问题。只要法律的差异化存在,则其趋同化就是一个永无止境和不断逼近的过程,而不可能是全面实现之现实。

③ [英]F. A. 哈耶克:《致命的自负》,冯克利等译,中国社会科学出版社 2000 年版,第 1 页。另外,关于哈氏所强调的在"自然演进"基础上"扩展秩序"的思想,还可以参见汪丁丁:《哈耶克"扩展秩序"思想初论》(上、下),载《公共论丛·市场社会与公共秩序》和《公共论丛·自由与社群》,分别由三联书店 1996 年、1998 年出版。

了法律全球化的事实基础和需求根据。

其次,对主体全球性合作要求及合作行为的规制之规定性。尽管哈耶克坚决反对通过人们的主观构设来解决人类秩序的形成问题,并将之称为“致命的自负”,但是,人类秩序的实际形成,丝毫不能离开人类主观预设的贡献。问题在于这种主观预设是否建立在人类合作的需要基础上。法律在本质上是人类理智对主体交往需要的主观加工和构造,特别是自文字产生以来通过成文化的规范所表现的法律,更是如此。法律的全球化趋势及其规则表达,正是人类理智应对主体需要的结果。这种情形,就是法律对主体之全球化交往之规制的规定性。倘若缺乏此种规制,则全球化的主体交往最多只是愿望,而无法化为实践。

全球化背景下人类交往行为事实的上述规定性,表明了全球化法律的本质:法律在继续其“地方性”职能、反映“地方性”需要的同时,也在越来越明显地反映全人类需要并实现对全人类行为的规制。因此,它不仅是“地方性知识”,更不仅是“主权者意志”。只要更换一个角度,我们就会发现它在全球化背景下,也会是“普适性知识”和“全人类意志”。

四、法律全球化背景下主权国家的作用

我们以往所接受的法理学,大体上是局限于主权国家范围内的“内国法理学”,以至于有学者在论及国际法时也套用此种“内国法理学”的法理:“国际法也是由国家制定或认可的,不过这里的国家不是一个国家,而是由许多国家共同制定或认可的。国际法也是由国家单独地或集体地以其强制力保证实施的,也反映着各国统治阶级在相互斗争和合作中形成的意志,体现着国际间形成的实际社会关系,这种关系最终也决定于国际的生产和交换条件……”①尽管这种看法也反映了国际法得以存在的某种事实,但与此同时,它却忽视了因为法律全球化和国际化所导致的另一种事实:国家主权绝对化的明显松懈。

我们知道,在以布丹为代表的经典的主权学说中,“主权”一词所描述的是一个政治制度中的实体:“它的权威是绝对的、不可分割的和永久的。”②然而,在20世纪以降,随着国际化交往的日益增强,主权绝对性的观念日益受到批评:

“实际上,国家主权与教会或贸易协会行使的权力并无不

---

① 孙国华主编:《法理学》,法律出版社1995年版,第58页。

② [美]斯科特·戈登:《控制国家——西方宪政的历史》,应奇等译,江苏人民出版社2001年版,第22页。

同……(它们)行使只是在程度上而非种类上与国家的权力不同的一种权力……因此,国家的命令的效力并不必定是压倒性的,使其具有这种效力的理论是没有价值的。”①

如果说拉斯基们的批评还是出于对国家主权绝对化可能引致的暴政倾向的担忧的话,那么,当代法律全球化的事实更在实际地冲击和改造着传统的主权观念。其中核心在于主权观念的相对化。主权国家之所以能够成立国家间联盟,之所以能够达成和接受国家间联盟之规则,端在于国家主权之相对。在逻辑上讲,倘若国家主权是绝对的,则必然意味着国家主权要能够满足主体一般的需要(如秩序、安全、公正等),当国家有时无法满足人们的相关基本要求,而需要进一步借助国家间联盟的力量以实现之时,本身就表明国家主权的非绝对性,即相对性。因为绝对的主权意味着对主体无法自治地满足需要应绝对地保障和绝对地满足;否则,主权存在的合法性基础就难得说明,即只要国家存在无法满足主体之基本需要,而不得不借助国家间联盟的力量以满足,即表明国家主权的相对性。正是国家主权的相对性特征,才使抵抗权的合法性能够更好地得到说明②。

既然国家主权在法律日益全球化背景下是相对的,则把全球化的法律,特别是以国际组织为依托的法律仍然搭架在国家的立场上处理,显然有“以去年的皇历看今年的日子”之嫌。事实上,法律全球化的节节进展,正在日益打破自分析实证主义法学以来以主权国家为中心的法律,我们宁可说它是超国家的法律。当主权国家迫于全球化的要求而不得不修正其内国法律时,事实上已表明即使国家正式法律对国家的从属性也只具有相对的意义,而不具有绝对意义。可见,法律全球化也在说明国家主权的弱化(当然,主权弱化绝不是说国家主权无关紧要;相反,它仍然在社会主体的生活中扮演着极为重要的角色)。

法律全球化所导致的国家主权弱化这一事实,已经在客观上提出了在法律全球化背景下法理学所面临的一般性问题——法理学基础的重释问题。对主权具有支配性、超越性和指导性的法律还具有国家的强制性吗?究竟法律以权力为基础还是权力以法律基础?缺乏国家强制力

① 拉斯基语。转引自[美]斯科特·戈登:《控制国家——西方宪政的历史》,应奇等译,江苏人民出版社2001年版,第58~59页。

② 参见何怀宏编著的《西方公民不服从的传统》(吉林人民出版社2001年版)一书的相关论述。

支持的国际法在何种意义上是法律？国际法的法理基础与内国法的法理基础差别究竟何在？诸如此类的问题，倘若没有一种全新的阐释，则只能使其游离于现行法理分析框架之外，使得理性的规则缺乏理性之学理的承载。

五、法律的全球化与法学家关于法律普适性的努力

追求“放之四海而皆准”的普适性法律，过去是、现在也是法学家们努力所追求的理想。在中国，如下理想人们耳熟能详：

> “大道之行也，天下为公，选贤与能，讲信修睦。故人不独亲其亲、不独子其子。使老有所终，壮有所用，幼有所长，矜、寡、孤、独、废疾者皆有所养。男有分，女有归。货恶其弃于地也，不必藏于己；力恶其不出于身也，不必为己。是故谋闭而不兴，盗窃乱贼而不作，故外户而不闭。是谓大同。”①

而在西方，柏拉图的“理想国”虽然因其过分倚重于哲学家的智慧而遭人诟病，但作为一种伟大的理想，西方人并未放弃过追求这种理想的努力，无论是借助宗教（基督教）力量的说教（神圣罗马帝国）、军事武力的征服（“日不落”的大英帝国）还是规范化贸易力量的吸引（被誉为“经济联合国”的WTO），都不断在证成追求那种“理想国”的境界和普适性的规则，乃是西方人自古而然、魂牵梦绕的理想②。

这种简单的回顾，大体能够说明追问或者寻求在人类交往中的普遍性、规定性以及因此而产生的法律现象的确定性、普适性，是古往今来仁人志士之普遍关怀。人类关于普适性的追求从注重实质性的“大同世”“理想国”到注重形式化的法律，事实上是将普适性的理想从实质设定层面推进到形式操作层面。恰恰是此种形式操作——法律从“地方性”不断地向“全球化”的转化，使“理想国”从天上一步步落实到地上。在一定意义上讲，由利益需要、经济联系和商品贸易必然导致的全球化规则，是人类从小国寡民迈向天下大同的基本路径。为什么呢？这里需要说明与贸易活动同时存在的规范交易活动。

全球化的贸易乃是不同国度的主体间因为各自商品的余缺而相互

---

① 《礼记·礼运》，载《四书五经》（中），中国书店1995年影印版，第120页。

② 这种理想与价值关怀，仍然是东西方哲人们梦寐以求的。只要我们回顾一下20世纪以来东方国家的人民“为共产主义而奋斗”的历史，读一下西方世界的学界以“自由主义臣服天下”（如罗尔斯之《万民法》所设想的那样）的设想就不难明白：乌托邦一类的人类理想，实在不是脱离了人类生活的存在；相反，它们根植于“人类是会设定目的的动物”这一人之根本特征中。

交换的活动,但因此而导致的不仅仅是商品-物质交换本身,而且还包括与此相关的文化交换和制度交换。正因如此,全球化的贸易活动就像一个巨大而有力的涡轮,把一切社会现象——物质-经济现象、文化现象以及政治-制度现象都卷入到市场旋涡中。就内在规定性而言,法律的全球化趋势来自于在经济贸易过程中形成的制度交换。虽然在此种交换中,后发达国家总是处于依附性地位,就像在经济活动中的"依附性积累"那样,造成因依附地位而导致种种"不发达",但毕竟作为一种交易活动,它包含了交易双方和多方的"意思自治"。由此种积累所形成的相关制度,已经大大地超越了各交易主体原先所领有的制度规范和生活框架,成为交易主体各方所共同领有的全新的制度。

这种制度的形成,实质上是一种交易各方的对话活动。对话作为一种人类达成理解的基本方式,最典型地反映了人类合作与妥协的内在精神。它不仅是人们之间达成理解的基本条件,而且也是人们进行整体性合作的前提和条件。难怪自古希腊苏格拉底和柏拉图以来的西方思想家们,都对对话热情有加,而在古典的中国,先秦诸子,特别是孔子也对对话兴趣盎然。至于在当代学术中,以加达默尔为代表的哲学诠释学和以哈贝马斯为代表的"法兰克福学派",都把对话("商谈")作为重要的哲学问题进行探讨。①

引出对话观念对我们理解法律全球化趋势之于法学家关于法律的普适性追求有何意义?可以说,对话不仅是作为个体的对话者之间达成理解的条件和前提,而且同时也是社会群体间达成理解、妥协与合作的条件。对话所能导致的最大的合作成果就是某种制度的产出。当对话形成某种人们乐于接受的制度时,表明这种制度对接受它的人们本身具有明确和肯定的"普适性"。而当对话所生的某种制度规范具有被生活在全球的人们自觉地接受的效力时,毫无疑问,它就在全球具有普适性。

迄今为止,人类对话与合作最大的制度性成果就是具有全球化趋向之法律的出现。它不仅表达了人类在全球性交往中的制度安排,而且在此种制度安排的背后还充分表现着这一过程中的规则交换和意愿商谈,由此而致的必然规范效力就是法律从"地方性知识"逐渐变为"普适性知识"。虽然这种变化的过程应当是无止境的,但是,我们身处的这个时

① [德]加达默尔:《真理与方法》(上、下卷),洪汉鼎译,上海译文出版社1999年版;[德]哈贝马斯:《交往行动理论》(上、下卷),洪佩玉等译,重庆出版社1994年版。

代,人们已经在真切地品尝着这一变化的实际成果。这生动地表明:自古以来中外法学家们关于建立一种普适性规则和制度的理想并非来自他们的苦思冥想,而是人类交往合作的必然所在。

六、"普适性"与"地方性":法律全球化的悖论

诚如笔者在前文中一再提到的那样,法律的全球化(趋同化)不仅以各国法律的差异为前提,而且在法律全球化发展的同时,我们不时会看到法律的"地方性"发展趋向(其中主权国家在国际规则前提下越来越积极地追求独立、自主地决定其国家事务和民族事务的努力,"民族自决权"的公认等都是典型表现)。显然,这是两种对立的趋向,那么,法律全球化如何对待这两种相反的逻辑结局和事实走向?可能的选择大概有三:

一是以全球化为名,无视,甚至扼杀法律的地方性存在。我们知道,这是形形色色的殖民主义、西方中心主义和文化沙文主义所共同持有的立场。在这种立场下,任何在他们眼里不符合所谓"普适性"的法律规则、行为方式和生活模式都在其限制、否定,甚至消灭之列,于是,流传数千年的印第安文化(包括其组织秩序的"法律文化")几乎被消灭,其他古典文明中的法律文化也被冲击得七零八落。这样,所谓全球化,其实便只剩下"单边化"的全球化,这与对话-商谈理念格格不入。它非对话的结果,乃是征服的结果。

二是以"地方性"为名,拒绝一切对人类普遍价值的关注和追求,闭关自守,井底观天。这种情形,便是形形色色的极端民族主义、政治极权主义和宗教教旨主义。在那里,只有本民族、本阶级(利益团体)和本信仰(宗教)才值得尊重,不但与此相冲突的一切主张和规则在其拒绝之列,而且全人类利益及相关规则被赤裸裸的民族利益、阶级利益和宗教利益及相关规则所取代。法律只具有"地方性",任何关于全球化的信息都会被神经质地理解为"帝国主义文化侵略的结果",于是,法律的全球化即使真有可能,在这里也只是一场噩梦,而无任何可取之处。它的结局,与以"普适性"为名而扼杀"地方性"异曲同工,虽然自表面看去,"地方性"的法律会因此而繁星点点,但它也只能如一潭死水,日渐腐臭、萎缩。

三是包容"地方性知识"的全球化和尊重"普适性知识"的多元化。这是文化多元主义、价值普遍主义和对话-商谈主义的内在要求和必然逻辑结局。在此,所谓"普适性知识"绝对不是"地方性知识"的终结者;

相反,它是“地方性知识”之间的对话结果和逻辑提升,“地方性知识”的存在与沟通是它得以展现的前提。缺乏“普适性知识”,“地方性知识”就难以壮大。同样,所谓“地方性知识”,也不是“普适性知识”的对抗者;相反,它的存在是“普适性知识”的合法性基础。缺乏“地方性知识”,“普适性知识”也就必然会出现合法性危机。由此可见,第三种选择所导致的是在“地方性知识”和“普适性知识”间的理性互动,前者因后者而提升自己,后者因前者而展现自己,从而导生一种“地方性的普适性”。

显然,在如上三种处理两者关系的思路模式中,前两种模式无论如何都不应当成为我们的首选。尽管法律的全球化趋势来源于西方式经济模式的引导和推动,于是,作为强势文化的西方世界在这一趋势的形成中明显居于主导地位,但这绝不意味着其他民族和国家的法律创造和成果在这一过程中无关紧要。事实证明,世界越来越脱离了“训话的集合体”,“单极”或“两极”的世界越来越难以为继,“多极”的局面日渐浮出水面(尽管还有许多困难)。这样,世界的前景便是“对话的共和国”。法律的全球化就是顺应这种“多极”世界的对话要求而不是对抗宗旨出现的。

由此可见,在法律全球化(趋同)和地方化(变异)越来越明显地向两个方向发展的今天,正确地处理法律的“地方性知识”和“普适性知识”的选择,应当是上述第三种模式。因为只有在这里,我们才能尽情领略个性与共性的有机统一,深刻体会差异性与共同性的和谐共存。虽然,自表面看来,第三种模式近乎是一种乌托邦,然而,当今的世界已经使这一乌托邦日益化成为活生生的现实。尽管在这一现实中还存在诸多问题和缺陷,不过,没有了问题和缺陷,我们还会发展吗?世界还能进化吗?我们生活着还有意义吗?

七、法律全球化与法理的全球对话

由“普适性”和“地方性”关系所带来的,是“地方性”的普适性问题。所谓“地方性”的普适性,强调的是“地方性”及其所必然蕴涵的差异性、个别性本身是一个普在的现象。放逐了地方性、差异性、多元性,而强迫以某种理念中的“普适性”压制地方性,其结果只能导致“普适性的奴役”。一个人不能没有个性,甚至个性是人之所以具有主体性的关键所系,在制度上保障你不同于我,我不同于他的个性特征,是制度对主体性需要的迎合,制度因之也就迈向了人性的轨道;反之,制度就走向了非人道甚至反人道。同理,一个国家如果没有个性,不存在“地方性”,甚或通过普适性来消弭一个国家的地方性,必然意味着国际世界的霸道和专横,绝大多数国家的主体性只能屈从于某些国家的霸权性。由此,也就必然带出了一个问题:我们究竟要什么样的全球化和什么样的法律全球化?

全球化可以有完全不同的思路和类型,从主权国家参与全球化的程度、范围和方式来看,可以分为两种:一种是压制的全球化;另一种是对话的全球化。前者表明,全球化是以某种中心主义的价值观为核心,从而强迫地向边缘、向四周扩散和传播的过程,这种全球化,在本质上是一种压制的全球化。对边缘的国家而言,它们是被裹挟于其中的,它们是中心主义的被结构者,它们无可奈何地被裹挟进、结构进一种异己的力量中了,而自身原有的特质、传统、文化,要么变形,要么消失。所以,对处于边缘的国家和文化体而言,这是一个必然丧失其精神家园的过程,是一个不知根之所踪的过程,是一个“飘”的过程。所以,这一过程结束后,如何回过头来再痛苦地寻根,就是压制的全球化,或者“中心－边缘结构”的全球化必然带来的副产品。后者表明,全球化是一个不同的主权国家平等的对话、交流,并且相互结构的过程。尽管在这一过程中,存在强势和弱势、大国和小国、先进和落后等对比关系,但这些都不妨碍不同的主权国家平等的交流这样一种诉求。在国际社会中,联合国体系的建立事实上就提供了这样一种对话、协商的制度机制。对话的全球化不寻求中心对边缘的结构和裹挟,而强调对话主体的平等与协商,通过平等的协商和对话,对话主体之间相互影响,相互吸收,相互结构,从而形成一个多元互补、“阴阳”互动的结构体系。

法律的全球化也是一样。尽管近代以来的法律体系,基本上要么是以日耳曼人,要么是以盎格鲁－撒克逊人的规范模式和管理智慧为蓝本形成的,但这并不意味着法律全球化就是法律德国化、法国化、英国化或者美国化;反之,各主权国家都在寻求法律自主性和法律主权。因此,压制的法律全球化自从“二战”以后基本上寿终正寝,即使法律移植仍然是后发达国家法律发展的一个基本事实,但这一事实不是建立在压制基础上的,而是主权国家自主的吸收、消化,甚至最终使法律“国产化”的过程和结果。不但如此,随着一些后发达国家的经济发展模式和经验在国际竞争中越来越突出,它们在规范管理领域也越来越显自信。李克强就曾在德国媒体发表文章,强调中国会积极参与并帮助德国和欧洲渡过经济危机。显然,这不仅是一种经济上的自信,更是一种在管理经验和规范智慧上的自信。① 尽管人们可以对这种自信打些折扣,保持怀疑,但至少从中不难发现在经济崛起的过程中,后发达国家寻求在管理,特别是法律管理领域和发达国家的对话。所以,即使在法律领域,那种单向度的压制的法律全球化越来越招人唾弃,法律的全球对话、全球交流则更受人关注。

法律的全球对话和全球交流。换言之,对话的法律全球化,本身又蕴涵着极其深刻的法学问题和法理问题,甚至它必然要求法理的全球对话。这至少包含着两个方面的问题:

一方面,法律全球化要求法学家对全球法理的来龙去脉、发展大势、尖端问题、前沿态势等有清楚的把握和了解。不但对国际法律学术界所研究的一般问题应有所了解,而且也对不同国家、不同地区之法律学者所研究的问题有实质性的把握。因为法理的全球对话,即意味着要和全球的法律学术潮势进行对话,也意味着要在法律学术领域进行国别对话。这对法学家而言,显然提出了很高的要求,对国际学术潮势的把握,并不是通过一次狂飙突进的法学引进运动就能够完成的,法学篇章的引进、法学学术词汇的记忆、法学论证方式和风格的欣赏,都不意味着学者对人家法学精髓、法学语词表达背后的制度结构、经济结构乃至社会结构就有了十足的了解,所以,真正把握国际法律学术界的动态以及他们研究的理论成果,把握不同国家法律学术界的动态及其理论成果,乃是一个需要冷静潜沉、严肃认真、积累消化、身体力行、吸收提升的过程。在这一过程中,虽然不免会抱着我们的前见,去观察别家的法理,以自己固有的身份和结构,去拆解别人的理论建构,但无论如何,没有这样一个过程,就只能形成一种想象的全球化的法理。因之,即使一位法学家对国内法学情况了如指掌,但在进行法理的全球对话时,可能只会无的放矢,这样,和人家的对话就不得要领、无关宏旨。所以,法理的全球对话,必然意味着法学家要对全球法理发展的状况有全面、系统、准确的了解与把握。

另一方面,知彼知己,百战不殆;知彼知己,方能自己。法学家对外

① 李克强在文中指出:“中国支持欧盟采取一揽子金融稳定措施、帮助一些国家应对主权债务危机,促进经济全面复苏和稳定增长。”参见李克强:《以更加开放的姿态面向世界》,载《南德意志报》2011 年 1 月 5 日。全文见 http://news.cn.yahoo.com/xinhua/article.html? id = 241988&pageid = 1,2011 年 1 月 6 日访问。

域法律理论掌握得再多，而对国内法理不甚了解，或者自身在法理上无所创造，那么，不但无法和别人进行有效的对话，而且只能让别人牵着鼻子走。自身的法理知识，也被结构进别人的框架体系中，从而成为单向度的被征服者，而不是双向度的相互结构和相互影响者。面对我国目前法理发展的状况，这一点尤为严峻。在我们自身缺乏必要的法理贡献的背景下，我们拿什么和别人进行法理对话？所谓巧妇难为无米之炊，用在此情此景中，可谓妥当。而我们的法理创造，又必须是一个既瞄准国际潮势，对国际交往的社会结构和可能蕴涵的法律意向进行认真观察、深入反思和严密论证的活动，同时，又必须是一个面对国情，对我们固有的、创新的法理贡献，公民交往结构和方式重新挖掘和反思的过程。显然，它需要对世情、对国情的共同了解，它需要会通古今和中外，它需要媒介古今中外的"冰人"，需要卓越的法学家。这样的法学家不会望洋兴叹，也不会妄自菲薄，他们必须有一种"新的综合"工夫和能力，才能够创造出足以进行国际对话和国别对话的法理，也才能够在法理的全球对话、国别对话、学者对话中，彰显我们的法学家作为对话者，不仅是"跑龙套"的，而且更是具有结构性能力和影响效果的参与者。这意味着，不但别人的法学思想、法律理论打动和影响着我，而且我的法律思想、法学理论也在打动和影响着别人。这就是法律的全球化所要求的法理的全球对话。

八、对话的全球化与民间规范的作用

法理的全球对话至少有三个向度：一是法律全球化之不同主张之间的对话，二是地方性知识和普适性知识之间的对话，三是地方性知识和地方性知识之间的对话。在这三种不同向度的对话中，其中后两者都涉及地方性问题。而要谈到法律及与法律相关的社会规范的地方性问题，民间规范就是绕不开的一个话题。所以，在我看来，对话的全球化，无论是法律的对话，还是法理的对话，都可能关涉民间规范的问题。

在我国，民间规范大体上是规范主体日常生活和日常交往的规范体系。如果把人们交往的秩序分为正式秩序和非正式秩序的话，那么，正式秩序所表达的基本上是以法律为核心构筑的主体交往体系，而非正式秩序所表达的基本上是以民间规范为核心所构筑的主体交往体系。值得注意的是，在有些国家，正式秩序和非正式秩序，正式制度和非正式制度，具有紧密的内在关联，特别是在那些具有法治原生性质的国家，法治本身对他们而言，在文化传统上，是一种哈耶克意义上自生自发的秩序

类型,其特点是:

> “自生自发秩序的形成是不同的个人和群体在公正的行为规则中,根据自己的知识追求各自的目标的过程中的相互冲突和相互协调的循序渐进的试错的结果。”①

所以,法治秩序,或者正式秩序本身就生长在非正式秩序的土壤上。这必然使得在这些国家,大传统和小传统、正式制度和非正式制度、正式秩序和非正式秩序之间,并不存在根本的不睦。

但是,法治后发达国家,情形就完全不同,由国家法律所调整的正式交往秩序,主要是一套移植而来的舶来品,它并没有内生于非正式交往秩序和民间规范的基础上;反之,它还在很多情形下,是民间规范和非正式交往秩序的否定者,这就必然导致大传统和小传统、正式制度和非正式制度、正式交往秩序和非正式交往秩序之间的不睦、反对甚至对抗。诺思认为:

> “当正式规范在根本上改变,而非正式规范并没有改变,从而导致二者之间出现不一致时,正式规范与非正式规范之间所产生的紧张关系可能导致长期的政治不稳定。”②

可见,如何协调这两种不同的交往秩序类型,是在处理全球化问题时,法理所必须面对的问题。对此,可以采取无视、反对,甚至放逐非正式交往秩序和民间规范的方式,强迫人们必须遵循正式法律的模式,如我国历史上的“剪辫法令”,就通过正式法律的强制方式,迫使人们必须剪除辫子;也可以采取在积极推进法律全球化的同时,时刻关注公民交往的非正式秩序模式,关注民间规范在一个国家秩序构造中的可能作用和贡献,寻求正式制度和正式交往秩序在这个国家生根、发芽、开花和结果的有效土壤,注重正式制度和非正式制度、正式交往秩序和非正式交往秩序之间可能的合作和互补,从而让民间规范在一定意义上参与到正式秩序的构造中,而不是游离于正式秩序之外,或者成为正式秩序所打压的对象。

这就意味着在法律全球化背景下,在寻求对话的全球化、寻求全球性的法理对话的预设下,对内生于一个国家的民间规范必须予以关注。

---

① [英]弗里德里希·冯·哈耶克:《经济、科学与政治——哈耶克论文演讲集》,冯克利译,江苏人民出版社2003年版,第343页。

② North. D, *Institution*, *Institutional Change and Economic Performance*, Cambridge University Press, p. 13.

因为内生于一个国家的民间规范，不仅仅意味着它是一种历史陈迹，尽管不排除它的历史文化因素，而且意味着它是一个国家、一个民族的现实创造，意味着某种历史上遗留下来的规范在现实生活中依然发挥着活动的、规范人们交往行为的实际作用，是人们交往行为中秩序的构成性因素，而不是否定性因素。本森就曾强调：

> “建立于交易基础上的一个习惯法的私人体系不只是可能的，而且具有历史上先例强有力的支持。事实上，通过历史习惯得出的许多内容在决定判决规则时比成文宪法、法律或先例更为重要。”①

对这样一种活动的、流动在人们交往行为中的民间规范和秩序类型熟视无睹，至少让我们进行全球性法理对话时，失却了一种对话的凭借和资源，失却了一种对话的论证理据和说服力。所以，在法律和法理的全球对话中关注民间规范，并不是多此一举。只要一个国家想以主体的而不是客体的身份活跃在国家世界，那么，对其国民日常交往之规范基础的关注就应是天经地义的；否则，只能在规范模式上、在生活方式上亦步亦趋于他人，失却自身的主体性。笔者认为，具体说来，民间规范在法律和法理的全球性对话中，在对话的全球化和对话的法律全球化的实现过程中，可以起到如下作用：

在法律的全球对话中，民间规范为地方性秩序的现实性、正当性和实效性提供一种必要的规范支持，从而使对话者以参与者的身份对话，并进而推进民间规范对国际交往秩序的渗透、参与，从而结构国际交往秩序。如前所述，全球化过程中面临的一个重大的问题就是普适性和地方性的关系。在笔者看来，在关注日常人们所谓普适性的同时，还理应关注“地方性的普适性”。对法律的认识，法价值论者和规范论者更多地强调法律的一般性和普适性，而法社会学者、法人类学者和一些现实主义法学者，更强调法律的地方性和当下性。在前文中，笔者已经引用了吉尔茨关于法律就是“地方性知识”的观点，②这里再次提到这一观点，是想说明在对话的全球化中，在全球的法律和法理对话中，对话者对话

---

① Bruce. L. Benson, *Customary Law with Private Means of Resolving Disputes and Dispensing Justice: A Description of a Modern System of Law and Order without State Coercion*, Vol. XI, No. 2, Journal of Libertarian studies(fall 1990).

② [美]克利福德·吉尔茨：《地方性知识：事实与法律的比较透视》，邓正来译，载梁治平主编：《法律的文化解释》，三联书店 1994 年版，第 73 页以下。

的基础性根据，就是对地方性的强调。这种强调不是说要通过地方性取代或抵消全球性、普适性，而是让地方性以主体的身份参与到全球性当中。民间规范作为地方性秩序和非正式秩序的主要缔造者，自然会成为这一对话的规范内容甚至规范基础。所以，在全球化进程中，特别是在对话的全球化这样一种预设中，如果抛弃了民间规范，就意味着抛弃了对话的重要前提和基础，就意味着对话变成了训话和接受，就意味着对话的秩序结构模型变为压制的秩序结构模型，最终结果是形成一种专制的压制型秩序体系，而不是人们孜孜以求的民主的对话型秩序体系。

在法理的全球对话中，民间规范的基本作用是迫使法学者寻求对话的地方性资源，论证这些地方性资源存在的现实性、合理性和有效性，一方面，形成足以和其他国家的地方性因素对话的条件和学理；另一方面，寻求在和“普适性”价值对话时，使地方性因素结构到普适性的逻辑体系中，以表明地方性本身的普适性，并缔造在地方性基础上的普适性。显然，对于法学家而言，这是一个需要眼睛向下，充分挖掘民间规范，并寻求其中精华和糟粕，去粗取精，反思加工的过程。这必然反对法学家的亦步亦趋，要求法学家的综合创造。所以，法理的全球对话，必然意味着法学家不能在民间规范面前，总是昂着高贵的头颅，无视芸芸众生的规范生活；反之，他们必须端视人们交往秩序的事实，端视民间规范的实存和实效，并在此基础上型构全新的法理，真正促成法理的全球对话，而不是法理的训话，进而让这种法理资助一种新的全球交往模式：对话的全球化的形成。

社会变革、法理学的进路与民间法*

共和国六十年的历程,可以用社会变革的字眼来一言以蔽之。无论是从新民主主义社会向社会主义社会的转型,还是从计划经济模式向市场经济模式的变革,都表明社会变革构成共和国六十年的基本面貌和主线。随着社会变革之大潮,包括学术研究在内的一切社会活动,无不受时局变革的影响。法理学作为与国计民生关怀、社会秩序构建密切相关的学问,自然也不可能不考虑社会时局的变化因素。倘若立基于这一视角考虑和观察,可发现,近六十年来,我国法理学发展有一条比较清晰的路线,那就是和我国社会变革相因应,走过了从价值呼唤到社会实证再到规范分析的发展理路。

一、价值选择与政治变革

在共和国的前三十年,虽然没什么严格的法学,甚至在"文化大革命"之后,全国的政法院系基本上被取消、解散,①但是,法律意识形态却存在着。即使那些在"文化大革命"前后批判所谓资产阶级法权的社论式文章,也在表达着一种价值追求和法律意识。②在这一过程中,把法律解释为阶级矛盾和阶级斗争的

---

* 本文主要内容原载《法学论坛》2009年第5期,本书收入的是其扩展版。

① 参见汤能松等编著:《探索的轨迹——中国法学教育发展史略》,法律出版社1995年版。

② 如当时发表的署名文章《破除资产阶级法权思想》(载《人民日报》1958年10月13日),就是一种具有代表性的观点,尽管"资产阶级法权"的概念源自马克思。

工具,可以说几乎是一以贯之的。正是根据这一观点,在政治上,完成了国家大体独立、统一的共和国,从其成立伊始,就强调要废除代表剥削阶级利益的旧法律和旧法统。① 这种法律观念,直到改革开放以来的20世纪80年代,仍然是我国法理学界界定法律本质问题的主流观点。甚至在今天,依然是对国民进行法治理念教育时的一种重要的参照。②

事实上,无论人们如何看待这种学说,但在笔者看来,法律的"阶级斗争论",其实也是一种在价值路向上对法律作出的解释。尽管对法律的这一解释相当粗糙,甚至不无武断,但毕竟它是在那个特殊的、急剧变革的历史时代里,对法律的正统的、唯一的界定。因为这种界定借助了官方的、意识形态化的手段,所以,这一解释,也在长期以来影响着我们这个民族的法律思维,也影响着法学家的法律思维。法律的"阶级斗争论",一方面,在一定程度上承继了法律"主权者命令说";另一方面,也接续了古典中国的一些法律思想,特别是法家学说的法律思想。既然法律是主权者的命令,那么,主权者本身是一个"三十年河东、三十年河西"的问题,因此,"皇帝轮流做,今日到我家"。以往历史上少数人当权的政权结构,如今被普遍的人民大众所取代,这就需要从根本上形塑一种全新的法律理念,这一理念就是法律的人民意志论。法律是对敌实行专政的武器,是对民实行民主的手段。在这里,法律之"阶级斗争论"的价值理念昭然若揭。

只是有关法律的这一价值学说,尽管关注到了以往法律史上普遍存在的一种事实,但同时忘记了法律的一些一般性问题,特别是法律的普遍价值,如法律对秩序的缔造,其作用不仅方便主权者,同时也一般地会方便其他所有主体。法律上的权利义务配置,不是只作用于当权者的,它一旦制定,便有"天下所公共"的功能,便有"君臣、上下、贵贱皆从之"的效力。这就是法律在价值上的普遍性。但法律的"阶级斗争论",却把法律的这种普遍性价值和功能舍弃了,而坚持法律就是阶级斗争和阶级镇压的工具。自然,这样的法律价值理念无法获得一个追求和平、和谐、

---

① 《中国人民政治协商会议共同纲领》第17条规定:"废除国民党反动政府一切压迫人民的法律、法令和司法制度……"

② 例如,朱苏力的引起学界重大争议的《社会主义法治理念与资本主义法治思想的比较》(笔者所见到的只是网络版,见 http://news. xinhuanet. com/legal/2008 - 06/17/content_8386868. htm,没见到其他正式版本)一文,尽管没有公开标举"阶级斗争法学"的大旗,但仍然有相关法律意识形态的影子。作者对"社会主义法治理念"的表述,与其说是强调中国法治之国情的独特性,毋宁说是对在该法律意识形态下所形成的国情的认肯。

安定和平等的国家的进一步认可，于是，人们在其他视角转而寻求法律更为普适的价值，使法律的治理获得更进一层的合法性，就是一种不难预期的选择。但无论如何，说法律的"阶级斗争论"是一种有关法律的价值学说，大体上是成立的。

改革开放以来，法学界的重要任务是因应政治的倡导，强调法制，恢复法学。但在法理学上，至少在20世纪80年代前期和中期，"阶级斗争法学"还基本主宰着法理学的研究和教学，某些时候，人们甚至不敢越雷池一步。在这期间，有关"人治与法治"之争，有关"法律的阶级性、社会性和人民性"之争等，[①]更进一步深化了价值呼唤的法学，深化了人们在多视角上对法律价值问题的思考。尽管在这些讨论中，法律的"阶级斗争论"仍然呈现着强劲势头，但法理学界毕竟挣脱了单调的法律"阶级斗争论"的说教。即使这时的争论和价值辩驳还自觉或不自觉地带有意识形态的色彩，但多元学术观点本身的存在，为其后在价值视角上展开的法理学研究和争论奠定了一定的学术基础。

如果说在20世纪80年代以前及80年代前期和中期的法理学争论，仍然更多地围绕着某种意识形态而展开的话，那么，到了20世纪80年代后期、90年代前期，相关的争论更多地表现为学术上的价值之争。仅就法理学界而言，笔者认为如下几次争论——"权利本位与义务重心"之争，"人权与主权"之争，"法律价值"之争，不但都围绕着法律价值问题而展开，而且相关争论的学术性也得到凸显。起始于1986年的"权利本位与义务重心"问题的讨论，一方面，是共和国成立以来我国法学界认真思考法律内部问题的一次学术论争；另一方面，因为权利和义务这一对概念本身所指涉的明显的价值属性，以及中国社会变革的时代特征，使这一讨论更具有强烈的价值色彩。权利本位论的价值指向，直接针对共和国前期在法律上对公民权利问题的保障不力，对国家权力的过分张扬，是企望借助权利的力量，制约国家权力的非法和无所不在。而义务本位论的价值取向，直接针对人们交往行为的秩序。法律作为社会秩序的调整器，必然要求人们在相互交往中，不但能各自获取权利，而且能各自恪守义务。否则，法律的秩序价值就难得呈现。

"权利本位和义务重心"问题的讨论，几乎让当时活跃在法理学界的老、中、青三代学者都介入了，如郭道晖、李步云等老一辈法学家，张文

---

① 相关的争论及其观点，参见《法治与人治问题讨论集》，中国法制出版社2003年版；《法的阶级性与社会性问题讨论集》，群众出版社1987年版等。

显、郑成良、徐显明、林哲、张恒山等中年法学家以及葛洪义、孙笑侠等青年法学家，都参与到对权利本位和义务重心问题的研究和讨论中。不过如果今天对相关的研究成果再审视的话，不难发现，这一讨论中的观点，仍然主要属于价值性的研究，而不是有关法律的社会问题或规范问题的研究。[①] 对这次学术争论，笔者一直评价甚高，认为是我国法学从依附于政治意识形态迈向独立的重要标志。[②] 自此之后，我国法学特别是法理学开始了相对自主的学科建设。尽管随着政治形势而跟风的现象在法理学研究和教学中并未完全避免，但一味追求政治风向，注解政治意识形态的法学"研究"和教学倾向，却因之而大为改观。

特别值得一提的是，由"权利本位和义务重心"的讨论所进一步引发的对法律价值问题的学术热情，即法学之价值呼唤的研究路向，到 20 世纪 90 年代初期，进一步发展为法学界有关人权问题的研究和争论。众所周知，对人权问题，共和国成立以来一直到 20 世纪 90 年代中叶，在政治家那里基本倾向于阶级的人权，否定普遍的人权或人权的普遍性。但在法理学界，即使在政治形势很不利于学术研讨的情形下，学界同人依然能甘冒风险，坚持对人权和主权问题的深入探讨。[③] 这几乎成为 20 世纪 90 年代初中国学术界最璀璨的学术争点。这样坚持不懈的讨论，最终推动政府接受了人权普遍性的观念，同时也接受了在人权问题上的国际对话，摒弃了在人权问题上一味和西方对着干的情形。在一定程度上赢得了国际社会对中国人权问题、人权主张的进一步了解，促进了中国人权主张和人权实践的展开，甚至以此为基础，展开了有关国际性的人权研究的对话。人权研究的这种情形，依然在当今中国的法学研究中占有重要的地位。目前，在全国各学术研究机构设立了近四十家专门的人权学术研究机构。[④] 人权法学作为在法律上寻求和论证价值问题的学问，或者作为在价值路向上的法学研究，已然成为当下中国多元法理学中具有独特地位的一元。它既表明中国法理学研究手段的变化，也表明

---

① 这一争论的主要观点，参见这一期间出版的《中国法学》《政治与法律》《社会科学战线》等学术刊物。

② 谢晖：《价值重建与规范选择》，山东人民出版社 1998 年版，第 315 页以下。

③ 相关问题的探讨，不仅在法学界展开，而且也在哲学界、政治学界积极进行。但毫无疑问，法学界特别是法理学界对这一问题的探讨更具有代表性。其讨论成果，主要发表在当时的《中国法学》《哲学研究》等刊物上。

④ 这是笔者从由中国人权研究会牵头，于 2009 年 5 月在广州大学举办的"全国人权研究机构经验交流会"上得到的消息。

这一研究和中国政治变革的内在关联。

二、社会实证与社会变革

从20世纪80年代末到90年代伊始，我国法理学界的研究，在坚持从价值路向上探究法律问题的同时，又出现了朝另一个方向努力的明显变化，这就是社会实证或文化关注视角的法理学研究在我国的异军突起。过去一味地强调价值呼唤的法理学研究，随着我国大规模立法任务的一步步展开和实践，转向了对法律进行社会实证或文化解说的研究。于是，社会实证的基本方法，文化剖析的基本理念，被国内法理学者初步掌握并运用。这种研究的缘起，乃是基于对法律之中国问题的关怀和关注。纵观近二十年来，我国法理学者在社会－文化实证方向上的法学研究，又可以具体划分为如下几种思路或路向：

第一，"法律文化论"的研究路向。这就是以梁治平为代表的一些学者的研究思路。早在民国时期，瞿同祖先生就开始了这方面的卓越探索。而在20世纪80年代后期，法学家梁治平就借助对比较法律文化的研究，既强调在文化视角上解释法律、说明法律的重要性，更强调要在"同情地理解"的立场上对待中国传统法律文化，与此同时，也对待当代中国的法制建设。[①] 他的研究成果，被称为"法律文化论"。这也是最近二十多年来在我国最有影响的法学主张之一，是一种大体摆脱了政治意识形态束缚的、纯粹学术性的探讨。如果说在当时，这种研究风格、研究方法在法学界独树一帜的话，那么，其后的实践证明，恰恰是这一探索的独特路径，为后来中国法学的多元化发展，特别是为社会实证的法学研究，奠定了必要的前提。尽管其提供的，主要是一种分析思路和框架。

第二，"本土资源论"的研究路向。在梁治平研究的基础上，接着，从国外留学归来的朱苏力甫一回国，就狂飙突进般地提出了影响我国法学多年、至今仍余音绕梁的所谓法制建设的"本土资源论"。尽管在社会学的实证方法上，朱苏力并没有作出多少贡献，但其通过一些个案，甚至有重大影响的影视资料，借用社会分析、经济分析、语境分析等方法，对中国国情所作出的法律剖析，直接推进了中国法理学的多元化发展。事实上，朱苏力的研究，代表了另一风格的社会实证路向，他并不关注田野调查之类的社会实证，而特别关注具体个案，或社会典型事件，或者文学作

① 梁治平：《法辨》，贵州人民出版社1992年版；梁治平：《寻求自然秩序中的和谐》，上海人民出版社1991年版；梁治平：《清代习惯法：国家与社会》，中国政法大学出版社1996年版；梁治平：《法律的文化解释》，载《中国社会科学季刊》1993年第4期等。

品中虚拟的典型事件,以解剖中国法制发展中可能遇到的特殊问题。他每每从微观问题入手,得出的却是宏观的有关中国法治发展的结论。[①]这种对中国问题的刻意关注,影响了一大批法学研究者。

第三,“法治建构论”的研究路向。这主要以在海外留学,并长期工作在海外的季卫东为代表。众所周知,他现在是上海交通大学法学院的院长。季卫东的研究,尽管也不能用严格的社会实证理论来说明,但他对西方社会学理论的娴熟运用,特别是对社会工程学理论和社会结构理论的熟练掌握,使其把法治建设问题成功地“装置”在这样的社会理论框架中,并不时地把社会的普遍问题和法律的控制原理相结合,把法治的普遍问题和中国法治的途径问题相参照,提出了一些发人深省的学术观点。[②] 甚至在一定意义上讲,季卫东的研究,每每介乎法社会学和规范法学之间,即使是他对法律与社会问题的研究,也能够恰当地围绕着法律的内在问题而展开,不至于让人们感到其所言的不是法律问题和法学问题,反而是法律之外的其他问题。这是季卫东和梁治平、朱苏力等很不同的地方。

第四,“现代化论”的研究路向。中国近代以来的社会变革路向,基本上围绕着现代化这个主题而展开。作为现代化进程的制度成果,法制现代化问题的研究也受到法理学界的格外关注。在这一路向的研究上,不但形成了吉林大学以姚建宗、黄文艺为带头人和南京师范大学以公丕祥为带头人的两个学术团队,而且在其他学术机构也有相关研究路向的重要代表人物。同时,这一研究还和法律全球化理论、法律移植理论、法律继承理论等交织展开,从而形成我国在社会实证视角研究法理学问题的一个重要方面,也出版和发表了一系列论著。[③] 特别是公丕祥主编的

---

① 苏力:《法治及其本土资源》,中国政法大学出版社 1996 年版;苏力:《送法下乡》,中国政法大学出版社 2000 年版;苏力:《法律与文学》,三联书店 2006 年版等。

② 季卫东:《法治秩序的建构》,中国政法大学出版社 1999 年版;季卫东:《宪政新论——全球化时代的法与社会变迁》,北京大学出版社 2002 年版等。

③ 相关的代表性论著主要有:公丕祥:《法制现代化的理论逻辑》,中国政法大学出版社 1999 年版;公丕祥:《中国的法制现代化》,中国政法大学出版社 2004 年版;蒋立山:《法律现代化:中国法治道路问题研究》,中国法制出版社 2006 年版;姚建宗:《法律与发展研究导论》,吉林大学出版社 1998 年版;姚建宗:《法治的生态环境》,山东人民出版社 2003 年版;黄文艺:《当代中国法律发展研究》,吉林大学出版社 2002 年版;黄文艺:《全球结构与法律发展》,法律出版社 2006 年版;周永坤:《法理学——全球视野》,法律出版社 2000 年版;高鸿钧:《现代法治的出路》,清华大学出版社 2003 年版;高鸿钧:《商谈法哲学与民主法治国》,清华大学出版社 2007 年版;郑永流:《法治四章》,中国政法大学出版社 2002 年版;冯玉军:《全球化与中国法制的回应》,四川人民出版社 2002 年版;朱景文主编:《全球化条件下的法治国家》,中国人民大学出版社 2006 年版;谢晖:《价值重建与规范选择——中国法制现代化沉思》,山东人民出版社 1998 年版等。

《法制现代化研究》系列出版物,成为这一研究路向的基本展示窗口。

第五,"社会实证论"的研究路向。在这方面,朱景文的研究具有代表性。多年来,中国人民大学的法理学以马克思的社会存在决定论(历史唯物论)为指导,在法学研究和教学方面就注重社会对法律的决定作用。毕业于中国人民大学并长期在中国人民大学从事法理学教学和研究的朱景文深受这一传统的影响,但又不拘泥于这一传统,而是同时把西方法社会学的理论运用到分析中国法律的现实问题上。[①] 特别是他借用官方公布的一些文献资料所进行的实证研究,在我国法律的社会实证研究方面别具一格。尽管这种实证方法,依然不是田野调查式的社会实证,但研究者们在研究过程中,对官方资料的娴熟运用和学理梳理,已然打开了我国在法学研究中社会实证的一种思路。

第六,"民间规范论"("民间法论")的研究路向。随着法律多元化理论在我国被逐渐接受,对国家法之外的民间法、民族习惯法、宗教法等的研究,在我国方兴未艾。分布在全国各地的不少法学者不约而同地关注起国家法之外的民间法、民族习惯法问题。原因是在中国独特的国情下,社会秩序的构建,并非一统全国的国家正式法律所能完全胜任。更重要的是,受所谓现代化思潮和理论的影响,急于"追赶"现代化的中国既有法律,过分突出法律的国家主义色彩,使法律本源自社会的理念大打折扣。"民间规范论"的研究路向,就是把法律从国家主义本位的立场上,适当地移位到国家与社会并重的立场上来。在这方面,分散在全国各地的学者,已经出版了大量的学术专著。[②] 其中不乏真正站在社会实证和人类学角度所作出的仔细研究和考察。而连续 8 卷的《民间法》年刊的发行、连续五届的"民间法 · 民族习惯法"系列学术研讨会的举办、"民间法文丛"的出版、连续 5 年的《山东大学学报 · 民间法专栏》的开设、连续 4 年的《甘肃政法学院学报 · 民间法 · 民族习惯法专栏》的开设等,进一步推动了这一研究在国内法学界,特别是法理学界的影响。

第七,"替代性纠纷解决论"的研究路向。在这方面,具有代表性的学者是范愉、徐昕、桑本谦。范愉留学日本归来后,把主要学术精力放在

---

① 参见朱景文:《比较法社会学的框架与方法——法制化、本土化、全球化》,中国人民大学出版社 2001 年版;朱景文主编:《全球化条件下的法治国家》,中国人民大学出版社 2006 年版等。

② 由于相关专著以及代表性研究者较多,限于篇幅,本文就不一一列举。感兴趣的读者可参见自 2006 年以来,登载于每年度《山东大学学报》(人文社会科学版)第 1 期上的"民间法研究报告"。

替代性纠纷解决机制的研究上。她的研究,既有对国外相关实践的考察和研究,也有对国内在纠纷解决中相关实践的考察和研究。同时,其研究不仅专注于实证,而且提出了一系列富有启发的理论思考。[①] 如果说范愉的研究所关注的是一种更加宽泛意义上的替代性纠纷解决机制问题的话,那么,徐昕的研究则专注于私力救济这样一种独特的替代性纠纷解决机制。他通过社会实证而对私力救济问题的研究,是我国法学界社会实证研究的典范,其研究结果,也是替代性纠纷解决机制研究方面最扎实的成果之一。[②] 而桑本谦虽然没有从事过深入的社会实证,但他对私人惩罚问题的理论模型设计,对私人惩罚本身的理论研究,尤其是他站在成本—效益视角对私人惩罚和公共惩罚之成本的比较,为分析相关的问题提供了一条独特的理论思路。[③] 众所周知,纠纷解决是法律最重要的使命之一,法律的目的,既是设立一种预防性措施,同时也是为纠纷的出现提供一种普遍解决纠纷、救济秩序的公共措施。但是,法律自身的特征,决定了在这个瞬息万变的时代,特别是在一个大国里,运用其解决纠纷有时候会出现捉襟见肘的情形,这或许正是研究替代性纠纷解决机制的基本缘由所在。

综上所述,我国法理学研究中的社会实证,在如上 7 个路向上分别进行,并正在不断地开花结果。完全可以说,社会实证方向的法理学研究,正在我国蓬勃地发展着。它使法理学更趋于学理化和学术化,使法理学委身于意识形态,或者必欲和意识形态对立的状态得到了明显的改善。这为我国法理学的多元化发展真正奠定了基础。

而我国法理学之所以在社会实证视角上会出现如上蓬勃发展的情形,基本原因就在于我国社会急剧变革的现实,以及我国文化和社会结构迥异于西方的事实,这促使法学者在研究一般法律价值的基础上,转而寻求法治的中国问题和中国模式,寻求在中国的文化、社会基础上建设中国的法治,寻求普适性的法律移植到中国之后,其社会运行效果的实际性状,并进一步促进中国法治的展开、发展和落实。因之,社会实证视角的法理学研究,实际上所表达的,就是在中国社会变革背景下,法学家对法律问题的关照。因此,这也是一个和中国社会变革紧密相关的探

---

① 范愉:《非诉讼纠纷解决机制研究》,中国人民大学出版社 2000 年版;范愉:《纠纷解决的理论与实践》,清华大学出版社 2007 年版等。

② 徐昕:《论私力救济》,中国政法大学出版社 2005 年版等。

③ 桑本谦:《私人之间的监控与惩罚》,山东人民出版社 2005 年版。

求方向和探索领域。

三、规范研究与法律变革

随着在价值方向和社会实证方向上我国法理学研究的逐渐深入，也随着我国立法及法律体系的日臻完善，以及法律对主体交往行为的影响日深，法律以及以法律为中心所展开的实践活动，作为一种制度事实对人们的交往行为所起的作用越来越大；法律及其相关的制度事实，越来越具有独立的研究价值和必要。法律实践所面对的迫切问题，尽管还有立法层面的，但更多地、更尖锐地呈现出来的，是如何把法律运用到实践中去，以法律来构造社会秩序的问题。正是在这一背景下，在20世纪末，特别是进入21世纪以来，我国法理学的研究明显地出现了一种“向内转型”的研究脉络。这就是规范分析方法的兴起和规范法学的起步。

严格说来，作为独立的、自在的法理学的正宗问题，就是对法律规范内部的问题进行研究，这是自从奥斯丁的《法理学的范围》一书出版以来，被法理学界所基本接受的观点。在这一意义上看，衡量一个国家法理学发达与否的基本学术参照，应是规范研究的状况，而不是价值研究、社会实证研究的状况。尽管后两者的研究，对法理学本身而言，也很重要。基于此，笔者认为规范分析方法或者规范法学在我国的起步，为我国法理学学科之独立、自在的发展，迈开了有价值的步伐。就我国目前规范研究的现状而言，可以归纳为如下诸方面：

其一，“规范基础论”的规范研究路向。其基本研究路向，是对法律规范的一般问题、基础问题进行探究。在这方面，初步形成了几支学术团队：一个是浙江大学以孙笑侠、林来梵为代表的学术团队。这个团队从一开始就强调要“返回法的形而下”，关注法律内部问题的研究。他们对法律程序问题的研究、对规范宪法学的研究、对司法裁判问题的研究，在国内法学界相关研究领域，都具有代表性。① 另一个是华南理工大学以葛洪义为代表的学术团队。到目前为止，在那里已经形成了一支重要的研究法律规范一般问题的学术团队，特别是葛洪义本人的研究，很具有代表性。一方面，他在全国首创了有关“法律方法与法律思维”问题的系列学术会议，首次主持并出版了《法律方法和法律思维》的系列出版物。另一方面，他本人的研究成果，更倾向于规范基础理论问题领域。

---

① 参见孙笑侠：《法的现象与观念》，山东人民出版社1999年版；孙笑侠：《程序的法理》，商务印书馆2005年版等；林来梵：《宪法规范与规范宪法》，法律出版社2001年版等；陈林林：《裁判的进路与方法：司法论证理论导论》，中国政法大学出版社2007年版等。

而其学术团队成员，也出版了一些值得称道的规范基础理论方面的作品。[①] 再一个是山东大学以谢晖、陈金钊为带头人的学术团队。该团队近些年来，强调对规范内部之具体问题的研究，并且在教材建设、学术研究上，都注意团队成员对规范基础问题的研究。特别是该团队所培养的一些硕士、博士研究生，在其硕士或博士论文选题上，关注法律内部一些具体词语的学术研究和梳理，应当说这是从规范内部最细微处着眼，对规范问题所做的研究。目前，相关的研究成果已逐渐面世，公开发行。[②] 还有一个是中国人民大学以韩大元为带头人的宪法学团队，也特别关注规范法（宪法）学的研究。特别是近些年来，由韩大元所指导的一些博士生和博士后，对宪法规范内部的学理问题作出了突出的贡献。尽管他们的研究属于宪法学领域，但团队成员们的学术研究成果对于法理学而言，也有诸多有益的启示，或者借用“部门法理学”这样的概念，他们的研究，本身就是站在规范立场，所进行的“部门法理学”意义上的研究。[③]

其二，“法律（学）方法论”的规范研究路向。这些年来在我国法理学界异军突起，形成了一些颇具特色的学术团队：一个是中国政法大学以舒国滢、郑永流等为代表的学术团队，其重要特点是，不仅致力于组织、翻译、介绍国外有关规范法学研究或分析实证法学研究的前沿性成果，而且该团队的梯队成员们，自身对规范法学的研究颇有心得，发表和出版了一批高质量的学术研究成果。尽管在该团队中，其带头人有时也兼及对价值问题和社会实证问题的研究，但这些年来，其越来越倾向于对法律（学）方法问题的研究[④]。另一个是山东大学以陈金钊、谢晖为代表的学术团队。这个团队的主要带头人，特别是陈金钊教授，长期以来致力于法律解释等法律方法的研究，同时也引导和培养了一批在这方面

---

① 参见葛洪义：《法与实践理性》，中国政法大学出版社2002年版；李旭东：《法律规范理论之重述》，山东人民出版社2007年版；夏正林：《社会权规范研究》，山东人民出版社2007年版等。

② 参见谢晖、陈金钊：《法理学》，高等教育出版社2005年版；魏治勋：《禁止性法律规范的概念》，山东人民出版社2008年版；周赟：《“应当”一词的法哲学研究》，山东人民出版社2008年版；喻中：《论授权规则》，山东人民出版社2008年版等。

③ 如韩大元指导的学生范进学、郑磊、夏正林、张翔、秦强等，在其论文中都主要围绕着宪法文本问题展开其学术研究。因涉及论著较多，这里不再赘证。

④ 参见舒国滢：《从司法的广场化到司法的剧场化：一个符号学的视角》，载《政法论坛》1999年第3期；舒国滢、王夏昊等：《法律方法论问题研究》，中国政法大学出版社2007年版；郑永流：《法律方法阶梯》，北京大学出版社2008年版；朱庆育：《意思表示理论解释》，中国政法大学出版社2004年版；陈景辉：《法律之界限：实证主义命题群之展开》，中国政法大学出版社2008年版等。

有心得、有造诣的研究群体。在法律方法论体系化的构造上,这个团队的成员们也作出了努力。由该团队所主持的《法律方法》,是目前我国在法律方法领域有代表性的专门学术出版物之一。与此同时,该团队还成立了全国首家省级法律方法研究基地和省级法律方法研究会。依托该基地和研究会,该团队已经展开了大量的学术工作,出版和发表了一系列学术成果。①

除此之外,“法律逻辑学”作为法律方法论研究的一个重要领域,这些年来,也得到了突飞猛进的发展。事实上,法律规范内部的研究,本身每每需要借助逻辑工具展开其观点。而对法律规范及法律实践问题,专门从逻辑学视角进行反思和研究,已经形成规范研究的重要一支。在我国,这方面也形成了有特色的四个学术团队。一是中南财经政法大学以张斌峰、张继成为代表的学术团队。两位学术带头人都是学习哲学起家,对逻辑学研究颇有造诣,更重要的是,他们专注于逻辑学研究在法律,特别是司法个案中的运用。二是中山大学逻辑与认知研究所的研究。作为教育部人文社科重点研究基地,该研究所长期致力于包括法律逻辑在内的逻辑应用问题和逻辑学前沿问题的研究。三是延安大学以武宏志为带头人的逻辑学研究。四是苏州大学以张成敏为代表的逻辑学和逻辑应用问题研究。上述学术机构所发表的一些作品,对法律(学)方法论的研究而言,常能提供很好的逻辑工具视角的启发。②

特别值得一提的是,和法律方法研究的这种情形相呼应,由中国政法大学法学院、山东大学威海分校法学院、浙江大学法学院、华南理工大学法学院、中山大学逻辑与认知研究所、苏州大学法学院、中南财经政法

① 参见陈金钊:《法律解释的哲理》,山东人民出版社 1999 年版;陈金钊主编:《法律解释学》,湖南人民出版社 2009 年版等;谢晖:《法律的意义追问——诠释学视野中的法哲学》,商务印书馆 2003 年版;谢晖:《中国古典法律解释的哲学向度》,中国政法大学出版社 2005 年版;谢晖:《法律哲学》,湖南人民出版社 2009 年版等;范进学:《宪法解释的理论建构》,山东人民出版社 2004 年版;焦宝谦:《法律论证导论》,山东人民出版社 2005 年版;吴丙新:《修正的刑法解释理论》,山东人民出版社 2007 年版等。此外,苏州大学以胡玉鸿为代表的一些学者,也在法律方法理论方面卓有建树,但在那里,作为法律方法研究的学术团队尚没有形成。

② 如张斌峰:《人文思维的逻辑》,天津人民出版社 2001 年版;张继成:《事实、命题与证据》,载《中国社会科学》2001 年第 5 期;张继成:《诉讼证明标准的科学重构》,载《中国社会科学》2005 年第 5 期;张继成:《论命题与经验证据和科学证据符合》,载《法学研究》2005 年第 6 期;武宏志:《非形式逻辑导论》,人民出版社 2009 年版;梁庆寅、熊明辉主编:《法律逻辑研究》(年刊,其中第 1 辑由法律出版社 2005 年出版);张成敏:《案史:西方经典与逻辑》,中国检察出版社 2002 年版等,都具有代表性。

大学法学院、上海师范大学法学院等发起的全国“法(学)律方法论”系列学术会议,已经召开了三届。由葛洪义发起的“法律方法与法律思维”学术研讨会,同样也召开了三届。《法律方法与法律思维》《法律方法》等学术出版物,更成为这一研究的具体载体。

其三,“司法法理学”的规范研究路向。随着司法的社会影响日显,法治建设中司法和社会的冲突问题日益尖锐,从法理学视角对司法问题的研究也日益受人关注。在这方面,尽管没形成以具体哪个单位为依托的学术团队,但一些学者“单打独斗”的研究,对我国司法乃至整个法制建设发挥着越来越大的影响。这方面的代表性学者有贺卫方、刘作翔、张志铭等。他们近些年来所发表或出版的作品,紧扣我国司法改革和司法实践这一主题,并对我国司法和法治实践,或者对我国法制的变革发挥着越来越重要的作用。①

以上情形,预示着规范分析的法理学研究,虽然在我国起步甚晚,但发展比较迅速。它已经足以和前述价值视角的法理学研究、社会实证视角的法理学研究一起,构成当代中国法理学学术研究之三足鼎立的一个方面。而这一研究勃发的背景,正如前述,是我国法制建设中立法工作取得了长足的进步,法制建设的“瓶颈”已经从立法供给转向了法律的实践运用之所致。这也可以视为中国法制本身的变革所引发的法理学的路向选择。

稍需说明的是,在中国法理学发展的上述基本脉络下,法理学的其他研究在我国也有所发展,如法律的经济分析、法律的政治分析(政治法学)、法哲学和法律哲学的专题问题研究、法律全球化问题研究等。但前述三种路向,更清晰地表现着我国法理学在近六十年来发展的基本的内在逻辑和路向。同时,我国法理学六十年发展的上述内在脉络,又和我国法制发展的外在实践(政治变革、社会变革、法制本身的变革)是不可分离的。限于篇幅,笔者不再就此具体地展开和论述。但从如上梳理中,至少可以看出两点:一点是,我国的法理学,已经出现了一个明显的、不争的多元化发展的事实;另一点是,共和国六十年来法理学的发展和成长,是紧密伴随着这期间我国政治、社会和法律的急剧变革而进行的。

---

① 相关的代表性论著如贺卫方:《司法的理念与制度》,中国政法大学出版社 1998 年版;贺卫方:《运送正义的方式》,上海三联书店 2002 年版;贺卫方:《具体法治》,法律出版社 2002 年版;刘作翔:《法理学视野中的司法问题》,上海人民出版社 2003 年版;张志明:《法律解释操作分析》,中国政法大学出版社 1998 年版等。

四、回应型社会、民间规范研究和规范法学研究的结盟

经过三十余年持续不断的经济建设,我国的社会结构正在发生前所未有的变化。这种变化的突出特点是不同的社会发展阶段在我国重叠出现、交替上演。前现代的、现代的、后现代的各种社会结构现象在我国不同地方、不同人群之间展开,甚至往往在同一个人身上,都能看到前现代、现代和后现代的这几种不同时代精神气质和社会结构要求的影响。忠义孝悌的前现代文化结构和教化意识、求法尚真的现代工商文化内涵和交往原则、求变猎奇的后现代信息文化特质和价值宗旨,已经交杂地、总体性地影响着我国国民的精神面貌和交往行为,因之,说我国正在于共时态下上演着历时问题、历时社会结构,我想并不为过。并且这种过程,在这样一个经济、文化和疆域大国里,还会在较长的时段内存在。在一般意义上,前现代的因素意味着我们的历史感、传承精神和独特文化使命,现代因素意味着我们的当下感、创造精神和独特现实使命,而后现代因素则意味着我们的未来感、忧患意识和独特开拓使命。它们的同时搬演,加剧了我们时代的复杂性、人的复杂性、社会结构的复杂性和规范应对的复杂性,同时也在考验着我们的创造能力和拓展精神。

所以,这种情形既给我们提供着机遇,也让我们面临着挑战。机遇是可能使我们尽情地做新的综合工作,把农耕社会、工商社会和信息社会不同的文化特质、精神原则、交往规则充分地汲取,创造一个既避免农耕社会缓慢保守的开新社会,又避免工商社会残酷竞争的人性社会,还避免信息社会变动不居的安定社会。自然,这是一个需要新的综合能力和综合气象的机遇。因为我们有前车之鉴,我们也有后发优势,只要有充足的综合能力,就可以创造出一种独特的社会结构和社会交往体系。挑战是一旦人们对之不予重视甚至放任自流,就可能导致国家秩序的断裂和人们交往行为的无措手足,在心理世界,导致人们普遍的焦灼不安、互不信任;在行为世界,导致人们普遍唯利是图、见利忘义;在制度世界,导致国家规制不力、冲突加剧。

笔者认为,在这一背景下,我国面临的重大前景选择是积极构建一种回应型社会或者协商型社会。回应型社会是笔者受法学家诺内特、塞尔尼茨克关于压制性法、自治性法和回应性法的划分的影响,所提出的有关社会交往结构的概念。这两位法学家强调:

> "把社会中的法律区分为三种类型或基本'状态':(1)作为压制性权力的工具的法律,(2)作为能够控制压制并维护自

己的完整性的一种特别制度的法律，以及(3)作为回应各种社会需要和愿望的一种便利工具的法律。”①

这种情形，本质上是指社会构造的内容和方式，经由交往行为主体意思的自由、自主和自愿表达而产生。社会结构因为公民之间、官民之间的充分协商而构建，因此，它既是对农耕社会圣人们道德特权的否弃，也是对工商社会富人们资本特权的否弃，他强调人与人之间的公平交往，而公平的标准既不在道德的高低，也不在资本的多寡，而在于意见能否交涉、行动能否参与。即使平日里一毛不拔的“自私鬼”，手中无立锥之地的无产者，只要能平等地和他人进行意见交流、行为交往，那么，这就是一个协商型社会或者回应型社会，就是我们可欲并可发挥能动作用，致力构建的社会结构形态。

当然，一个回应型社会的重要旨趣，还主要不在于公民之间的平等交往，而在于官民之间的互动和回应。即使公民之间的平等交往，也建立在官民之间互动和回应的示范基础之上，建立在足以保障官民之间互动和回应的交往规范基础之上。没有制度的有效保障，这种社会结构即使会在自发状态下突然生根、发芽，但不会在自发状态下顺利成长，永葆其宗旨。因此，自觉地探索和应对回应型社会的制度结构，关注回应型社会的法理基础，是法学家所面临的又一重重要历史使命。笔者以为，就我国的国情而言，关注民间规范与规范法学的关联研究，寻求在民间规范的研究中，开新规范法学的内容，在理论上对支持和维系一个开放结构的回应型、协商型社会具有独特的现实价值和建构作用。

如果把规范法学看做法学家对国家意志的积极回应的话，②那么，对民间规范的研究，就是法学家对社会需要或者主体交往的非正式秩序的认真回眸。如上两方面的结论，针对学者的研究本身，都不具有意识形态的意味，而只是对学者之学理面向的一种客观总结。对作为

---

① ［美］诺内特、塞尔茨尼克：《转变社会中的法律秩序：迈向回应型法》，张志铭译，中国政法大学出版社2004年版，第16页。

② 尽管如何看待现代法律的性质，是学界众说纷纭的事，也是随着立法模式由君权立法向代议制立法、再由代议制立法向全民公决制立法的发展过程中，学者们不得不重新思考的重大问题。在这一过程中，人们可以把法律界定为“主权者的命令”（参见［英］奥斯丁：《法理学的范围》，刘星译，中国法制出版社2003年版）；可以把它界定为“社会契约”（参见［英］霍布斯：《利维坦》，黎思福等译，商务印书馆1985年版；［法］卢梭：《社会契约论》，何兆武译，商务印书馆1980年版）等，但无论如何，迄今为止的法律，仍然是以国家为核心而制定和颁布的，即使“全民公决制”的立法，也并没有逃出这一情形。法律仍然是国家的。而所谓世界法的构想，也不能绕过国家的门槛。这是我们必须认真面对的现实。

法律的国家意志的回应，法学家只是把法律当做一种正式的制度事实来看待；同样，法学家对作为主体日常生活需要的民间规范的回眸，也是把它当做一种非正式制度的制度事实来看待。一旦法学家把法律本身作为价值的化身而不是作为事实对待，或者一旦法学家把民间规范当做一种毋庸置疑的信条来看待，那么，其研究结论的可靠性也就值得怀疑。

法学家既要关注法律的研究，又要关注民间规范的研究，在于我国独特的国家结构——单一制国家结构及其立法模式对于国家法和民间规范的制度性割裂。但即便如此，一个国家的实际交往秩序是由国家法律和民间规范共同结构的。正式交往及其秩序构造中的国家法主导和日常非正式交往及其秩序构造中的民间规范主导，是我们当下所面临的一个基本事实。无论人们在价值视角对此持何种观点和评论，但在事实视角，这是一种客观实存。对此熟视无睹，刻意回避或者嗤之以鼻，不但会遮蔽我们对中国社会秩序和社会结构模式的认识，还会对协商型社会或回应型社会的建构，带来不必要的观念障碍。遗憾的是，在一些法学家的世界，谈论、探讨、运用民间规范或者民间法这样的问题，就可能导致对国家法秩序的不利。[①] 笔者以为，这样的质疑和评论，是不太合理的国家结构的观念副产品。

可以说，回应型社会的建构，在我国的国情下，在国家法律和民间规范二元背反的情境里，就是要设法打通官民之间的交往障碍，打通国家法律和民间规范的交流渠道，打通正式制度和非正式制度、正式交往秩序和非正式交往秩序、公共交往世界和日常生活世界之间的樊篱，使它们之间能够互动互补，特别是能让民间规范给国家法律提供一种补给渠道和支持动力，让国家法律给民间规范提供一种价值引领和技术标准。所以，官民之间的回应，在形式上是国家法律和民间规范之间的回应；在本质上是主体正式交往和日常生活之间的回应；在结果上则是正式交往秩序和非正式交往秩序之间的回应。显然，这样一种回应型的社会结构，对于法学家而言，提供了把规范法学与民间规范研究结合起来，并融会创新的机遇和条件。能否把握这一机遇和条件，在很大程度上意味着法学家能否创造出“中国范式”的法学来，也意味着中国法学能否真正地和国际法学界建立一种对话基础。

---

① 参见曾宪义、马晓红：《中国传统法的“一统性”与“多层次”之分析——兼论中国传统法研究中应慎重使用“民间法”一词》，载《法学家》2007年第5期。

反思目前我国的民间法研究和规范法学研究，一个明显的事实是，两个研究领域的学者，各自为战，关联甚少，民间法研究的学者沉溺于自己所体认的事实世界，而规范法学研究的学者则热衷于自己所喜欢的规范领域。这种闭门研究状态，无法在不同的学者之间生发出真正的学术争鸣，更无法开辟两种研究路径和思想的交流，从而在法学学术上很难产生综合效果和创新成果。笔者觉得，这是需要竭力设法克服的问题。在笔者看来，在回应型社会的构建过程中，民间规范研究和规范法学研究的结盟，既是必要的，也是可能的，还是现实的。

就必要性来看，如前所述，回应型社会，本来就是一个官民之间、正式制度和非正式制度之间、正式秩序和非正式秩序之间、公共交往世界和日常生活世界之间、国家法律和民间规范之间的互动、协商和回应秩序体系。它内在地要求把国家法律和民间规范共同的结构在回应型社会秩序体系中，所以，无论国家法律，还是民间规范，不是回应型社会结构的外在之物，而是这一社会结构的内在结构者或结构因素。抛开任何一个方面，都不能形构一个开放的回应型社会结构出来。这种情形，就是民间规范和规范法学研究得以结盟的最重要的社会事实基础。法学家倘若能及早地关注这样的研究，关注民间规范研究和规范法学研究的结盟，不仅是对于法学自身的创造，而且对于支持回应型社会的建构，自然是功莫大焉。

而所谓民间规范研究和规范法学研究的结盟，并不是简单地把两者的研究成果相加，而是一方面，规范法学研究和民间规范研究要相互向对方开放，打开两者封闭的大门；另一方面，在规范法学的研究中，要开发出民间规范研究的空间和成果来，同样在民间规范的研究中，要开发出规范法学研究的空间和成果来。这绝不仅是一种理论上的倡导和高调的口号，更是我国社会秩序构造和回应型社会构建的内在要求。

就可能性来看，民间规范研究和规范法学研究的结盟，至少有如下两点可能性值得学者们关注：第一，无论民间规范的研究，还是规范法学的研究，都必然会着眼于一个国家的秩序构造。如前所述，我国目前的秩序构造，在正式秩序层面，由国家法律承担，在非正式秩序层面，由民间规范承担。问题是这两者之间往往存在互不认账，从而功能损耗甚至抵消的情形。虽然这种情形和我国近代以来形成的“进步”意识形态、国家主义观念以及国家结构形式息息相关，但这既不是站在国家立场否定民间法研究的理由，也不是站在社会立场否定规范法学研究的理由；相反，正因为社会出现了这样严重的问题和分裂，所以，更需要法学者站在整体的立场上，关注民间规范研究和规范法学研究的结盟问题，以期为既有社会观念、社会结构和规范矛盾的克服，寻求一种理论上的支持力量，并进而建立一种在规范法学和民间规范研究共同支持基础上的回应型社会结构，使国家法律和民间规范成为回应型社会结构建立的结构性因素，而不是解构性因素。第二，无论民间法研究，还是规范法学研究，都必然会着眼于社会纠纷解决。一切社会规范的建立，一是为了日常交往秩序；二是为了恢复日常交往秩序。其中恢复日常交往秩序，端在于日常交往秩序出现了混乱、断裂、破坏时，依据规范的预设，予以处置和修复的过程。民间规范研究的重要目的之一，就是寻找、发现、总结并升华民间社会依据相关规范处理纠纷的活动及其方法，而规范法学研究的重要目的之一，就是在总结法律、司法经验的基础上，为司法活动提供一套切实可用的理论和方法。从中不难发现，这两种不同内容的研究，在对社会纠纷及其解决机制的关注上，具有异曲同工的效果，只是两者研究的对象不同罢了。只要这两种对象本身具有互补性、互通性，那么，两种研究的结盟就完全是可能的。

就现实性来看，笔者认为，在当下中国法学研究的格局中，民间规范研究和规范法学研究的结盟，最现实的领域是突破民间规范和法律方法的关联研究。在这方面，这些年来，笔者所组织的一些学者以及笔者的学术团队已经做了一些初步的探索，从而使得民间规范研究和规范法学研究的闭门状态已经有所改变，出现了一些试图打通民间规范和法律方法之间、民间规范和国家司法之间研究内容的作品。① 但是，这仅仅是一种初步的尝试，距离在对两者深入的研究基础上，构建一种能充分代表中国的法学学问的要求还相去甚远；距离建立法学的“中国范式”的要求还相去甚远；距离给中国法学家提供足够的学理，以便和法治发达国家的法学家进行全球对话、国别对话的要求还相去甚远。面对此情此景，笔者不禁慨叹“路漫漫其修远兮，吾将上下而求索”！

---

① 如贾焕银：《民间规范的司法运用——关于漏洞补充与民间规范的关联性分析》，中国政法大学出版社2010年版；姜世波：《习惯国际法的司法确定》，中国政法大学出版社2010年版；张晓萍：《民间法的司法运用》，中国政法大学出版社2010年版；王林敏：《民间习惯的司法识别》，中国政法大学出版社2011年版等。此外，山东大学法理学专业的硕士和博士研究生们，也就民间规范与法律推理、民间规范与法律解释、民间规范与法律论证、民间规范与法律渊源、民间规范与行政调解等命题，进行过有益的探讨。

当代中国的乡民社会、乡规民约及其遭遇*

本文所谓“当代”，是指自中国于19世纪70年代末期“改革开放”以来的这一段历史时期，所谓“乡民社会”，则指中国农村社会。而“乡规民约”，则指除了作为“大传统”的国家法律制度之外，维系中国乡民社会生活的规则－制度系统。可以认为，相对于传统中国而言，当代中国已经经历了第三次转型，其中第一次是以辛亥革命为契机的政治领域的革命，它推翻了中国“皇权国家”与“宗法社会”两分的局面，建立了一个由“政治国家”统揽全局的政治结构体系，①第二次是中华人民共和国的成立，它进一步地强化了国家与社会在中国合一的情形。第三次就是“改革开放”，在很大程度上讲，其使命是为了使统揽一切的“国家主义”有所改观。

一、当代中国乡民社会的一般性描述

要对具有九亿多人口的中国乡民社会作出一般性的描述，显然是一篇小文章所力难胜任的，但必要的描述在此又是不可避免的。我们知道，中华民族是世界上最早进入农耕文化的民族之一，在那里，有两种最基本的依赖关系，其一是血缘或亲缘依赖关系，其二是土地依赖关系。对血缘或亲缘的依赖，构成其

---

* 本文原载《东岳论丛》2004年第4期。

① 谢晖：《政治家的法理与政治化的法》，载《法学评论》1999年第3期。

独特的血缘或亲缘文化共同体，而对土地的依赖，又使其具有某种意义的地缘文化共同体的特征。

中国的乡民社会正是这种地缘文化和血缘文化的结合体。血缘文化的突出特征表现为中国的村落一般是以“姓”为主导的，尽管在村落结构中，往往存在“单姓村”“多姓村”和“杂姓村”的区别，但在后两种情形下，每每存在着“主姓”（或“大姓”），并且一般的情形是：一个村落之事务的建设和发展，往往取决于“主姓”的主导、统领和协调。在“杂姓村”中，或许常常存在势均力敌的几个姓氏，这也就必然意味着“大姓”之间的联合或者分裂决定着村务发展好与坏的具体状况。[①]

地缘文化则集中表现为中国乡民们安土重迁，择土而居的特点上。在中国广袤的土地上，分散着成千上万个世世代代依赖于一定的土地而居住的“自然村庄”，如果说以血缘和亲缘为主导的家庭是中国社会构造的细胞的话，那么，“村庄”则是中国社会的最基层单位。脱离了村庄这个基本单位，则乡民社会这一概念也就难以成立。

可以认为，在中国乡民社会，血缘和亲缘文化所反映的基本上是“村庄”内部的关系（当然，这绝不排除在村庄外部关系中也存在着血缘或亲缘关系，并且在流动性极小的乡民社会，这种关系在邻近的村庄之间还大量地存在），而地缘文化则基本上所反映的是“村庄”外部的关系（同样需要说明的是在村庄内部，并不意味着不存在地缘问题，特别是在土地承包到户以后的村内“农户”之间，此种关系则豁然可现）。通过血缘或亲缘文化关系，构织着中国乡民社会的内核；通过地缘文化关系，延伸、拓展着中国乡民社会的范围。前者使乡民社会得以稳固，后者则令乡民社会从一般的血缘关系中溢出，通达、渗透并整合为整个中国农村的普遍性存在。一言以蔽之，这种存在就是乡民社会。

但是，数千年来一以贯之的乡民社会也在近十数年内悄然生变，主要表现为乡民们对土地的依赖关系明显减弱，对血缘或亲缘的依赖程度也明显不如从前。前者是因为“改革开放”以来的大规模社会流动，出现了数以亿计的“离土不离乡”的农民，他（她）们几乎全年在外做工，相当一部分甚至还带着其全体核心家庭成员在外做工，如果不是现行户籍制度限制了其向市民成员的发展，则他们完全有可能融入市民社会中。如上情形，使其对乡村的土地即使不陌生，但在态度上也不再积极。与此

---

① 相关实证分析，参见曹景清：《黄河边的中国——一个学者对乡村社会的观察与思考》，上海文艺出版社2000年版。

同时,长期以来在外乡的生活,使其对仍在家乡的血缘或亲缘关系不再像以往那样倾注其全部的热诚。尽管在中国的媒体上,每到逢年过节时,总能看到全国各地交通拥挤、客流居高不下的状况,但昔日那种“父母在,不远游,游必有方”的情形正在彻底改变,有大量在外做工的农民不再把春节回家过年看做必需的道义责任和制约。这也意味着中国乡民的观念、行为方式乃至其交往行为的规则模式发生着明显的改变。

尽管中国的乡民社会有如上的明显特征,从而给人们留下了一种明显的印象:这是一个完全自治的社会。但事实却完全并非如此。自古以来,中国宗法社会中某种意义上的自治,主要是因为其自然地理的原因所导致的“天高皇帝远”的一种客观结果,而不是出自任何意义上的社会自觉。即使在像宗法家族内的那种相对自治,也明显地具有家长强制的重要因素,这正是古人将家作为国的放大的原因所在(所谓“家者,国之本也”“家-国同构”“家本国固”等皆然)。正因为如此,在古典中国存在的“皇权国家”和“宗法社会”的分野,是一种只是“自然”的事实,而不是“自觉”的事实。这也就决定了“皇权国家”与“宗法社会”的分别和现代“政治国家”与“市民社会”的对应不可同日而语,决定了在“皇权国家”与“宗法社会”的分别中很难自发地诞生出“政治国家”与“市民社会”的分野来。

帝制中国被推翻以来,此前国内的乱世情形以及其所遭受的外敌之辱,深深地刺激并激发着中国国民追求自立自强的“民族国家”意识,此种意识加之主体交往之技术条件的大大进步,已经打破了乡土社会“天高皇帝远”的格局,国家的实际控制能力已经完全能够延伸到乡土社会。这样,民族国家意识和主体的交往技术条件共同铸就了一种以国家取代甚至销蚀社会的情形。特别是中华人民共和国成立以来,国家政权直接控制的层级进一步加强,县、乡政权机构的设立,使古典中国长期坚持的三级政权控制体系和格局被打破。国家力量于是可以直接方便地深入乡土社会,从而使乡土社会的自治能力进一步受到限制,甚至自治几乎不存①——乡土社会就是由国家直接控制的对象和内容。

---

① 事实上,国家对乡土社会的这种直接插手和干预,已经是当下中国改革过程中所面临的最棘手的问题。特别是土地承包到户和市场经济的发展,使国家政权组织明显面临着在乡村社会进也不能,退也难堪的局面(相关实证资料可参见于建嵘:《岳村政治》,商务印书馆2001年版,第218页以下;肖唐镖主编:《宗族、乡村权力与选举》西北大学出版社2002年版,第1页以下;吴毅:《村治变迁中的权威与秩序》,第102页以下等)。最近户籍管理在一些地区的松动,能否被看做国家力量对乡土社会所作的有限让步?这还有待通过改革的继续发展来观察。

不过，国家的控制能力再强，甚至即使每个社会成员都成为国家这架机器上的“螺丝钉”，也不能彻底销蚀社会自治力量的客观实存。而总体倾向于市场化的改革，业已使中国在城市地区出现了“市民社会”的萌芽。在乡土社会，传统的乡村自治，特别是在宗族力量强大地区的乡村自治，更是不容忽视的事实。正是如上情形，使当代中国的社会规范控制系统绝不仅仅是国家正式法律的一家独霸，与此同时，被广而泛之地称为“民间法”或“乡规民约”①的规则体系更在实际地规范着乡民们的日常生活。

二、当代中国乡民社会的乡规民约

基于如上的论述，我们可以进入对乡民社会何以能够在强大的国家政权力量的夹缝中自成一体地生存的原因进行探讨。事实上，乡民社会的存在同任何组织体的存在一样，都无法离开构织社会的规则系统而自存。一般来说，一个制度化的社会组织体的存在，至少应当有如下几个要素：作为前提的规则要素，作为动力的主体要素、作为内在支持的观念要素、作为外在表达的行动要素和作为检修机制的反馈要素。② 当代中国的乡民社会作为整个中国社会的一部分，固然离不开作为大传统的国家法律制度的规范和支持，但之所以人们称为乡民社会，其原因恰恰在于它具有明显不同于市民社会或者由国家全盘统摄下的“政治社会”（政治国家）的内在资质和特征。这里仅就其规则系统进行描述。

（一）当代中国乡民社会乡规民约的第一种表现形式：习惯法

关于习惯法的界定，在学界并无多大歧义，大体上，习惯法是一定社区的人们在长期的生产、生活过程中“自发地”形成的社会相互间交往行为的规则。人们根据这种交往规则，解决相互间的纠纷和矛盾。在中国，由于国土之地形的极其复杂，不同区域间的高山、大河、湖泊等的分割，使每个被分割的区域内形成相对封闭的“社区”系统。尽管国家政权

---

① 正因如此，我在同一意义上使用“民间法”和“乡规民约”这两个词。关于民间法，在当下中国有两种研究思路，一种侧重于现象以及外延的描述和探讨，如朱苏力的研究（参见苏力：《法治及其本土资源》，中国政法大学出版社 1996 年版）；另一种则侧重于“本质”及其内涵的描述，如梁治平的研究（参见梁治平著：《清代习惯法：社会与国家》，中国政法大学出版社 1996 年版）。笔者认为，当代中国的民间法在外延上可以分为习惯法（特别是少数民族习惯法和乡民习惯法）、家族法、行会会规、（狭义的）乡规民约、宗教法、社团纪律、官方的非正式经验等。而民间法的条件可以被界定为：1. 在特定民间社会具有普遍的规范性；2. 可以作为人们定分止争的基本规范根据。

② 参见谢晖：《法制之法与法治之制》，载谢晖：《法的思辨与实证》，法律出版社 2001 年版。

的力量在这里不时地存在,但其实际控制能力相对较弱,日常地控制人们交往行为的规则,恰恰是作为小传统的地方“习惯法”。在中国,习惯法作用最浓厚的地方乃是一些少数民族聚居的地方,所以,民族习惯法构成中国习惯法资源的主体。当下中国学界对于习惯法的研究,也主要集中于对民族习惯法的研究上,如龙大轩对羌族习惯法的研究、吴大华等对苗族习惯法的研究、罗洪洋对侗族习惯法的研究、张济民等对藏族习惯法的研究等。① 可以说,中国民族聚居地区的社会构造及其运转,主要不是因为国家法的作用使然,而是因为其固有的民族习惯法的作用使然。

在汉族乡村地区,尽管国家法的作用要大得多,但乡民日常生活和交往的准则,仍大体上主要由习惯法来调整。汉族习惯法是一个极不统一的概念范畴。作为世界第一大民族,也作为广布于世界各地的一个民族,汉族习惯法在各地具有截然不同的内容和样式。这就是所谓“十里不同俗,百里不同风”。因此,这里只能大体勾勒的是作为自古以来中国的主体民族,汉族乡村村民的生活绝不仅仅是由国家正式法律所调整和支配的,与此同时,作为乡俗的多元化的地方习惯和习惯法是其日常社会生活和交往中最主要的规则根据。在古代,汉族人民就总结了诸如“入乡随俗”“入乡问俗”等生活交往的经验。尽管在以汉族为主的乡民社会中也存在大量的习惯法,但直至今天,对汉族习惯法的深入研究还远未展开。民国时期为了制定民法典所作的“民商事习惯调查”,就其内容而言,主要可以看做对汉族地区民商事习惯的调查,是汉族民商事习惯的集大成者。② 但遗憾的是:从民国时期到现在,中国,特别是汉族地区人们的交往行为习惯已经发生了巨大的变化,对于这些变化了的习惯和习惯法,人们几乎没有认真地涉及和研究之。

(二)当代中国乡民社会中乡规民约的第二种表现形式:家族法

聚族而居、敬祖祀天、崇尚血缘,以及以此为特征的宗法社会,大概

---

① 参见龙大轩:《乡土秩序与民间法律——羌族习惯法探析》,华夏文化艺术出版社2001年版;吴大华等:《苗族习惯法》,贵州人民出版社2000年版;罗洪洋:《侗族习惯法》,贵州人民出版社2002年版;张济民主编:《渊源流近——藏族部落习惯法法规及案例辑录》《寻根理枝——藏族部落习惯法通论》《诸说求真——藏族部落习惯法专论》,青海人民出版社2002年版以及范宏贵:《中国少数民族习惯法》,吉林教育出版社1990年版;张冠梓:《论法的成长——来自中国南方山地民族法律志的诠释》,社会科学文献出版社2000年版;王学辉:《从禁忌习惯到法的起源运动》,法律出版社1998年版;夏之乾:《神判》,上海三联书店1990年版;邓敏文:《神判论》,贵州人民出版社1991年版等。

② 参见《民商事习惯调查录》,中国政法大学出版社1998年版。

是从古以来中国各民族共有的特征。此种情形,导致了从古至今中国社会构造中对家族法的格外青睐和关注。在古典的中国,《唐律疏议》就通过法律解释的方式明确了家庭应当承担的社会责任:“刑罚不可驰于国,笞捶不可废于家。”①事实上,这是在法律上对业已存在的皇权国家与家族社会两分、对刑罚权与家父权两别之事实的一种法律认可,即对家族法之客观社会作用的一种正式承认。

正是国家力量对家族法的必要重视,在古典中国就已经发展起来了一整套严谨的家族法体系,滋贺秀三先生的研究,表明古典中国家族法极盛的事实。② 中华人民共和国成立以来,由于“国家社会主义”的发展,家族以及相关家族法的力量和作用大大缩小,国家对乡民社会之事务的直接介入和干预能力大大增加。家族法长期以来也被作为“四旧”的组成部分归于取缔和打击之列。这样,家族法在中国的实际影响就大大下降。但以市场化为取向的改革,却在两个方向上影响着家族法的发展:

一方面,因为国家(政府)对乡民社会管理的相对放松,乡村社会事务除了在计划生育、“三提五统”“水利建设”等和国家管理相关的事务多少有些强制“组织性”之外,更多的情况下则处于一盘散沙的状态。如何填补因国家力量的有限退出而形成的管理真空?如何管理乡民们所必需的社会公共事务(如红白事务、乡民间纠纷、村际关系等)?这显然是新的问题,固有的村级管理模式在新形势下已经渐显乏力,于是,传统的力量——家族力量在乡民社会的复兴就势所必然。这正是近年来较大的家族修撰家谱之风盛行的原因,因之,家族和家族法的力量及作用再次凸显,③家族法成为中国乡民社会最重要的“乡规民约”之一。但另一方面,随着市场经济更为深入的发展,传统的家族和家族法对市场经济发展的滞胀、阻碍等负面作用也日益显现出来。第一代家族式民营企业正在遭遇着前所未有的市场压力,相当一部分家族式企业因为难以适应现代化的市场运作而日薄西山、摇摇欲坠。这就在客观上提醒人们:究竟家族情感式的企业经营模式能在多大程度上继续推进经济社会的

① (唐)长孙无忌等撰:《唐律疏议》,中华书局1983年版,第1页。

② 参见[日]滋贺秀三:《中国家族法原理》,张建国等译,法律出版社2003年版;费成康:《中国的家法族规》,上海社会科学院出版社1998年版;李文治等:《中国宗法宗族制和族田义庄》,社会科学文献出版社2000年版等。

③ 参见肖唐镖等:《村治中的宗族》,上海书店出版社2001年版;肖唐镖主编:《宗族、乡村权力与选举》,西北大学出版社2002年版等。

发展？无情的社会事实业已使人们对家族式企业的能力和效力产生了深深的怀疑，于是，相当一部分企业已经改弦更张，从注重家族式的经营传统转向到对现代企业制度的关注。

上述情形，客观上又使家族和家族法发生社会作用的基础在悄然生变，市场经济在解构着传统的家族力量和家族法的作用。特别是由它所导致的数以亿计的“农村进城务工”人员（在当下的中国，被不适当地称为“民工”）的出现，使农民和市场社会中的其他主体一样，日益处于不断的流动状态，这在客观上更加促使人们对家族力量和家族法作用的看轻（当然，在主观上，由于远离故土的人们越来越浓的寻根意识，可能还会强化人们的家族观念、家族法意识，这就像远徙海外的华人们致富之后，更加怀念故乡桑梓，频频回国寻根祭祖一样，但这种情形只能是家族和家族法在人们记忆中的强化，而不是实践和行动中的强化）。总之，在以发展市场经济为使命的新的时代，家族法明显地走向如上两个相反的方向：既存在强化的现实需要，也存在弱化的客观基础。

就中国各民族而言，家族法更多地在汉民族共同体中发挥着作用。尽管中华民族各成员由于长期受先进的主体民族文化的影响，对于家族和家族法都重视有加，但相对而言，汉民族更为注重家族法。过早地实行农耕技术和农业定居，使汉民族安土重迁、崇宗敬祖的观念尤为浓厚，汉族最大的节日——春节在很大程度上就是一个家族成员隆重聚会，上以祭祀祖先、下以团结宗族的节日。因此，不了解以宗族和宗法（家族法）为核心的汉族生活形式，就在总体上不了解汉民族。正是在这一意义上讲，可以把宗族法看做汉民族的习惯法。但问题又不如此简单，因为一个民族的习惯法一般其统一性大于、多于多样性，但在家族法中，其多样性却远远大于统一性，每个能够制定“家法”的大家望族，都有一套并不同于其他家的家族法，并且家族法更多地只涉及家族内效力，对家族外关系一般并不调整和辐射。正因如此，当我们讲家族法是汉民族最重要的习惯法时，绝不意味着它在汉民族中有统一的体系；相反，它的统一性只是一个形而上的理念，而不是一种客观实存的事实。

（三）当代中国乡民社会中乡规民约的第三种表现形式：（狭义的）乡规民约

如前所述，笔者将乡规民约分为广义和狭义的两类。前者泛指一切乡土社会所具有的国家法之外的公共性规则，而后者则仅指在国家政权力量的“帮助、指导”下，由乡民们“自觉地”建立的相互交往行为的规则。显然,在这里,乡规民约既具有某种意义上的“官方”性质,也具有某种意义上的“民间”性质。它是官方与民间、国家与社会合作和互动的产物,从而既不是官方单向度的命令,也不是民间纯粹自治决定的结果。这在一定程度上客观地反映了当下中国乡民社会受官方制约的客观事实。

在很大程度上讲,“乡规民约”是官方借民间的力量以管理乡民社会的方式,这就如同在城市,“社区公约”也往往是国家借民间的力量来控制和管理最基层的城市社会的一种方式一样。表面上看来,这与中国古人所奉行的“以夷制夷”无所区别,但实质上,两者区别甚大,因为后者纯粹借助的是民间社会的固有规则,而前者是由官方和民间互动地给民间制定规则,并由此确立某种“新传统”。

但这种乡规民约往往受时事政治一类的事务影响甚大。甚至在很大程度上说,它是一种由政府所主导的、由乡民们配合参与的行为,而不是乡民们自发地从事的行为。由此所产生的乡规民约自然就有“半官方、半民间”的性质了。

当然,还应说明的是,在有些地方,也存在纯粹由乡民自己所订立的乡规民约,但这往往存在于要么家族势力极其强大,政府力量难以进入或者难以很好地进入的场合。要么某一乡村处地僻远,实际上形成“天高皇帝远”的情形,政府一旦进入便耗时费工、收效甚微的场合。因为在这里,公共秩序的维护要么靠强大的家族,要么靠乡民的联合。事实上,尽管此种意义的乡规民约在名称、内容等方面都采取一般乡规民约的方式表达,但其实质上更多地趋近于家族法或者习惯法,因此,并不能典型地说明我这里所讲的狭义的乡规民约。

和习惯法与家族法相比,乡规民约具有形式上的严谨性、范围的公开性和制定的自觉性等特征。我们知道,习惯法大体上是一种自发的乡民规则系统,它是真正意义上的“行动中的法”,它往往通过乡民们的口耳相传和行为操守而得以“公布”、贯彻和落实。而家族法尽管是家族内部的知识阶层有目的地制定的,因此,许多家族法在逻辑上是相当严谨的,但由于其效力范围只及于家族内部,所以,家族法往往具有“秘密”的、不公开的性质。但是,乡规民约一方面是乡民们在政府指导下自觉地制定的,因此就避免了自发性的可能;另一方面,在乡民社会,乡规民约一般是要公之于众的(实际情形往往是,要么公布于一个村庄的中心地带的“公报栏”上,要么刊刻于水泥或石头做的标志性建筑物上),因此,其公开性是显而易见的。重要的地方还在于:在有些地方,乡规民约不仅是一种宣告或摆设,它还实际地解决着乡民之间所发生的各种纠纷。在山东某市的向高村,乡民之间因为林木问题、土地问题等发生的纠纷,每每借助乡规民约来解决——即使乡规民约的规定与国家法律的内容是明显相抵触的。①

(四)当代中国乡民社会中乡规民约的第四种表现形式:官方在乡民社会的非正式经验

迄今为止,中国仍然是一个政府(官方)主导的社会,至于在乡民社会,就更是如此。因此,在中国乡村地区,经常会产生一些由政府所主导但又被民众所接受的非正式经验。说其是"非正式的",乃是因为一方面,它并没有来自官方权威的法律授权;另一方面,它往往是由地方基层政权组织倡导的结果。就其后果而言,这些非正式经验有些通过上级政府的倡导和制度性规范,成为一项正式制度,有些则仍然作为非正式经验在乡民社会中运作。

源自山东东明县的"148 法律服务热线"和山东陵县的"乡镇司法调解中心"可以作为两个典型例证。东明县司法局为了使司法行政更好地服务和作用于社会,通过设立热线电话(148 热线)的方式,主要针对乡民(当然,绝不止于乡民)在面临纠纷时所遇到的种种法律难题予以解答。由于它经常能够实际地回答和解决乡民们所提出的问题,所以,颇受乡民欢迎,成为由官方所引导而产生的非正式经验,尽管它是官方的,但它主要是官方针对民间的实际情况而设立的。因此,可以将其看做推向民间的官方非正式经验。此一经验,后来通过媒体的大力宣传和上级政府的肯定与支持,形成了一种被相当一部分地方司法行政部门所认可的服务方式。尽管我们还没有看到通过法律的方式给这种经验以法律定位,但它的普遍推广,业已使其成为一种具有正式效力的经验。"乡镇司法调解中心"又被称为"陵县经验",它是陵县地方政府针对在乡村地区所遇到的纠纷往往具有综合性质以及通过司法程序解决纠纷时的拖沓、冗长和诉讼费用高昂等情况,而组织县、乡主要职能部门的工作人员,按照类似于司法审判庭的模式,建立"乡镇司法调解中心",以迅速

① 在向高村的乡规民约中规定,本村内的任何人非法地砍伐集体林木,都应接受村集体的130元罚款的处罚。在1998年于章丘市举行的相关经验参观和研讨会上,就有学者提出村集体行使相关处罚的合法性问题。

地、方便地、高效地、节俭地处理乡民之间所发生的种种纠纷。① 这一经验，因为贴近偏远地区和贫困落后地区乡民们的实际情况，而受到乡民们的热烈欢迎，同时，国家最高司法行政部门也曾经予以积极宣传和推广。但是，由于这一经验本身更多地适合于偏远和落后的乡村地区，再加之其他原因，因此，它不像“148法律服务热线”那样广受人们重视，这就决定了“陵县经验”及其规则至今依然主要是官方作用于乡民社会的非正式经验，然而，这一非正式经验却实际地受到当地乡民们的认可和支持。

把官方在乡民社会的非正式经验也列入乡规民约中，似乎有点不伦不类，但只要认真考虑当下中国官方与民间的独特关系，就不难理解笔者在本文中这样处理的道理：对乡民们而言，所谓乡规民约只是其有序生活的规范凭据，无论这种乡规民约来自家族、村落“自治体”还是地方政府，只要其能够有效地调整乡民日常的交往行为秩序，并且它不是来自于国家正式法的调整，那么，它所发挥的实际功能也就是乡规民约的功能。唯一的区别只在于：家族法和习惯法等“乡规民约”是在乡民社会中内生的，而由政府主导制定的“狭义的乡规民约”和政府针对乡民社会所创造的非正式经验则是由外生转向内生的。

三、变革社会中乡民社会与乡规民约的遭遇

众所周知，当代中国是一个急剧变革的社会，它所面临的最大问题，就是对历时性问题的共时性解决。因此，传统中国乡民社会的一切在此大变革的时代都面临着重新检验。它的乡规民约更在此种检验之列。特别是市场社会主义模式的发展和中国加入世界贸易组织的举措，更加前所未有地使乡民社会的乡规民约被纳入变革社会的行动选择中。具体说来，在这种大背景面前，乡民社会及乡规民约面临着如下的遭遇：

首先，在生活方式上，乡民社会和乡规民约被城市化浪潮所激荡。城市化既是现代化的物化标志，更是渴望现代化的人们所追求的生活方式。特别在中国，广大的乡民对城市化的生活寄予了一种强烈的羡慕和渴望，而政府也因为追赶型现代化的影响，为城市化的发展赋予了一种国家盛衰之类的意识形态含义和道义价值。于是，乡民社会通过两种方式急剧地向城市化方向发展：其一是大批农民进城务工，尽管相关的国家户籍法律还不认可其市民的身份，但事实上，其中相当一部分人已经

---

① 相关理论分析，参见谢晖等：《民间法》（第1卷），山东人民出版社2002年版，第312页以下。

融入城市市民的生活中；其二是在不少地方，特别是东、中部地区，原先的乡村小镇迅速地向小城市方向发展，从而使长期以来和土地及农业打交道的农民也很快地向市民身份转化。如果说前者因为“迁徙自由权”尚未被宪法所肯定而存在一些问题的话，那么后者正好补救了因迁徙自由的不存而带来的城市化的迟缓问题，从而使城市化浪潮在中国迅速兴起。随着中国进一步向工业化国家的迈进，城市化的推进可能要更为迅速，在可预见的未来二三十年，应是中国迅速城市化的关键阶段。

我们知道，城市化常常意味着人们的生活方式从熟人结构向陌生人结构的转化。在熟人结构的乡民社会中，尽管国家的法律也原则性地调整相关的社会关系，但人们日常秩序的形成，主要靠的是温情脉脉的血缘或者亲缘关系。即使在村际之间的“陌生人”中，人们也要竭尽全力设法将“陌生人”关系装置于熟人架构中来处理，于是，辈分的排位就显得格外重要。辈分关系事实上就是人们处理熟人世界的框架结构，一切陌生人关系经此过滤，也就成了熟人关系。可见，固有的熟人规则——各种各样的乡规民约会很好地调整相关熟人关系。

但在城市化的陌生人社会中，一方面，固有的熟人关系规则已然坍塌；另一方面，人们又习惯性地运用既有的熟人规则，想方设法地把“人生地不熟”的陌生人社会改造成为在一定范围内的熟人社会——其中典型表现就是城市社会中所存在的各式各样的“圈子”，如老乡圈、同学圈、战友圈、同事圈等，[①]于是，乡民社会熟人间的行事规则又顽强地转化成为陌生人之间的行事规则。初入城市社会的乡民们在根本上缺乏处理陌生人关系的规则意识和习惯，因此，把乡民社会的固有规则照搬于此也就无可厚非。

然而，应说明的是：这种对陌生人关系的熟人化改造和处理，尽管可以比较方便地使固有的熟人规则调整陌生人关系，但城市社会却永远主要是一个陌生人社会，人们更多地面对的是陌生人关系，因此，以熟人规则调整陌生人的关系，终究会影响城市化的质量，从而无法形成公民理念，而只能形成熟人间的关系理念。正因为如此，在城市化过程中，既有的熟人关系规则已经明显的是公民社会形成的阻碍力量。城市化自身发展的内在要求必然会削弱、化解、改造甚至抛弃熟人社会的关系规

---

① 在中国民间把如下几种“关系”作为在陌生人社会中牢不可破的熟人关系：“一起扛过枪、一起同过窗、一起下过乡……”形象地、现实地表明人们在陌生人的城市社会是如何运用本应当属于熟人社会的“关系资源”和规范模式的。

则——乡民社会的规则。

其次,在经济运作方式上,乡民社会和乡规民约被市场化趋向左右。在传统的乡民社会,奉行着“父母在,不远游,游必有方”的精神,因此,乡民们也奉行着“树之艺、种之谷、桑之麻、万事不求人”的基本生活原则。因此,以血缘为内涵,以熟人为外延的乡规民约就能得到更好的贯彻和落实。直到今天为止,凡是乡规民约(特别是其中的习惯法和家族法)起作用更大的地方,往往是自给自足的自然经济比较浓厚的乡村;反之,在市场经济比较发达的地区,乡规民约的作用就大为受限。原因何在呢?

我们知道,市场经济的基本特征是人、财、物的流动,是劳动、资本和原材料在流动中的结合。因此,流动中的人们更多地受流动社会之统一规则的支配。这样,画地为牢、崇尚血缘、亲缘的乡规民约就很少有发挥调整作用的社会基础。当下中国所推行的经济运作样式被世人称为“市场社会主义”,这不仅使大量的中国城市人进入广阔的市场流通领域,而且随着城市和乡村相互依赖关系的深入发展,其牵引着成千上万的中国农民进入市场流通领域,从事商业化的市场交易活动。这样,乡民社会的乡规民约就受到市场化浪潮的严重冲击。一方面,身置流动社会中的乡民们日渐地疏远了自己曾经熟悉并且须臾不能离开的温情脉脉的乡规民约,反而在一定程度上接受了市场社会的运作法则。因为市场运作法则的基本目的就是通过市场交易而求取利润。如果在交易行为中公开违背市场交易的规则,转而求取乡民社会的规则,在最终意义上只能是市场利益的损耗和失去。因而,尽管乡民们的选择对其固有的乡规民约而言意味着某种失落,但任何时候,利益规则的强制具有根本性。当市场把人们都带入到利益的关系体系中时,寻求市场的利益动机便会大大地削弱人们对固有的乡规民约的持守。于是,市场化本身就在不断解构着固有的乡民社会的规则系统。另一方面,即使置身于市场活动中的农民,总的来讲,仍然是一群离土不离乡的人。他们在现行制度框架下、在中国传统文化背景下,即使从事市场贸易活动,也不可能根本摆脱乡民社会的规则架构,而走向林毓生描述的那种彻底反传统之路。① 我们知道,追求、倡导全面反传统的一些“五四”学人,如胡适、鲁迅、钱玄同等,大都最终回归传统,②更何况本身就浸泡在乡民传统中的广大农民呢?所以,中国乡民在市场化浪潮中,同样面临着要谨守传统

---

① 参见林毓生:《中国传统的创造性转化》,三联书店1988年版。

② 参见李泽厚:《中国现代思想史论》,东方出版社1987年版。

还是革新，甚至切断传统的问题。这样，在实践中，乡规民约就面临着多方面尴尬。

最后，在价值选择上，乡民社会的乡规民约因全球化的事实而发生转向以市场贸易为先导而引致的全球化浪潮是当代世人们最瞩目的现象。它集中地体现为政治上的国际对话、经济上的国际贸易和文化上的国际交流。可见，全球化乃是一种全方位的社会变革，特别对中国这样具有自身悠久古典传统的国家而言，这一新气象既具有诱人之处，也具有令人担心之处。诱人的是：全球化使长期处于封闭的乡民社会发生了质的转变，昔日偏僻的乡村利用现代信息技术和实际的贸易活动、文化技术交流活动以及旅游活动等，已经和丰富多彩的外部世界，甚至和全球任何一个角落的人们可以进行对话、合作和交流。它使人们的视野得以急剧的扩展，也使乡民们的规范生活发生明显的变迁。因此，全球化事实上在塑造着全新的乡民社会及乡民们的行为规范选择。总的说来，全球化是乡民社会及其乡规民约发生急剧变革的一种重要的外在力量。这一外在力量也因为乡民们走向世界的内在要求而业已转化为其追求行为规范变革的内在动因。

重要的是，当下中国对乡村社会具有重要作用的国家法律主要是根据国际标准和全球化的要求而制定的。尽管在不少学者看来，国家法律对乡民社会的影响是相当有限的，[①]笔者也认为国家法律在乡村社会的运行面临着种种难题。但这绝非国家法律在乡民社会的无效。正如前述，在当下中国的政治体制下，国家通过各种方式(包括通过法律)作用于乡民社会的内容是全方位的，其事实效力也绝对高于本土性的乡规民约。与此同时，由于近代以来特别是中华人民共和国成立以来，中国也不可避免地融入当代世界体系中，成为世界体系的重要一员，因此，国家立法必须考虑全球化和世界性内容。在此情形下，国家法律在乡村地区的推行和运作，客观地促进了传统乡民社会乡规民约的变革。今天，这一变革潮势正在迅速地、前所未有地展开，并且随着国内统一市场的发展和向世界贸易体系的融入，该进程还会加剧。

但话又说回来，当下中国大多数乡村地区和乡民们仍然生活在相对封闭的固有乡村体系中。因此，全球化对乡规民约的影响也就只能用有限这样的词汇来评说。因为世世代代生活在乡民社会的人们更需要的

---

① 苏力：《法治及其本土资源》，北京大学出版社1996年版。

是和自身现实生活相合辙的行为规范和实践逻辑。这就使全球化及其规则在乡民社会遭遇种种挑战和难题。全球化是富有魔力的，但其目前在乡民社会的作用又是相当有限的。

四、简要的结语

以上论述表明：当下中国的乡规民约正处于历史变革的十字路口，它既在顽强地坚守着自己的固有领地，并期望有所作为，但又不得不随着社会变革的需要而改变、削弱甚至隐退自身。但这只是问题的一个方面。

当然，对问题的另一面，还须在这里做简要的交代，即如上结论和情形，绝不意味着乡民社会及其乡规民约将在中国销声匿迹。一是即使中国的城市社会，因为脱胎于乡民社会，因此，深受乡民社会及乡规民约的深刻影响。如今在中国城市社会的一些社区、单位和其他组织体中推行的社区协议、业主协议、单位规章等，都每每受乡规民约的深刻影响。而都市社会中人们的交往方式，更是竭力设法选择使陌生人熟人化，从而以乡村社会的逻辑来影响人们的交往行为，似乎不如此，就不足以办成事。对这种现象，我们当然可以在价值上否定，但简单的否定并不能说明如此这般的深刻文化因由，因此，只是一种简单、粗陋的处理方式。在这其中如何寻求到中国人交往行为的内在规定性，并依此规划中国人交往行为的规范结构和秩序模式，或许才是我们应当努力、着力并积极开拓的领域。二是虽然中国的乡民社会正在迅速地发生变化，城市化率正在提高，交通运输的便捷使城乡越来越一体化，因此，传统型乡规民约所发生作用的空间越来越小，而不是相反。但这并不意味着乡规民约在乡民社会就会退出历史舞台。这是因为：

第一，中国毕竟是一个人口大国，其可有效利用的土地面积不足以支持建立一个类似欧美那样的城市化国家。即使中国未来城市化率不断提高，在可预见的将来，农村及其人口还会大量存在，乡民社会还是中国社会结构中的有机构成部分。

第二，即便传统的乡规民约在中国乡民社会中的作用会减弱，但随着新型交往行为模式的发展，中国乡民社会还会产生新的乡规民约。这在近几十年来中国各地乡村治理的实践中已不断地得到证明。即使在一些边远的、城市化影响很小的地方，也在积极设法推进乡规民约的新创造和新发展。例如，在广西金秀一代，瑶族民众就在传统的“石牌制度”基础上,又创造了不少“新石牌制度”。[①]

第三,中国已经有意识地通过大传统的引导,构建一种在村民自治基础上的村治体系。尽管在这一过程中,可能存在诸如以大传统过分裁剪或切割小传统的情形,或者以城市社会过分要求乡村社会的情形,但这至少表明,乡村社会的治理和城市社会有所不同。乡民社会的治理,还应当遵循乡民社会的固有逻辑——“乡村锣鼓乡下敲”。[②] 即使新农村的建设方案,在制度、规范建设上也不能悉由政府包办,而必须遵循乡民社会自身的逻辑。

总之,正在急速变革中的当代中国乡民社会,一方面,传统的规范因素和交往方式已经在逐渐流失;另一方面,随着乡村新型交往方式和交往内容的发展,特别是随着城乡一体化的推进,一种内容全新的乡规民约及其规范下的乡民社会已经处于产生并逐步成型中。

---

① 周世中、刘琳:《瑶族新石牌与大瑶山社会主义和谐社会的建立》,载《广西民族研究》2007 年第 1 期;周世中、全利萍:《瑶族新石牌及其在构建和谐社会中的调整功能探析——黔桂瑶族侗族习惯法系列调研之八》,载《山东大学学报》2007 年第 5 期;黄小筝:《民族习惯法的新特点:以金秀瑶族新石牌为例》,载《广西民族大学学报》2008 年第 6 期等。

② 吴英姿:《乡下锣鼓乡下敲——中国农村基层法官在法与情理之间的沟通策略》,载《诉讼法学、司法制度》2005 年第 6 期。

民间规范与习惯权利[*]

米尔恩在谈到习俗作为权利之渊源时指出：

> “习俗之成为权利来源，在于它是一种制度。它的构成性规则赋予共同体的每个成员以遵从既存习俗的义务，同时授予每个人相应地使习俗得以遵从的权利。”

接着这个结论，他又以在西方侍者普遍索小费的习俗权利为例，说明了“索小费”和“付小费”之为“约定俗成”的权利和义务。[①] 在习惯了从国家正式法律中寻求权利的法学家看来，在民间规范中寻求权利总有南辕北辙之嫌。更有甚者，经常可以耳闻一些学者几乎把民间习俗规则和“落后”“呆板”“僵化”等同起来，从而，代表着某种“先进”法学观念的权利问题似乎就与民间规范搭不上边界。这显然是继往法律意识形态对人们观念的一种遮蔽。本文拟从民间规范与习俗权利之内生视角探讨民间规范与习惯权利的一般关系。

一、何为习惯权利？

何为习惯权利？对此，张文显这样界定：

> “习惯权利是人们在长期的社会生活过程中形成的或从先前的社会承传下来的，或由人们约定俗成的、存在于人们的意识和社

---

* 本文原载《现代法学》2005 年第 2 期。

① 参见［英］米尔恩：《人的权利与人的多样性——人权哲学》，夏勇等译，中国大百科全书出版社 1995 年版，第 151 页以下。

会惯常中，并表现为群体性、重复性自由行动的一种权利。”①

而夏勇则以初民社会为例，曾在发生学意义上探究了习俗权利问题，并以此为据定义权利：“权利就是个人根据习俗和法律，可以向他人、社会要求某种行为或不行为……”在此，习俗成为其论述权利的重要根据。② 张永和则以人类的自由迁徙为论题，也在发生学意义上寻求权利的真谛，尽管他没有对习惯权利给出专门界定，但从他对“规范是一种经常发生的行为”③的界定以及习惯法的论述中，显然可以透出其关于民间规范内孕着权利的一般主张。④ 由此可见，国内学者对于习惯权利问题的重视。

这里不准备对如上界定做更多的评述，仅就笔者所理解的习惯权利问题稍加展开。**习惯权利针对法（国家法）定权利而言，它是指一定社区内的社会主体根据包括社会习俗在内的民间规范而享有的自己为或不为，或者对抗（请求）他人为或不为一定行为的社会资格。笔者以为，**此种对习惯权利的界定，既未完全脱离开法学界以国家法为根据而对权利的界定，从而大体保持了一般权利概念的基本要素，同时也表达了习惯权利和（国家）法定权利的基本区别。据此，习惯权利应具有如下诸特征：

第一，习惯权利的规范根据为民间规范。习惯权利的对称是法定权利。法定权利系根据实在法（国家法以及和国家具有紧密关系的国际法）而来，现今法学上所谓权利概念，大体上围绕着国家实在法展开，从而权利似乎不是社会关系的必然产物，而是国家通过法律给主体们的授权。其逻辑结局是过分张扬国家的理念，反倒无益于主体权利的保障。例如，一种影响甚大的观点是：前资本主义社会无权利概念。麦金泰尔就曾指出：

> “……在中世纪临近结束之前的任何古代或中世纪语言中，都没有可以恰当地译作我们说的‘一种权利’的表达，也就

---

① 张文显：《法哲学范畴研究》，中国政法大学出版社2001年版，第313页。

② 夏勇：《人权概念起源》，中国政法大学出版社1992年版，第5页。

③ 尽管把规范落脚在“行为”上的结论，笔者并不赞同，但笔者十分赞同该作者认为规范是“经常发生”的这一发明。笔者甚至以为：规范与政治、经济、文化等一样，是社会构造的必要要素。不同于政治、经济、文化等要素的是：规范作为社会构造的要素，贯穿于三者之中，因此，可以称为社会构造的“软件”要素。其原因在于：人在本质上来说是规范的动物。

④ 参见张永和：《权利的由来——人类迁徙自由的研究报告》，中国检察出版社2001年版，第95页以下。

是说，1400年以前，在古代的或中世纪的希伯来语、希腊语、拉丁语和阿拉伯语中，没有任何恰当的说法可以用来表达这一概念，更不用说古英语了。在日语中，甚至到19世纪中叶仍然是这种情况。”①

在国内法学界，张文显亦大力“实证”此观点，并提供了前资本主义社会无“权利概念”的中国素材②。对此类观点，米尔恩已经提出了反驳，他也实证了权利观念（尽管并非“权利概念”）自古而然的在不同文化体系中的存在。他指出：

“我要论证的经得起理性辩驳的人权概念不是一种理想概念，而是一种最低限度标准的概念……一种能适用于一切文化和文明的底线道德标准并不否认每个人在很大程度上是由其特定的文化和社会经历造就的。它不以所谓同质的无社会、无文化的人类为前提，相反，它以社会和文化的多样性为前提，并设立所有的社会和文化都要遵循的底线道德标准。”③

暂且放开如上不同学术观点之孰是孰非，在笔者看来，权利概念依然可以分为纸上的权利概念和主体行动中的权利概念。尽管前资本主义社会并不存在现代意义上的通过文字表述出来的权利概念，但并非不存在“你的”“我的”这种实践中“权利”的界分。只要有“你的”“我的”分界，则相关权利也就存在。慎到数千年前的那句人们耳熟能详的名言业已传达了彼时实践中的权利观念：

“慎子曰：今一兔走，百人逐之，非一兔足为百人分也，由[分]未定。由[分]未定，尧且屈力，而况众人乎？积兔满市，行者不顾，非不欲兔也，分已定矣。分已定，人虽鄙，不争。故治天下及国，在乎定分而已矣。”④

在这里，他已经区分了习惯权利和法定权利问题。所有权关系未定时的“百人逐之”，实为一种习惯权利——人们对无主物按照“先占”原则（谁先抓到野兔）主张和行使权利。而在所有权关系已定情形下（“积

---

① [美]麦金泰尔：《德性之后》，龚群等译，中国社会科学出版社1995年版，第88~89页。

② 参见张文显：《法哲学范畴研究》，中国政法大学出版社2001年版，第282页以下。

③ [英]A. J. M. 米尔恩：《人的权利与人的多样性——人权哲学》，夏勇、张志铭译，中国大百科全书出版社1995年版，第7页。

④ 《吕氏春秋·慎势》。

兔满市”)的“行者不顾”,所表述的不正是人们对法定权利的必要尊重吗?

可见,如何看待权利概念问题,不仅要顾及人们是否按照逻辑上下定义的原则给权利一个文字性的“概念”,而且也要顾及人们行动中对权利的实际拥有、行使以及在此基础上形成的有关权利的观念。习惯权利在很大程度上就是这样形成的。承认前资本主义社会有习惯权利而否定彼时有权利概念,只是书生们过分看重其定义权利的重要性(笔者也承认,这很重要),而忽视人们在实践中已经运用、操守着权利概念之所致。

第二,习惯权利可以是成文的,也可以是不成文的。因着习惯权利之载体为民间规范,而民间规范既可能是成文的(文字文本),也可能是口耳相传的(语言文本),还可能是行动示范—模仿的(行为文本)。[①] 这样,习惯权利和国家法定权利相比较,其所表现的文本形式显然具有多样性。自从文字产生以来,国家法律及其法定权利的存在每每以文字文本的法律为其基本方式。虽然在此之外,不乏“操之于心中”的秘密法、法外之法的大量存在,但日常法律及其权利基本体现为成文形式,却在古今中外的国家法中大体无异。特别是近代以来主权国家的兴起,即使尚处于初民社会的民族,也无可例外地被卷入了主权国家的历史进程中,故在其习惯法之外,不得不接受主权国家借助文字所制定的一系列法律。

但是,习惯权利尽管不排除利用成文规范形式的表达,甚至在文字业已成为我们这个时代之主导交往工具的背景下,民间规范主要以文字文本的方式呈现。然而,文字也罢、语言也罢,作为表达事物或者人类交往关系事实的工具,其所表达的内容皆来源于事物本身。在借助它们表达之前,人们在交往行为中已经形成了某种示范—模仿型的行动文本的规范以及在此基础上口耳相传的语言文本的规范。这两者皆为不成文的规范,但在对习惯权利的表达方面,它们和成文规范相比,几乎具有同样的功能。在一定程度上讲,由于示范—模仿型的文本形式和口耳相传的文本形式更接近人们的生活常态,或者它们本身就来源于社会生活本身,因之更能够表达和贯彻习惯权利的真谛。

第三,习惯权利主要是在主体交往中通过直接博弈形成的,当然也

---

① 关于几种不同“文本”的法律(规范)的论述,参见谢晖:《法律的意义追问——诠释学视野中的法哲学》,商务印书馆2003年版,第130页以下。

可能是赋予的。和法定权利相比较,习惯权利是主体在长期的行为过程中,通过相互的磨合、博弈而形成的。而法定权利则是由国家赋予的。在君权立法的时代,“权利”的国家赋予即帝王恩赐,如某次“大赦天下令”的颁发,往往纯粹是帝王们性之所来、心系天下的举措,是对天下“被刑者”恩赐的权利。在代议制立法的时代,虽然权利是议员们直接协商、辩论的结果,但对于普通公民而言,其所表达的权利内容仍然是作为“精英”的议员们所赋予的,因为它毕竟没有得到普通公民们的普遍参与、协商和对话。如今通过全民公决的立法方式正方兴未艾,这种立法方式确实能够在最广泛的层面上保障公民们的协商参与,能够避免权利被部分人所赋予的情形,从而使权利成为公民们直接博弈的结果。但问题是要在一个大国里指望所有法律通过全民公决产生,且不论其高昂的成本支出,仅就其组织的难度而言,也几乎不可能。因之,人们还不得不继续接受在国家法时代法定权利总是被“赋予”的情形。

而习惯权利却不然。虽然在民间成文规则规制下的习惯权利可能也是被部分人所赋予的,但在更多情形下,习惯权利乃是生活在一定社区里的人们为了公共交往的方便和共同生活的目的而相互博弈的结果。曾在学界讨论颇热的“乞讨权”问题,[①]在国家实在法上我们无法找出相关的权利赋予,但这是穷人们在穷困潦倒、国家又救济不及时,穷人们行使自力救济的一种基本方式或曰习惯权利。[②] 这种权利既是国家和社会博弈的结果,也是行乞者个人之间博弈的结果。显然,习惯权利主要是自发地长成的,是在人们社会交往的行为中长成的。习惯权利形成的这一特点,明显区别于法定权利的形成特征。

---

① 笔者注意到,也有人搬出我国《宪法》第45条之相关规定:“中华人民共和国公民在年老、疾病或者丧失劳动能力的情况下,有从国家和社会获得物质帮助的权利。”强调行乞是一种宪法和法律赋予公民的权利(参见毕磊:《从“禁乞立法”看“行乞权”》,载 http://unn. people. com. cn/)。笔者认为,这是一种典型的对宪法规定的误读。因为前述“获得物质帮助权”的宪法规定,乃是站在“公共救济”的立场上的规定,它需要通过请求、审查、批准等一系列正当法律程序做保障。而行乞权却是一种私力救济的基本方式。一般说来,它发出请求的对象,既不是国家机关,也不是社会组织;相反,它往往是针对公民个人提出请求。并且“获得物质帮助权”的主体是“年老、疾病或者丧失劳动能力”的公民,而实际上进行乞讨的人远不止这些人。因此,“行乞权”在宪法和法律上,最多只能是一种“默示的权利”,而不是“明示的权利”。

② 至于一些以乞讨为业的人,当然应和“真正的”穷困潦倒的乞讨者区分开来。就当下中国的情形而论,尽管不乏生活无着者乞讨的情形,但更多的情形则是所谓“乞讨职业者”。他(她)们的存在,确然在很多地方(特别是城市地区)成为影响社会安定和形象的重要原因。

最后,习惯权利的保障机制往往出自主体的自觉自愿,出自人们对相关规范的自觉依赖。同样,和国家法定权利相比较,习惯权利更容易被人们所接受。一般地说,人们对于权利都有自觉运用的心理因素——人们“好利恶害”的心理必然热衷于对权利的求取。但这并不意味着人们就一定能够自觉行使权利,特别是法定权利。例如,作为公民权利的检举权、批评建议权等在实践中总是落实得很不尽如人意,其原因何在?除了制度保障的不到位因素,更重要的是权利行使者们总会在行使这些权利时进行最基本的经济估量与核算。他必须考虑权利行使的可能成本。当权利行使的可能成本远高于其必要收益时,或者当权利行使面临无穷无尽的义务风险时,人们对权利的自觉运用只能落一个“闻起来香、吃起来臭”的结局。因此,法定权利之许多内容的实现,还有赖于国家的相关宣传、教育、引导。

习惯权利因为内生于主体交往行为的实践,内生于主体的生活必需,因此,它的实现主要靠主体对习惯权利本身的自觉自愿,靠一定社会共同体对民间规范的自觉依赖。尽管在实践中,也不乏通过一定的说服、教育机制“教”人们如何行使习惯权利的情形,但这和教育人们行使法定权利时的情形明显不同。即使直接在程序上由全民对话、协商而形成的权利,一旦通过成文的法律形式、法言法语表达出来,就必然体现着精英们加工的特征,从而与人们的生活之间形成了某种“文字距离”。这种距离的克服,非得经过教育不可。这显然不同于“草根性”的习惯权利所由生的民间规范——无论语言文本的、行动文本的还是文字文本的——与主体生活间的“无距离”状态。这恐怕也正是习惯权利经常能够通过自觉自愿的主体行为而实现的基本原因——只要主体有生活交往,就必然意味着相关权利的自觉实现。

二、民间规范作为习惯权利之载体

在前文中,笔者已经涉及习惯权利和民间规范的一定关联。这里要继续说明的是:民间规范乃是习惯权利的基本载体。尽管当某种习惯权利被纳入国家法律甚至国际法律范畴时,这些内国或国际法律也成为习惯权利之载体,但此时的习惯权利,业已在名称上发生了变化,即它是上升为法定权利的习惯权利,在本质上,它仍然是法定权利。因此,和国家法、国际法等相比较,习惯权利和民间规范之关联就更为直接,更为现实。对这种情形,有关的国际法律文献已经有了表达,例如,国际劳工大会第 76 届会议通过的《国际劳工组织土著和部族民族公约》在说明中就指出：

> “认识到这些民族希望在其所居住国家的结构之内，自主管理本民族各类机构、生活方式和经济发展，以及保持并发扬本民族的特点、语言和宗教的愿望……”
>
> “注意到在现今世界许多地方，这些民族不能与其所居住国家内的其他人享有同等的基本人权，他们的法律、价值观念、习惯和观点常常受到侵蚀……”
>
> “提请大会注意土著和部落民族对人类文化的多元化，对人类社会和谐与生态平衡，以及对国际合作和相互理解所作出的明显贡献……”①

正是基于如上因素的考虑，该次会议大幅度修改了1957年制定的《土著和部落居民公约》的有关规定，明确、具体地规定了在国际法上土著和部落民族的权利(人权)。

这些看法及其规定，充分表明这样一个基本事实：在该公约修改之前，相关习俗权利业已存在于不同地区的土著和部族居民的日常生活中，该公约的修改，只是将既存的习俗权利载入国际法律中而已，是对既存习俗权利在国际法上的确认，而不是国际法自身的“创造”。这进一步表明习俗权利的基本载体是民间规范。

如上国际法律文献虽然仅针对土著和部落居民而制定，但在理论上，其所表达的理念和原理也适用于在多元化文化背景下的世界各地。如果说20世纪中叶以前，人们还寄希望于通过某种放之四海而皆准的真理来推进全球的现代化的话，那么，随着20世纪中叶以后的各国，特别是后发达国家现代化的实践展开，已经充分表明了在现代化进程中尊重各国既有文化的必要性和重要性。这其中当然包括了尊重相关的规范文化和传统的重要性。正是在此基础上，十八九世纪那种强调普适性的自由—民主理论在很大程度上遇到了被解构、证伪的风险；反之，以诠释学为理论基础的政治、社会理论应运而生。特别是哈贝马斯等学者的论述，尽管没有放弃寻求普适性的努力，但其行为策略已显然不是立基于某种“科学立场”，而是强调商谈的诠释学立场。诠释学的叙事方式及行为策略，就是寻取对所有“合法前见”的必要尊重和充分宽容，使对话及对话者能够有充分展开其意见的基础。引申到权利和规则领域，则它

① 参见国际人权法教程项目组：《人权法教程》(第2卷)，中国政法大学出版社2002年版，第115页。该书对该条约的相关译文或印刷，颇有可质疑之处，请读者们予以关注。

不是寻求某种定于一尊的权利理念及其规范形式，而是要求各种不同的权利及其规范能形成对话立场。

言及学术发展的此种趋势，仍然旨在说明对多样性、多元性的肯认，已经使相当一部分西方学者从“西方中心－推销”的立场转向“文化多元－对话”的立场。这对我们的深刻提醒是：每个民族理应正视自身文化传统（民间规范）中的有利于自身法制现代化的因素，即使被人们普遍认为是西方文化正宗产物的自由、权利等现象，也未必在其他民族的文化传统中丝毫不存，问题仅在于它所存在的方式、范围以及我们如何解读和发现之。只有如此，我们才有可能以对话者的姿态进入国际学术领域；否则，我们只能以请问者的姿态和立场进入国际学术领域，从而只能聆听他人的教导和教诲（当然，这并非错误，但至少不是“光荣”）。

论述至此，仍然没有触及何以民间规范作为习惯权利载体的原因问题，而仅是在外围打开了研讨这一问题的一般思路。如果站在两者关系的“内部立场”思考，则笔者认为：作为一种权利的习惯权利，和法定权利相类似，它并不因人们经过一次或多次权利行为的行使而完成其使命；相反，它对一定社区内的居民而言具有反复适用性和长久规范性。因此，在本质上讲，它必须是相对而言具有普遍规范性的权利，而非个别调整的个别规范性的权利。我们知道，一切权利都具有规范性，无论是作为普遍权利的法定权利还是作为个别权利的约定权利（如合同权利）都具有规范性。但载定个别权利的规范（如合同）总是不能承当民间规范的使命。与此同时，正如前述：承载法定权利的国家法律也不能被认为承载着习惯权利。那么，习惯权利的载体究竟是什么？笔者认为，其载体为民间规范。

尽管人们对民间规范（民间法）多有不同的看法，①但对其在一定社区内的普遍功能却具有大致相同的意见。笔者大体上赞同作为民间法的民间规范应当具有如下基本特征：

第一，在一定社区内的普遍规范性。民间规范要成为人们遵守的民间法，必须具备能够被普遍化的要素，即在一定社区内生活的人们，涉及其“内部”事务时，皆尊重、遵守民间规范或按民间规范的规定处理相关问题。如果民间规范不能在一定社区内显示其普遍性特征，而只对该社

① 相关分歧意见，参见谢晖等：《民间法》（第1—4卷），分别由山东人民出版社2002年、2003年、2004年、2005年出版；梁治平：《清代习惯法：社会与国家》，中国政法大学出版社1996年版等。

区内的某些人或某个人具有规范性的内容，当然不能成为民间法，如在一定社区内几个人相约活动的时间表、朋友之间的定期联系和会晤机制等尽管对相关的人们具有规范约束作用，但它不能也不可能作为民间法被使用，因为人们无须普遍尊重之。

第二，在一定社区内的稳定性。衡量民间规范是否为民间法，还在于看该规范是否在一定社区内能够持久、稳定地发挥规范人们交往行为的作用。民间规范品类繁多，难以尽数。但并不是所有民间规范皆可为民间法。只有那些能够在一定社区内持久、稳定地发挥作用的规范才可谓之民间法。而那些因为迎合某种政策、意识形态或者一时的社会形势而建立的民间规范体系，往往不具有此种特点。所以，很难将其纳入民间法中，如“某地某某学习小组规则”，就不宜作为民间法的内容进行研究。

第三，面对一定社区内人们纠纷时的可请求性。作为民间法的民间规范，同国家法的功能类似，既在于调整一定社区内人们的日常交往关系，也在于预防因日常交往关系出现种种纠纷而予以裁判和调控。因之，一种民间规范是否为民间法的衡量标准就又增加了一条，即一定社区内的人们出现纠纷时，可以据此规范请求权利，排除义务。如果某种民间规范不具有此种功能，那么，其也不能谓之民间法。

第四，归根结底，民间规范要成为民间法，绝不仅仅是给一定社区内的人们强加某种义务，事实上，它必须是该社区内人们权利义务的分配机制和分配方式，即依据相关规范，人们既享有权利，也承担义务。至于该规范中权利义务的分配是否合理，某些义务的设置是否必要，则另当别论，但该规范在设定义务的同时必然意味着权利是大体可以肯定的。在一些人看来，民间法乃是落后、残忍的代名词，甚至以“具体的民间法”为例加以说明之。[①] 尽管这种情形的存在是一个不争的事实，但即使在这背后，仍然具有维护一个社区及其文化传统、保障该社区内“善良风俗”的权利意义。只是它的权利内容全然不同于个人主义的权利内容而已，但绝非在那里“根本不见权利”。

以上关于作为民间法的民间规范之论述，旨在进一步说明民间规范之为习惯权利的载体。民间规范五花八门，各种民间规范可能都在一定程度上记载、表达着某种权利要求，但这并不是说在所有的民间规范所

---

① 刘作翔：《具体的“民间法”》，载《浙江社会科学》2003 年第 4 期。

载定的权利内容皆为习惯权利。一般地说,只有被称为民间法的民间规范所载定的权利,才可称为习惯权利。何以会得出此结论?这是因为:

如前所述,无论习惯权利,还是民间规范,都是在一定社区范围内针对所有的主体而言的普遍性问题。习惯权利本身就是规范,一般说来,它和义务一起构成民间规范的全部内容。这绝不仅是笔者按照现代法律的权利义务理论而生搬硬套,而是民间规范之客观实存。例如,在现今青海黄南藏族自治州一带的部族制度及法规中,就规定了"产品交换及比值惯例":

"交换的形式主要有两种:一种是以羊或羊毛交换粮食的以物易物;另一种则是以货币进行买卖。

以物易物的比价是:一只母羊或两岁羊的羊毛(约2市斤),交换青稞12碗(两碗约1市斤);一只4岁至6岁的羯羊毛(约3市斤),交换青稞18碗(约9市斤),约平均1斤羊毛换3斤青稞。

1只羯羊换1皮带面粉(约100市斤)或1~3升青稞(约120市斤);一只母羊换约72斤青稞;1只两岁羊换约23斤青稞。

1头犏犍牛,最好的价格可卖白洋30元(约合青稞2石5斗),50年代初改为人民币支付。"①

在如上所引的枯燥数字中,我们业已看出在民间规范中"数目字管理"的雏形,也看出在民间规范中权利义务分配(交换)的确然存在。这也不像我们想象的那样,似乎只有在现代的法律规范中才有权利和义务的分配。在一个社区或一个时代,只要存在"你我权界"关系,就必然存在民间规范上权利义务之划分。问题恰恰是:"你我权界"的划分自古而然。

正因为有了人们交往中"你我权界"的划分,从而在实践的逻辑上须要从日常保护和纠纷预防两个方面规定有关规则,既保障"你我权界"关系在日常情形下能够维持,也能够处理一旦日常交往中出现"你我权界"

---

① 张济民主编:《渊源流近——藏族部落习惯法法规及案例辑录》,青海人民出版社2002年版,第4页。此外,张冠梓在《论法的成长》(社会科学文献出版社2000年版)一书中,对我国南方山地民族习惯法中的权利义务问题做了较为系统的梳理,可参见。而美国法人类学家霍贝尔在《初民的法律》(周勇译,中国社会科学出版社1993年版)一书中,对于菲律宾初民部落伊富高人的私法及其权利和义务也作出了系统的、合乎逻辑的论述,可参见。其他相关资料甚多,恕不一一列举。

关系遭到破坏，秩序面临威胁的情形，我们能借助规则予以必要的救济。从此视角来看，民间规范和国家法律在功能上大致接近：既为保障既有的权利义务分配秩序而设，也为救济既有权利义务秩序遭到破坏或出现纠纷而设。

这样，民间规范之为习惯权利载体的结论大体上就可以证明。需要继续强调的是，近代以来，特别是20世纪以来，因为人类所取得的长足的社会成就和进步：一方面，使今人普遍对昔人采取了一种自大和傲慢的态度，这种情形，在那些后发达国家中显得尤甚，因为他们在和发达国家的攀比中真切地看到了自身的劣势，从而激情往往胜于理性，于是，古人留下的一切皆可无情抛弃；另一方面，也使发达国家（地区）的人们对落后国家（地区）的人们普遍采取了一种自大和傲慢的态度，似乎一切都是发达国家（地区）的好，至于把人类组织起来的规范，似乎更是发达地区的居于优先。

尽管这种一般的比较及其结论不无道理，但是作为人类长期生活过程中公共选择的必然结果，习惯权利绝非可有可无的，同样，承载习惯权利的民间规范也绝非人们可以轻忽的；相反，法定权利的进一步发展，往往需要奠基于习惯权利基础之上。国家法律的进一步完善，也有赖对民间规范的不断吸收。就此而言，民间规范及其习惯权利，乃是国家法律及其法定权利发展的引导者，而非其累赘。

三、习惯权利作为民间规范之必要内容

如前所述，作为习惯权利载体的民间规范，其内容既有权利，也有义务；既有命令，也有选择。尽管结论如此，但当人们深入实践中的民间规范中时，往往遇到的却是更多的义务规范，甚至在有些民间规范中是义务的一统天下。究竟应如何看待这种情形？

事实上，无论国家法律，还是民间规范，其对权利的规定，既有明示的规定方式，也有隐含的规定方式。前者好理解，后者则指只要规范中规定了一个义务，则在该义务的背后必然隐含地存在一定的权利（这里权且不问其是何种权利），至于该隐含的权利是什么，由于并未明确规定在相关规范之中，因而需要规范的运用者们借助一定的逻辑推理得以明晰。下面，笔者分别就民间规范中习惯权利的这两种记载方式进行专门论述。

首先，民间规范对习惯权利的隐含记载方式。民间规范对习惯权利隐含记载的含义如上已有交代。这里将通过一些实证的民间规范以说

明其是如何隐含地记载习惯权利的。

在山东济南的民众中，广泛流行并运用着这样一种口耳相传的或者行动中的规则：人们“不得于下午探视病人”。这条不成文的规则本身表达的是一种义务性的命令，即对所有欲探视病人的人而言是一种义务性的约束。但稍加分析，则在这条命令的后面，隐含着病人及其家属有权婉拒，甚至公开拒绝探视者于下午看望病人的要求。[①] 就这样一条简单的规则，既设定了欲探视者的习惯义务，也设定了被探视者的习惯权利。

如果说这种口耳相传的或者行动中的民间规范太简单，尚不足以说明民间规范对义务的设定一般意味着权利的隐含的话，那么，笔者手头的一份成文化的、在文字上大体只有义务规定的民间规范（《天津陈缺屯村村民自治章程》[②]）反映的则是同样的情形。下面笔者引述其中一些条文，并分别进行论述：

> “个体经商占地时，首先向村写出书面申请，由村审查报主管部门批准，办理好营业执照，并与村签订占地经商合同，由村落实占地数量和位置。占地户必须按时交纳经商占地费（每年年初每亩500元）。对不能按时交纳费用的，村有权收回占地或交司法部门处理。”（第1条第5款）

在这款主要以欲申请个体经商者之义务为内容的规定中，我们不难在逻辑上推论出在该款规定中隐含的该申请者以及其他主体应有的权利。就该申请者的权利而言，一方面，当他向村（委会）写出书面申请后，便有权得到村委会批准或不批准的答复；另一方面，当他因村委会批准而与其签订合同后，便不仅负有合同上的义务，同时还享有合同上的权利，并且他还可以合同为据，抗拒来自村（委会）的不当干预；再一方面，一旦占地户根据规定在当年交纳了经商占地费，则同样拥有权利对抗村委会在当年再收经商占地费的行为。

在该规定中，代表全村的村委会的权利（力）实际上已经有所反映，这其中包括对书面报告的审查权，对违规者占地的回收权等。但这些权

---

① 论者们尽管可以批判该规则的“封建迷信”色彩和“落后保守”本质，但迄今为止，生活在济南的人们，即使是外来者，在相关的交往活动中仍然非常重视对这条几乎是戒律的遵从，除非探视者对此“戒律”毫不知情或者取得病人及其家属的同意。因此，它依然是当地“行之有效”的一条重要的民间规范。

② 该章程由南开大学于语和教授收集，并拟附录于其将要出版的《中国民间法简论》一书中。

利在一定程度上也是一种权力，因此，不予专门展开，唯须说明的是：在这些权利（力）的背后，其实也隐含着村（委会）的义务。

更值得注意的是，该规则对“个体经营占地者”所设定的义务，是直接维护该村集体和全体村民的权利和利益，因此，该规则的义务背后，也就隐含地“规定”了村集体和全体村民的相关权利（当然，这意味着相关的义务也须依据该规则加诸村集体和全体村民）。

以上例证都在证明：即使纯粹以义务为内容的民间规范，只要该规范设定了义务，就必然意味着在义务运行的另一面是隐含的权利。人类只履行义务，而不享受权利，这在逻辑上讲是不可能的，因此，在民间规范中，不隐含权利的规范也是不存在的。因为任何民间规范的功能都是为了给一定社区内的人们提供一种行动的向导。人类行动的逻辑如此，其所创立的规范的逻辑难道会远离它吗？①

当然，在这里需要说明的是：由于权利在历史演进中可分类为特权和普遍权利两种情形（这两种权利的情形，虽然在历史演进中有先后之别，但即使在特权时代，并非丝毫没有普遍权利；同样，即使在普遍权利时代，并非没有特权，如当今民主国家的外交特权与豁免权等），因此，在字面上以义务为内容的民间规范，其所隐含的权利也就会有特权的权利和普遍权利之分。不少论者将特权纳入权力的范畴，在笔者看来，它仍然属于权利范畴，因此，即使某种以义务为主的民间规范的背后所隐含的是某种特权，它仍然在隐含着“权利”。

对民间规范中以隐含方式记载习惯权利的论述，旨在使人们认识民间规范之记载的权利问题时能够放大其视野，避免在规则内部就权利而论权利的情形。这样，或许对我们认识习惯权利并设法保障之会有更多、更大的帮助。

其次，民间规范对习惯权利的明示记载方式。所谓明示记载，就是指民间规范明确规定了习惯权利的内容，从而使能够识书断句者一看相关内容，就知道规范中的权利为何。明示习惯权利的民间规范一般地说是成文的，但在有些口耳相传的或者行动中的民间规范中，也能够反映出其对习惯权利的明示特征。例如，在汉族的婚姻习惯中，新婚之夜，客人们有权为新婚夫妇“闹新房”，在一些少数民族地区，也盛行此风习。

① 令人遗憾的是：不少人熟知那条源自西土的法学格言，“凡法律未规定者皆可推定为权利”，但又很少人把这种情形解释为其实是法律义务背后的隐含权利。笔者觉得唯有如此，才能找到上述格言的证立逻辑。

如果主人家或新婚夫妇对“闹新房”不太热心或疑虑重重，还会遭到社区内人们普遍的道义谴责。在这里，客人们“闹新房”的权利乃是约定俗成的，人们通过行为示范、口耳相传皆心知肚明。因此，其可视为在民间规范中明示的习惯权利。

如果上述“行动中的民间规范”对习惯权利的明示性规定尚不足以说明问题的话，下面我们继续引证一些地方在民国时期尚流行的民间规范（照例是“行动中的”）来说明。以下索引两段内容分别是山东栖霞县和甘肃陇西县民国时期有关物权制度的部分习惯调查：

> “第一分砍松柴
>
> 栖霞全境四面皆山，地主多种植松、柞，至成拱砍伐时，先招人议价，有三七分劈与各半劈之分别。三七分劈，砍伐人得十分之三，其山主应得十分之七，须自行雇工搬运到家；其各半分劈者，砍伐人须代山主运送完妥，不须另出运费。”
>
> “第二租地如约纳团租，许退不许夺
>
> 凡租种田地者，所纳之租名曰‘团租’。按年送纳团租，或秋或夏，必有一定之时，且有一定之色，均［均之色］注明于约据内，佃户不得稍有更移。其纳团租能年年如约者，业主不得夺回其田，佃户之退与否，则可自由；若佃户有拖欠等事，业主始得夺之。其习惯已久，不能更易……”①

如上例证，是笔者随意从《民事习惯调查报告录》中抽取出来的，其间所表明的山主与砍伐人、地主与“团租”人的权利义务关系，昭然若揭。这更进一步地证明了民间规范对于习惯权利的明示性的记载。

至少在中华人民共和国成立之前，中国是一个民事契约非常发达的国家，即使经过了近代以来历次战乱和共和国成立以来历次“运动”之破坏，我们还是保存了著名的敦煌—吐鲁番契书、徽州契书、自贡（盐井）契书、江浙契书、台湾契书及贵州苗民契书等值得今天法学家们特别珍视的契约文书。② 这里的问题是：这些大多签订于古代的契约文书是在当时没有关于契约的国家法的背景下发生的，那么，其有效的根据何在？

---

① 前南京国民政府司法行政部编：《民事习惯调查报告录》（上册），中国政法大学出版社2000年版，第146、401页。

② 相关契书，已多有整理和研究，但目前研究者更多为史学家，法学家也多站在史学甚至人类学立场研究之，而站在法学立场研究之者甚少。更令人遗憾者，绝大多数契书到目前只能放在档案馆里甚至居民（村民）家里遭受虫蛀、老鼠啃。笔者在赴各地调查中，见到的此类情形甚多，这真是令人可叹者！

仅仅是双方(或多方)当事人的自愿吗?恐怕问题并不如此简单。试想,如果没有在一定社区内普遍有效的民间规范之保障,规定在契约中的权利与义务又如何能实现?倘若能肯定在这些以权利和义务为内容的契约背后,存在具有普遍效力的民间规范(无论其是否成文),则也就必然意味着这些规则对习惯权利的充分明示,否则,契约中的权利何以产生并保障落实?

或问:上述列举皆是在我国已经过时的民间规范,那么,现实有效的、成文化的民间规范又是如何明示地记载习惯权利的?下面我将引述某村《村民自治章程》①中的规定以说明之。该章程在第二章第四节"村民"中,专门规定了村民的权利:

"第十七条　凡户口在本村的村民,在村内享有以下权利:

(1)《宪法》规定公民应当享有的一切权利;

(2)参加村务活动,提出有关村务活动的建议和批评,对村干部和村务进行监督;

(3)18周岁以上的村民有选举权和被选举权(剥夺政治权利的人除外);

(4)享有本村兴办的各项公共事务公益事业的利益。"

此外,在该章程的其他章节,也分别规定了村民的诸多权利,这里不一一引述。上面的引述内容业已证明:在当代中国的民间规范中,通过成文明示的方式规定习惯权利(其中有些权利则是对法定权利的民间转述,这也在一定程度上表明了当代中国国家法的影响在日益扩大)的情形。可以预料,随着现代法观念的深入,在民间规范中更多、更广泛地明示习惯权利,将会是民间成文规范的一个必然趋向。

如上对民间规范隐含地或明示地对习惯权利规定方式的论述,意在一方面,说明习惯权利与民间规范的内在关联;另一方面,也在表明民间规范绝对不是现代法律权利和义务模式的腐蚀者和破坏者,相反,它在很大程度上是现代法律权利和义务模式的支持者。这就看我们如何对待习惯权利及其民间规范了。如果我们一味强调民间规范及其习惯权利的落后和保守(我不否定,确有大量这类民间规范)而对它的社会调整功能视而不见,甚至坚决地要背其而行,或许习惯权利和民间规范只能

---

① 该章程由于语和教授搜集,未注明村名,并拟附录于其将要出版的《中国民间法简论》一书中。

是法定权利及其规范的对立者和蛀蚀者。①

当然，这绝不是说笔者不分青红皂白地鼓吹民间规范，更不是以民间规范来架空国家法律（即使有人有此想法，也只能是一相情愿）。只是想说明一个国家的立法和法制建设，如果彻底抛开其既有的规范体系，如果不顾国民在既有规范体系下的生存样态，如果一定要通过“破坏一个旧世界”来“建设一个新世界”，那么，那“新世界”的模样也只能起一种“流行”的效果，而很难成为“经典”。笔者承认国家法律对社会的深刻改造价值，②但这种改造，从来是和社会对法律的改造同时“双向”地发生的，而不是国家法律单向地指令的。这在后发达国家乃至一些发达国家（如日本、新加坡）法治发展的事实中俯拾皆是。

四、结论：通过民间规范关注习惯权利

习惯权利的概念提出已久，但我们在何处寻找习惯权利，仅仅凭借人们对习惯权利的经验和感知吗，这似乎不能完全解决问题。因此，笔者以为，提出习惯权利问题至关重要，即使我们将习惯权利说成是人们日常生活中的明珠也未尝不可。但更重要的问题是，习惯权利从来所关乎的是人们的生活日用。倘若习惯权利与人们的生活日用间发生了脱节，那么，就变成可有可无的事项。人们脱离明珠照样可以生活得很好，但脱离五谷杂粮，生活可能就一天不能为继。在此意义上，笔者更喜欢将习惯权利称为人们的日常消费品。

习惯权利之所以是人们的日常消费品，乃在于载负它的民间规范是人们日常生活之必需。在前文的注释中，笔者已经指出：人在本质上是规范地存在的动物。无论行为的示范、语言的运用、文字的创生，皆在证明人存在的规范本质。因此，所谓人是政治的动物（亚里士多德）、功利的动物（边沁）、社会关系的动物（马克思、涂尔干）、符号的动物（卡西尔）等关于人的结论，归根结底可以引导到规范上来解释。政治的动物说明了人作为规范动物的根据；功利的动物说明人作为规范动物的内容；社会关系的动物则说明人作为规范动物的实现方式；符号的动物所

① 在山东某市的一大片草坪上，有一条人踩出来的小路。我经常看到管理人员大声吆喝人们不要踩踏草坪，违者罚款。但在该小路上来往踩踏草坪者还是时有可见。原来该草坪使通往某大工厂的路绕了个大弯子，给工人们进出工厂造成很多不便。于是我在想，为何我们的管理机构不按照工人们喜欢走近道的习惯权利在该草坪上设计一条小径，而非要将他（她）们动员甚至驱赶到老远的大道上绕个圈去上班呢？国家立法与民间规范的关系，是否也有类同？

② 参见谢晖：《价值重建与规范选择——中国法制现代化沉思》，山东人民出版社1988年版，第122页以下。

表明的是人作为规范动物的表达方式……

说明人是规范的动物，其更进一层的意思在于说明人类的存在离不开规范，规范存在自身即意味着人之与规范的不可或缺性。因此，只有把习惯权利置于某种规范的视角上时，习惯权利才有其寄居的基本场所。这种规范就是民间规范。

或问：任何权利皆为规范，习惯权利也不例外，因此，论述习惯权利自身即意味着对其作为规范的肯认，何必多此一举，要透过民间规范关注习惯权利？

诚然，所有权利皆为规范，但权利自身并不构成人们“交往关系中”的全部规范内容。只有充分地关注在人们“交往关系中”的所有规范，才能更深刻地理解作为规范的习惯权利。人类交往行为乃是一个多种内容的规范交合其中的概念和范畴。仅仅权利规范，虽然能够作为规范存在，但不能想象，会存在纯粹以权利为内容的人类交往关系。如果在人类交往关系中缺少了义务规范、公共权力规范、与公共权力规范相应的责任规范，那么，人类交往关系便成为有关权利的“抢夺”关系，权利规范不但不能确保秩序，反而会使秩序丧失殆尽。

既然人类交往关系总是存在诸规范交合的情形，因而，以人类的交往行为为实践起点的任何规范，无论它是民间规范，还是国家规范，就不可避免地要以人类交往行为的内在要求为其内容；否则，规范的逻辑必然因违反实践的逻辑而无效。这也是我们日常所见的国家法或民间规范总是将权力和义务、权力和责任明示地或隐含地纳入规范内部的原因所在。

至此，大体上可以回答笔者为何在这里强调要透过民间规范来观察和理解习惯权利的原因了：倘若我们有了习惯权利的概念，而仅使该概念停留于习惯权利本身，那么，单纯的习惯权利本身永远也不能成为社会秩序的构织者。这就意味着只有在权利和义务相共存、权力和责任相共生的民间规范之整体体系中观察、了解习惯权利，我们才能进入习惯权利的根底，了解习惯权利的真谛。也只有如此，习惯权利及其载体——民间规范对社会秩序的构造、维护和拓展功能才有可能，甚至将习惯权利及其载体——民间规范设法纳入国家法律体系中的努力才有必要。因此，要更深入地了解实践中的（而不仅是概念中的）习惯权利，就必须认真地面对民间规范；要在习惯权利中拓展人权内容，也需认真地面对民间规范。

作为人权的习惯权利*

人之所以异于万物的本质，出自他是反思性存在的动物。其中人类反思最多的问题或话题，也许是人是什么样的存在，人为什么而存在，人怎么样才能更好地存在。这其中，对人权问题的反思，又或许是其中最重要的内容之一。如果把人权界定为“是人因其为人即应享有的权利”①的话，那么，人们根据其经年累月、“自然”形成的习惯而交往行为，自是其为人的题中应有之义，也是其应有的人权。尽管习惯如同任何社会规范一样，也会随着生活条件、社会制度乃至自然环境的变迁而更改门庭，可“根据习惯而生活与交往的权利”这个虽不乏抽象但又十分具体的命题，并不因为习惯的变迁而褪色，因为旧习惯变迁了，新习惯会产生，进而人类根据习惯生活和交往的权利这个一般性命题仍有效。那么，如何理解习惯权利？习惯权利为什么是人权？作为人权的习惯权利，与法定权利是何种关系？为何要强调习惯权利的法治保护，进而法治如何保护习惯权利？这些，是本文拟探讨的几个话题。

一、何为习惯权利：法律叙事视角的转换

法律、习惯与习惯法，向来是法学理论所关注的重要话题，几乎所有重要的法学流派，莫不关注这两

---

* 本文原载《法学评论》2016 年第 4 期。

① 徐显明：《〈人权研究〉集刊序》，载《人权研究》(第 1 卷)，山东人民出版社 2002 年版，第 1 页。

者之间的内在关联。即使被称为“排他性”地坚守规则研究的分析实证法学者们,[①]也不是完全无视习惯和习惯法的存在,反而相关问题似乎是其绕不开的话题。尽管他们对习惯和习惯法的解释总是限定在其所预设的法的前提中。以奥斯丁对习惯法的解释为例:

> “一个习惯……当其被法院适用的时候,而且,当其被司法判决作为根据,并被国家权力所强制实施的时候,也就自然转变为了实际存在的由人制定的法的一部分。但是,在法院适用之前,当其还没有法律制裁的外在形式的时候,习惯,仅仅是实际存在的社会道德的一种规则……”
>
> “当习惯经由权力地位低于最高权力机构的法官的判决转变为法律规则的时候,实际上,最高立法机构是以含蓄默认的方式,表达了习惯可以转变为法律规则的命令。”[②]

尽管对习惯法的此种解释,笔者并不完全赞同,因为奥斯丁仅仅是立基于“国家命令”这个他所预设的有关法律的“元叙事”而展开的。不过要厘清这个问题,就有必要对包括这个“元叙事”在内的法律既往的叙事本身是否具有合理性,作出必要的反思。

(一)从法律的权利叙事看习惯权利

众所周知,法律是由权利和义务这对范畴为经纬所构织的一套规则体系。只要这套规则体系不唯义务,不唯由义务所派生的责任,从而不唯国家权力支撑其实施。换言之,只要法律通过授权赋予主体以自治地、自主地决定其生活和交往的权利,那么,对法律分析,就不能仅仅局限于义务及由其派生的责任和保障责任落实的权力这类“元叙事”,同时,权利也构成甚至更构成法律的分析框架。法学家们都很喜欢运用德沃金那部名著及其书名——《认真对待权利》,以强调权利的重要性。但迄今为止,法学并未真正被作为“权利之学”来对待,或者至少法学家还没有建立一套系统的以权利分析为框架、为核心的法学体系,所以,即使人们再强调权利在法学上的重要性,甚至核心地位,仍在分析工具和叙

---

① 笔者在此所讲的排他性概念,是就分析实证法学的一般特征而言的。众所周知,在分析实证法学内部,还可细分为“包容性实证主义法学”(如哈特)和“排他性实证主义法学”(如拉兹)两途(参见[英]H. L. A. 哈特:《法律的概念》,许家馨、李冠宜译,法律出版社2006年版,第231~234页;[英]约瑟夫·拉兹:《实践理性与规范》,朱学平译,中国法制出版社2011年版,第204~231页;陈景辉:《原则与法律的来源——拉兹的排他性法实证主义》,载《比较法研究》2006年第4期等)。

② [英]约翰·奥斯丁:《法理学的范围》,刘星译,中国法制出版社2002年版,第38、40页。

事技术上，敌不过人们耳熟能详、得心应手、习以为常的义务分析和权力分析之类的“元叙事”。

但是，如果我们转换一下叙事视角，即把义务分析和权力分析的“元叙事”转换为权利分析的“新叙事”，那么，对习惯、习惯法以及习惯权利的分析，就不一定强调它作为法律的运用，需要“最高立法机构”的“含蓄默认”。其实，这是一个主体在法定的权利空间内，自主选择其交往行为方式和工具的权利运用行为。它当然属于法律治理内容的一部分，而不是法律治理的疏离者、分裂者。这样一来，习惯、习惯权利及其运用，乃属于法律体系在动态实践中的应有内容。只要一个国家形成了以权利义务所构织的法律规范体系，只要在这个体系中没有把按照习惯交往作为禁止性义务，那么，人们根据习惯的个体自治和交往合作就并没有被排除于法律之外，反而被结构在具有弹性和开放性的法律权利之中。①

显然，这种叙事视角的转换，让习惯和人们根据习惯的交往行为，获得了法律的内在意义，或者被结构在法律治理的内在体系中，除非某种习惯与法律的原则、禁令或义务背道而驰。所以，把习惯秩序排除于法律秩序之外的观点，实质上仍是所谓“义务本位”（法律的“元叙事”之一）视角的结论，而既不是“权利本位”视角的结论，也不是“权利义务相统一”视角的结论。在一定意义上，此种观点目无权利——尽管笔者相信，这一结论或许会让那些真诚关注法律权利问题，但对权利分析方法

---

① 如果说法律是一个开放体系的话，那么，它主要体现在权利领域，而不在义务领域。因为义务必须是肯定的、明确的、无弹性的。这从义务的引导词——应当、必须、不得等本身所具有的强制性中不难看出。而权利的引导词则一般是可以（参见周赟：《“应当”的法哲学研究》，山东人民出版社2008年版，第125～320页；魏治勋：《禁止性法规范的概念》，山东人民出版社2008年版，第38～110页；钱锦宇：《法体系的规范性根基——基本必为性规范研究》，山东人民出版社2011年版，第43～108页；喻中：《论授权规则——以“可以”为视角》，山东人民出版社2008年版，第89～237页）。但需说明的是，我这里所谓法律的开放体系，不同于哈特的法律开放（空缺）结构。哈特认为：“法律的空缺结构意味着，存在某些行为领域，这些领域如何规范必须由法院或官员去发展，也就是让法院或官员依据具体情况，在相竞逐的利益……间取得均衡……在处于边际地带的规则，以及由判决先例的理论所开放出来的领域中，法院则发挥着创造性功能。此项功能就像行政机关在将可变标准具体化时所做的。”（[英]H. L. A. 哈特：《法律的概念》，许家馨、李冠宜译，法律出版社2006年版，第130页）如果说哈特所指的开放性结构指向法律对社会事实的规范尚不足，特别是借助义务对事实的规范尚不足，从而需要法院或官员发展的话，那么，我所谓的法律的开放体系，则主要针对法律权利本身的弹性或者伸张性。这种伸张性对没有直接写入法律的事项，足以借权利推定而将之包容其中。可见，前者倾向于法律开放的外部性，而后者倾向于法律开放的内部性。

又不得要领的论者们很受伤。

（二）习惯权利与习惯对权利的创设

交代了法律叙事视角的转换——从义务元叙事到权利叙事，再来看何为习惯权利，以及它与法律权利的内在关系，就有了新的叙事基础。众所周知，习惯权利是法定权利的对称。在我国法学界，已对之有些研究，且观点各异。① 笔者曾对习惯权利做过如下的界定：

> "习惯权利针对法（国家法）定权利而言，它是指一定社区内的社会主体根据包括社会习俗在内的民间规范而享有的自己为或不为，或者对抗（请求）他人为或不为一定行为的社会资格。"②

根据这一界定，习惯权利和法定权利在基本属性上并不存在什么区别，只是两种权利所依赖的规范路径不同。前者的规范路径是社会习惯等民间规范，③而后者的规范路径是国家正式法。尽管民间规范与国家正式法之间会存在相互转化的问题，如当今我国在婚姻缔结中彩礼习惯，在丧葬中遵循的穿麻戴孝等习惯，在历史上曾是作为国家法的礼的重要内容；再如长期以习俗方式存在的春节、清明节、端午节、中秋节等节日习惯，在最近二十年来被升华为国家的法定假日，从而获得了国家正式法上的有效性。此种情形，势必影响到习惯权利和法定权利之间的转换。

那么，强调习惯权利，是不是同时也强调其只能生成于习惯？谈到这一话题，笔者不禁想起米尔恩有关权利渊源的论述。他把实在法、道德以及习俗都作为权利的渊源来看待，其中在论及"作为权利渊源的习

---

① 参见夏勇：《人权概念起源》，中国政法大学出版社1992年版，第3～25页；韦志明：《习惯权利论》，中国政法大学出版社2011年版，第36～99页。其中夏勇在谈到"习俗权利"时，把它仅作为原始先民的权利，这显然是值得商榷的。事实上，即便在现代发达的工商社会，也有习惯权利。例如在当今欧美具有广泛影响的小费这种"非正式制度"，所表现的就主要是习惯权利（对小费制度与习惯权利关联的一个有趣分析，参见秦中峰等：《作为习惯权利的形成和演化——以小费博弈为例》，载《西江月》2014年第1期）。

② 谢晖：《民间规范与习惯权利》，载《现代法学》2005年第2期。

③ 民间规范（民间法，下同）是外延远大于习惯规范的概念，两者间是一种属种关系。人们习惯性地把习惯规范等同于民间规范，这是一种人云亦云的误判。民间规范除了习惯之外，还包括诸如乡规民约、社团章程和纪律、社区合约、宗教规范、家法族规、行会条规、私人间契约等（参见于语和主编：《民间法》，复旦大学出版社2008年版，第75～81页）。民间规范只要能在一定范围的主体之间产生权利义务关系，且具有现实有效性和必要的强制保障性，就具有民间规范或民间法的性质。

俗"时,他是这样说的:

> "授予权利的规则必定是构成性的,而不是调控性的……特定的习俗规则是调控性的,因而不可能授予权利。习俗之成为权利来源,在于它是一种制度。它的构成性规则赋予共同体的每个成员以遵从既存习俗的义务,同时授予每个人以相应地使习俗得以遵从的权利……"
>
> "法律能够审慎地创设权利,习俗却不能。因此,习俗仅限于对社会保守有益,法律则既有益于社会保守又有助于社会适应。正如我们所看到的,不可能存在没有习俗的共同体。不过,一个共同体若既有实在法又有习俗,它就能较好地适应新环境,并能有效地协调社会保守和社会适应的要求。"①

可见,在米尔恩看来,习惯尽管能够生成权利,但它对权利的生成机制是有界限的,只有在构成性规则那里,才可以看到和习俗而生的义务并行的权利。如果是这样,则习惯之于义务的生成,具有"原生性",而其之于权利的生成,只具有"派生性"。因此,他强调在创设权利方面,尤其在流动社会里对社会关系变迁中权利的创设和适应方面,法律胜于习俗。

事实果真如此吗?我们知道,法律并不总是能适应社会关系的变迁及相关权利的创制。法律既是社会秩序的构造者,同时也是社会秩序的守护神。在这个判断里,已经蕴涵法律的守成或保守性。法律创设权利,主要在两个环节:一是通过立法直接创设权利,二是通过司法,法官借助立法授权而创设权利。其中后者在判例法制度下,实为一种立法,而在成文法制度下,它仅仅是,且只能是立法授权的结果。

与此同时,人们也不难发现,所谓习惯,也并非一以贯之地固守"天不变,道亦不变"的常经;反之,在我们的日常生活中,特别是在目前这个迅速变化的转型社会中,不时可以发现习惯规范及其具体实现方式的日新月异。例如,崇祀祖先,这是自先秦以来中国一直流传的习惯,可谓历千百年而长盛不衰。但如何崇祀祖先?在这个技术手段日渐高明的时代,很多人不再是坟前洒扫祭奠,而是把祖先纪念馆搬到网络,实行网上祭扫。这显然是习惯对日新月异发展的科技的一种适应,在这里不但会形成新型社会关系及习惯权利,而且也每每通过司法,创生所谓新

① [英]A. J. M. 米尔恩:《人的权利与人的多样性——人权哲学》,夏勇等译,中国大百科全书出版社1995年版,第141~142、143页。

型权利①——一种特殊的法定权利。

或以为，习惯对现代科学技术的吸收，不过仅仅作用于习惯运行的技术层面，并未对习惯的本质和内容产生影响。此种见解表面上看似乎不无道理，但进一步地观察会让人们发现，这种技术性的适应，绝不是细枝末节的，它也会实质性地改变习惯以及附生于习惯的行为方式和规范交往。由此不但会适应性地产生新型社会关系，而且对这种新型社会关系的适应，既可能提出习惯权利的要求，还可能进一步通过司法而创设新型权利。因此，习惯对现代技术以及由此种技术所带来的对社会关系的适应，绝不仅仅停留在技术层面，同时也深刻地影响，甚至改变着主体的生活方式、人际交往方式和公共治理方式。

在这个意义上，笔者认为，说法律在权利"创设"上优于习惯，并不尽然是个妥适的命题和结论。毋宁说无论是习惯也罢，还是法律也罢，一方面，本质上都是社会关系和社会秩序的保守因素。它们框定了社会关系和社会秩序，自然，也只能积极维系、守护和保障由它规定的社会关系和社会秩序。另一方面，两者都需适应社会关系的变迁以及在此变迁中人们提出的新的秩序要求和权利要求，否则就只能被变迁中的社会关系摧毁和淹没。

还须强调的是，如果运用前文所提出的法律叙事的新视角——权利的法律叙事，那么，习惯对社会变迁中新社会关系的适应，是法律权利开放性的现实回应，也是法律权利包容习惯的应有内容。因此，只要法律能适应性地创设权利，那么，逻辑上就必然意味着习惯照例会适应性地创设权利，甚至习惯的权利创设还是支持法律创设权利的重要前提，只是习惯创设权利和法律创设权利的机理、程度、方式等各有不同罢了。其中最大的不同，应在于习惯权利是"形成的"，而法定权利是"创设的"。

（三）习惯权利的"形成性"及其例外

"形成的"和"创设的"是权利长成的两种不同形式，同样，也是规范

---

① 新型权利与习惯权利并不是一码事。笔者认为，新型权利的创生主体是司法，其权力根据是法律授权，其事实根据是人们在变革社会中对权利的新要求、新主张。因此，它是近乎法定权利的一类权利，在成文法国家，不妨将其称为"准法定权利"（笔者关于新型权利的初步论述，参见谢晖：《论新型权利生成的习惯基础》，载《法商研究》2015 年第 1 期）。与此同时，新型权利产生的前提，既可以是习惯上的权利要求（如"祭奠权"保护请求），也可以是新型社会关系导致的权利要求（如"死囚生育权"保护请求）。当然，新型社会关系一旦被人们普遍认可，也可谓之新习惯，其中权利，也可谓之习惯权利。可见，新型权利属于法定权利范畴，而习惯权利并不总是法定化的，因而，新型权利与习惯权利也是可以对应的概念。

长成的两种不同类型。前者是人们在日常生活和交往实践中日积月累而形成的,是一种“自生自发的自然秩序”;后者则意味着立法者在社会需要基础上,注入了主体的主观加工和创造精神,因此,是一种“自主自觉的社会秩序”。这一区别,在乡土中国的既有秩序和现代城市社会的人为秩序的比较中完全可以得见,也可以在习惯和法律的比较中完全可以得见。即使在转型期的当代中国,一个乡土的“村庄共同体”及其秩序,仍明显的是“形成的”:

“抽象地讲,村庄共同体由三种边界构成:一是自然边界,二是社会边界,三是文化边界。自然边界构成人们交往的空间与基础,当前村委会一级的自然边界一般都很清晰。社会边界是对村庄身份的社会确认或法律确认,具有村籍就具有村民的公共待遇,就可以承包村集体的土地,就可以从村集体收益中享受再分配的好处,村庄有保护村民的义务;反过来,村民也存有对村庄的义务。文化边界即村民是否在心理上认可自己的村民身份,是否看重村庄生活的价值,是否面向村庄而生活。”①

而在城市中国,人们的交往行为越来越多地受制于贯彻了现代性精神的法律之调整,即使那些纯粹属于私人领域的交往,也摒弃了“形成的”特征,而取向于受“创设的”规范的调整和结构。例如,随着城市建设大规模的拆迁以及补偿所带来的巨大的利益,兄弟姐妹之间,甚至父母子女之间因为财产分割的问题,常常私决不下,告上法院,根据“创设的”国法来处理。当然,在这一过程中,人们也不时地发现政府、社会向既有的“形成的”规范寻求救济的种种举措,如强化民间调解,开办电视调解室等。但这些看似向传统“形成的”规范秩序回归的举措,仍然无例外地坚持以现代法律为基础。在不少地方电视台所开办的“调解室”,总会邀请律师出面把关,就是明证。因此,在城市社会,因为社会关系的变迁,转型社会的日渐完善,人们的生活业已临近那种“现代法治”的状态:

“现代法治只是现代社会的生活方式而已,而不是幸福的保票。‘现代’并不具有规范的意义,只是表明,你必须在这里并且这样活着,依据现代社会生活的规则活着。现代社会的生活通过我们的环境的变化(包括我们自身的变化)在时间流逝

---

① 贺雪峰:《新乡土中国——转型期乡村社会调查笔记》,广西师范大学出版社2003年版,第30页。

中塑造一个个个体，改变、塑造人与人的相互关系，进而改变社会组织的方式、重塑这个民族，使绝大多数人在绝大多数事项上重新达到一种‘从心所欲不逾矩’——而这也许就是‘信仰法治’之生活的经验状态。”①

尽管论者对现代法治状态的描述，充满了社会－经济决定论的意味，但现代生活及环境对人们的重塑，是明显离不开现代法律和法治的。同时，现代法律及其法治在一个复杂交往关系和交往框架中，并非人们交往中自然磨合的结果，反而必须是人们在生活关系中理性博弈、抉择萃取的结果。这就决定了城市社会的权利框架的“创设性”，也决定了它与乡土社会权利框架之“形成性”特征的内在分野。

尽管习惯权利是“形成的”，但也并不尽然。根据社会习惯所长成的习惯权利可以适用这一结论，但诚如前述，习惯权利的长成不唯根据习惯，同时还会因其他社会规范而长成。譬如，社团章程、行业规范、单位纪律、宗教规范以及曾被废弃的国家正式法律等。借由这些规范而产生的习惯权利，就具有创制的特征。或以为，根据这些规范长成的权利能否称为习惯权利？对此，人们尽可以提出疑问，也可以其他词汇命名这类权利。但在没有找到更为合适的命名方案前，笔者仍愿意用习惯权利来命名这些权利，因为毕竟它们并非法定权利。即使那些因废弃的正式法而形成的习惯权利，在废弃之后也就不属于法定权利的范畴了。因为这些规范本身更接近于人们的日常生活和交往经验，在一定意义上，它们就是对人们日常生活和交往经验的规范提升。

与此同时，还必须关注由新习惯所支撑的习惯权利的生成问题。人们不仅生活在传统习惯中，而且也生活在不断生成的新习惯中。如前所述，习惯并不是亘古不变的，也不是定于一律的；相反，随着人类社会的进化，随着人类交往方式和内容的变化，习惯因之也会由旧变新、甚至重新生成。譬如虚拟网络，就既是一种新兴的事物，也以此为平台产生了全新的网络交往习惯。人们在不同的网站“安家”（注册），就形成该网站的网民共同体，就应遵循该网站的独特约定而交往。同样，人们被拉入不同性质的微信群，只要该微信群事先有发言范围和内容的要求，群友就需要遵守；否

① 苏力：《道路通向城市——转型中国的法治》，法律出版社2004年版，第308页。

则，就会被剔除出群。[①] 可见，新兴社会关系的产生，必然会伴随新兴习惯以及相关习惯权利。这进一步表明习惯权利生成的多样、复杂和变迁。

二、习惯权利作为人权

习惯权利作为一种事实性权利自然具有"事实规范力"，只要转换法律叙事视角，甚至也具有"法律的规范力"，[②]无论是就习惯作为法律渊源而言，还是就人们根据习惯的日常交往行为本身具有权利许可的性质而言，都是如此。那么，习惯权利能否作为人权？如何判别习惯权利合乎时宜且当属人权？在此基础上，如果习惯权利能作为人权，缘由何在？再进一步，法律如何使习惯权利得以共存？这是本文需研讨的四个主要问题。

（一）习惯权利能否作为人权？

人权是人作为人而存在、交往的权利，因此，它是人类生活和交往的底线共识，并非什么高标准要求。不能满足此种底线共识，意味着人不成为人是一种现实；而满足此种底线共识，才表明生活交往中的人都可能像人那样地存在、生活和工作。所以，米尔恩指出：

> "……经得起理性辩驳的人权概念不是一种理想概念，而是一种最低限度标准的概念。更确切地说，它是这样一种观念：有某些权利，尊重它们，是普遍的最低限度的道德标准的要求……如果低限标准根植于某种社会生活本身的道德要求，那么，无论它采取何种特定形式，我都将认定低限标准在事实上能够适用于一切文化和文明，而不管它们之间有何种差异……一种能适应一切文化和文明的低限道德标准并不否认每个人在很大程度上是由其特定的文化和社会经历造成的。它不以

---

① 笔者所参加的一个跨国学术群，就因为其中一位留美归来的博士在群中恣肆"粗口"，以辱骂方式讨论学术，在"群主"根据"群规"多次规劝无效后，经部分群友投票被剔除出群。我也曾被拉入一个专门讨论周易的群。我事先不知该群宗旨和群规，某次发言时对一条时事发表了感言。经群友指出不符合发言的规范，拉我入群的群主立马将我踢出。这些事实都在印证新兴的网络社会所独有的网络习惯及其习惯权利。

② "事实的规范力"这个概念对应于"法律的规范力"。韦志明曾强调，习惯权利是一种事实性权利，具有"事实的规范力"（参见韦志明：《论作为事实性的习惯权利》，载《山东大学学报》2010年第4期）。笔者认为，这种对习惯权利属性的解释，仍是基于"国家法中心论"，即事实与规范两分的立场。事实是属于社会的，规范则是属于国家的，哪怕经由习惯和其他民间法而生成的习惯权利本身具有规范效力，也只能被归入"事实效力"范畴，而不能归入"法律效力"范畴。对此，倘若我们基于前述法律叙事视角转换的立场，基于习惯作为重要的法律渊源的立场，则又何尝不能认为其具有"法律的规范力"？

所谓同质的无社会、无文化的人类为前提,相反,它以社会和文化的多样性为前提,并设立所有的社会和文化都要遵循的低限道德标准。这种要求为多样性的范围设立了道德限制,但绝不否认多样性的存在。低限道德标准的普遍适用需要它所要求予以尊重的权利获得普遍承认。用明白易懂的话来说,它们是无论何时何地都由全体人类享有的道德权利,即普遍的道德权利。"①

但问题在于在何种情形下,才足以呈现最低限度的道德标准?才可以展现为普遍的道德权利?能否设立一个有关普遍适用的最低限度的道德标准?这种道德标准是要凌驾于一切个别性之上还是必须宽容一切个别性?如果是前者,如何判定它是最低限度的?如果是后者,又如何避免个别性对低限道德标准的架空、毁弃?显然,这些都是需要继续探讨的话题。

多年前,笔者提出了一个命题,即"族群 - 地方性的普适性"命题,后来,又对之予以初步解释:

"所谓地方性的普适性,在法律领域是指只有经过地方性协商、交涉与博弈,并最终建立在地方性基础上的法律,才不但符合一个国家法律生成的一般逻辑,而且具有在不同地方贯彻落实的经验基础和社会根据。"②

如果把这个命题和判断套用在人权领域,自无不可。倘若法律的普适性命题只能从"族群 - 地方性的普适性"这一命题中开发出来的话,那么,所谓最低限度的道德标准和普遍的、低限的人权,也只能从多元性的共存中开发出来。多元性的共存,其实与族群 - 地方性的普适性表达虽异,但内容略同。不过尽管如此,还是不能从"族群 - 地方性的普适性"这一文化包容性命题中,必然合乎逻辑地推论出习惯权利就一定是人权。这取决于习惯和习惯权利本身的复杂性。

布莱克斯通曾根据英国的经验把习惯分为三类:

"①通用习惯,为整个王国的共同规则,它们构成了较为严

---

① [英]A. J. M. 米尔恩:《人的权利与人的多样性——人权哲学》,夏勇等译,中国大百科全书出版社 1995 年版,第 7 页。

② 谢晖:《大国法治与地方性的普适性》,载《原生态民族文化学刊》2015 年第 2 期。这里虽仅提到"地方性的普适性",但其实质内容强调的仍是"族群 - 地方性的普适性"。对后一命题的详解,参见谢晖:《民间法的视野》,法律出版社 2016 年版,第 238 ~ 306 页。

格和普遍意义上的普通法;②特殊习惯,大部分特殊习惯仅对特定地区的居民有效;③某些特殊法律,这些法律习惯仅由特定法院在其普遍而广泛的管辖范围内采纳和应用。"①

以此做参照,来衡量习惯与习惯权利的一般性或普适性,笔者认为也应分成两种一般性或普适性:其一是通用的习惯和习惯权利,即对全体公民都适用的习惯和习惯权利,如春节回家之于中国公民、华人世界的一般性和普适性,消费后给小费之于欧美世界人们的一般性和普适性等;其二是特殊习惯权利,它的一般性或普适性完全可以运用"族群—地方性的普适性"命题。就后者而言,习惯总是多元的存在,这无论在大国,还是小国,也无论在传统的简单社会,还是现代的复杂社会,都是如此。"十里不同风,百里不同俗"的格言恰切地表达了习惯的此种多元存在。如同习惯的多元存在一样,习惯权利也是多元存在的,因此,其内容可谓斑驳芜杂,精华糟粕,兼而有之。这样看来,习惯权利能否作为人权的问题,在实践上还须认真对待,严肃甄别,不可一概而论,也不能弃而不论。但理论上给出一个大体确定的结论,不无必要。这一结论就是前述习惯权利一般性或普适性的两个方面。不过要进一步领会之,还需要涉及另一个话题,即习惯权利是否合乎时宜的判定标准问题。

(二)如何判别习惯权利合乎时宜且当属人权

如果把习惯及习惯权利根据当下国家法律的价值判断标准二分为不合时宜与合乎时宜两类的话,那么,毫无疑问,前者在法律的否定和排斥之列,而后者在法律的肯定和包容之列。但进一步的问题是,这两类习惯及习惯权利能否均与人权挂钩?换言之,不合时宜的习惯及习惯权利,能否称为权利?对这些问题的回答,其实涉及习惯和习惯权利不合时宜或合乎时宜的标准问题。在一个人们复杂交往的现代社会,人权尽管可以在法律之外,甚至像有人所讲的那样,"它在本质上是一种道德权利……不是法定权利……"②但毕竟脱离体制化规范的人权,不禁会令人深感空泛无凭。故现代国家无不强调对人权的体制化

---

① [英]威廉·布莱克斯通:《英国法释义》(第1卷),游云庭等译,上海人民出版社2006年版,第81页。

② 夏勇:《人权概念起源》,中国政法大学出版社1992年版,第213页。

保障。①

以此来衡量，似乎一种习惯及习惯权利是否合乎时宜唯有依据现行法律来衡量。凡能够被现行法律在权利视角包容的习惯及习惯权利，都具有适宜性；反之，凡不能被现行法律在权利视角包容的习惯及习惯权利，都不具适宜性。但悉凭法律做判准，也存在明显的不足。因为法律毕竟不能包办一切正义，且在实践中不排除法律所反对的，恰好是合乎社会正义所要求的。

这就给以法律为准据判定一种习惯及习惯权利是否合乎时宜，留下了需要继续探讨的话题。因为在法律本身与社会正义相悖时，与其以不足的法律来扼杀社会正义，毋宁以社会正义要求来纠正法律的不足。在这方面，判例法体制通过赋予法官把形式正义和实质正义巧妙结合的裁量权，而得以较好地解决；但在成文法体制中，这一问题必须和立法机关的立法相结合，才能予以妥善地解决。所以，前一体制设置了一种法律与正义间近乎自主的、内在的适应机制，而在后一体制下，一旦制定法律，法律与正义间随机适应的方式就更费周章。

但即便如此，一方面，法律的废、改、立从来都是成文法国家向法律输送社会正义要求的基本方式。另一方面，即使在成文法国家，司法也并非总是亦步亦趋于现行法律；反之，法官的自由裁量权以及习惯本身作为司法渊源的地位，都提供了通过司法向法律输送社会正义要求的机会。再一方面，至于行政活动，由于更贴近于人们的日常生活，更容易感受社会主体对社会正义的要求和渴望，同时，他们拥有更多的自由裁量权，所以，在日常行政活动中把社会正义要求代入法律秩序的可能性更大。正因如此，笔者仍强调并坚持如下两点：

第一，“族群－地方性的普适性”命题是把习惯权利纳入人权这种道德权利体系的关键所系。人权源于对每个个体的尊重，而地方性及其习惯对于生活于不同地方的主体具有通用价值，它是普遍性和个别性的折中，它以地方性习惯形塑着生活于其族其地的所有个体。所以，只有包容地方性，才能进一步包容每一个具体个体。不能包容地方性，在逻辑上势必销蚀了包容个体的任何可能。而所谓包容地方性，在抽象层面看，就是“族群－地方性的普适性”。只有包容了地方性的价值、规范和行为，才具有普适性，这正如只有包容了每个个体自由的价值、规范和行

---

① 参见刘杰：《国际人权体制——历史的逻辑与比较》，上海社会科学院出版社2000年版，第73～340页。

为，才具有自由的一般性一样；反之，那种以“普适性”之名压制和阉割地方性的价值、规范和行为，从来与普适性无缘。如有，也只能是“伪作”，而非事实。具体到习惯权利，其表象上似乎只为部分人所有。就算有些习惯权利只为部分人所有，但也不能否定任何“部分人”都可能有其特定的、独享的习惯权利这一事实。这也决定了即使针对“部分人”拥有的非普遍化习惯权利，也适用“族群－地方性的普适性”来说明其一般性。

第二，诚然，“族群－地方性的普适性”绝不意味着一切地方性都是妥适的，都是毫无例外，可以被包容的。能否被包容的标准，不在于其他，而在于法律。即便法律本身可能与正义睽违，但能够救济正义被法律可能践踏的基本方式仍然是法律，是根据法律的精神、原则和正当技术程序向法律输送新的正义，并剔除既有法律中的不义。这或许正是前引米尔恩文中所谓“法律能够审慎地创设权利”的缘由吧？如果因为法律和社会正义可能存在的冲突而放弃经由法律装置、创设、保障社会正义的基本框架和功能，那么，毁弃的或许不仅是法律及其治理方式，也是正义本身。因为不能普遍化的正义形同于不义。人类到目前为止，普遍化正义的唯一有效的方式就是法律。

上述两个方面皆表明，无论从习惯权利作为一种地方性的“自然精神”也罢，还是从习惯权利被普遍化、一般化为法律可容纳的“权利精神”也罢，都表明习惯权利作为人权的必要和可能。也表明不仅在道德和习惯法上，而且在国家法上，习惯权利皆可作为人权——不能被法律所容纳的习惯权利，除非其本身违反人作为人的一般宗旨，或者其本身对人作为人的权利要求具有排斥性（如习惯上男子的“纳妾权”对女子作为人的平等要求的排斥，习惯上男子独断的继承权对女子作为人的继承要求的排斥等）。

（三）习惯权利作为人权的缘由何在

习惯权利源自人们据以交往行为的习惯和其他民间规范，在不同族群、不同社区、不同社团、不同宗教、不同家族，甚至不同阶层中，有其不同的习惯规范和习惯权利。以不同阶层为例，马克思曾在《关于林木盗窃法的辩论》中，对贫民阶级捡树枝一类的习惯权利给出了深刻而又慷慨激昂的回应：

> “……在贫民阶级的这些习惯中存在本能的权利感，这些习惯的根源是肯定的和合法的，而习惯权利的形式在这里更是自然的，因为贫民阶级的存在本身至今仍然只不过是市民社会

的一种习惯，而这种习惯还没有在被有意划分了的国家里找到应有的地位。"①

但问题是，只要"人以群分"，则不同的群体就有各自的习惯权利。马克思本人就强调，贫困者和贵族们各有其不同的习惯权利。在人类史上，曾长期存在根据不同族群、阶层、性别、身份的习惯权利而规定不同等级及其特权的法律制度，如中国元朝以族群为根据的法律等级制，印度曾经盛行的"种姓等级制"等，从而习惯权利在法律上被做了类型化处理。这样看来，并不存在所谓可以普遍化的、以一般人性为标准来测度的习惯权利。既然如此，习惯权利能否作为人权？如能，又是为什么？

笔者认为，理解这一问题的纽结，就是习惯权利与人权在本质上对人作为人的权利供给的同质性和同构性，就是习惯权利本身与"族群-地方性的普适性"这一命题的内恰性，也就是习惯权利与人的主体性精神间的和睦性。作为人权的习惯权利，在实践中尽管是具体的，但在理论抽象上，它毋宁是一切不同习惯权利的抽象表达。且唯因其个别性，才有必要普遍化。抛弃了个别性的习惯权利，则只具有普遍性的躯壳，并不具有人权化的实质。这完全符合"族群-地方性的普适性"这一命题，也完全符合人作为人的需求特征。抽象意义的作为人权的习惯权利，就是对所有不同个体、性别、阶级、族群之习惯权利的一般化处理。它是对人的主体性的充分肯定，是对"萝卜白菜、各有所爱"这种最基本的人情的理性化处理。

然而，这绝不是说作为人权的习惯权利这种抽象化表达，就是要刻意抹杀实践中习惯权利本身可能存在的对立；反之，必须正视习惯权利在实践中的对立，才能更好地说明作为人权的习惯权利。当两种习惯权利势不两立、难以共存时，是否还能表明两者都符合人权的要求？这是在理解和处理习惯权利和人权关系方面更为棘手的话题。例如，作为特权的习惯权利和自由就与作为普遍权利的习惯权利和自由是两码事。两者即使在不同的时空范围、主体实践中能够各自存在，但能否把其共同化为被抽象化的习惯权利所认可的内容？这确实是很费周章、

① 《马克思恩格斯全集》(第1卷)，人民出版社1964年版，第147页。需说明的是：这段文字，在该书的最新版本中不见了"习惯权利"的字眼，而被"习惯法"取而代之。新的译文是："在贫苦阶级的这些习惯中存在合乎本能的法的意识，这些习惯的根源是实际的和合法的，而习惯法的形式在这里更是合乎自然的，因为贫苦阶级的存在本身至今仍然只不过是市民社会的一种习惯，而这种习惯在有意识的国家制度范围内还没有找到应有的地位。"(《马克思恩格斯全集》(第1卷·上)，人民出版社2002年版，第253页)

颇值考量的问题,也是理解习惯权利与人权关系的重要环节。马克思曾讲:

“没有一个人反对自由,如果有的话,最多也只是反对别人的自由。可见各种自由向来就是存在的,不过有时表现为特权,有时表现为普遍权利而已。”①

如果说各种不同的自由和权利乃是其实践表达形态的话,那么,只有当这些不同的自由和权利升华为普遍权利时才使其获得了一般性。习惯权利也是如此。那么,这种一般性的重任由谁来担当才合适呢?在笔者看来,它不应是各种习惯权利本身,而是能够宽容各种习惯权利,但又能避免不同的习惯权利之间张力过大、甚至相互冲突的法律。

进言之,法律并非习惯权利的当然反对者,毋宁说它是习惯权利的认可者、守护者和更高标准的规范者。说它是更高标准的规范者,并不是说法律在习惯认可和保护方面顾此失彼,不予得兼。恰恰相反,法律必须寻求不同的习惯权利得以共存的条件和前提,这才是对不同习惯权利能够公平保障的基础,同时,也是习惯权利不仅在道德意义上属于人权,同时也在法律意义上属于人权的重要规范依凭。那么,法律如何表达作为人权的习惯权利?这是本文第四部分将要阐述的内容。这里仅就法律如何使习惯权利得以共存略陈管见。

(四)法律如何使习惯权利得以共存

确实,这是一个相当复杂且困难的问题,毕竟人类历史上的一切纷争,来自人们不同利益和权利的对立及竞争;同时,人类史上所有的法律措施,都不过是用来应对形形色色的权利要求和利益纷争的。因之,如何在法律上处理习惯权利,规定不同族群、不同地方、不同阶层、不同性别,乃至不同时期相互冲突的习惯权利得以共存的条件,显然需要高度的法律智慧。否则,就可能或顾此失彼,或偏三向四,无以公平地解决冲突的习惯权利。

论述至此,笔者不禁想起人们或许并不陌生的马克思的如下论述:

“在普遍法律占统治地位的情况下,合理的习惯权利不过是一种由法律规定为权利的习惯,因为权利并不因为已被确认为法律而不再是习惯,它不再仅仅是习惯。对于一个守法者,权利成为他自己的习惯;而违法者则被迫守法,纵然权利并不

① 《马克思恩格斯全集》(第1卷),人民出版社1964年版,第63页。

是他的习惯。权利不再取决于偶然性，即不再取决于习惯是否合理；恰恰相反，习惯成为合理的是因为权利已变成法律，习惯已成为国家的习惯。

因此，习惯权利作为和法定权利同时存在的一个特殊领域，只有在和法律同时并存，而习惯是法定权利的前身的场合才是合理的。因此，根本谈不到特权等级的习惯权利。”①

尽管这一论述妥帖且不乏精辟地指出习惯对法定权利的先定性，指出了法律对习惯权利的一般化处理和保护的价值，不过，在这一论述中，把“特权等级的习惯权利”抛除于法律保护之外，其实已经隐含了法律对习惯权利先入为主的审断。因为只要有“特权等级的习惯权利”，必然有与之相对的其他阶级的习惯权利。法律不能先入为主地强调只有后者才是合理的习惯权利，需要法律保护，而前者压根儿不能成为习惯权利，不受法律保护。倘是这样，法律就不但没有消解习惯权利之间的冲突，反而刻意制造了习惯权利之间的紧张；不但无以实现其对习惯权利的公平保护，而且法律自身会成为不公的渊薮。

所以，反思不同习惯权利得以共存的法律条件，不仅是消解习惯权利相互冲突的必要条件，是法律公平保护习惯权利的逻辑前提，而且是习惯权利作为人权的法定化、一般化表达。这诚然是不易的事业，但又是一个民治国家所必需的事业。这或许要经过不断的博弈、激烈的对抗、理性的权衡和让渡，但无论如何，不能因此而在立法上对冲突的习惯权利偏三向四。习惯权利在法律上的共存条件，不是把法律作为框，去装置所有零零碎碎的习惯权利，而是通过语言文字，重构习惯权利所存在的条件和基础，这在一定意义上，也是重构习惯权利：

“权利持续地扩张（和收缩）表明了权利的特点是一种逐渐发展起来的语言和法律的结合物。当法律是在建构而不是在

---

① 《马克思恩格斯全集》（第1卷），人民出版社1964年版，第143～144页。需说明的是：和前注一样，这段文字，在该书的最新版本中也不见了“习惯权利”的字样，而被“习惯法”所取代。新译文是：“在实施普通法律的时候，合理的习惯法不过是制定法所认可的习惯，因为法并不因为已被确认为法律而不再是习惯，但是它不再仅仅是习惯。对于一个守法者来说，法已成为他自己的习惯；而违法者则被迫守法，纵然法并不是他的习惯。法不再取决于偶然性，即不再取决于习惯是否合理；恰恰相反，习惯所以成为合理的，是因为法已变成法律，习惯已成为国家的习惯。因此，习惯法作为与制定法同时存在的一个特殊领域，只有在法和法律并存，而习惯是制定法的预先实现的场合才是合理的。因此，根本谈不上特权等级的习惯法。”《马克思恩格斯全集》（第1卷·上），人民出版社2002年版，第249～250页）

限制时，语言就有助于这种发展。通过权利的实施，语言的介入使他者存在显而易见：权利是一种符号，有助于解释并强调主体与世界之间的同一性。权利要达到这一点就必须赋予人们他者认可的外观形式，这个他者就是其他人和大他，法律语言、权力结构和制度，一句话，是一种政体的象征界。”①

如果把他者理解为一个相互性概念（事实上它就是表达主体交往相互性的概念），那么，每个自我都是他人的他者，同样，每位他人也都是自我的他者。因此，通过法律语言所表达的人权，无论是法律所认可的习惯权利，还是法律所创制的人权，都要获得“法律的他者”之相互认可，即要在人们的交往行为中有利于相互合作，而不是破坏此种合作。在实践层面，这种相互认可的基本标准和原则就是人们都耳熟能详的“权利推定”命题：凡法律未禁止者皆可推定为权利。② 一种习惯权利，只要不与法律的禁止性规定或强制性规定相抵触，就应被推定为具有法律效力、且受法律保护的权利，习惯权利从而在法律权利的空间内获得了包容。这样，经由法律使习惯权利共存的条件庶几可以得见，习惯权利作为人权的法定化才有基础，对习惯权利在法律上的公平保护方有可能。

三、习惯权利和法定权利之比较

至此，我们可以进而探究习惯权利和法定权利之间的区别及关联，以更进一步地说明习惯权利与人权的逻辑关联。尽管只有法律化的习惯权利，才能获得可靠的保障，但这并不意味着习惯权利总是会被法律化，很多时候，习惯权利不但得不到法律保护，而且还因为不符合所谓时代潮流而被取缔、禁止。但即使如此，这些权利在国家制度之外，还顽强地生存着。因此，对习惯权利和法定权利之比较，就不因“合理的习惯权利不过是一种由法律规定为权利的习惯”这样的判断而失效，反而比较两者的关系，无论对寻求习惯权利的法定化而言，还是对借助法律公正

---

① ［美］科斯塔斯·杜兹纳：《人权的终结》，郭春发译，江苏人民出版社2002年版，第333页。

② 值得一提的是，这一原则，既引起我国法学界的关注［如郭道晖：《论权利推定》，载《中国社会科学》1991年第4期；夏勇：《人权的推定与推行——米尔恩人权观点评述》，载《中国法学》1992年第1期；霍红霞：《权利推定概念的解析》，载《河北工业大学学报》（社会科学版）2009年第3期；霍红霞：《权利推定——概念梳理与概念重塑》，载《燕山大学学报》（哲学社会科学版）2011年第2期等］，也引发我国政府和一些领导人的关注（如李克强总理就曾强调：“我们要努力做到让市场主体‘法无禁止即可为’，让政府部门‘法无授权不可为’”，载http://bj.people.com.cn/n/2014/0313/c233086-20767326.html，2016年4月12日访问）。

地保障作为人权的习惯权利而言，皆有必要。

(一)源起之比较：自发性和自觉性

作为人权的习惯权利，在源起上主要是一种自发性权利。自发性权利，和前述习惯权利的“形成的”具有相同处，只是论域不同。在这里，自发性权利是指它的形成是在人们的交往行为中自然长成的，这也决定了习惯权利的内生性特征。任何一个社群、族群、宗族、宗教和阶层，在其主体间的交往行为中，都会自发性地形成人们交往的习惯权利。即使在原始先民中，这种习惯权利也会存在，在此意义上，“有社会便有权利”：

> “自从有了人类社会，就有了权利义务关系。是否存在权利义务关系，是人类社会区别于动物群体的一大标志。”①

说其是自发性权利，并不意味着习惯权利没有经历人类心智的灌注；相反，习惯权利的自发性发展，本身是人类心智和行为长期博弈、磨合与抉择的结果。它是人们生活和交往智慧的直接规范，同时，它在人们的生活和交往中也须接受智慧的淘洗：

> “……习俗只是行为和交易关系的反复、重复和变化。没有一次反复和它的前身完全相同，没有一种重复跟那和它同时存在的东西完全相同。因此，在前后相继的时期以及同一时期，总有一种习俗的变化性。历史过程中的这些变化引进新习俗，作为以前的或同时的习俗的变化物或替代物；向来总有旧习俗或者竞争的习俗衰微下去，甚至被剧烈地消除掉，让新的或不同的习俗来替代。这样，总有一种继续不断的习俗的淘汰在进行着，结果是，适合于变化的经济情况以及变化的政治和经济优势的一些习俗才得以留存下来……这是由于人类意志的作用而发生的……”②

这里对人类意志与习俗关系的论述自然适用于解释人类智慧之于习惯权利发展的作用。习惯权利既是琐碎性的，但同时又具有整体性，即只要有主体生活和交往，就有习惯权利影响其中。世界上没有抛开权利和义务的“关系性交往和生活”，无论这种权利义务是习惯性的还是法定性的。这一判断，本身就表明习惯权利的智慧因素，因为权利归根结底是划分清楚多元交往中主体们的“群己权界”，表达清楚在交往行为中什么是你的，什么是我的。这种你我关系及其物质—精神归属的界定，

---

① 夏勇：《人权概念起源》，中国政法大学出版社1992年版，第5页。

② [美]康芒斯：《制度经济学》(上册)，于树生译，商务印书馆1983年版，第58页。

看似是人的本能，但恰恰从这里出发，人类引申和发展了辉煌灿烂的文明秩序——自生自发的人类文明秩序：

“我们把‘增长的秩序’称之为一种自我生成的或源于内部的秩序……这种秩序最为合适的英语称谓则是自生自发秩序……”

“自生自发秩序未必都是复杂的，但是与刻意的人为的安排不同，它们却有可能达致任何一种复杂程度……那种涵括了远远多于人脑所能探明或操纵的特定事实的极为复杂的秩序，只有通过那些能够导使自生自发秩序得以型构的力量的推进，才可能实现。”①

和习惯权利相比较，作为人权的法定权利却是自觉的或创制的权利，它通过国家有意识的程序行为或者对习惯权利予以认可，或者根据社会需要进行创制，因此，倘若说习惯权利根据进化论的原理生成的话，那么，法定权利尽管不能说全部根据建构论的原理生成，但毫无疑问，其更具有建构性因素。从法定权利的内容来看，对习惯权利的认可部分，可以看做法定权利对进化理性的吸纳；而由立法者根据社会需要所做的创制部分，则可以看做法定权利对建构理性的眷顾。这两者作为立法中权利体系的共同组成内容，都是人类自觉地安排权利的活动。在这个意义上，它超越了习惯权利的自发性，突出了权利生成的建构性。

就不同类型的法律制度而言，众所周知，英美判例法体系能够更为方便地汲取习惯权利的内容，并通过司法方便地把习惯权利结构到国家立法中。因此，即便判例法毫无疑问是一种自觉行为，因判例法而导生的法定权利也是一种自觉行为，但它已经经过了法官的理性加工和逻辑建构，只是这种理性加工和逻辑建构的强度和成文法相比较弱一些而已。欧陆成文法体系尽管不排斥，甚至还很重视对习惯法及习惯权利的认可和吸收，但这种认可与吸收一旦确定，在程序上每每定于一尊，很难因地、因时而宜地把多样的、变迁中的习惯权利纳入国家法律体系。因此，其建构强度更强一些，甚至有时候过度的建构强度可能会架空、否定自发的习惯权利。

与此同时，还不难发现，具有自觉性的法定权利，其实内含两个方面：其一是法定的习惯权利，以区别于法外的、经由法律推定的习惯权

---

① ［英］弗里德里希·冯·哈耶克：《法律、立法与自由》（第1卷），邓正来等译，中国大百科全书出版社2000年版，第55、57～58页。

利;其二是法定的创制权利。在严格的法治条件下,习惯权利即便没有法律明令的认可,也能通过法律权利本身的开放空间推定为合法权利。在此,法无明文禁止皆可推定为权利的“权利推定原则”,提供了习惯权利被自动地纳入法律权利空间的机制。在此意义上,如下分析是值得嘉许的:

> “每一种风俗习惯总有一个时候它还不是风俗习惯,我们现在所有的第一个前例,当它开始的时候是没有前例的;凡是一个习俗开始时,总有一种习俗以外的东西使它合法,否则一切习俗的起源都是不合法的了。习俗最初成为合法,完全由于有一个在上者命令或是同意它们的开始……”①

这样看来,似乎习惯权利和法定权利间实现了某种统一,即它们都统一于法律。但即使在这种法律统合地实施治理的背景下,并不能否定习惯权利源起的自发性和法定权利源起的自觉性,也不能否定习惯权利作为人权的自发性特征,从而也不能否认它在源起上与法定权利的基本区别。

(二)表现之比较:多样性和齐一性

习惯权利总是和不同地方、族群、信仰、社区,甚至家族相关联,因此,必然捎带着具有这些因素所导致的分散和细碎。这种情形和它的自发性源起具有必然的联系。习惯权利奠定在对个体主体性的肯定上,而个体主体性不仅以个人为单位,而且在不同的场合与语境下,有其不同的主体相貌。譬如,地方主体、社群主体、族群主体、社区主体、宗族主体、社团主体等,它们也表现和表达着其独特的主体性。这样一来,附着于不同主体要求之上的习惯权利,其细碎、分散和个体化特征怎么能够避免呢?这些特征应是习惯权利的本来面貌!

尽管习惯权利的自发性以及其所依赖的主体的多元性必然会带来它的细碎、分散和个体化,甚至也可能因此导致其成为“少数人权利”,但并不尽然。习惯权利确与少数人权利有叠合性,但即使在这里,它也以细碎、分散和个体性的方式表现着其普遍性和一般性,即它所呈现的就是前述“族群—地方性的普适性”——它表明:习惯权利尽管在不同主体间各有不同,但也被不同主体所分别享有。没有人不享有其独自的、特别的、和其社群、族群、宗族、宗教、社团、地方相关的习惯权利。目下一

---

① 费尔默语。转引自[美]康芒斯:《制度经济学》(上册),于树生译,商务印书馆1983年版,第56页。

些学人们有一种习惯性误解，似乎论及习惯权利，就一定或者是少数族裔的，或者是偏远村落的，因此，一定是不入主流的“少数人权利”。这显然是不求甚解、人云亦云之表现。因为少数人权利意味着：

“……作为国际人权体系中的一部分的少数人权利只是在国际人权法的基础上强化和明晰化少数人成员的权利，它是对现有普遍人权标准的补充，而不是修改。由于实施普遍人权有助于少数人的权利保护，因此，少数人权利在任何时候不得被解释为是为任何人设立特权，它的实施必须基于尊重普遍人权的基础之上。少数人权利的实施不得妨害一切个人享受普遍公认的人权和基本自由。各国所采取的确保少数人权利的措施不得违反普遍人权中的平等和非歧视原则。其结果，少数人权利的享有必须不会对少数人群体成员或非少数人群体成员享有普遍人权产生任何不利的影响。”①

可见，习惯权利与少数人权利具有明显的区别。在笔者看来，习惯权利一定能够被普遍化，从而成为一般权利，因为任何主体都会拥有和其职业、身份、族群、信仰、家族等相关的习惯权利。但少数人权利却未必一定如此。少数人权利的普遍化，只有在一种情形下才有可能，那便是在“人人都可能沦为少数人”这一假设前提下才有可能。

与此相关，习惯权利虽然也可能成为“弱者权利”，如马克思在《关于林木盗窃法的辩论》中所阐述的那样。事实上，无论一位主体的强或者弱，都有资格享有习惯权利。所以，把习惯权利想当然地视为弱者权利，就与实情不合。弱者权利是“经济贫困”和“权利贫困”②的产物，在实质上，它要求权力出面予以救济，因此，是一项救济型权利，如获得救助权、社会福利权、退休保障权等。在现代社会，这种权利应坚持“弱者优先”的原则予以救济。③“弱者权利”与习惯权利一样，也可以在法律上被普遍化，其基本根据在于任何人都可能成为社会弱者，故“弱者优先”的法律救济原则，对任何可能沦为弱者的人具有一般预期性。

但是和作为人权的习惯权利的上述特点相比较，法定权利一定会寻求某种齐一性。法律和法治的重要特征之一，就是统一地安排人们的行

---

① 周勇：《少数人权利的法理》，社会科学文献出版社 2002 年版，第 39～40 页。

② 参见余少祥：《弱者的权利——社会弱势群体保护的法理研究》，社会科学文献出版社 2008 年版，第 3～11 页。

③ 参见谢晖等：《论当代中国的利益分化及其法律调控》，载《法学》1997 年第 1 期。

为。对此,商鞅早就指出:

“圣人之为国也,壹赏,壹刑,壹教。壹赏则兵无敌,壹刑则令行,壹教则下听上。夫明赏不费,明刑不戮,明教不变,而民知于民务,国无异俗。”①

商鞅的这些论述,诚然充斥着“国家主义”观念,但同时也表明了国家对个人、对社会的义务。例如,“壹赏”,在表明国家对社会的义务之同时,也自然隐含着有功于社会和国家的人,有权从国家那里获得奖励的权利。所以,这些论述,不仅表明法律在义务方面的统一性追求,也表明在权利方面的齐一性追求。事实上,只要人们关注西方历史上国家和法律的统一化进程,就可以发现其实质上是用统一法律来吸收、改造和统一那些分散的、多元的习惯法或“民俗法”的过程,这一过程直到16世纪到20世纪才渐次完成。

“在11世纪后期和12世纪早期以前的这个阶段,西欧各国法律秩序中被使用的法律规则和程序,在很大程度上与社会习惯、政治制度和宗教制度并无差别。没有人试图将当时的法律和法律制度组成一种独特的结构。法律极少是成文的。没有专门的司法制度,没有职业的法律家阶层,也没有专门的法律著作。法律没有被自觉地加以系统化……

11世纪后期和12世纪早期,上述状况发生了梅兰特所谓‘不可思议的突发’变化。专职法院、立法机构、法律职业、法律著作和‘法律科学’,在西欧各国纷纷产生。这种发展的主要动力在于主张教皇在整个西欧教会中的至上权威和主张教会独立于世俗统治……

在随后的世纪里,欧洲各民族的民俗法几乎消失得无影无踪。新的、复杂的法律体系——教会法、城市法、王室法、商法、封建法和庄园法——先后为教会、世俗政治体所创立。终于,在16世纪和20世纪这个阶段,一系列伟大的革命……改变了西方的法律传统,把它的日耳曼‘背景’远远地抛在后面。”②

笔者不厌其烦地引用这些论述,是想证明前述的结论:法定权利不但创制人权,而且也每每对作为人权的习惯权利做着统一化的工作,因

---

① 《商君书·赏刑》。

② [美]伯尔曼:《法律与革命——西方传统法律的形成》,贺卫方等译,中国大百科全书出版社1993年版,第58页。

此,可以视为在法律上对它所做的自觉的加工,其从而不过是对习惯权利之普遍性和一般性的法律认可和加工而已。特别是普通法,更是以习惯法及其权利义务为基础而成长起来的。[①] 在这个意义上,法定权利和习惯权利相去并未多远,它只是为习惯权利找到了一种普遍化和一般化的表现或表达形式。经由这一表现和表达形式,人们可以更方便地把习惯推定为权利。

(三)运行之比较:道义强制性和法律强制性

习惯权利作为人权,既可以直接被法律认可,从而获得法律权利的资格,也可以通过权利推定被结构在法律权利的空间中。但即便如此,作为人权的习惯权利,更多地具有道德权利的特征。如果说人权是一种道德权利的话,那么,作为人权的习惯权利无论在存在形式上,还是内容上,更有道德权利的禀性。这也就决定了在运行方面,尽管不排除专门的人员甚至机构负责,但习惯权利更多地依赖于主体间的道义督促和舆论强制来实现。梁治平在论及包括习惯法在内的民间法时曾说道:

> “民间法具有极其多样的形态,它们可以是家族的,也可以是民族的;可能形诸文字,也可能口耳相传;它们或是人为创造,或是自然生成,相沿成习;或有明确的规则,或更多表现为富有弹性的规范;其实施可能由特定的一些人负责,也可能依靠公众舆论和一些微妙的心理机制……其效力小至一村一镇,大至一县一省。”[②]

尽管这段文字所表达的内容极为丰富,但其对民间法实施方式的论述尤为切要。民间法的实施和运行状况,自然也包括了习惯权利的实施和运行状况。众所周知,任何规则,无论国家规则,抑或民间规则,也无论权利规则,抑或义务规则,虽然主要依靠人们自觉的规则意识和对规则的道德感去实施并运行,但这种“观念信赖”和“道德信赖”并不总是可靠的。在很多时候,甚至是很不可靠的。在可靠的情形下,规则的实施和运行方式既不为人们所关注,也无须人们去特别关注,因为它已习

---

① 有人正确地指出了这一点,并阐明了习惯法成长为普通法的方式和功能:“在习惯法基础上发展起来的普通法体系加上衡平法的补充,使英国建立了一套完善的法治的制度保障体系。这样,英国的法律变革采取的仍然是一种对原有法律体系进行修补的办法,而这种办法,在通常情况下,也许正是与法治的要求最相符合的在社会生活中实现正义的途径。”(周士其:《习惯法与法治的制度起源》,载《国际政治研究》2005 年第 1 期;另可参见[英]拉努尔夫·德·格兰维尔:《论英格兰王国的法律和习惯》,吴训祥等译,中国政法大学出版社 2015 年版,第 1 ~ 204 页)

② 梁治平:《清代习惯法:社会与国家》,中国政法大学出版社 1996 年版,第 36 页。

惯成自然。

所以,关键的问题是在规则不能按照既有的习惯运行时如何通过外在力量以确保其运行,这是一种“权力信赖”。如果说“观念信赖”和“道德信赖”是规则运行的内在动力的话,那么,“权力信赖”是规则运行的外在动力。外在动力的匮乏无力意味着人人都可以拿规则不当回事,人人都可以无视习惯权利。因此,这里有关两类权利运行机制的比较,主要着眼于其运行的外在压力机制。

正是如上所述,纯粹的习惯权利之运行完全不同于法定权利之运行。前者尽管主要靠人们习以为常的观念和人们的内在道德感来运行,但一旦这些运行机制失灵,从而习惯权利在遭遇运行障碍后,也须借助外在化的强制手段来确保实施。这种外在化的强制手段,就是把习以为常的观念和人们的对习惯权利之内在道德感外化为舆论强制或具体主体的强制。

例如,某村村民向来信奉某宗教之老教,两位年轻人外出打工时,接受了新教,并带领全家人接受了新教,这引起村庄的信仰危机和行为混乱,严重影响了该村村民既有的信仰习惯,也在一定意义上影响着其他村民的信仰权利。这种行为,一方面遭到村民普遍的舆论谴责;另一方面村中有威望的相关人士出面,和教职人员一起,决定该家人要么搬出该村,要么放弃影响其他村民习惯权利的信仰内容。在强大压力下,该家人搬出该村庄。

再如,某村寨对违反村寨规则的一位寨民根据村寨习惯予以处罚。该寨民不服,诉诸县法院。法院多次到寨中了解情况,一方面,寨民对受罚者的起诉行为普遍不解,并强调其行为影响了村寨习惯,妨害了其他村民的习惯权利;另一方面,寨老们对法院多次就此事来寨上“找事”很是不满,强调“如果法院一定要对这事做处理,以后寨子里的任何纠纷,我们就不管了”。此后,法院经权衡利弊,反而动员受罚者撤诉。受罚者撤诉后,寨老召集村民会议,一致决定对受罚者根据习惯再处罚:3 年之内全体村民不许和其在公开场合说话。

这两个例证,尽管和国家法对公民权利的保护有一定出入,不过任何人,不仅生活在国家法律的大框架下,而且更日常地生活在习惯法的小框架下。只要习惯法的小框架不与国家法的大框架有实质性冲突,并且只要在习惯法小框架中生活的人们接受了相关习惯及其权利和义务,就必然意味着一方面,国家法默许了习惯法小框架;另一方面,生活在其中的公民服从了习惯法小框架。因此，这两例处理，都在该村庄或村寨具有“可接受性”。[①] 但是，也正是在此，我们可以清楚地发现习惯权利实施的外在保障，是来自一种道义的强制性。这种道义的强制性一旦转化为舆论压力和评价，就从内部性溢出，获得了外部强制的效果。

但众所周知，法律权利一旦遭遇运行障碍，保障其实施的外在机制在平时乃是国家执法和司法机关依法所享有的强制力，在战时或大动乱时，甚至不惜动用军事武力来保障公民法定人权。即便已经被法律认可的习惯权利，其运行的外在保障机制也有此种特征。在这层意义上，如果说习惯权利运行的外在保障力是一种基于道德的保障体系的话，那么，法定权利运行的外在保障力则是一种基于法律的保障体系。前者在形式上是一种“弱强制力”，尽管其实际效果未必一定弱；后者在形式上是一种“强强制力”，尽管其实际效果未必一定强。

当然，如果按照昂格尔关于法律的三分法——习惯法、官僚法、严格法（法律秩序或法律制度），[②]则即便在法律的世界，法定权利实施的强制保障方式也会有所不同。习惯法的强制保障方式虽然与前述习惯权利的强制保障方式有一定相似处，可一旦其获得了国家意义的普遍性，就必须基于法律规定而获得道德感觉之外的另一种强制保障。而官僚法及其法律权利的强制保障方式，如果借用诺内特等人有关压制性法的概念，则必须在法律中预备强制机器，并因法律本身的道德主义特征而预示着法律的惩罚性。至于严格法，笔者认为，大致可以类似于诺内特等人笔下的自治型法。[③] 它尽管也需要强制，但人们对强制的服从要建立在合法性权威基础之上。可见，无论如何，法定权利的运行，都需要依赖法律确定其强制基础。尽管不同法律类型的强制保障程度和方式有所不同，但其基于法律而生成的事实，并无二致。

四、习惯权利的法治保护略诠

之所以强调对作为人权的习惯权利之法治保护，是因为和法定的人

---

① 不仅如此，如果按照布莱克的结论——“在其他社会控制比较弱的地方，法律相对强大”“法律的变化与其他社会控制成反比”（[美]布莱克：《法律的运作行为》，唐越等译，中国政法大学出版社 1994 年版，第 125 页）——则必然意味着，在其他社会控制比较强的地方，法律则相对要弱。所以，对民间的相关看似出格的处理，法律通过权利的开放和包容，就只会既有利于组织稳健的秩序，也有利于节约法律之成本。

② 参见[巴]昂格尔：《现代社会中的法律》，吴玉章等译，中国政法大学出版社 1994 年版，第 42 ~ 52 页。

③ 参见[美]诺内特、塞尔茨尼克：《转变中的社会与法律》，张志铭译，中国政法大学出版社 1994 年版，第 31 ~ 80 页。

权相比较，习惯权利在事实上总处于弱势。不过这并不是刻意请求国家出面来保护习惯权利。其实，法治作为一种社会和国家治理方式，不仅强调国家主义的“垂法而治”，因为倘若仅停留于此，“法治”就不过是“官僚法”或“压制性法”的外力治理，而且要坚守社会主义的自由参与，只有这样，才能既表现法治的主体性原则，也表达法治必要的外在强制，让法治迈向“自治－回应型”。在此意义上，笔者把法治治理三分为自治、互治和他治。① 这样，法治对习惯权利的保护，就不仅是出自国家的强制或仁慈，而且也指人们自觉地享受习惯权利或者运用习惯权利交往行为的活动。可见，习惯权利的法治保护，既可凭借人们自治地、互治地享有、运用它来实现，当然，也可依赖国家他治的方式出面保护习惯权利来实现。

（一）权利代入与习惯权利的自治性保护

按照本文有关“法律叙事视角转换”的逻辑，法律叙事必须从国家命令、公民服从的义务叙事转向法律规定、公民选择的权利叙事。权利叙事和权利的基本特征相关，那就是权利总是给享有它的主体提供一种选择的空间。这一选择的边界不是其他，只能是法定的义务。只要不触及法定的义务界限，那么，权利的空间就总是向主体所有的行为开放的，自然也向主体运用习惯权利自治或合作开放。笔者把这种情形，称为习惯权利的“权利代入”，即把习惯权利结构在法定权利所包容的空间内，从而把根据习惯权利的自治既作为法治秩序的重要内容，也作为习惯权利的重要法治保障方式，因为：

> “人类秩序自来就奠定在个体自治的原子基址上——它才是社会秩序构造的逻辑起点。因之，无视或鄙视个体自治，即是对人类秩序形成方式的无视与鄙视。”②

这种法律的权利叙事，既是解开运用法定权利的“钥匙”，也是理解习惯权利代入法定权利中时合法性和有效性问题的捷径。众所周知，习惯权利的法律化并不否定在法律之外仍有大量的习惯权利存在。尽管一些习惯权利法律化后取得了法定权利的地位，但大量的在法律之外存在的习惯权利，既是法定权利的活水源头，也需要法定权利反过来确保这一源头能活力永续；否则，不但习惯权利会遭受损伤，而且法定权利也

---

① 参见谢晖：《自治、互治和他治》，载谢晖：《法意与表达》，法律出版社2014年版，第125～129页。

② 谢晖：《自治的秩序》，载《甘肃政法学院学报》2015年第6期。

会源枯流竭。这种情形,可谓习惯与法律间的良性互动,相互成长。在判例法国家中,这点做得尤好:

> "习惯是法律的另一渊源。法院有时采纳某些规则,不是因为某些制定法要求如此,不是因为已决案件报告中的先例指向了这些规则,不是因为法院发现法学家著作中的理论要求发布这些规则,也不是因为这些规则在其道德意义上的自我举荐,而是因为法院发现这些规则在社会成员的相互交往中被大范围遵守,或是被局部遵守。"①

不过这里想进一步强调的是主体自治地运用习惯权利时,本身对习惯权利的保护问题。法治不同于官僚法的特点之一是,所有主体在法律的空间里,都可以自治地处理其需要,表达其权利。因此,只要法律给公民开放了权利空间,且无论这一空间是法律明示的,还是根据法律的权利明示而类推的,都提供给人们自主选择的条件。因此,公民也罢、法人也罢、非法人团体也罢,只要获得了法律上的主体身份,也就获得了在法律范围内自治地处理其事务的权利资格。这表明,人们不是被动地接受法律的治理,而是自治地、自主地参与法治的治理。法治中最具能动性且最能够节约成本的治理方式,就是法律权利空间对主体自治地处理其事务的首肯。所以,主体自治对于法治秩序而言,既是基本的,也是根本的。说其是基本的,因为自治表明主体对法治的接受和参与;说其是根本的,则因为没有全体主体自觉自愿的参与,如果仅仅靠国家暴力维系,法治不但成本高昂,而且其秩序产出也会甚微。

在主体自治地运用权利中,习惯权利的运用具有特殊性。一方面,这里所讲的习惯权利是尚未被法律所明示认可的那种;另一方面,尽管法律未明示认可,但只要其未明示禁止,就可以被推定为权利。主体自治地对习惯权利的运用,就是在推定意义上的运用。即使这些习惯权利在国家法律上尚没有明确授权,但只要主体能够自觉地运用它,就意味着他以自治方式在确保习惯权利的运行。例如,我国法定的全民节日有元旦、除夕—春节、元宵节、清明节、五一节、国庆节、中秋节。这其中有四个节日属于我国人民世代坚守的传统节庆习惯。尽管这些节庆习惯被法定化了,但众所周知,还有诸多的至少在汉族地区适用的传统节庆习惯并未被法定化,如重阳节、七夕节等。可这些节日虽未被法定化,但

① [美]约翰·奇普曼·格雷:《法律的性质与渊源》,马驰译,中国政法大学出版社2012年版,第242页。

并不因此影响公民们按照这些节日的意蕴,在作息时间里自觉地安排其活动。显然,这是习惯权利,但理应是法定权利可以宽容、也必须宽容的习惯权利,因此,它是在法定权利空间内能够被推定的权利。正是公民们对这些习惯权利的坚守,使该权利尽管在法定权利之外,但同时也能得到公民自觉、自治地运用的保障。可见,公民自治地运用习惯权利,不但使习惯权利通过"权利推定"获得合法形式,而且在不断地发展和壮大习惯权利。或许正是如此,这些习惯权利有朝一日可能会获致法定化、变成法定权利。在此,有必要用到萨维尼的如下名言:

> "对于法律来说,一如语言,并无决然断裂的时刻;如同民族之存在和性格中的其他一般性取向一般,法律亦同样受制于此运动和发展。此种发展,如同其最为始初的情形,循随同一内在必然性规律。法律随着民族的成长而成长,随着民族的壮大而壮大,最后,随着民族对于其民族性……的丧失而消亡。"①

而笔者更要在此基础上强调,所谓"法律随着民族的成长而成长,随着民族的壮大而壮大"这一结论,首先体现在习惯和习惯法的成长壮大上。如果习惯和习惯法不能在一个民族中成长壮大,相应地,如果人们的习惯权利和习惯义务不能在一个民族中发展壮大,那么,这一结论反倒容易被证伪。特别是在现代全球化背景下,即使民族还存在,但多数民族因循其传统的能力却大大降低。国际之间、族群之间的相互影响日盛一日,即便一个民族成长和壮大起来,也更多地会参照国际法律体系而为。日本近代以来的崛起可为典型,其原因在于民族的新习惯和习惯法并没有随之成长起来。这一反思性论证,是想进一步说明主体自治地对习惯权利的运用和坚守,乃是习惯权利被代入法定权利的"宽容空间"后,获得法治之"自治性"保障的必然路径;否则,习惯权利皮之不存,何来对它的自治性保障?

(二)契约沟通与习惯权利的互治性保护

人既是个体存在的动物,也是交往行为的动物。所以,人既有其个体性、自治性的一面,也有其社会性、合作性的一面,并且人的社会性、合作性本源自其个体性和自治性。在两千多年前,荀况就生动地阐述了人

---

① [德]弗里德里希·卡尔·冯·萨维尼:《论立法与法学的当代使命》,许章润译,中国法制出版社2001年版,第9页。舒国滢根据德文对这段论述的翻译也颇精彩,且与这段翻译间多少有些出入,可参见[奥]欧根·埃利希:《法社会学原理》,舒国滢译,中国大百科全书出版社2009年版,第490页。

的个体自治与社会合作的这种相互依赖关系：

> "人……力不若牛，走不若马，而牛马为用，何也？曰：人能群，彼不能群也。人何以能群？曰：分……"
>
> "故无分者，人之大害也；有分者，天下之本利也。"①

人的个体自治必须社会合作，甚至只有在社会合作中才能彰显个体自治的价值所在。为何这么讲？因为不与他人交往合作，自治的生活和行为便无以完成。人不仅有需求，而且其需求与任何其他动物相较，有两大特点：一是纵向上的无限性，所谓"人心不足蛇吞象"；二是横向上的全方位性，举凡一切物质的、精神的需求，人皆有之。显然，无论无限的需求还是全方位的需求，自治个体无法通过纯粹自治而满足。在"鸡犬之声相闻，民至老死不相往来"的境界中，人们所能满足的，只能是最原始、最简单的需要，和无限需求、全方位需求皆不搭界。那么，可能满足人们无限需求和全方位需求的条件是什么？那便是社会合作。

社会合作建立的前提是主体分工或社会分工。如果自治主体是同质性的，他们所从事的也是没有分工、无所区别的同质性劳动，那么，社会合作就无所凭借，也没有意义。

> "劳动分工的最大作用，并不在于功能以这种分化方式提高了生产率，而在于这些功能彼此紧密的结合……分工的作用不仅限于改变和完善现有的社会，而是使社会成为可能，也就是说，没有这些功能，社会就不可能存在……总之，只有分工才能使人们牢固地结合起来形成一种联系，这种功能不止是在暂时的互让互助中发挥作用，它的影响范围是很广泛的。"②

可见，正是社会分工提供的异质性劳动成果，经由人们之间的合作、交换而在各个自治主体之间各取所需取长补短，以满足自治主体自力无以实现的无限的和全方位的需要。然而，仅有合作和交易还很不够，还必须有保障合作与交易的信用机制。这种信用机制，大则谓之社会契约，即以国家法律这种契约形式为信用凭据，以保障社会合作的永续；小则谓之民事契约，即私人之间通过签订契约的方式，以保障个体主体间合作的信用。所以，在这个社会分工越多越复杂的时代，社会的合作与法律控制也越多，饶有兴味的是，人们自治的空间并不因此减少，反而也

① 《荀子·王制》和《荀子·富国》。这里的"分"字，尽管可以解释为"名分"，但即使"名分"，也是一个明显具有个体身份性的概念，在笔者看来，它所强调的就是个体性和自治性。

② ［法］埃米尔·涂尔干：《社会分工论》，渠东译，三联书店2000年版，第24页。

在与此正相关地、正比例地成长着：

> “法律机制的活动范围非但没有减少，反而不断增加，不断复杂了。一种法律越是原始的，它的规模就越小；反之，一种法律越是现代的，它的规模就越大。当然，法律规模的扩大并不意味着个人活动领域的缩小。实际上，我们应该记住：在社会生活所受的规定越来越多的同时，它的范围也扩大了……如果说压制性法正在丧失自己的基础，那么起初不曾存在的恢复法却在逐步发展壮大。如果说社会已经不再强迫每个人去实施某种一致性的规则，但它却确定和规定了不同社会职能之间的特殊关系，那么社会的干预并不因为换了一种性质，就变成软弱无力的了。”①

笔者这么不惜笔墨地强调个体自治与社会合作的关系，强调社会分工与契约互助的关系，对于习惯权利的法治保障究竟有何意义？在笔者看来，其基本意义在于：一方面，人们日常生活中的交往合作，并不仅是依靠法定的规范完成的，在很多情形下，反倒是根据社会习惯和其他社会规范完成的；另一方面，人们在社会合作交往中对社会习惯的运用，本身包含了对习惯权利的运用和习惯义务的遵循；再一方面，这种对习惯的运用和遵循，本质上是一种契约关系，只要不明显违背国家法律的禁止性规定，就可以整体地推定为是人们的权利。

主体的交往行为需要遵循国家法律，这是工商社会中人们交往的基本要求。但诚如前述，法律并不是一个完全密闭的空间，反而往往是一个开放的空间，特别是法律权利，自来就是一种开放的、弹性的规范机制。这样，自治主体间的社会合作行为，尽管完全可以按照国家法律的规定亦步亦趋，但也可以根据社会习惯交往合作，甚至有时候还必须按照社会习惯交往合作。

凡此种种无不表明，只要自治主体的交往合作需要借助契约这种方式，并且只要自治主体可以以习惯等民间规范为据，达成交往行为的契约，且法律并不以为忤，那么，自治主体间的合作契约就不但是合法的，而且我们能借此有效地把习惯权利纳入法律和法治的保障体系中。这种保障方式，就是参与契约交往的主体，通过相互间的合作与互助，不但在物质上或精神上取长补短，而且客观上保护了习惯权利这种非正式制

---

① [法]埃米尔·涂尔干：《社会分工论》，渠东译，三联书店2000年版，第163～164页。

度。因为其一,这是契约主体们相互运用民族或地方习惯、乡规民约、社区公约、社团纪律、宗教仪规,甚至家法族规等民间规范的结果,因此,这种对习惯权利的保护,我愿意名为"互治性保护";其二,人们这种运用习惯权利的行为,并不与法律相忤,因此,自然可以将其纳入通过法治框架来保护习惯权利的一种样式。此种法治对习惯权利的保护样式,和前述习惯权利的自治性保护样式一道,在法治对习惯权利的保护上,起着日常的、自觉意义上相辅相成之保护效果。

(三)权力强制与习惯权利的他治性保护

法治秩序尽管必须以主体的个体自治和交往互治作为其日常形态,但与此同时,它从来把外在强制作为秩序最重要的保障方式。众所周知,在当代西方法理学中,法律的强制力观念越来越受到人们的质疑,甚至因此越来越式微:

> "虽然'强制力'的观念在西方法理学中长期占据着支柱性的位置,但在理论上,这种观念毕竟未能对复杂纷然的法律现象作出令人信服的诠释说明。在大多数当代西方法理学家看来,这一观念不能圆满地解释法律内容、法律作用、法律活动和法律适用范围的多样性和复杂性,它具有牵强附会的人为因素,实际上,它是对法律某些现象(甚至病态现象)的过度关注与夸大的结果。于是,在20世纪50年代末60年代初,法律'强制力'的观念终于遭到了法学家的全方位的严厉发难,其主导地位终于飘浮动摇。而这一影响深远的全方位发难肇始于英国新分析法学家哈特(H. Hart)和美国新自然法学家富勒(L. Fuller)。"①

但是,这种对法律强制力观念的质疑,一方面,并不否定法律必要的强制力要素;另一方面,它在强调法治中人性力量对其自觉与合作的支持之同时,也不适当地扩大了这种人性中自觉与合作的一面。毕竟从古至今,法律和法治既是一种事前的预设机制,也是一种事中的导向机制,还是一种事后的奖惩机制。可见,和惩戒相关的强制力就根本无法被法律所抛弃;否则,法律便成为没有牙齿的老虎,成为"不发光的灯,不燃烧的火",②同时在理论上它也不能完美地解释法律为什么有力量。法律的

---

① 刘星:《法律"强制力"观念的弱化——当代西方法理学的本体论》,载《外国法译评》1995年第3期。

② [美]罗·庞德:《通过法律的社会控制》,沈宗灵等译,商务印书馆1984年版,第17页。

力量，既来自人们对它的自觉，也来自在自觉基础上法律所应有的强制力，哪怕这种强制力在人们对法律的自觉面前仅是备而不用的。因此，所谓法治对习惯权利的保护，除了前述自治性保护和互治性保护之外，就不可能拒绝强制性保护。对此，笔者曾强调：

> “自治秩序并不拒绝必要的、外加的强制秩序，甚至对一个大型社会和复杂多族群国家的治理而言，一定的外加强制因素，是保持其有序运行的必要手段，也是实现其和谐繁荣的重要前提。”①

在对习惯权利的强制保护上，既有国际法的保护机制，也有内国法的保护机制。无论国际法，还是内国法，都会延展到立法保护、行政保护和司法保护等诸多方面。这里仅以国际法为例粗浅地说明之。在国际法上，对习惯和习惯权利的强制性保护规定可谓多见，如《联合国土著人民权利宣言》《在民族或族裔、宗教和语言上属于少数群体的人的权利宣言》《消除一切形式种族歧视国际公约》《防止及惩治灭绝种族罪公约》《欧洲保护少数民族框架公约》《非洲人权和民族权宪章》等。② 这些国际法律的规定，一旦被缔约国所接受，就不仅通过国际司法组织的有关安排予以强制保障，而且通过内国法上的有关行政机制和司法机制予以强制保障，即通过在行政和司法中，运用其在内国法上的强制力，保障国际法所规定的习惯权利得以落实。

之所以对习惯权利的法治保护在自治性保护和互治性保护之外，还需要强制性保护，原因在于前两种保护尚不能自足地防止人们对自治主体的可能侵犯，矫正对契约交往的肆意破坏。这时，必须请出法定的凌驾于任何个人和任何交往主体之上，又被权利个体和交往主体所接受的权威主体——公共权力及其强制性来处理相关问题。所以，涂尔干再三强调：

---

① 谢晖：《自治的秩序》，载《甘肃政法学院学报》2015 年第 6 期。

② 从表面看，笔者在这里所引述的文献中，都主要涉及少数族群或少数人的权利，因而，似乎有将习惯权利等同于少数人权利的迹象，但其实不然。因为：一方面，所有人都拥有的权利（包括习惯权利）在其他国际人权法，如《世界人权宣言》《公民权利和政治权利国际公约》等文件中都得到表达；另一方面，即使这里引述的文件，在一个全球性人际交流的时代，可能会适用于每个人，因为人人都可能成为文件中所指的“少数人”。“少数人”自身是个开放性、变化性概念。例如，一位在中国占“多数人”的汉民，移民加拿大，自然就变成少数人。同理，一位在法国占多数人的法兰西人，移民到中国，也变成“少数人”。正是这种情形，才决定了前述“族群—地方性的普适性”，或“个体性的普适性”这些命题的价值。

> “凡是契约存在的地方，都必须服从一种支配力量，这种力量只属于社会，绝不属于个人；它越来越变得强大而又繁杂。”
>
> “从原则上讲，社会所以为契约赋予一种强制力量，因为它是双方个人意志的妥协……因此，在任何情况下，社会的作用不仅在于这些契约表面上的执行，还在于确定这些契约得以实行的条件，如果有必要的话，就应该把它们恢复为原来的正常状态。如果契约本身是不公平的，即使当事人双方意见一致，也不能使它变得公平。同样，公正的法规必须避免社会公正受到侵害，即使与此相关的当事人已经达成共识。”①

涂尔干所谓的社会，其实质就是这里所讲的立于个体之上的强制组织和强制权力。当私人无以清除或救济其自主地运用习惯权利自治、或协商地运用习惯权利交往所受到的妨碍和侵害时，他总要寻求既经济、又可靠、还有效的第三方出面予以解决。国家及其组织机构就是法律对交往中的公民和法人预设的权威的第三方主体，其所拥有的权力就是用来强制性地排解社会矛盾、恢复社会正义、维护社会秩序、保护包括习惯权利在内的所有公民和其他社会主体的权利的。因此，如果把强制性保障习惯权利排除于习惯权利的保护机制之外，必然意味着法治对习惯权利的保障不但可能会失灵，而且只要习惯权利受到妨碍或侵害，也失去了基本的排除、救济和矫正渠道。正是在此意义上，笔者愿意引证庞德的结论说明强制性保障在法治保护习惯权利中的应有作用，并借此结束本文：

> “法律包含强力。调整和安排必须最终地依靠强力，纵使它们之所以有可能，除了对一种反社会的残余必须加以强制，主要是由于所有的人都有服从的习惯。其实，服从的习惯在不小的程度上是依靠聪明人意识到如果他们坚持作为反社会的残余，那末强力就会适用于他们。”②

---

① [法]埃米尔·涂尔干：《社会分工论》，渠东译，三联书店 2000 年版，第 169、173～174 页。

② [美]罗斯科·庞德：《通过法律的社会控制》，沈宗灵等译，商务印书馆 1984 年版，第 17 页。

民间规范与人权保障*

中国法治的发展，自从清末以来，大体上走着一条向欧美学习的道路。特别是经由日本法治的成功，我们更多地通过日本，学习人家走向发达的路数，于是，以此为参照，对欧美法治，特别是欧陆法治的追求、借鉴，乃至照搬，就是我们法治建设的终南捷径。此种情形，自清末始、中经民国，直到如今，大体亦然。所不同的只是：如果说清末和民国还比较关注积极汲取民间规范以资当下之法治建设的话，①那么，始自“改革开放”的新一轮法治建设，则基本上未将中国本有的规范纳入考察的范围；反之，该种规范却因“保守”“落后”以及不合时宜等原因而被意识形态化地不断忽视。这种尴尬的情形，尽管在学界已经开始不断在反思，但中国法治，特别是立法的实践却并未对之作出必要的回应。与此相关，以法律为依赖路径的人权保障则基本上遵循着一条在立法上“给你人权”的道路，而不是在国民的日常生活中发现他们的“固有人权”。为此，在学理上重申当代民间规范之与法治

---

* 本文主要内容原载《求是学刊》2004 年第 6 期，本书收入的是其扩展版。

① 例如，“法理派”与“礼教派”的争论，当我们剥去其中意识形态的宣传后，所展现的恰恰是对民族传统文化中固有规则的态度。而民国时期大规模的“民商事习惯调查”，更进一步彰显着这种理念，尽管这次调查存在很多粗糙的地方。即使外族入侵者，为了其侵略的目的和需要，也非常关注对中国固有规则的发掘，如日本人在我国东北地区的大规模民事习惯调查，英国人在威海根据当地传统的一些举措等。

建设中人权保护的必要关联，就并非多余。以下是笔者对此问题的初步思考。

一、法治之出发点即回应国民的人权要求

大约近200年前，萨维尼在德国法制改革进程中，针对德国究竟要移植"先进"的法国法律还是在德意志民族自身的文化传统中总结出自身的法律，和蒂堡等法学家进行了激烈的论辩，并进一步得出了一个著名的结论：法律是"民族精神"的体现，他指出：

> "……法律堪与语言相比。对于法律来说，一如语言，并无决然断裂的时刻；如同民族之存在和性格中的其他一般性趋向一般，法律亦同样受制于此运动和发展。此种发展，如同其最为始初的情形，循随同一内在必然性规律。法律随着民族的成长而成长，随着民族的壮大而壮大，最后，随着民族对于其民族性……的丧失而消亡。"①

这就是历史法学派的著名结论——法律乃民族精神的体现。不过，这种民族精神是开放的，而不是相反。此后，尽管围绕着这一结论曾不断产生过各种截然不同的学术见解，但人类立法的使命以及因之而生的法定人权确因此而修改了航程——以《德国民法典》为例：

尽管德国人也向法国学习，制定了一部体系恢宏、包罗万象的民法典，但和《拿破仑法典》相比，《德国民法典》无疑是德国民族精神的体现，它对德国固有习惯规范的尊重，对德国民族精神的关注，是世所公认的事实，这在实质上体现了萨维尼的理论宗旨。可以这样讲：《德国民法典》在形式上以及一些法律原则上所体现的是类似于法国民法典的恢宏体系建构，但在具体内容上却并未放弃德意志民族的传统精神，反而因之而光大了德意志民族的民族精神。② 从而在人权保障上，也体现着德国式的人权保障风格。

这种情形也反映在《日本民法典》上。和德国类似，日本参照《德国民法典》的体系和内容安排制定了其民法典，但日本并没有在其民法典中放弃自己的固有价值和规范传统，直到如今，日本国民的民事生活包

---

① ［德］萨维尼：《论立法与法学的当代使命》，许章润译，中国法制出版社2001年版，第9页。

② 参见［德］克尼佩尔：《法律与历史——论〈德国民法典〉的形成与变迁》，朱岩译，法律出版社2003年版，第22页以下以及《德国民法典》，杜景林译，中国政法大学出版社1999年版。

括民事诉讼活动仍然充满日本民族自身的特征。[①]

陈述以上事实,是为了进一步说明:这种在尊重民族民间规范传统基础上生长起来的法律和法典,与国民的人权保障息息相关。人权自来就可在不同视角理解。一是以某种"先进"的观念、理念来表述、记载人权,从而人权成为精英们对普通大众的设计、宣告,甚至施舍。至少自20世纪中叶以前的实践,基本上是启蒙思想家人权理念和设计的实践形态。尽管启蒙思想家的设计是人类思想史和政治实践史上最伟大的创造之一,但正如我们所知道的那样,没有所谓放之四海而皆准的人权标准,于是,以此理念出发来构造全球的人权实践,其实践效果往往有违初衷。近些年来,西方国家特别是美国在推行其人权外交时所露出的顾此失彼、强词夺理的马脚,业已表现了此种人权标准和模式所存在的严重问题。二是以一个民族固有的生活方式和交往秩序为出发点所构造的人权体系。在笔者看来,一个民族对自己生活方式和交往秩序的选择,不独具有某种文化意义,而且它就是该民族现实权利的表达方式和制度结构。对这种表达方式和制度结构的轻易破坏或者废除,所导致的不仅仅是"破坏一个旧世界",而且新世界的门栏会距离我们越来越远。更甚者,可能与我们所追求的人权理念会南辕北辙。当代世界在后殖民时代所面临的种种困境,应当说就是对这种事实的一种注脚。这是因为包括人权在内的所有权利,乃是在主体生活的自我选择中成长起来的。尽管来自精英路线的说教、规制对权利的成长而言绝非可有可无,但仅靠精英们的理念,而对人们日常交往中的规则形式不加追问,那么,所谓人权,无论是法定的还是理念与理论设计的,都可能因脱离主体交往行为的实际而在实践中受到牵制。因之,立法如何尊重不同"类"的固有生活方式和交往形式,自身就表现着法律对人权的态度。

人类不乏以种种"先进"的理念改造过所谓"落后"的生活方式的举措,如欧洲殖民者曾经以西方标准对印第安人的改造,所导致的是这个强大种族的基本灭绝,于是,他们不得不在20世纪后期在北美一些地区建立所谓"印第安人文化保护区"。事实证明,这是人类历史上最严重地、生硬地破坏传统、践踏人权的事件。而如今发生在世界许多角落里的政治、经济和文化冲突,也每每与一些强势国家把其自身的人权理念强加给他国、他民族有关。撇开意识形态的偏见不说,它所导致的全球

---

① 参见《日本民法典》,王书江译,中国法制出版社2000年版。

冲突和灾难已人所共见、人所共知。再如我国曾对云南永宁纳西人（摩梭人）的母权制和“走婚”制度，强制改革之，以使其符合“一夫一妻”制的“先进”理念，但实践的逻辑却与理论的设计唱了反调，其结果不但没有获得摩梭人的支持，在事实上，反而酿致了严重侵犯人权的事件。

这些事实，不得不使我们思考：一个国家的立法及其人权保障模式，究竟应当是从某种人为的理念出发，还是从国民的生活方式出发？尽管这不能说是一个重大的权衡，但也是我们在制度建设的实践中要经常面对的问题，更是当下中国在大规模立法实践中所要随时面对的问题。对此问题的妥善解决，所收到的人权保障效果可能是事半功倍的；反之，对两者关系的不当处理，可能导致立法所获得的人权保障效果只能是事倍功半。

笔者认为，所谓人权，不是诞生在政治家、法学家或者哲学家的笔下或口头，诞生在他们笔下或口头的仅是有关人权的理论或理念。人权在本质上诞生自一个国家、一个民族，甚至一个社区民众的生活方式与交往行为实践中。人权无非是使人感到自主选择的幸福。如果在立法中以某种理念而不是民众生活的经验事实出发去构筑法律内的人权保障方式，其结果恐怕只能是对民众自择的生活方式之生硬打破。它不但不利于人权保障，不利于人们在交往中实现他们固有的幸福，反而在某种意义上讲，甚至是对民众人权的践踏，是用某种善良的期待对民众刻意地带来不幸。为什么这样说呢？

须知，在人们自择的生活方式中，本身业已含有他们的权利选择和实现方式。事实上，实践中的人权从来不是以抽象的人作为载体和目的的；反之，它只能是以具体的人作为载体和目的的。正如米尔恩所描述的那样，人权乃是和人的多样性紧密相关的一个概念。① 即使像生命权、自由权这些被公认为是基本人权的权利内容，在不同的人群、不同的文化背景和不同的生活场合中，也具有截然不同的实现方式和表现机制，如在佛教文化、儒教文化中的人就可能与西方文化中的人是完全有别的概念，他们对生命、自由这些问题的理解也各不相同，且各有千秋。即使在西方模式的人权观念、人权制度实践主宰世界人权发展的当代，各国、各民族以及各文化体系对人、人权的理解以及实践中的人权内容绝非铁板一块；反之，只要有利于不同生活场景中人们幸福的实现，那么，即使

① ［美］米尔恩：《人的权利和人的多样性——人权哲学》，夏勇等译，中国大百科全书出版社1995年版，第56页以下。

民间规则和我们所公认的“先进”人权理念有所悖反，也需要我们尊重这种源自民间的权利规范方式。

这样，在国家立法中对人权学理和不同“类”的人权实现方式、规范机制的择取，在很大程度上就又不是一个对两者关系的所谓平衡问题，而是义无反顾地根据人们的生活经验和常识进行选择的问题。只要某种人权学理能够尊重不同“类”的自我选择和生活方式，并有助于“类”生活的幸福，则毫无疑问，立法和法律就应当充分尊重这种学理；反之，如果某种人权的学理尽管符合一定文化背景下的人权建设，但对其他文化背景下的人权建设而言，套用它反而只能破坏该文化背景下人们的正当生活和权利实现，那么，与其亦步亦趋地尊重这种人权理论，不如另起炉灶，根据不同“类”的文化选择和固有生活方式，总结、提升和设定其人权保障的内容和方式。[①] 因为人是多元的，文化是多元的，权利表达及其实现方式无疑也是多元的。如果说我们在把一匹烈马驯化成一匹温顺的马的时候，并不需要因之而承担道义责任的话，[②]那么，当我们根据某种理念而把人都驯化成和这一理念要求相若的人时，却必须要考虑到驯化者所肩负的道义责任问题。在某种意义上讲，法律不是冰冷的规则，法律的规定本身就意味着其是某种教化或者驯化的根据。因此，选择何种法律，就直接或间接地关涉立法者的责任问题，当然也关涉该种法律能否更好地保障人权的问题。

二、民间规范对人们权利（人权）要求的表达

在当下中国，由于国家中心主义的法理和立法事实及其深刻影响，[③]人们每每会对民间法的合法性问题予以激烈的质疑，直到最近，还有学者强调要慎言民间法这个概念。[④] 尽管他们担心的出发点是这种提法可

---

① 对此，我们只要再认真地阅读一下孟德斯鸠的《论法的精神》（上、下卷，张雁深译，商务印书馆1963年版）和梅因的《古代法》（沈景一译，商务印书馆1959年版）等著作，并领略作者从一个宏阔的视野中对法律的论述，就不难发现真正有效的法律从来就不是脱离具体民族的生活方式而存在的；相反，它必须要深入具体民族的生活方式中。

② 当然，在有些人的笔下，即使人类的此种行为，也在一定意义上应承担道义责任，如庄周的《马蹄》篇，就是对人类相关行为的道义追问和道德鞭挞，当然，该文更深的隐喻乃是对人类像驯化马那样驯化人的道德鞭挞。再如当下影响世界的“生态和平主义者”，也反对人对动物的种种虐待，包括通过驯化动物而成为人类忠实的听命者这种“虐待”。

③ 对相关问题的反思，可参见吕世伦、贺小荣：《论国家主义的衰微与中国法制现代化》，载《法律科学》1999年第3期。

④ 参见曾宪义、马小红：《中国传统法的“一统性”与“多层性”之分析——简论中国传统法研究中应慎重使用“民间法”一词》，载《法学家》2004年第1期。

能会在实践意义上弱化国家法的功能,导致民间法对国家法的冲击,但这种担心本身就透出了国家主义法律观和立法实践对当下中国学术的深刻影响。在实质上,此种主张乃是对民间法合法性的质疑,也是对民间法存在必要性的否定。

但在笔者看来,上述学者们恰恰颠倒了一种基本事实:在应然意义上讲,国家法不应是民间法合法与否的标准和判据;相反,民间法才应是国家法合法与否的标准和判据。何以有这一结论?因为在一般意义上讲,是我们的生活方式决定着我们的国家法律,而不是相反,由国家法律决定着我们的生活方式。进一步讲,当国家法律能够表达、展现由民间规范规制的我们的生活方式时,它也就成为人们生活方式的规范根据;反之,当国家法律不能表达或展现由民间规范规制的人们的生活方式,反而要生硬地改变人们的此种生活方式时,它尽管也可能会在一定程度上或一定条件下成为决定我们生活方式的根据,但最终必然会被人们的生活方式本身所淘汰。这一事实,可以更好地说明:当国家法律以违背民间固有生活规范为其宗旨,并企图在打破一切固有秩序的基础上重建秩序的时候,它不但不能令国家法律更为有效地作用于人们的社会生活,保障主体的权利要求,反而会成为主体之社会生活和权利保障的妨碍。

这就说明,如果要真正从民众自身所遵循的权利立场出发,我们应当认真对待民间规范,而不是对之横眉冷对,唯恐民间规范在主体交往行为的实践中发挥它应有的作用。正如人所共知的那样,权利(包括人权)既可通过法定而产生,也可根据民间规范而产生。前者在一个大国里,往往是某种理念的产物,特别是在那些后发达国家,由于其任务是要设法追赶甚至超越发达国家已经“设定的”先进界标,因此,在包括法律及其权利在内的所有领域都努力按照这一界标设定追赶的目标,就是他们摆脱不发达的条件。这样,就无形中把在某一国家或民族中成功的经验在这里升格、放大为放之四海而皆准的经验,生硬地照搬和机械的模仿在这里也就从而几乎不能避免,人权的实践却并不必然因之而大踏步进化。因此,在一定意义上,后者更能清楚地、明白地表达来自特定社会族群内部的权利要求。我们可以从如下诸方面来分析这一结论。

首先,根据民间规范所生的权利规范每每是一定社会族群内部对权利自身要求的直接规范表达。毫无疑问,民间规范的界定对这里的分析是一个紧要的问题。尽管学界对民间规范(民间法)在内涵和外延上的特征及其表现持有并不相同的主张，[①]但对民间规范在事实上的确然存在并无实质争议。人们争议较多的问题只在于究竟如何评估民间法的作用——是依据应然立场力主民间法在人们的规范生活中尽量退场呢，还是根据实然立场强调它必然在人们的规范生活中在场。笔者倾向于站在后一立场说话，从而就不仅在社会文化意义上理解和解释民间法，而且更主张在现实政治立场上理解和解释民间法，即包括习惯规则、家族规则、行会规则、乡规民约、宗教规则、社团纪律以及(规范化的)官方非正式经验等在内的民间规范(民间法)不是现实政治生活中可有可无的力量，即使在国家和社会不分的时代，它就发挥着某种权利规定和保障的价值，[②]而在当今市民社会和政治国家越来越两分的现实面前，民间规范所承担的权利(人权)内容在政治层面就显得更为重要和必要。这是因为：

市民社会和政治国家的分野，使国家政治生活的根基越来越偏重于"草根"的意愿。这在民治国家的政治实践中业已是一个不争的事实，即使在正向民治国家迈进的国家之政治生活中亦有越来越多的表现。那么，"草根"的意愿究竟表现在哪里？在很大程度上，源自市民社会生活中的民间规范就是其意愿或权利要求的集中表达。由于市民社会的组织形式要么是在"自发的"发展中形成的(如家族)，要么是市民社会的自治主体在自愿原则下组合而成的(某种意义的"自由人的联合体")，因此，市民社会的规则形式也就能够更直接地表达市民们的意愿和要求，更现实地体现来自民间的权利要求。正是在此种意义上，我们在法治建设中必须关注民间规范中的权利(人权)要求，甚至以这种权利要求来作为法制建设的基础和人权保护的根据；否则，所谓人权保障也许就只能流于理念，而无法及于本质。

其次，民间规范作为源自民间的"制度事实"，其最大特点就是提供了人们对该规范的自觉遵循和信仰恪守。任何权利保障，皆以主体对该权利的自觉认同为前提；否则，权利只是一种制度性宣告，而无法构造为流动的制度事实；只是死的规则形式，而无法变成活动的实践经验。正

---

① 较为系统的梳理可参见王青林：《民间法若干问题初探》，载谢晖等主编：《民间法》(第3卷)，山东人民出版社2004年版，第40页以下。

② 最典型的如各社会主义国家的早期实践。但即使在那种国家强制一元统合的时代，民间规范及其所提供的权利空间并未因此销声匿迹；相反，各种民间社会的规则仍然顽强地以某种"自发"的方式被保存下来。这大概也是各社会主义国家纷纷改革的重要民间基础。

是基于此种理念，在 20 世纪，法学家们纷纷把法律研究的视野从纯粹规范的视角（尽管这一视角至今仍对法学研究而言至关重要）转向了社会学和人类学的视角，即在流动着的主体的规范生活中寻求法律以及权利实现的机制。如果说这种研究对于一个小国而言无关紧要的话，那么，对于国情复杂、民族多样的大国而言，就显得极为紧要。因为在这样的大国里，民间规范事实上构成了权利的真正规范基础和需求前提。于是，相关的权利规定也就容易取得人们心理的内在支持。这意味着无论国家或社会的外在强制力量是否到位，社会主体自身就将其行为选择构织进自己所需的权利－规则体系中。

毫无疑问，无论对社会秩序的构建还是对权利实现的保障而言，这种以主体内在需要为依赖路径的权利实现之保障方式，是典型的投入少（成本低）而产出高的方式。因为人们心灵对权利规定的自觉机制既能够调动每个主体的能动性，同时也能够减去国家或者社会强制力量的投入所导致的高昂成本费用。显然，对于国家法制建设与人权保障来说，这就是必须认真对待和关注的内容。因为制度建设毕竟不是孩子们过家家、玩游戏，它一旦在实践中得不到落实，所遭遇的必然是从人力成本（人们智慧的支出）、经济成本（货币财富的支出）、心理成本（主体内心期望的支出）到制度成本（社会规范之诚信的支出）的全面浪费。并且它与某项纯粹经济建设或厂矿建设的成本浪费截然不同，因为制度建设的成本浪费，首先需要修复的是人们的心理期待，而前者只需要在经济上改变经营策略就可解决。

最后，既然民间规范自身构成一种相对自足的权利体系，那么，对民间规范在人权建设中的关注就不是多余，它既不会妨碍国家法律对人权的规定和保护，也不会阻碍人们对权利的认知；相反，它自身就是人权和权利的载体。因而，关注并努力在“大传统”中赋予民间规范在人权保障中以一席之地，就既是检验国家法制建设及人权保障是否从国情、社情、民情出发的重要标志，也是在一个国家型构、积累市民社会的必要努力。

可以说：一个国家对于民间规范及其人权保障价值的忽略，往往预示着该国整体法制建设可能潜伏的暗礁，也预示着该国法制和人权建设中国家主义主宰的不可避免，当然，也预示着在该国建成市民社会与政治国家两分格局的重重困难；反之，一个国家对民间规范及其人权保障价值的不可避免的关注，则不仅意味着其在大传统中对人权根底之关注，而且意味着国家主义被“社会主义”取代的现实，当然，更意味着在这里，市民社会和政治国家的两分已经成为定局。总之，对反映一定人权要求的民间规范的充分关注，既不是对国家法律的削弱，也不是对人权保障的忽略；相反，它将在更深的层次上保障国家和社会的互动、民间规范和国家法律的互约以及市民社会和政治国家的牵制，从而防止以国家的名义对人权的践踏和对社会的暴政。

三、以司法回应民间规范中的人权内容

在法治社会的构建中，司法处于中枢地位。尽管和立法权、行政权等相比较，司法权在国家权力结构中处于“弱势”地位，但权力形式上的弱势并不意味着权力行使上的无关紧要；反之，在现代国家的三大权力体系中，由于司法权的中立特征和判断功能，使它成为社会正义之最后的守护神和最终的裁判者。即使发生在行政权内部和行政权与行政管理相对人之间的纠纷，也要借助司法者的裁判权力和判断才能使其得到最后解决。因此，在法治社会中，在逻辑上我们既不能期望借助立法者做最终的判断者，也不能期望行政者做最终的裁判者，这种期望，在现代社会只能由司法者来实现。

既然司法者和司法权在现代法治国家具有如此崇高的地位，那么，能否借助它将民间规范中的人权内容及人权保障方式纳入国家法律认可的范畴之内，从而实现民间规范和国家法律之间的互补和互动？笔者认为，这应当是我们在法治和人权建设中必须关注的问题。事实证明，司法权不仅在国家体制范围内起着中立作用并拥有最终裁判地位，而且在市民社会与政治国家之间、从而也在民间规范与国家法律之间起着某种沟通、平衡和决断的作用。我们知道，英美法系的判例法机制，在很大程度上既是遵循先例的产物，同时也对习惯法重视有加，从而在某种程度上通过司法裁决沟通了社会与国家、民间规范和国家立法之间的关系，并进而：一方面，防止国家立法和社会底层规则之间可能产生的脱节，使国家立法始终保持某种来自社会底层的“新鲜血液”，防止国家立法的专断和国家想当然的“人权保障”举措可能带来的危害；另一方面，把社会和国家、从而民间规范和国家法律间可能出现的紧张、张力随时调适到恰当的地方，在两者之间取得某种“中道的权衡”；再一方面，因为司法裁判经常要考虑来自社会底层的民间规范的存在，因此，随时出现的判例就比较灵活地将民众的人权要求表达在作为国家法律范围内的判决和判例中。具体说来，司法活动对于把民间规范中的人权内容和人权保障机制吸纳到国家体制中，至少具有以下可能的优势：

第一,司法的具体性对于把民间规范中人权内容和人权保障方式纳入国家体制中的可能优势。和立法相比较,后者所处理的总是涉及一个国家全方位的重大事务,而前者所涉及的则仅是和具体纠纷相关的具体事务。和行政相比较,后者所处理的既有宏观性的重大事务,也有微观性的具体事务,但前者所处理的永远是具体事务。一个国家人权和法治的实现过程,每每具体地表现在司法活动中。尽管在行政活动中,也可能会遇到对两造纠纷之类的具体解决,但其解决结果在法律程序上不具有效力的最终性和最后性,因之,也就影响了其对法治和人权实现的具体效果。正因如此,只有司法活动才能更好地在具体案件的处理中发现并运用仍然在民间活动着的规范内容,并将其具体地运用到案件的处理过程中,形成独特、有效的判例,使作为小传统的民间规范中的权利内容和保障方式经由判例而即时地汇入国家大传统中,从而,司法也成为沟通大、小传统中人权内容和人权保障方式的有效机制。

第二,司法的中立性对于把民间规范中人权内容和人权保障方式纳入国家体制中的可能优势。我们知道,司法在国家诸权力体系中是一种公认的中立性的权力,这包括一方面,它要在不同的政治主张面前保持中立;另一方面,它要在案件的两造之间保持中立。因之,司法诉讼制度的设立,常常围绕着司法的此种“品格”而展开。这有助于司法冷静地发现与具体案件相关的处理规范——不仅在国家制定的法律中发现相关规范,而且也要在案件事实以及有关民间规范中发现最适合于该案件处理的规范。这意味着司法者也应当拥有规范选择的裁量权(当然,这种裁量权应当有严格的条件和程序限制,也要求法官必须是社会和职业的精英)。这样,司法活动也就能较好地、方便地把民间规范中有关人权的内容和保障机制带入国家体制中,实现小传统和大传统之间在具体案件处理中的互动。事实上,在我国的司法判决以及司法调解活动中,法官一方面要严格遵循作为大传统的国家法律程序和实体规定;另一方面,在国家实体规定缺位或者民间规则与国家立法严重冲突的时候,引入民间规范或适当照顾民间规范作出判决、调解,从而保障和维护公民权利的事经常发生。

第三,司法的判断性和被动性①对于把民间规范中人权内容和人权

① 托克维尔在总结美国的司法权特征时曾提到判断(审理诉讼案件)、具体(审理私人案件)、被动(应请求时才能行使)这样三种特征。参见[法]托克维尔:《论美国的民主》(上卷),董果良译,商务印书馆1988年版,第110页以下。

保障方式纳入国家体制中的可能优势。司法是一种判断性权力，这是因为司法所面对的总是纠纷事件，亦即只有当法律关系紊乱或处于纠纷状态时，司法权才有介入并行使判断的必要。而更为重要的是：司法权的此种判断活动，又不是司法权主动介入其中的，而是应两造一方或双方的请求介入其中的，即法律关系发生纠纷的关系一方或双方请求司法权的介入。这样，司法权就拥有充足的尊严来介入并处理两造的纠纷，从而以合乎程序的方式把民间规范中的人权内容和保障方式带入司法判决中。同时，司法的被动性绝不意味着它像孟德斯鸠所描述的那样："国家的法官不过是法律的代言人，不过是一些呆板的人物，既不能缓和法律的威力，也不能缓和法律的严峻。"①相反，司法的判断性不仅是对法律的判断，更是对纷繁多样的案件事实的判断。因此，当有限的法律不能涵括无限的事实的时候，或者当机械的法律难以应对多变的案件的时候，法官创造性地在民间规范中发现"法律"，对于解决当下的纠纷、以理服人地平息两造的矛盾可能更为有利；否则，法官往往难以判断。显然，这就有利于民间规范及其权利内容和保障机制方便地进入国家体制中。

第四，司法的程序性和最终性对于把民间规范中人权内容和人权保障方式纳入国家体制中的可能优势。那么，通过司法把民间规范带入到国家法制体系中，能否保障国家法律在人权内容和保障机制上整体的有效性？对此，需要借助司法的程序性和最终性来说明，即在司法活动中对于民间规范中人权保障内容的引入，并不是国家法律容忍法官的臆断；反之，国家必须在法律上设立比其他任何权力之行使更为严格的原则和程序来确保司法活动的合法性和正当性，从而使其对民间规范引入国家司法判决中的各种可能问题予以妥善解决，尽量防止法官在此过程中可能出现的臆断、擅断。这正是在所有公权行使的程序建设中，司法程序在国家立法中特别受到重视的原因所在。如果说司法的程序性规范了司法把民间规范中人权保障的内容引入判决中的合法性基础的话，那么，司法的最终性则在权威意义上赋予了其将民间规范中人权保障的内容引入判决中的地位和有效性。司法的权威性乃是和其在整个国家权力运作中的最终性相关的。也就是说，针对同一纠纷的所有公权力之运用，到司法活动为止，就不能再继续延伸下去。这里体现着一种理念，

---

① ［法］孟德斯鸠：《论法的精神》（上卷），张雁深译，商务印书馆1963年版，第163页。

即最后的判断才是真正有效的判断，最终的正义才是可以实现的正义。对具体案件的判断而言，正是程序性的合法赋予和最终性的权威赋予，才使司法活动能够在运用民间规范以处理权利纠纷、保障人权过程中也取得合法与权威的效果。

当然，还须稍加说明的是：司法权的如上特征在使其将民间规范中人权保障的内容引入司法判决中、从而使小传统的内容转换为大传统之认可时，在整体上发挥着其可能的优势。这种优势是在其和立法权、行政权对民间规范中人权保障内容汲取的比较中得出的。关注司法活动对于民间规范中人权保障内容的汲取，对于沟通大传统与小传统，实现市民社会与政治国家的互动，显然具有不言自明的意义。

四、借民间规范中的人权内容沟通大、小传统

在民间规范和人权保障这个命题中，客观上存在一些必须追问的问题：如果作为大传统的国家正式法律，能够一劳永逸地解决人权保障的问题，那么，还需要关注民间规范对人权的保障问题吗？退一步讲，即使国家法律不能一劳永逸地解决人权问题，那么，国家法能否把民间规范作为人权保障的候补机制、支持机制和资源选取之地？对这两个问题的回答，都涉及能不能在民间规范中寻求人权保障的灵感和机制，从而要不要以人权和民生为基点，沟通大、小传统，国家法和民间规范，公共交往领域和日常生活领域的关系问题。

如果固守社会“进步”的规范凭据，只能以国家法为代表，民间规范和国家法相比，只能是“落后”的规范凭据，那么，即使国家法在人权和民生保障方面并不完善，也不能在民间规范中寻求灵感、支持和助力，人们尽可以在“先进”的思想、制度和理念中寻求完善人权保障的法律对策。如果坚持国家法律只能是反映社会“进步”在规范方面的一个断面，在这个断面之外，还有表达和推进社会进步的其他规范，那么，当法律对人权保障尚存力所不逮时，在民间规范中汲取人权保障的可能经验，就是理所当然。民间规范就必然是国家法律在人权保障方面进一步完善的支持因素，而不是排斥和反对因素，只要在民间规范及其运行机制中，确实存在着人权及其保障方式。

这也意味着民间规范与人权保障这一命题的研究，内含着如何沟通大、小传统的关系问题，沟通国家法律与民间规范的关系问题。笔者觉得，这是目前我国立法和社会发展应特别关注的重大问题。在近数十年的立法中，我国存在的最大缺陷，是立法者对民间社会的规范传统和规

范现实不仅不予关注,而且想当然地将其贬斥为落后。法律移植的狂热和不智,使我们每有立法大任,关注点不是向内、向下,而是向外、向上,立法起草者们津津乐道的是立法的国际化程度和"先进"状态,而不是"国情化程度"和实用状态。

这其实可以称为一种立法幼稚病。在这种幼稚病下,人们的行为反应是:只要国内有立法需求,直接到国外开个药方,拿来国外的规则即可,并且和国外接轨越紧密越好。在这种立法幼稚病的操持下,尽管也制定了一些堪称向世界"先进"立法经验看齐的立法成果,但这些法律,因为对本土经验的熟视无睹,其运行效果,皆不理想。在笔者看来,如果在立法中对自身的传统和经验熟视无睹,而只强调一味地拿来,一味地和国际接轨,只能在法律形式上迎合一种压制主义法律全球化的需要,不可能创造出以对话的姿态参与到世界结构进程,并实际有效地推进中国社会发展、人权和民生得以保障的法律体系。

所以,重视在中国国民的日常生活、日常创造中发现可资人权保障和民生充实的规范内容,并把这种规范内容作为国家立法和大传统形成的必不可少的支持力量和候补机制,是当代中国立法必须正视的问题。特别是在我国已经不可避免地融入世界体系,并且被其他国家纷纷要求承担大国责任的背景下,如何以自己独有的形象参与到世界体系中,更为重要。而所谓独有的形象,往往是以法律为框架塑造和调整的。没有独特的法律框架及其有效调整,那么,所谓中国融入世界体系问题,不过是裹挟地进入,而不是、也不可能是自主地融入。

笔者赞同以开放、开阔的胸襟引进先进的法律,以资我用,但这里必须分清主次:以资我用的前提,是知道我需要什么;我现在有什么、没有什么;哪些在我这里就可以解决、哪些我自身根本没法解决;国外的什么可以为我所需,什么能解决我们的问题;等等。否则,引进就等于盲目蛮干,不但徒具形式,而且耗时费工;不但不能推进人权和民生保障,而且还会起到反作用——丧失人们对法律的基本信任,更勿论人们对法律的信仰。

一言以蔽之,既关注中国在人权建设、民生保障方面对国际经验的汲取,也关注在中国传统和民间规范中可能存在的对保障人权、保障民生的经验,是我国人权建设乃至法治建设必须并行不悖的两个方面。这必然要求大、小传统,国家法律与民间规范之间的有效沟通。这种有效沟通,不仅要求人们把眼睛盯在国家法律的框架下关注人权保障,而且也要不断跟踪民间规范是如何回应、表达或者体现人权和民生问题的。

因之,尽管前文论述了可以借助国家司法把民间规范中所含有的人权内容予以升华,使其成为大传统或国家正式法所认可和接受的内容。但是,从出发点来看,这种设计仍然只是站在大传统或者国家法的视角看待和理解问题的,并没有完全遵循民间规范自身运行的逻辑。这样一来,尽管可以在大传统的立场上,给作为小传统的民间规范些许出路,但仍不能解决民间规范及其人权表达,作为一种自在自为的现象,是不因国家大传统的给予或不给予、同情或不同情、汲取或不汲取而丧失其自在自为之路的这一问题。

严格说来,无论是国家法律,还是民间规范,都是为了人们交往行为的方便而制定的,即使一种民间规范并没有明文的规条内容,而仅以主体行为的方式存在,体现为所谓"行动中的法",也意味着这种规范已经给人们能做什么、不能做什么勾勒出了权利和义务的框架。在婚姻仪式上祭天敬祖的虔诚行为,不仅意味着人对神祇的服从义务,而且意味着人在神祇那里,获得了护佑的权利。同样,夫妻互拜的仪式,不仅是相互之间的一种义务,而且相互对对方取得了平等的妻权和夫权。在这种习俗中,似乎可以开发出夫妻平等的现代法律内容来。订婚及其仪式,不仅是给一对年轻人增添了义务负担,似乎束缚了他们自由的恋爱,同时也让他们获得了权利,获得了家族、亲人对其支持的权利,因为毕竟人们都无可例外地生活在家族和亲人构成的最亲密的交往关系体系中。[①] 但这些婚俗,在现行"婚姻法"中都因为其"落后"而不被采纳,这恰恰反映了立法在民间规范面前的自大、不智和傲慢,其结果是,傲慢者被傲慢。法律落实的不力,今天依然兴盛于城乡的婚礼仪式,就是对立法傲慢的无情蔑视,也是当事人们按照自身的意愿选择规范、选择其权利义务安排的自觉行动。

民间规范的权利义务安排,未必像现代法律那样,明文表达在具体的成文规范当中,因为民间规范的表达方式,具有明显的多元特征,既有

① 参见吕廷君:《订婚制度的演变及其法理透视》,载谢晖等主编:《民间法》(第1卷),山东人民出版社2002年版,第190~217页;吕廷君、王月峰:《关于民间订婚习惯的调查报告》,载谢晖等主编:《民间法》(第2卷),山东人民出版社2003年版,第272~287页;《关于民间订婚习惯法的调查报告》,载梁慧星主编:《民商法论丛》(第35卷),法律出版社2006年版,第595页以下。

说或者唱出来的法律，我称为“声音的法律”；[1]又有行出来的法律——“行动的法律”，即通过交往行为中的人们日复一日地重复某种行为，使类似行为必须这样，或者必须那样，成为一种习惯和必然；[2]还有明文表述的法律——成文的法律。自文字时代以来，国家法律大多以明文方式表达。但民间规范，仍然多形式并用。无论哪种形式，在笔者看来，只要有规范，就有义务和行动的空间范围，规范确定的行动空间范围哪怕全部是义务，但在其空间范围之外，必然意味着行为人的权利。从这一视角来看，但凡有规范处，必然意味着有权利，问题只在于这种权利是明示的还是隐含的。所以，对人们的权利而言，最怕的是没有规范，而不是规范的表达形式。

恰恰是一种行为规范本身必然蕴涵权利，因此，大、小传统，国家法律和民间规范的沟通有了更大的必要和可能。对我国这样一个法治后发达国家而言，法学家亟须做的不是如何以“进步”的名义，把民间规范等小传统全部抛诸脑后，甚至消除殆尽，而是在既有的民间规范中，在公民活生生的日常生活中，在中国人鲜活的现实创造中，仔细地搜寻和整理它们之中和现代法治要求相同构的因素，以作为大传统或国家法律建设的支持力量，同时也作为消化和吸收外来法律传统的地方性知识基础，为外来法律文化、权利观念顺利进入中国搭架一座可沟通的桥梁。即便对那些在大传统和国家法的立场上无法汲取的内容，也能够通过这种努力，产生一种“同情的理解”，使大小传统、国家法和民间规范各有侧重、各尽所能、各司其职地规范、结构人们的交往行为和交往秩序，处理、恢复人们的交往纠纷和交往正义。

---

① 在贵州一些苗族居住的地区，至今仍把法律（民间规范）通过唱的形式表达出来。在徐晓光教授的引荐下，笔者曾收集到擅长唱法律的当地唐德海先生所唱出来的“议榔词”，由其儿子唐千武和唐千文释译为苗文和汉文文字，并经主人同意，登载在《民间法》第8卷（山东人民出版社2009年版，第394~401页）上。

② 对此，费孝通在《乡土中国》（北京出版社2005年版）中的描述和论证，具有典型意义。其实每个生活在乡村中的人都有过这样的体验：乡民之间诸多不约而同的行为，并不是事先商量好的，而是日复一日的交往行为模式已经“结构”好的。只要你生活其中，就不能逃避、也不可能逃避这一结构。

法律、民生与民间规则*

——兼论两岸交流制度中民间规则的作用

本文的主旨，是要阐述法律、民生和民间规则的内在逻辑关联，并在此基础上，阐述两岸交流制度之建设中民间规则或非正式制度的可能作用。众所周知，法律是人们交往行为的产物，也是在交往行为中的主体们需要的产物。满足了人们需要的法律，一般来说，也就是能符合民生并保障民生的；反之，无法满足主体需要的法律，自身可能就是民生的反对者，更遑论它对民生的保障和保护。当然，如果问题仅到此为止，法律与民生的处理似乎也不太困难。但问题在于民生、人们的需要总是多元的。就个体而言，有所谓"萝卜白菜，各有所爱"的格言，有所谓"百姓百姓，各有各的心病"的情状；就群体而言，特别是不同文化区域的群体、不同民族的群体以及不同分工领域的群体，就更有各种复杂的利益需要。因此，在人们的交往行为中，也就会形成复杂的需要结构和民生结构。在这种情形下，法律秩序的建构，就必须关注多元化的民生需要。其中在组织法律时，对民间规则的必要关注，或许是法律本身满足民生需要的一条捷径。

一、需要、民生与法律

法律是因应主体需要的产物。人的需要，大体上可分殊两途：一是物质需要；二是精神需要。无论是物质需要，还是精神需要，都需要借助一定的制度来

---

* 本文原载《现代法学》2009 年第 3 期。

求得保障。基本原因在于人的群体化生存和交往模式,必然把每个人的需要置诸交往关系中。因为不借助人们之间的交往关系,自身的需要就不能被满足。特别是在社会分工发展到如今这般精细的时代,更需要人们之间通过分工协作,来满足人们的交往需要。因为分工生产所导致的基本后果是:一方面,分工生产者的生产是单一的;另一方面,所有分工生产者的需要却是全方位的。以单一的生产结果应对全方位的主体需要,其捉襟见肘,不难想见。但是,人们需要的力量是强大的。这种分工生产者单一的生产结果无法满足其全方位需求的境况,迫使人们寻求新的满足需要的方式,那就是求助于其他分工生产者,通过和其他分工生产者之间的交换,来满足各分工生产者全方位的需要。但这时新的问题又产生了:某一分工生产者满足其他分工生产者的要求,需要以自己的生产过剩为前提。倘若分工生产者的生产,连供应自身对相关产品的需要都无能为力,那就根本谈不上满足其他分工生产者了,从而借助交换以弥补分工生产所带来的不足这样一种需要,也就难以呈现了。

好在这一难题并不存在。分工生产所导致的,不仅是每一分工者生产结果的单面性,而且也导致在相关的生产领域,分工生产者所生产的产品对满足自己需要而言总会出现剩余。这就使分工生产,不仅使借助交换以满足主体的需要有了必要,而且也有了可能。交换的实质,在人的需要层面就演变为不同分工生产者之间相互以自己所生产的过剩之产品,从对方那里换取自己所不足的产品。这种情形,到了专事于商品生产和商品交换的近、现代社会,则演变成了一种经济形态,这就是商品-市场经济形态。这样一来,分工生产及其商品-市场经济形态,使得每个分工生产者,都对其他的分工生产者形成了一种物的依赖性。恰恰是这种物的依赖性,直接导致了所谓社会连带关系的形成。人的直接生产目的不是为自己的,而是为他人的。只有经过商品交换,或者只有把所生产的商品卖出去,被他人所接受,才能把直接为他人的生产结果,真正变成为自己的生产事实。

分析分工生产和商品交换的这一既成事实,基本目的是要说明在人们的物质需要方面,人们越来越求助于商品交换的事实。但是这一过程,仅靠温情脉脉的道德无济于事,仅靠慈祥和蔼的家长,以及类似于家长的其他主体,无论他是国家,还是其他社会组织,都不能完全借助其权威来分配或解决人们之间的需要,更何况这些可能作为家长或者准家长的主体,自身也每每要成为商品价交换的一方主体。这样一来,一切内省的道德机制和道德规范，对于满足民生或人们的物质需要而言，都构不成权威的规范保障。于是，人们必须寻求一种能凌驾于一切主体之上的规范，通过规范的拟制，解决直接为他人的生产可能存在的瑕疵，也保障人们把需要的目光和行动投注于他人时，自身消费的安全。

这样一来，民生中的物质需求，就必然和具有一定强制保障的法律挂上了钩。没有法律的强制保障，就很难实现在分工生产条件下主体对物质生活高层次的要求。① 正因如此，一个健全的市场经济，无论在生产阶段、交换阶段还是消费阶段，都设置了相关的法律保障机制。在商品生产阶段，符合产品质量法要求和安全生产要求的生产过程，就是法律的基本任务，因此，生产过程，表面上看是物质或者商品的产出过程，实则也是符合商品质量之法律要求的生产过程。交换过程，则至少是一个依据契约法，订立契约，互通有无的过程。而消费过程，看似完全属于每个消费者私人领域的事情，在形式意义上，也是一个法律规范作用于其中的过程。由此可见，在现代主体交往中的物质生活和物质需要，与法律存在必然的内在关联性。这种情形，随着跨国和跨境经济贸易、文化交流的发展，更形成不止在一国之内国民民生对法律的依赖，而且在国际贸易或者跨境贸易中，人们的物质需要和物质生活对法律的依赖——没有法律的支持和保障，市场化的主体物质生活需要，就只能是望梅止渴了。

当然，作为民生表现的需要，还有精神需要。众所周知，人在一定意义上是精神的动物，所以，人的精神需要和精神活动，决定了人的存在本质。正因如此，哲学家在研究哲学问题时，每每直指作为精神性存在动物的人的本质。从理念论的提出，中经精神现象学，直到存在主义、哲学诠释学等哲学思潮，都把哲学认知的核心，放置在对人的精神存在本质的探析上。这说明在法律对民生的关照中，如果不关心人的精神存在、精神需要和精神实质这个基本事实，那么，所谓法律对民生的保障和满足，就差强人意。但是，按照既有的法学理论，法律并不调整人们精神范畴或精神领域的需要。既然如此，如何样借助法律来满足人们在精神方面的民生要求呢？对此，笔者有如下两点看法：

---

① 当然，这绝不是说法律的运行只能靠强制来推进；反之，在现代这个人们的交往行为日益依赖于法律的时代，更需要对法律的一种自觉理念。这样，才能使法律深入人们的交往结构甚至心灵结构中去。对此，笔者在《法律信仰的理念与基础》（山东人民出版社 1997 年版）一书中，有专门论述，参见该书 232 页以下。

第一，尽管人们的精神需要作为一种内在的心理活动，不受法律强制性的调整。但这并不意味着它不受法律的保护性调整和放任性调整。所谓思想自由、思想权利、言论自由等就是法律对人们的思想活动、精神需要的表达活动所设置的自由和权利。它本身表明法律对人们精神活动的保护性调整。在这个意义上，说法律不调整人们的思想，显然是把法律调整局限于禁止性调整或者惩罚性调整的范围，这本身是对法律作用的人为限缩。

第二，人们的精神需要，不仅存在于纯粹的精神领域，而且必然会外化为人们的行动领域，从而在事实上精神需要和物质需要每每一而二、二而一地存在。如此一来，不仅在纯粹的精神领域里反映着人们的精神需要，而且在人们的物质选择、物质需要中也存在精神需要的内容。如果说在一个物质匮乏的时代这一点不太明显的话，那么，在物质供应越来越丰富的时代，这种情形就尤需人们关注。譬如，同样是买汽车，在汽车供不应求时，不论何种牌子、产自何地、外观状况，只要能拥有一辆汽车，就万事大吉，所以，汽车这种物质需要的迫切性完全战胜、取代了对它可能的精神选择和“加工”。但是，随着汽车供应的品牌、款式、技术水平、外观样式以及实用性能越来越多，所以，人们对汽车的消费，不仅看中的是物的拥有，而且更加看重是否符合自己的心意。这正是制造商总是要设法研究、并尽量迎合消费者消费取向、意向和心理的缘由所在。

由此可见，一种物质消费，在这里全然被赋予了主体精神需要的内容。特别是在跨国界、跨区域的贸易活动中，人们对此体验得更加真切。例如，甲、乙两个贸易对象国同样生产电视机，并且其国内生产的电视机，无论在数量上还是在一般质量上，都完全可以满足国内民众的相关需要，但为什么甲国还要把自己生产的电视机出口给乙国，而乙国也同样会把其生产的电视机出口给甲国？在这样做之前，可以肯定，无论是甲国的生产商，还是乙国的生产商，都对各自对方国家的消费者及其消费嗜好、消费的精神取向要有所了解；否则，贸易活动就只能无的放矢，就和理性算计的经济活动之本质相去甚远。在这种描述中，人们不难发现在物质需要背后必然隐藏的精神需要内容——在同一个国家，面对功能一样或接近的产品，之所以有些人愿意选择进口货，而有些人更愿意选择国产货，除了这些产品满足人们需要的客观的因素以及人们客观的消费水平之外，还有人们的精神爱好或者精神需要因素。

交代这些问题，旨在说明，在现代经济贸易飞速发展、文化交流日益频繁、政治对话明显加强的国际交往中，把人们的物质需要和精神需要截然两分，仅仅是一种为了满足学理分析的需要，而不一定说明精神需要就与物质需要是截然两分的。这表明，作为精神性存在的动物，所谓民生的要求，其实就是在人们的精神需要主导之下的交往方式。这其中既有以物质为内容的交往方式，也有以文化为内容的交往方式，还有以政治、社会参与问题为内容的交往方式等。法律对民生，特别是对人们精神需要的关注，事实上在调整人们在物质领域、文化领域和政治社会领域的交往行为时，就已经得到了一定的呈现。

谈到这里，似乎和本文的主题仍没有搭界。因为本文的主题是法律、民生和民间规则，但行文到此，笔者仍一直在需要和民生这个框架内作论述，既没有关联法律进行论述，也没有联系民间规则进行论述。所以，下文的任务，是继续简要说明这种民生的不同需要与法律的内在关联，或者法律应如何一般地表达和反映这种民生的需要。

在我国谈到法律，则不得不提及这样的情形：长久以来，一种国家主义和刑罚主义的法律观念，总是把法律置于人们的日常生活之外——凡是和法律相干的事体，乃是远离人们日常生活的；相应地，人们的日常生活不能沾染上和法律相关的事；否则，无论如何，也是不吉利的事。这种有关法律的说教，自然不会令人们把法律和日常生活结合起来；反之，只有远离法律，才有更好的日常生活。所谓“进法院的没好人，进法院没好事”，就是这种法律观对人们日常生活的负面影响。这样，让法律关乎人们的日常需要，就是一件难事。① 这种国家主义法律观，虽然在这些年的市场化进程中有所改观，诸如《合同法》《物权法》《消费者权益保护法》《食品卫生法》及各诉讼法等关切国民生计的法律纷纷出台。但法律的出台，并未从根本上改变国民心理结构中对法律远离生活的深刻印象。

---

① 但尽管如此，这并不意味着古代皇权主义背景下中国的法律就和民生没什么关联。在古代中国，尽管作为大传统的法律在总体上主要是以刑为主的，但是，一方面，刑本身是保障彼时人们交往的社会秩序的一种法律手段和工具；另一方面，在人们交往的日常实践中，则绝不唯刑。被大传统所认可和保障的礼，以及被大传统所命令而确认的“政”、被小传统所遵循的“俗”等，共同构成人们日常交往行为中的规则体系。正因为如此，当人们翻阅在一些地方较为普遍地存在的古代契约时，发现这些契约不仅仅规范着契约当事人，而且一旦当事人之间因契约发生纠纷而诉诸官府，则判官每每对契约本身的内容相当尊重。这足以表明民间所存在的既有规则，甚至连私人之间的契约规定，在判官那里的应有地位。在这个意义上讲，古典中国关乎民生的规则又是多样的，不惟刑法一种。参见许传玺：《人类学视野中中国古代民事法律研究》，载田涛等：《黄岩诉讼档案及调查报告》，法律出版社 2004 年版，第 27 页以下。相关契约与我国古代人们生活的关系，只要读者关注一下徽州契约、清水江契约等，就不难理解。

这和近代以来西方法治主义的法律观及其公民民生和法律之间的关系，形成鲜明的对照。在法治主导的国家和地区，法律几乎成为人们日常生活中须臾不可分离的内容。①

众所周知，近代以来，随着社会分工的发展和商业主义的进化，人们的日常交往，摆脱了家族主义的约束和规范，进入更为广泛、开放的社会交往领域。这一全新的交往行为，其主体是由陌生人构成的，于是，在摆脱了温情脉脉但又不失严厉的熟人规则——家族规范等之后，又进入另一领地，即陌生人交往的规范领域。如果说在熟人世界的民生，主要借助于血缘或其他亲缘的情感，辅助地借助一些规则来支持、维系的话，那么，在一个陌生人社会里，既有的温情纽带业已断裂，人们的交往目的和期待，更多地与利益关联，于是，理性的得失算计，也就不可避免。正因如此，经济学家才提出所谓"理性人"假设。

尽管如上假设在非工商社会也可以成立，因为那时照样存在"天下熙熙，皆为利来；天下攘攘，皆为利往"的情形。不过这种人性（好利恶害）的必然，在一个商业主义主宰的社会中，更胜一筹。因为在一个农牧社会中，制度理性更加强调的是对人们利益追求的适度限制，是一种节欲、乃至禁欲主义的制度模式。古代中国特别是宋代以来的制度选择，就是如此。中世纪的欧洲，其制度选择，也是如此。这就在制度上设置了一种和民生要求近乎相悖的规范框架——尽管主体交往的逻辑并不一定遵循这种制度模式。② 人们依然按照既有的理性来权衡利弊，关注、参与和选择日常生活。但是在一个商业主义的社会里，制度理性的设置，一般遵循的是"释欲主义"的策略。"释欲主义"不同于纵欲主义，"释欲主义"所强调的是按照公民的需要及其走向，设置制度的走向，从而把法律纳入民生的轨道中。面对当前全球范围内的经济危机，不少国家的应对策略是通过刺激消费者的消费，以进一步刺激经济的成长。这可谓"释欲主义"制度及政策的典型写照。而"纵欲主义"则强调的是今朝有酒

① 对此，可参见香港资深大律师梁定邦给李泽佩主编的《香港法律大全》（法律出版社 1992 年版）所写的序。在该序中，作者对香港居民在日常生活中和法律须臾不可分离的关系，作出了惟妙惟肖的说明。香港是如此，至于那些法治发达的西方国家，更是如此——离开法律，人们几乎就不知如何生活！

② 例如，我国宋、明以来，虽然在制度上、思想上越来越显专制、禁欲，但在人们的日常生活，特别是在那些商业经济十分发达地区人们的生活，则更加开放、更加注重对利益的追求。甚至因此而形成了帝制时代中国商业经济最为发达的时期。参见朱伯康等：《中国经济史》（上册），复旦大学出版社 2005 年版。

今朝醉、罔顾规则、恣情任性、为所欲为。这尽管能够表达某种特定情形下主体的要求,但并不能在理性的框架下满足主体的生活和交往需要。

在理性框架下的主体生活需要,总是一个获得与付出相关的事实实践过程,从而也是一个权利与义务相连的规范构造过程。尽管在前文中已提到了"释欲主义"在面对经济危机时,对人们消费欲望的制度和政策刺激,但与此相对,当经济发展过快、人们的消费欲望过热时,制度及其政策的导向,却采取完全相反的策略:适度的银根紧缩、税负加重、投资压缩、通胀抑制等,都是按照经济发展的要求,在国家既有制度下,所可能采取的政策手段。显然,在一种法律制度上,设定并调整人们予与取的恰当界限,以法律上的权利与义务来对待、调控人们的交往需要,满足人们长远的生活要求,就是任何一种理性的制度设计所必须考量、关注的内容。恰恰是这种情形,才真正地反映了近代以来法律和民生的内在关联,反映了法律对国民交往行为需要的满足。

在如上认知基础上,下文进一步所要关注和探讨的问题是:在制度设计上,如何借助民间规则,以关注法律和民生间的内在关联,即制度如何回应多样化的民生需要?

二、民生、民间规则与法律

法律既有在尊重传统基础上生成的,也有在打破了传统,在所谓移风易俗的基础上生成的。一般说来,遵循经验演进型的法律,同时也尊重其法律文化传统,坚持法律的进化主义路线,如英美法系国家,法律一般说来不是强有力的社会改革的结果;反之,社会随着法律之点滴积累和节节演进而被逐渐推进。这种法律的经验主义进化路线,同时也构成了对各种既有的规则予以尊重的传统。所以,在司法中,法官也会遵循传统,引入既有的规则,以方便地解决两造纠纷,同时也为后来的相关案件和裁判确定先例。① 在强调借助理性建构法律的国家,尽管也不可避免地要对社会的既有经验予以特别的关注,甚至还会像萨维尼那样坚持

---

① 这一点,特别明显地体现在英国殖民当局当年对殖民地的统治过程中。尽管殖民者当年在法律主旨上,坚持的是强制推销其法律的主张和路线,但这并没有让殖民当局放弃对殖民地既有规则的关注。例如,英国殖民者在统治香港期间,并没有完全抛弃香港既有的土生规则(参见苏亦工:《中法西用——中国传统法律及习惯在香港》,社会科学文献出版社 1997 年版)。而英国殖民者在对威海短短三十年左右的统治中,就一直在关注威海地方本有的治理经验[参见张志超:《村董与乡村权力的演变——英租威海卫时期村董制的重构》,载《民间法》(第 8 卷),山东人民出版社 2009 年版;张志超:《英租威海卫时期乡村治理模式的演变》,载《兰州学刊》2008 年第 12 期等]。

法律的“民族精神说”。但制定法的客观样式,却不可避免地会舍去一些活生生的经验法则。所以,和判例法本身的灵活性相比较,以理性建构致思,来制定、表达一国法律的制定法套路,对于“地方性知识”和既有社会规则的反应总是要迟钝些。和判例法一样,制定法的宗旨也是要借助或通过法律安排人们交往行为的规范体系,但因为它对生活本身所表达出来的行为规范——民间规则的反应迟钝,注定了它对民间规则排斥的程度,要高于判例法。所以,以理性建构为特征的制定法,更容易在打破或抛弃既有规则的基础上另起炉灶。

在一个国家的法律中,是否关注民间规则,从而借助民间规则对民生予以关注,还和这个国家的体制模式具有一定的内在关联。一般说来,联邦制国家更容易把民间规则纳入其法律体系中。众所周知,联邦制国家的特点之一是强调地方自治,特别是立法上和行政上的地方自治。在不违背国家统一原则的前提下,地方当局可以根据其特点,制定、选择其地方规范。这就使在联邦制国家,作为“地方性知识”的民间规则,能够较好地在法律当中呈现出来,即在联邦制国家的法律体系中,至少不排斥民间规则。因之,法律和民生之间的关联,通过民间规则,可以得到串联、关照。民间规则可以在地方自治性的立法和执法活动中,得到充分展现。在司法活动中,尽管司法的终审权在中央或联邦,但只要是涉及本辖区内的法律纠纷,在审级范围限于本辖区内,且案件之两造也在本辖区内时,适用本地之地方性规范,或者适用业已被地方立法所认可的“地方性知识”,就不难想见。这样一来,作为某一地方民生实践之直接表现的民间规则,也就直接表达在地方法制的实践中。因之,联邦制国家所奉行的地方自治模式和法制模式,更容易将民间规则作为法治建设的资源而采纳,从而也容易把微观视角上民生的一些真相表达在具体的制度运作中。

但是在单一制国家,特别是那些单一制的大国,尽管“地方性知识”的存在是一个不争的事实,主体交往之多元文化规则的存在更是日常习见,但单一制国家结构的本质,又限制或制约了法律对“地方性知识”的汲取。在这些国家,“地方性知识”在法律中的表达:一是国家统一立法中的授权规范,即通过这些授权规范,地方当局可以根据其民生的需要,制定一些规范。这其中就包括了自生于或者内生于地方的民间规则。但问题是这些规范,在实体上不能违背国家统一立法的原则、精神、规则。二是通过变通立法,在本质上,这也是一种法律的授权,即在一些特定的区域,特别是那些民族事务比较独特的区域,可以根据本区域的特殊性,在不违背法律之精神、原则的前提下,可以制定变通性的规定。在这种变通性规定中,容易吸纳作为"地方性知识"的民间规则,并因之关照相关的民生要求。三是在法律中明令条件具备时,可以运用民间规则,作为司法对民间规则的因应措施,如《瑞士民法典》第1条规定:"凡本法在文字上或解释上有相应规定的任何法律问题,一律适用本法;如本法没有可以适用的规定,法官应依据习惯法,无习惯法时,应依据他作为立法者所制定的规则裁判之;于此情形,法官应遵循公认的学理和惯例。"而在我国台湾地区"民法典"在第1~2条就开宗明义地分别规定:"民事,法律所未规定者依习惯,无习惯者依法理。""民事所适用之习惯,以不背于公共秩序或善良风俗者为限。"而大陆新制定的《物权法》,也在两处规定了在处理物权问题上,对习惯的遵循:一是在处理相邻关系问题上,二是在处理孳息问题上。此前制定的《合同法》,则更是在多处采用"交易习惯"的字样。①

尽管成文法国家为了防止法律的过度僵化,规定了如上的变通措施,但这种变通措施,在诸如瑞士这样的联邦制国家,更易于得到贯彻落实,而在那些单一制国家,落实起来困难要大得多。原因在于单一制国家的国家结构,反对地方自治,从而也反对法律对地方习惯或民间规则的过分吸收。一旦地方过于照顾民间规则,就势必会削弱、妨害国家法的权威。这无论如何,对单一制体制和理念下国家的法律权威而言,是一个挑战。单一制国家就是通过这种对自上而下地运行的法律之强化,来维系国家的统一与团结的。显然,这尽管对国家统一与团结而言,是利大于弊的,但如果设身处地地替民生考虑,从而替公民日常交往的习惯考虑,则反倒弊大于利。因为它固有的强制性、压制性特点,使法律的规定很难被深刻地受不同地方习惯影响的公民自觉接受和认同。这就使国家法的时效反倒大打折扣,单一制国家的目的是通过法律的强令统一,树立法律的权威,但其结果却适得其反——播下的是龙种,收获的却是跳蚤!一种不被人们在日常生活中接受的法律,还有什么实效可言?

对此,这些年在有关江苏姜堰市法院推行的、引用善良风俗入司法的报道和讨论中体现得十分明显。根据有关报道,在以往姜堰市按照同案同判的一般法律原则,对于彩礼纠纷案件的裁判,很不被当事人接受。

---

① 分别参见《物权法》第85条和第116条。在我国另一部重要的民事法律——《合同法》中,先后有九处对"交易习惯"在民事活动中的运用予以肯定。

原因是在相关裁判中并没有考虑返还彩礼的原因究竟是因为男方悔婚而导致的，还是因女方悔婚而导致的。在传统习惯中，这两种不同的悔婚，责任承担和分配机制应有所不同。基于此，该院决意收集民间规则，去粗取精、弃劣存善，并以之作为相关裁判的依据。所裁决的案件，两造不但心悦诚服地接受了，而且最终不伤害两造之感情。另外，根据有关报道，自从采用善良习俗入司法以来，该院所做的相关裁判，既没有上诉的，更没有申诉和上访的，这极大地节约了法院办案的成本，自然，也节约了当事人的诉讼成本。① 当然，这种关注中也实现了法律和司法对民生的悉心关照。

笔者在2007年夏天曾有幸参加了最高人民法院有关部门和江苏省高级人民法院联袂组织的相关学术研讨会，并在2008年于英国举办的一个会议上，专门论述和介绍了这一经验。在这个发言中，笔者把这一经验纳入法律的全球化、法律的全球对话和法律的可接受性这样一个理论框架中进行论述。② 在笔者看来，这样的经验，不仅是一个地方法院在司法中为了取得两造、社会的接受所为的权宜之计，而且也是人类交往中关注文化多样性、关注交往规范多元性的必然表现。它不但给地方政府、地方法院提供了一种展示其主体性的条件，而且对世居该区域的公民而言，提供了一种主体性生存的规范依据；否则，他们的生存和生活就可能是“你指示，我照办”，就是根据法律的“客体化”生存，而不是主体化的生存。③ 法律能够安排人们一种主体化的生存之道，客观上也就把法律和民生的关系连接了起来。

如上对不同法律文化传统和不同国家结构模式下，法律对待民间法之态度的描述，旨在说明：法律对民间法的关注，既是法律为了取得社会的认可与接受，而迎合既有民间规则的过程，同时也是法律对民生态度的一种展现。其实，公民的生活，既有物质生活，也有精神生活。然而，

---

① 相关实践及例证的集中论述，参见汤建国等：《习惯在民事审判中的运用——江苏省姜堰市人民法院的实践》，人民法院出版社2008年版，第1页以下。

② 参见谢晖：《法律全球化、全球对话、可接受性与人权保障》，载法律博客网之“边缘学者”网站：http://longfu. fyfz. cn/blog/longfu/index. aspx? blogid = 348134，2008年12月6日访问。

③ 尽管笔者曾论述过：法治化的过程，本身是一个必须让主体客体化的过程，即人的行为受法律支配的过程。在这个意义上讲，法治是人为的作茧自缚，是人为地让主体服从于规则并被规则异化的过程（参见谢晖：《法学范畴的矛盾辨思》，山东人民出版社1999年版，第461页以下）。不过，这并不意味着笔者期望主体被一种不容商量的规则体系所异化。主体即使被规则异化，也应当被异化在其可接受的规则体系中。

这些生活只有被代入一定的制度框架中时，才构成稳定的公民生活。在一定意义上讲，制度框架才真正决定着一定区域和一定时间内公民的生活方式。换言之，倘若一定的物质生活和精神生活，不能够被代入一种制度结构中时，或者不能够导致一定的规范形成时，则这种物质生活和精神生活，就构不成一种生活方式。由此可见，在物质生活和精神生活之外，还应当区分出制度的或者规范的生活这一概念，即公民的生活，或民生，乃是由物质生活、精神生活和制度生活三位一体地构成的。其中制度（规范）因素尤为重要，因为它是把物质生活和精神生活连接起来的纽带和桥梁。有了制度和规范，才有真正的生活方式。

众所周知，当代的制度经济学家把制度一分为二，即正式制度和非正式制度。① 前者在一定意义上就是人们设法有意识建构的规则体系，如法律、社团纪律以及私人间达成的契约等。而后者是人们在长期的生活中逐渐积累起来的规则体系，尽管不能说它们是无意识的产物，但至少它们不是人们有意地设计出来的，如人们在长期的交往中所形成的风俗习惯、社会道德、文化样式等。事实上，这两样“制度”，都在现实地支配着人们的日常生活，甚至在一定意义上讲，后者对人们日常生活的支配和规范，绝不亚于前者。可以说，它们就是人们生活方式的伴生者。譬如，春节这种千百年来形成的习俗，以及由此形成的家庭团聚、迎新放鞭、走亲访友等习俗，在中华民族年复一年的日常生活中，就是围绕其交往行为的非正式制度，就是其生活之有机的、内在的组成部分。而在欧美一些国家，特别是在美国，小费制度尽管在国家正式法律中很少能找到出处的，但你要在美国获得别人的服务，一般情况下需要付人家小费，这已经是一个约定俗成的常识。在这种非正式制度作用下，反倒是那些接受了服务的人不付给服务者小费，显得不但不为人所理解，而且有时候遭人白眼。

这都说明，作为非正式制度的规则体系，特别是那些具有超常稳定性的民间规则，本身是人们日常生活中最重要的构成要素。国家法在这个意义上对民生的关注，就不止是关注国民日常的物质生活和精神生活本身，而且更重要的是关注国民的日常生活方式，即国民根据正式制度或非正式制度组织物质生活和精神生活的方式。国民根据正式制度组织日常生活，则意味着包括国家法律、社团纪律、公共政策以及私人契约之类的制度内容业已深入人心，当然从另一个角度也可推断国家正式制度对非正式制度的内容予以有效的吸纳。非正式制度业已成为正式制度的题中已有之义。但是，当国民不是根据正式制度，而是根据非正式

---

① 参见彭德琳：《新制度经济学》，湖北人民出版社 2002 年版，第 181 页以下。

制度组织日常生活时，至少说明如下情形：

第一种情形是正式制度不能、也不可能穷尽一切非正式制度，或者正式制度不可能把所有非正式制度吸纳到其麾下，从而形成正式制度的一统天下。这时，即使正式制度本身仍具有强烈的组织公民日常生活的价值，人们也会按照正式制度的一些要求，在日常生活交往中去组织交往秩序，但与此同时，非正式制度也在公民的日常生活中起组织交往秩序的作用。这样一来，两种制度和两种规则，都在发挥公民交往中秩序构造的功能。正式制度和国家法律对于公民交往中依据非正式制度所构造、组织秩序的活动，要么予以认可，要么予以放任，要么予以反对。

第二种情形是正式制度出现了规则漏洞，在某些环节不能规制和指导公民的日常生活。当这种情形出现时，只要有相关的民间规则等非正式制度，那么，人们在交往行为中照例会以这些非正式规则为根据，组织和构造相关的交往秩序。事实上，这时正式制度和非正式制度在解决秩序构造以及由此进一步导致的民生问题上，其作用是相辅相成的。非正式制度乃是在正式制度所未及处，给正式制度的不足以拾遗补阙。倘若正式制度能够根据非正式制度所提供的秩序构成方式，及时改进法律之不足，不但可救济和填补法律（正式制度）之漏洞，而且可进一步满足和解决与相关规则关联的公民民生问题。

第三种情形是正式制度的规定，明显违背了公民日常生活的规范标准，遭到公民的抛弃，从而公民按照民间规则等非正式制度的路线，组织交往秩序。正式制度未必必然具有效力。当正式制度公然违背社会需要时，根据社会需要而积累、成长起来的非正式制度，就每每在效力上获得了优先性。与民生以及民生的规范模式公然背反的制度规定，必然遭到公民固有生活方式的否定。上述法规和政策，之所以寿命不长，原因正在于此。在这种情形下，只有正式制度因应非正式制度，国家法律因应民间规则，才能真正保障和非正式制度相关联的民生要求。①

在第一、第二种情形下，都能够导致正式制度及其秩序和非正式制度及其秩序的和谐共处，因此，法律对于内生于民间的秩序要求，以及相

---

① 现在，我国各地大体上从禁燃、禁放烟花爆竹修改为限放。毫无疑问，这是国家正式制度对民间非正式制度的一种让步，它也反映了正式制度面对与民生密切相关的非正式制度时的必要态度。而人们在物质丰富基础之上，对休闲的追求，使传统的节假日，也逐渐越来越多地被确定为法定假日，如春节、端午节、中秋节等。这更进一步表明国家正式制度对和非正式制度所关联的民生之态度。

关的民生保障，自然不存在什么问题。但在第三种情形下，势必会致正式制度及其秩序和非正式制度及其秩序的冲突，甚至势不两立。这时，倘若非正式制度客观上能表达民生的要求，就需要法律作出适当的调适，以及时地反映并表达民生的需要。

三、两岸交流、民间规则与民生保障

前述有关民生、民间规则与法律之关系的论述，既可以适用于同一法域内部，也可以适用于同一个国家之不同法域的交流中；既可以适用于一个国家内部，也可以适用于国家间政治、经济、文化的交流（它们同时也必然是法律交流）中。和这里研讨的主题相关，本文只就前者加以展开，做一些更进一步的论述。

众所周知，随着香港、澳门的回归，我国目前是个多法域的国家。多法域之间既可能存在冲突，也可能存在合作。[①] 两岸的政治、文化，特别是经济交流在持续地、全方位地展开着。这就事实上形成了目前我国存在四个法域的情形。就民生的日常问题而言，四法域之间公民为生计而进行的合作，在很大程度上就是借助法律的合作；同样，四法域之间公民为生计所产生的分歧，也多发生在法律层面。这样，两岸在有关民生的交流中，既关注法律，同时也关注如何在既有的民间规则基础上加强两岸交流，促进两岸民生，就是题中应有之义。那么，如何通过关注两岸的民间规则而进一步关注民生呢？

早在清末民初之际，当局为了制定切合中国国情之民法典的需要，同时也为了给司法提供民事审判参照之需要，在全国范围内展开了民事习惯调查。这一调查的内容涉及民事总则、物权习惯、债权习惯和婚姻继承习惯等多个方面。其成果在民国时期已经汇编成书，后来相继在台湾地区和大陆出版。[②] 今天适用于台湾地区的“民法典”，其根底就是民国时期制定的《中华民国民法典》。其后虽然为了因应时代变化之需要，做过一些修改，但在实质上没有抛开《中华民国民法典》的基础。这表明，在一定程度上表达了尊重中国固有民事习惯的《中华民国民法典》，在实质上也在台湾地区的“法律”实践中得到了具体的贯彻和落实。前

---

① 关于我国多法域之间可能的冲突与合作，参见谢晖：《价值重建与规范选择——中国法制现代化沉思》，山东人民出版社1998年版，第105页以下。

② 台湾的版本以《民商事习惯调查报告录》为名，由进学书店于1969年出版；大陆的版本以《民事习惯调查报告录》为名，由中国政法大学出版社2000年出版，其修订版本则于2005年出版。与此同时，大陆已经出版了一些专门研究这一调查活动之论著，如苗鸣宇所著的《民事习惯与民法典的互动——近代民事习惯调查研究》，中国人民公安大学出版社1998年版等。

述台湾地区“民法典”开宗明义地对习惯的强调,尽管是民事活动的一个原则,但通过这一原则,也表明了该“民法典”对通过习惯表达出来的民间规则的尊重,也表明了这部“民法典”对以民间规则为代表的公民生活方式的尊重。论述至此,如下更想强调的是:尽管数十年过去了,但在两岸民众的交流中仍有包括文化传统、民风民俗、社会需要结构等在内的、值得法律所关注的民生内容。

就文化传统而言,两岸同文共种,语言相通,构成了两岸日常民生的基础内容。在一定意义上讲,人是规范的动物,而所谓人是规范的动物,首先就体现在语言和文字对人的规范和秩序之构造功能上。海德格尔曾有名言:“语言是存在的家。”①如果对这一结论进一步引申,可说之所以“语言是存在的家”,就在于语言文字现象对人类交往的规范作用。无论作为声音现象的语言也罢,还是作为象形现象的文字也罢,归根结底,都是给人们的交往行为提供和规划一种符号体系。这种符号体系本身构成了人们交往行为的非正式制度之建制。不同的语言文字,也必然意味着不同的交往行为规则,所以,语言文字的差异,既决定着文化传统的差异,更决定着在这种文化传统影响下人们交往行为的差异。这种差异,也难以避免地给人们的交往行为增加了负担和额外的成本。

而海峡两岸之间,语言、文字及其他文化传统的相同或者相近,给两岸的民生交流提供了更加便捷的条件,或者说这本身就是两岸民生的重要构成部分。尽管因为半个多世纪的政治纷争和管理分裂,加之当年日本殖民者半个多世纪的统治,两岸在一些词汇的理解、运用上,在外来词汇的翻译上,在法律、法规的建制上,存在一些差异。但无论如何,两岸都是借助于汉语言文字来表达的,这一点并没有质的区别。这种情形,必然使两岸人民的生活基础,就奠定在汉语言文字上。这种语言文字,构成了两岸人民日常思维的规范基础,也构成了两岸民众日常交往的语言规范基础和生活现实。

两岸的法律、法律实践,特别是司法实践,其通用的语言文字,就是汉语言文字。在这种情形下,法律对于民生的关注,既可以是直接关注两岸民众的物质生活和精神生活本身,同时也应予关注的,是两岸民众日常使用的规范符号——汉语言和汉文字。因为它们不但以符号形式表现、表达着两岸民众之物质生活和精神生活内容,而且它们本身是两

---

① 海德格尔的原话是:“存在在思想中形成语言。语言是存在的家。人以语言之家为家。”(参见海德格尔著,孙周兴选编:《海德格尔选集》(上卷),上海三联书店1996年版,第358页。)

岸民众物质生活和精神生活制度化、组织化、模式化的重要条件。透过这些,两岸民众的物质生活和精神生活,才构成了作为一个族群的生活方式。显然,法律对民生的关注,如果不深入这种生活方式中,如果对这种生活方式听之任之、放任自流,而在这种生活方式之外另起炉灶,以其他文字和语言制定、表达的法律,它就不可能获得这一族群的整体接受。除非这一族群在语言文字的运用上,已然放弃了汉语言和汉文字。

这样,把语言文字的运用作为民生的文化基础,其实在一定意义上也是把一种民间规则引入法律中,从而法律对民生的关注,也是透过这种民间规则来实现的。一个族群选取何种语言和文字进行交流,并不是这个族群的正式约定。尽管在现代主权国家,法律上把选用何种语言作为国语或者作为官方语言都强制性地规定了下来。但一般说来,这一规定的前提,乃是人们在长期的、世代的积累中业已形成的语言运用习惯,而不是当下协商的结果。也就是说,法律之所以这样规定,乃是对人们语言运用习惯在法律上的接受,是把语言、文字等非正式制度正式化的一种举措。因之,也是民间规则国家化、正式化的必然表现。除非借助武力推行某种语言和文字,并把它正式化。但这总是一种例外。

就风俗习惯而言,它们是民间规则的直接内容,从而也更加直接地以非正式制度的方式组织、构造主体交往的秩序。两岸民众虽然因种种原因,产生了一些不同的生活习惯,包括不同的物质生活习惯、文化生活习惯和政治生活习惯等,但这种情形,并不是说两岸人民的风俗习惯已经格格不入,水火不容;相反,在日常生活中,特别是在和那些文化传统、语言文字、婚姻家庭、丧葬嫁娶、节庆方式等相关的风俗习惯方面,两岸基本上恪守同样的习惯。

这说明作为风俗习惯的民间规则,在构造人们交往的日常秩序和日常生活中,是不可避免的。这种情形,在两岸民众的交往中更为显著。为什么两岸商定,在逢年过节时,要开通两岸包机业务,并加开两岸的包机数量?原因就在于这些作为大传统或者政策,对建立在民间规则基础上的民生需要之因应,是对人们既有的生活方式从而对既有的民间规则的制度尊重。在这个意义上,人们不难认识到,两岸有关部门在制定相关规则时,业已认识到倘若借助正式制度,否定既有的民间规则,无异于否定人们的需要。它不但得不到民众的理解、支持和拥护,同时也无法在实践中贯彻落实。这也表明,法律尊重了由民间规则所构造的民生方式，自身才有可能是合法的、有效的；反之，法律不能尊重由民间规则所构造的民生方式，则法律的非法也就毋庸置疑，其效力也只能大打折扣。这在两岸既有的法律交流中不难见端倪。

而在社会需要结构方面，两岸也有更多可关注的民间资源。在两岸民众间，存在不少亲缘关系。除了在整个族群意义上，两岸民族同属华夏之外，直到如今，海峡两岸的民众之间，尤其台湾地区和邻近的福建、广东之间，具有大量的有亲缘关系的人。尽管从整个人类平等的意义上讲，在这里谈论两岸民众之间的所谓亲缘关系，似乎有违这一宗旨，但就人类情感的事实而言，却完全是另一码事。“亲其亲者”自古以来就是人们交往行为中的一种事实规定，是一项事实判断。梁漱溟在谈到这一情形时指出：

> “谓人必亲其所亲也。人互喜以所亲者之喜，其喜弥扬；人互悲以所亲者之悲，悲而不伤。外则相和答，内则相体念，心理共鸣，神形相依以为慰，斯所谓亲也。”①

这种“亲亲”观念，实质上所表达的就是人际交往中的一般原则。这种情形，不唯华夏民族如此，即使在西洋世界，也在法律上大体肯定了为亲者讳——亲亲相隐的原则。② 只是在中华民族的传统中，亲亲传统显得尤为重要。甚至在巫马子那里，发展到一种明确的以己为出发点的远近亲疏观：“我与子异，我不能兼爱。我爱邹人于越人，爱鲁人于邹人，爱我乡人于鲁人，爱我家人于乡人，爱我亲于我家人，爱我身于吾亲，以为近我也。”③事实上，这种远近亲疏的“亲亲”观念，不仅是一种思想，而且在亲等制度下，形成了一套人们交往行为的准则。尽管以人人平等或大公无私的观念来衡量，这实在是一种上不了台面的主张，但如果站在事实判断的立场上，站在法律对现实社会关系和现实的民生之关切的立场

---

① 《梁漱溟全集》(第5卷)，山东人民出版社1992年版，第86页。

② 参见范忠信：《中西法文化的暗合与差异》，中国政法大学出版社2001年版。

③ 《墨子·耕柱第四十六》。而今人费孝通在论述这种关系时，则形象地说：中国社会关系，是一种差序格局，其特点是“以‘己’为中心，像石子一般投入水中，和别人所联系成的社会关系，不像团体中的分子一般大家立在一个平面上的，而是像水的波纹一般，一圈圈推出去，越推越远，也越推越薄。在这里我们遇到了中国社会结构的基本特性了。我们儒家最考究的是人伦，伦是什么呢？我的解释就是从自己推出去的和自己发生社会关系的那一群人里所发生的一轮轮波纹的差序”。参见费孝通：《乡土中国·差序格局》，上海观察社1948年版，第26页。

上，这种主张和制度无可厚非。①

事实上，两岸民众交往中的需要结构，其中很多内容就孕育在这种文化传统中。其中由亲情所构成的这种交往需要，既是一种内在的、深厚的心理情感，同时也常常外化为人们交往的民间规则。这种由亲情进一步衍生的需要结构，使两岸民众的交往，无论是经济方面的，还是文化方面的，都多了一重因素——它既是一种利益的考量，但又不纯粹是利益的考量。这是一种把文化情感、民间规则和文化、物质利益紧密结合起来的行动秩序。由此导致的民生意愿及其特征，也就不难理解。

令人欣喜的是，人们都注意到，两岸的一些明智的政治家、法律家们，正在务实地开启和两岸民众民瘼紧密相关的政治运作和法律运作。其中最近由两会签订的《海峡两岸空运协议》《海峡两岸海运协议》《海峡两岸邮政协议》和《海峡两岸食品安全协议》四项协议，就是这种务实政法运作的典型。它们既基于两岸民众的现实需要，也基于两岸民众中亲人之间日常走动、串门的民间习惯。愿从此开始，两岸交往中的制度建制，都能紧密结合两岸民生的要求，结合与这种民生相关的民间规则而不断展开、深化。

---

① 当然，在中国思想传统中，人们的认识并不是止步于这种“亲其亲者”的事实判断，而且也由此更进一步，强调推己及人的“己所不欲，勿施于人”（《论语·颜渊》），强调“老吾老，以及人之老，幼吾幼，以及人之幼”（《孟子·梁惠王章句上》）等，都是从事实判断向价值判断拓展的显证。

民间规则与司法能动*

关注民情、忧念民瘼、赢得民心，这向来是中国固有传统下政治活动和司法活动的核心，所谓“诽谤木”的故事，所谓“民可载舟，亦可覆舟”的古训，就典型地表达了中国古典政治和司法传统中，对民意和民间规范的特别关注。而在如今民治和民主的时代，选民之人心向背，直接决定着哪种政治思潮、哪个政党能够问鼎庙堂，执掌朝柄。由此足见对民意及其规范取向的关注，在古今政治文化中的作用。但近代民治社会以来，民间规范与司法的关系，却不像中国古代社会那样，可以左右司法者的选择和行动；反之，法律作为最高的民意，是司法必须首先要遵循和满足的。但是在能动司法（或司法能动）这一主题下，却牵涉民间规范能否进入司法，或者如何进入司法的问题。

一、司法能动

众所周知，自从近代以来，司法是国家职能的重要组成部分。尽管在黑格尔的理念中，司法是居于国家与社会之间的一种力量，是国家与社会的调节通道，①但近代以来国家组织建构的现实，却把司法置于国家机构中，使其成为国家力量不可或缺的组成部分。从而立法权、司法权和行政权的分立制衡，成为权力划分的基本事实和“真理”。三权之间的任何僭越现象，都是对这一权力结构的违背，因之，必然在法

---

* 本文原载《学习与探索》2010 年第 5 期。

① 黑格尔：《法哲学原理》，范扬、张企泰译，商务印书馆 1961 年版，第 203 页。

律禁止之列。

但是,19 世纪初 20 世纪中叶以来,资本的经营方式经历了由自由竞争向垄断经营的明显发展。垄断经营尽管扩张了资本运作的规模,但也可能会严重地妨碍资本的自由经营。为了保障经济竞争的活力,曾经在经济领域内扮演“守夜人”角色的国家权力,一改以往权力行使的消极情形,积极走向前台,以法律、行政命令等方式干预经济活动。从而首先在行政权领域,出现了明显的扩张情形。行政业已具备“总管家”的角色。显然,这是对经典的控权原则的背反,也是对权力分立原则的破坏。在这种情形下,倘若没有相应的跟进措施,行政的绝对权力、从而导致的行政的专横就不难预见。正是在这样的情形下,司法能动现象得以催生,司法对行政权扩张的反制也在无形中形成。

以美国为例,经典的司法能动案件,都是以司法权对行政权的控制为内容和目的的。[①] 事实上,当行政权不可避免地越出当初分权的边界时,对它的司法制约,如果依然循规蹈矩地按照既有的法律来处理,事实上只能放任行政权的肆意扩张。所以,司法的对策,也只能在一定意义上逃离原先的司法权范围,从表面上看,形成了司法权与行政权等权力的共同扩张,但从目的上看,司法权的扩张是为了制约行政权。倘若不是以这一目标为己任,则司法权的扩张就失去了起码的合理性基础。

当然,司法能动以及由此带来的司法权扩张,毕竟是把“双刃剑”。这或许是沃尔夫在研究司法能动主义时,以“自由的保障还是安全的威胁”作为其副标题[②]的原因吧。然而,司法权的扩张,即使是以制约行政权为目的,也可能会危及公民的权利保障,可能会带来司法的专横。正因如此,在司法能动主义之外,美国一直存在与之相抗衡的司法克制(保守)主义思潮和实践。而在这两种实践的背后,则是法律形式主义和法律现实主义。正是这种学理上的对垒和相互制约,最终使司法能动及司法权的扩张,基本围绕权力制约的正当目的而进行,在诸权竞争的时候,不是无序混乱的扩张,而是依循权力制约的基本宪政理念。

再看看我国出现的司法能动现象。王胜俊任最高人民法院院长后,

---

① [美]沃尔夫:《司法能动主义——自由的保障还是安全的威胁?》,黄金荣译,中国政法大学出版社 2004 年版,第 121、130 页。

② 参见[美]沃尔夫:《司法能动主义——自由的保障还是安全的威胁?》,黄金荣译,中国政法大学出版社 2004 年版。

明确提出了“能动司法”这样的概念和实践问题。[1] 其实,我国的司法能动或能动司法,不是从现在才开始的,即使在肖扬任最高人民法院院长时期,也存在司法能动问题。倘若放大分析的时空,可以发现,我国的司法能动,也是在权力模糊的状态下展开的。尽管在我国宪法上,有所谓“六权分工”的规定,即元首权、立法权、行政权、司法权、检察权和军事指挥权,但六权分工的一般宪法规定,并没有具体化为一种权力分界的明晰可辨的状态;反之,具体的权力内部关系,很不明晰。例如,司法行政权的权力范围究竟是什么,并没有具体的法律授权,或者相关权力在法律上处于模糊状态,这正是导致司法行政机关想方设法扩张其权力的缘由所在。其中山东省司法行政部门在20世纪末21世纪初所开展的“五大经验”,一方面,反映了相关行政当局想努力做点事业的欲求;另一方面,也可以看出行政部门在权力模糊状态下积极设法扩张权力的基本手法。特别是如“陵县调解经验”“莱芜‘依法治家’经验”等,更典型地表明了行政权设法扩张的基本事实。其中前者是在国家权力内部的扩张,它可能冲击的是由司法(法院)权威地裁决纠纷的司法权;而后者则是行政权明目张胆地向公民权利领域的渗透,它表明行政权扩张的意图直接指向了公民权利领域。[2]

在这一权力模糊的背景下,我国的司法权事实上也存在着扩张或者“争权”的问题。这一问题的厘清,还需要对我国目前的司法权的法律规定和事实运行状况进行分析。笔者认为,尽管在法律规定上,法院独立地行使审判权,但我国的审判权明显具有双重职能:第一重职能是在纠纷解决中使用国家法律的公共裁判职能,第二重职能是在纠纷裁决中贯彻执政党行使治权的政治职能。这样,我国的司法能动以及其法权扩张,就具有独有的特征。对此,我们可以在司法管理和司法裁判两个方面进行剖析。由于后者在后文中将要详细地论及,因之,这里主要就前者展开论述。

事实上,我国的司法能动,不仅体现在一些个案的裁判中,更体现在司法管理这一环节。众所周知,我国的法院迄今为止仍存在上下级关系,上级法院对下级法院不仅实施指导,实际上也行使管理。最高人民法院对各下级人民法院则实施最高的管理责任和权力。最高人民法院

---

① 王胜俊:《能动司法是人民法院服务大局的必然选择》,载 http://www.china.com.cn/policy/txt/2009-09/01/content_18439292.htm,2009年9月4日访问。

② 参见德州市司法局编:《依法调解之路通天下》(内部资料)。

发布的一些政策、策略、方针,往往是能动司法的重要根据。和前述司法权的职能相关,我国的司法能动也朝向两个方向。在肖扬院长时期,司法在管理层面的能动,主要借着司法改革而展开。但其能动的重要目标之一是设法对现行宪法和法律的突破,或者其并不强调在现行的宪法和法律框架内改革、能动。对此,刘松山教授曾专门著文,进行了详细的评析,也揭示了这一期间司法改革中存在的问题。[①] 在王胜俊担任最高人民法院院长后,明确提出了司法能动或能动司法的口号,在司法的总策略上,这种能动司法,以强调法律对社会或公民需要的满足为前提,司法活动把满足人民需要、满足党的领导作为重要宗旨来抓。显然,此种司法能动现象,乃是我国司法对执政党行使治权的迎合,是我国司法政治职能的现实反映。这种司法能动,通过"姜堰模式""八四司法能动模式""东营模式""河南模式"等在全国范围内劲起,"司法能动"这个在我国学术史和司法实践史上不曾被人们特别关注的词汇,一时间成为司法者和法律学者都关注的问题。[②]

但是,如上两种在司法管理层面展开的司法能动,都没有真正使司法扩权,没有产生像美国司法能动史上的那种司法权对其他诸权力的制约功能;反之,这两种取向都导致了司法权以及司法实践本身被人们所诟病。前者以强调审判的独立化、法官的职业化、裁判的权威化、目标的法治化为宗旨,但不少做法因为缺少法律和宪法上的根据,最终无法获得法律和宪法的支持,其结果物极必反,司法不但未赢得民心,反倒伤害了民意。"涉法上访",使法院不但付出了高昂的经济成本,而且也付出了威信代价。其原因究竟何在?至少其中原因之一就在于司法能动行为的运作,既没有获得行使治权的执政党的支持,也没有因司法能动而遏制行政腐败的丛生,更没有因此给公民的诉讼活动带来方便;反之,司法自身在司法能动过程中,反倒滋生了司法腐败,甚至连最高人民法院的副院长也因腐败而锒铛入狱!后者强调司法的政治性、法官的大众化、裁判的可接受性和目的的服务性。司法的政治性,大体上可概括为对执政党治权的维护。法官的大众化则在一些法院拒穿法袍,以防止司法脱离人民、和人民有距离感为典型。裁判的可接受性则表现在法官尝试在不违背法律和法理的前提下,适用民间规则,以解决因为公民对法

---

① 刘松山:《再论人民法院的"司法改革"之非》,载《法学》2006年第1期。

② 其中在2009年11月6~8日召开的第四届"全国法律方法论坛",主题就是"司法能动及其限度"。

律的疏离而产生的抗拒心理，以具有亲和性的民间规则作为裁判的依据。而服务性则集中地表现在既服务于社会、公民，也服务于执政党。无论这种情况从应然视角如何评价，但就其实然状况而言，上述情形是我国司法的一种既成事实。但是，这一事实同样既没有导致司法权的扩张，也没有提高司法的权威；反之，司法既受制于民意，也受制于执政党的宗旨，法治所要求的审判独立越来越远离人们的视线。司法对政治使命的过度关注，降低了司法应有的品格，影响了审判通过独立的裁判活动发挥其政治作用的使命，司法越来越成为一种依附力量。在一定意义上，司法能动，并没有实现其初衷，反倒与其初衷背道而驰。

为什么会出现如上情形？我们可以话分两头：

肖扬任院长时期的司法能动，尽管朝向法治的一般经验，甚至法治的普适性原理，但一方面，由于它毕竟是对现行宪法和法律的僭越，因此，在现行宪法和法律上的合法性本身就有待检验；另一方面，这种做法，和执政党一贯坚持的理念并不吻合。在我国，党的理念强调的是通过司法，协调社会纠纷、平息社会矛盾，而不是因为司法扩大社会裂痕、加剧社会矛盾。这就导致了在一定意义上，肖扬院长时期的司法改革，两头不讨好：既不能获得宪法和法律上的支持，也不能获得执政党的支持。其结果不但无法提高司法权的权威，反倒使司法权因此而受牵累。

而近期展开的司法能动或者能动司法活动，一方面，所针对的是既往司法不能获得社会和民众理解与接受的事实；另一方面，也是响应党的有关和谐社会建设的需要，党的司法意识形态——“三个至上”的意识形态要求。在一定意义上讲，这种司法能动，尽管也存在对现行法律的不恭问题，如前文提到的各种司法经验，就和现行诉讼法存在诸多的冲突，但它迎合了一些中国固有的文化习惯，因此，能够获得司法中人民利益至上的名声；符合党对和谐社会的追求，因此，能够获得司法中党的利益至上的名声。可见，在这里，绝不像托克维尔笔下的美国，是社会影响了社会，[①]而不是司法影响了社会。

但当司法满足了如上两项“至上”的要求时，是否也同时能满足第三项“至上”的要求，即“宪法和法律至上”之要求？或许在大多数情形下，司法能同时满足这三项“至上”要求，但可以肯定，其并不是总能够同时满足这三项要求的。当这三个至上不能同时满足时，究竟应如何处理其

---

① ［美］托克维尔：《论美国的民主》，商务印书馆2009年版。

间的关系？这正是一些学者所极为关注和忧心的问题。[①] 实际情况是：一旦出现这种情形，司法每每以牺牲"宪法和法律至上"为代价，[②]从而司法逃离了其作为"法律守护神"的职能，而纯粹以满足其政治职能为能事。这样，司法能动导致司法既不能司其本质——守护法律，也导致司法唯领袖马首是瞻，从而司法能动只能成为司法自我受制的因由。审判既无法因之而独立，司法权也无法因之而获得真正的权威。

正是如上情形，使对司法能动这一问题的研究就具有了当下意义和中国意义。所以，不要因为我国的司法能动和美国等西方国家存在的司法能动格格不入，就把此种司法能动抛除在法学理论研究的视野之外，甚至先入为主地以为，中国目前所展开的司法能动活动不值一提，无须在理论上进行探究。[③] 这种种看法，在笔者看来，无非是对彼岸司法能动主义的过分拘执，也是此岸研究者漠视自身实践的一种表现。无论你赞同它，还是反对它，都须以研究它、总结它为前提；否则，只能造成所谓理论与司法能动之实践的互不关联。

二、我国民间规则能动地进入司法的实然样式及评论

近年来，我国一些法院或根据现行法律的一些授权，把民间规则成功地运用到司法活动中，从而把司法的法律效果与社会效果有机地结合，使司法既获得法意支持，也获得民意接受。但与此同时，也有一些法院和法官针对个案案情，尽管其在法律上有明确的规定，但根据法律的司法裁判，每每不为两造所接受，这时，法院转而寻求民间规则以救济之，以追求司法的社会效果。在这方面，目前在我国大体上被推广、总结的有如下几种模式：

第一种模式是"姜堰模式"。其特点是在处理有关本地当事人之间

---

① 贺卫方：《"三个至上"谁至上?》，载 http://hawk198522. spaces. live. com/blog/cns! DF18F98C9FB7BD82! 786. entry，2009 年 11 月 16 日访问。

② 布莱克法律词典的定义为，"司法能动主义是一种司法裁判哲学，法官们在这一思想指导下，将自己关于公共政策的观点与其他因素相结合来裁判案件。通常，在这种意见下此一哲学的追随者多倾向于寻求对宪法的违背以及忽略在先判例的意向"。*Black's Law Dictionary* defines judicial activism as "a philosophy of judicial decision - making whereby judges allow their personal views about public policy, among other factors, to guide their decisions, usu. with the suggestion that adherents of this philosophy tend to find constitutional violations and are willing to ignore precedent". see, http://www. blackslawdictionary. com. cn/.

③ 在 2009 年 11 月 6 ~ 8 日于上海召开的第四届"全国法律方法论坛"上，"司法能动及其限度"是其主题。会上，有多位学者在发言中以美国司法能动主义理念为据而鄙薄对我国司法能动问题的探究。

纠纷的案件中，要么把民间规则作为裁判的根据（逻辑大前提），要么把其作为司法裁判的事实（逻辑小前提），从而大规模地在民事纠纷，特别是家事纠纷领域内适用民间规则。为此，当地法院收集了数十万字的民间规则，分门别类，汇编成册，以便指导法官在司法中认真对待这些民间规则。同时，当地法院还制定了具体地把民间规则运用到司法活动的程序性和实体性规范，以便使民间规则进入司法具有可操作性。[①]

姜堰法院的这种做法，取得了较好的社会效果，并且也同时节约了法院的办案成本。据《人民法院报》报道，该市以往的司法裁决，当事人每每不服、拒不执行、坚持上访，导致法院在经济上，付出了高昂的成本代价，在声誉上，降低了法院的应有权威。但自从把民间规则（民俗习惯）引入司法以来，在一个时段内，所裁决的涉及彩礼的民事案件，没有一例上访的。[②] 对姜堰法院的这一做法，首先是江苏省内各级法院"春江水暖鸭先知"，予以积极的呼应，曾在全省范围内展开了民俗如何进入司法的调研和讨论。接着，又组织了专题的讨论，邀请最高人民法院的负责人和一些学者，展开对相关问题的系统研究。目前，这一探索仍在进行中。可以认为，"姜堰模式"的基本做法是根据一定原则、程序，并经过认真论证，把民俗习惯或作为大前提（规范），或作为小前提（事实），运用到民事司法裁判中。

第二种模式是"东营经验"，虽然"东营经验"的重点不在民间规则如何进入司法裁判这一领域，而在贯彻落实司法如何服务大局，司法为民方面。用曾经任东营市中级人民法院院长的王少南的话讲，"东营经验"的核心价值就是"为大局服务，为人民司法"。[③] 笔者曾多次赴东营法院参观、开会或讲演，对"东营经验"的来龙去脉较为熟悉，其强调"政治建院、人才兴院、以制治院、科技强院、建设现代化审判机关"的做法，坚持推行近十年，取得了令人瞩目的成就。特别是在"司法为民"方面，在坚持依法办案的前提下，也十分关注对民俗习惯的收集整理和对民俗进入司法裁判的探索。

据东营市中级人民法院副院长介绍，该院为了使司法审判贴近民

---

① 汤建国等主编：《习惯在民事审判中的运用——江苏省姜堰市人民法院的实践》，人民法院出版社2008年版，第1～290页。

② 张宽明：《57件彩礼案零上访——姜堰法院引入善良风俗处理彩礼返还纠纷调查》，载《人民法院报》2007年4月15日。

③ 袁祥：《"东营经验"的核心价值是什么？——与山东东营中院院长王少南的对话摘录》，载《光明日报》2009年6月29日。

众,贴近当地的实际,收集整理了近14万字的民间规则,和姜堰法院一样,分门别类,整理成册,以便法官能够根据具体案情,选择最恰当的民俗引入司法活动,使司法裁判取得可接受的效果①。

"东营经验"表明,在目前我国国情下,只要一个法院强调"司法为民"的理念,似乎都存在一种重法律但不唯法律的情结,这一经验的创造者,一定要把法律的具体规定和所在地的具体乡情结合起来,那种冰冷、冷峻的法律理性似乎在这里不能单独有效,必须辅之以中国的文化元素,才能更好地被双方当事人、被其他社会主体所接受,法院也才能更有权威,社会也才能因司法而导向和谐、迈向正义之途。

其实这种情形,在之前一些地方的实践中已经展开了,甚至一些大城市的法院,都把中国文化元素引入司法中,如上海法院曾推行的"判后评语"制,②再如被广泛宣传的北京海淀法院优秀法官宋鱼水的先进事迹,集中展现的就是她如何"司法为民"的内容。宋鱼水在认真依法办案的同时,还根据中国的国情特点,主动给当事人必要的同情和帮助,让当事人不仅了解法律,而且心悦诚服地接受裁判。笔者认为,这种情形,实际上也是把我国固有的接人待物的民间规则带入司法活动中,尽管法官在判决书中没有写进这种被带入的内容,但在司法效果上看,它实际上起到了司法裁判的可接受性功能。

第三种模式是"陇县经验",又被称为"能动主义八四司法模式"。这是说该县法院总结出了能动司法的八个方面的内容,其中每个方面都包含了四点具体的内容,因此,被简称为"八四"。具体地讲,这八个方面分别是:

1. 目标四为民:(1)关注民生;(2)促进民主;(3)服务民建;(4)保障民享。

2. 理念四转变:(1)由真理至上向公平至上转变;(2)由认知理念向实践理念转变;(3)由辨法析理向案结事了转变;(4)由法律智慧向司法智慧转变。

3. 方式四联动:(1)上下联动,实现基层化解纠纷与法院审判衔接互动;(2)左右联动,实现其他纠纷解决机制与法院审判

---

① 汤建国等主编:《习惯在民事审判中的运用——江苏省姜堰市人民法院的实践》,人民法院出版社2008年版。

② 类似的做法还有"判后答疑""判前评断"等经验和摸索。参见牛庆华:《论判前评断》,载谢晖等主编:《民间法》(第2卷),山东人民出版社2003年版。

衔接互动；（3）内外联动，实现法官主导审判与当事人主导审判衔接互动；（4）心物联动，实现法官自由心证（主观判断）与法律严密论证的逻辑演绎衔接互动。

4. 审理四结合：（1）法院审判与群众路线相结合；（2）司法政策与法律规则相结合；（3）庭外审理与开庭问案相结合；（4）法律认知与社会认知相结合。

5. 机制四能动：（1）审监能动；（2）审执能动；（3）审立能动；（4）审管能动。

6. 保障四强化：（1）强化法官调查取证的作用；（2）强化法官主导庭审的作用；（3）强化法官修复社会关系的作用；（4）强化法官促进稳定和谐的作用。

7. 监督四到位：（1）质量考评到位；（2）法纪监督到位；（3）道德自律到位；（4）责任查究到位。

8. 效果四统一：（1）法律效果与维护执政地位的要求相统一；（2）与经济社会发展的要求相统一；（3）与天理、国法、人情的要求相统一；（4）与维护社会和谐稳定的要求相统一。①

为了保障上述措施的贯彻落实，该县法院还确立了"一村一法官"的制度，从而把司法能动的上述"八四模式"，从一种框架性的安排，变成一种遍及全县的司法实践。

看罢如上内容，读者不难得知被称为能动司法的"陇县经验"在司法活动中，其实就是法院在想方设法地寻求司法的法律效果和社会效果的统一，也在寻求公共职能和政治职能的协调。这既是法官在法律原则下对国情的因应，也是法官对现实政治统治方式的自觉。在上述内容中，我们也会明显看出一些规定与现行法律的冲突，如"由辨法析理向案结事了转变"，把"辨法析理"这一司法的本质性内容否弃掉，而向"案结事了"转变，突出地体现了笔者曾经阐述过的中西司法文化的冲突，即"判断是非与平息矛盾"②的冲突。

特别值得关注的是，在"陇县经验"中，能动司法也把民间规则作为重要的内容予以引入。有记者在调查一位乡镇司法所的工作人员时得知："群众盼望法官能够更多地把法律知识、生活经验、乡村习俗、村民秉

---

① 张守增、朱云峰、赵彦杰：《秋菊故乡：法治与乡土社会的艰难对接》，载 http://www.chinacourt.org/html/article/200904/24/354530.shtml，2016 年 12 月 5 日访问。

② 谢晖：《判断是非与平息矛盾》，载《法制日报》2002 年 12 月 19 日。

性、纠纷性质等因素结合起来,把法律变为解决纠纷的行为。”乡镇司法所工作人员的这番话,恰好表明了包括民间规则在内的上述因素在能动司法中的重要性,也表明了把民间规则引入能动司法的可能性。

当然,“陇县经验”及其所推出的系统化的能动主义“八四司法模式”,是否符合司法能动主义的基本原则和理念?严格说来,法官的基本职能就是严守法律,即使在判例法国家,遵循先例也构成了法官司法的基础性理念,在成文法国家就更是如此。所以,司法能动现象作为司法实践的一种情形,向来是司法的例外,而不是司法之常态。而“陇县经验”却一反这种情形,把能动司法作为司法的常态,与之相对应的司法保守(或司法克制)则成了例外。显然,这和我们已知的西方国家,特别是美国所存在的司法能动明显有别。如何看待这一问题?笔者认为,这是需要人们继续探索的,因为简单的肯定或否定是最容易做的事,问题是为什么要肯定之,或者为什么要否定之。

第四种模式是“河南经验”。这两年来,河南省法院系统在司法方面的举措,引起国内法律界和法学界的普遍关注。这些举措主要表现为:

一是所谓“不按法理出牌”。河南省高级人民法院院长张立勇接受记者采访时的一番话,被记者称为“不按法理出牌”。张立勇的三句话,在相关报道中特别引人关注。第一句是针对法袍的,他说:“你要穿法袍就和群众保持距离了。”第二句是对依法判决,公民反倒不服判的反思:“可能按照法条,张三赢、李四输没错,但是你下判了以后,都起来闹,那么你说这个案子办对了吗?”第三句是对中国司法状况的反思:“我们有的法官很羡慕西方法官只需要坐堂、听诉、静思的状态,对自己还要把大量时间用于田间地头和接待上访感到不理解。而我认为这恰恰是一名中国法官的尊荣。”①在上述关键性的谈话中,该院长并没有明言“不按法理出牌”,而只是对中国司法中为何存在上述种种现象进行了反思,并根据他的反思寻求对策。

二是把“马锡五审判方式”落户河南三级法院。众所周知,“马锡五审判方式”是数十年前由陕甘宁边区高等法院陇东分庭庭长马锡五所创造的一种审判方式,其特点是针对案情深入调查研究,了解案情,熟悉案情,以便实事求是地办案。司法要依靠群众,不能远离群众,在司法中教育群众、尊重群众。强调司法中简化手续、简化程序,以方便群众诉讼。

---

① 苏永通:《不按法理出牌的高院院长》,载《南方周末》2009年2月19日。

同时,要求法官重原则、重法律、重廉洁。这种审判方式,在当年广袤的、人们受教育程度不高的陕甘宁乡村地区,取得了巨大的作用。已经家喻户晓的刘巧儿诉讼案,就是由马锡五所经手的名案。该案经过艺术家的加工,成为反映那个时代共产党亲民、爱民、同时执法如山的典型。但毕竟时过境迁,在那个小农经济时代可以适用的一套审判方式,能否在这个经济全球化、法律也明显趋同化的时代也适用?

这个问题,或许最需要事实来作答。河南法院的上述做法,尽管不太符合现代权力分工的一般原理,但他们引入“马锡五审判方式”之后,却明显地取得了成效。经过一年多的努力,一直困扰河南法院的当事人涉法上访现象,从往年的排名全国“三甲”,到2009年年初已退到第八位。这种实效,对一位在现行体制下的法院院长以及众法官而言,究竟意味着什么,特别值得学人们深思。笔者看到《大河报》的一篇报道,其题目就很有意思:《马锡五审判:土的掉渣,百姓满意》,文章借助具体事例说明了这一主题。①

三是河南法院建议律师在接案时多引导当事人庭外和解的工作。作为一份法院对律师的建议,其一开始,就迎来了诸多非议。但笔者也在网上结识了熟悉这一建议之背景的河南王军权律师,他给笔者这样留言:“河南省高院采取的这种措施,是否有我建议的成分在内我不好判断,但我曾经当面向张立勇院长建议:调解应当吸收律师参加,因为打官司的许多民众更愿意接受自己律师的意见,所以要提高调解效率,可以让律师发挥些作用。张立勇院长的一系列措施的确在发挥作用,我的办公室正对省法院的大门,我看到上访人数在减少,河南省法官的勤政与廉政在加强,当事人对法院工作的认可度在增加……”②如果王军权律师所言不虚,那么,可以认为这一建议是发源法官与律师互动的结果。

以上三个方面,笔者认为可以构成“河南经验”或者“河南法院新政”的一个大概。其中也贯彻了如何把民间规则或者当地公民喜闻乐见的一些规则和纠纷解决方式运用于司法的事实。其长远效果究竟如何,还需要时间来验证,但其当下效果却如有关报道所言,已然成效明显。这就让我们不得不站在效果视角思考中国司法的问题。长期以来,学者们给出了司法的美好理念,笔者也对这些理念深信不疑。问题在于这些理念适用的制度条件和文化条件。只要履行审判职能,就必须追求两种

① 刘忠:《马锡五审判:土的掉渣,百姓满意》,载《大河报》2009年9月9日。

② http://www.yadian.cc/blog/67295/,2009年11月16日访问。

效果,即法律效果和社会效果。两者能统一更好,两者有冲突,该怎么办?这对法官、法院而言,无疑是一个重大的权衡!

三、民间规则作为司法能动前提的可能条件

综述了如上在我国被推行、被宣传的四例民间规则进入司法的具体经验,或者四种模式,下面再来看民间规则进入司法的可能条件或样式问题,并在此基础上,进一步总结民间规则作为司法能动前提的可能条件问题。

如果从一个国家的法律以及适用法律的方法出发来看,民间规则进入司法并不是无条件的,同时,即使民间规则进入司法,未必都是围绕司法能动而进入的。下面笔者就话分两头,先看民间规则进入司法的条件,然后再厘清民间规则进入司法和司法能动之间的关系问题。

民间规则进入司法的第一种条件是在法律有漏洞时。法律漏洞,是指现行法律的规定没有涵盖、从而也不能调整有关的社会关系的情形。特别在成文法国家,法律漏洞现象几乎是不可避免的。即使像拿破仑曾自豪不已的《拿破仑法典》,随着时过境迁,也不时有漏洞出现,需要或者通过立法的方式予以补救,或者通过司法的方式,通过法律方法的运用予以填充。其中在后种情形下,民间规则构成最重要的填充法律漏洞的材料和方式。

民间规则对法律漏洞的补充,在有些国家和地区,是通过法律的明确授权来实现的。众所周知的如1907年颁布、1996年修订的《瑞士民法典》就规定:"无法从本法得出相应规定时,法官应依据习惯裁判……"我国台湾地区"民法典"更是开宗明义,言简意赅地规定:"民事,'法律'所未规定者,依习惯……"这些规定,明确地把习惯或者民间规则作为重要的法源,习惯从而成为补充法律漏洞的重要"规范材料"。

而在另一些国家,尽管没有直接赋予民间规则以法源的效力,但并不反对民间规则的实践有效性,特别是在司法实践中的有效性。一般情形是,在那些没有明令习惯为法源地位的国家,民事法律中绝不反对习惯的引入和运用,只是限定了运用的条件或原则而已。[①]

我国法律迄今为止,尽管没有赋予习惯或民间规则以法源的效力,但近些年颁布的《合同法》《物权法》以及早些年颁布的《民族区域自治法》《婚姻法》等,都对习惯的相关作用问题,作出了一些具体

① 如《日本民法典》就有相关的具体规定。

的规定。[1] 尽管这些规定因为太具体,反倒影响了习惯的整体法律效力。但有规定总比无规定强,我国一些地方在司法中对民间规则的关注,或者直接引用民间规则作为司法裁判的根据或参照,恰恰是因为有了这些法律的一些规定。

这种在法律上对民间规则之法源地位的确定,使民间规则在法律有漏洞的情形下,能顺理成章地成为司法援引的对象,成为司法裁判的规范根据之一。这种情形,或许在一些论者看来本身也是法律规定的一部分,即适用民间规则,也就是适用法律的授权。但这种看法并未考量民间规则的复杂性和多样性。如果把这一因素考量进去的话,完全可以说运用民间规则补充法律漏洞的问题,仍然是法官在诸多的民间规则中设法选择并认真论证的问题,或者就是法官在诸多的民间规则中设法发现法律,以适用于相关案件的活动。所以,法律之授权,只是使民间规则具有了补充漏洞的一般效力,并没有表明对民间规则就不分青红皂白,都可以成为法官在司法中用以补充法律漏洞的材料。

还可能存在一种情形,那就是明确禁止民间规则的司法适用,从而反对运用民间规则来补充法律漏洞。在很长一段时间,我国法律就授权法官在有法律时依法律审判,没有法律时依政策审判,[2]但并没有对习惯或者民间规则的地位给出明令。特别是在新中国成立后的四十年,"革命"思维成为国家的主流,无论在经济领域、政治领域还是文化领域,贯彻的基本方针是"革命"。特别是文化领域中的革命,几乎把一切传统习惯统统归于"四旧"来批判、打砸和扫除。这种"革命"传统,来自"五四"期间的全面反传统,被林毓生称为"借思想来解决所有问题"。[3] 尽管从出发点来看,有其存在的理由,但从其结果来看,却毁坏了一个国家的文化根基。反映在法律上,就是对一切固有的习惯的轻易丢弃,就是对习惯之法源地位的不肯认可,甚至把习惯想当然地归类为"落后"的代名词。

---

① 例如,《中华人民共和国物权法》第85条和第116条的规定。再如,在我国另一部重要的民事法律——《中华人民共和国合同法》中,先后有9处对"交易习惯"在民事活动中的运用予以肯定。

② 当然,这里的"政策",本身也具有相当程度的模糊性。究竟是党的政策,还是国家政策?并不是很清晰。如果是前者,则党的政策就取得了法源地位,这有悖于现代法律的基本理念;如果是后者,则意味着政策可以不依法律作出,从而必然使法治在源头上撕裂出一道缝隙。

③ 林毓生:《中国意识的危机》,穆善培译,贵州人民出版社1986年初版、1988年增订再版,第45页以下。

即使在如今一些法律有规定的情形下,民间规则的法源地位仍然是一个扑朔迷离的问题,以民事法律为例,我们没有在《民法通则》中一般性地赋予习惯或民间规则的法源地位,只是在《合同法》与《物权法》等法律的某些条款中赋予了习惯以法律意义,从而一些关注习惯的法官和法院在大多数情形下,只能把民间规则当做裁判事实看待,而并不以裁判规则待之。即使有些法官以裁判规则待之,也不愿写入司法裁判文书中。[①]

民间规则进入司法的第二种条件是当法律调整不能时。所谓法律调整不能,是指一个国家的法律尽管对某种社会关系有规定,但是相关规定不能对其所欲调整的社会关系进行实际调整时的一种状态。换言之,是指法律规定背离了其所欲调整的社会关系这一情形。法律的目的,本来是调整社会关系,是使分散的、多样的社会关系纳入统一的、形式化的规范体系中,从而把多元的社会交往置于法律预设的秩序体系中。一旦法律的制定不能调整其所欲调整的社会关系,或者与其所欲调整的社会关系背道而驰,就只能意味着法律走向了它所预设的目的之反面。当这种情形出现时,放任自流不但无补于社会秩序,反而会严重影响法律的权威,影响法律调整的社会效果。那么,对此究竟如何救济?如何处理?

笔者认为救济法律调整不能的基本方法就是事实替代。所谓事实替代,是指在个案处理过程中,当法律调整不能时,法官根据和个案紧密相关的社会事实,替代现有的法律规范。要让一种案件事实替代现有的法律规范,必须从现有的案件事实中提炼、升华出能够替代现行法律的规则。因为事实本身并不构成规则,法官只能在案件事实本身的内在规定性、既有的民间规范,或者通过双方当事人的协商、通过其他社会主体的交涉等等而总结、提炼可替代的规则。[②] 在此意义上,所谓"事实替代",仍然是并且只能是用(社会)规范替代(法律)规范,所以,称为"规范替代",也未尝不可。

由民间规范进入司法的上述情形,进一步反思民间规范与司法能动

---

① 相关经验总结,参见田成有:《民俗习惯在司法实践中的价值与运用》,载《山东大学学报》2008年第1期。杜宇亦认为:"严格从裁判依据与裁判对象的相对意义上出发进行判断,我们势必发现,习惯法(实为习惯规范,笔者注)只能……构成一种'事实'。"参见杜宇:《重拾一种被放逐的知识传统:刑法视域中"习惯法"的初步考察》,北京大学出版社2005年版,第242页以下。

② 有关"事实替代"的具体论述,参见谢晖:《法律哲学》,湖南人民出版社2009年版,第241~279页。

的关系。可以认为:在一个国家的法律明确赋予民间规则(习惯)以法源地位,并且这些习惯已经被有关国家机构,特别是法院收集、整理、确定了其善良属性、引用范围、引用条件(特别是程序性条件)的情形下,民间规则在司法中只是国家正式法律的补充,运用它并没有超出法律给司法授权的范围,因此,不能把它归结为司法能动的行为。在判例法国家,大量的判例,本身就来自对习惯的总结和升华,因此,习惯和作为判例的法律之间每每具有同质性和同构性,依赖习惯的司法裁判并不是什么司法权的扩张,也没有僭越其他权力。在成文法国家,只要法律赋予民间规则以法源地位,且对司法中可适用的民间规范有明确的程序标准和实体标准,那么,司法中适用民间规则,和适用国家法一样,都是司法的职权行为,而非"司法能动"行为。可见,在上述情形下,民间规则进入司法,可以被排除于司法能动之外。那么如下的几种情形,是否属于司法能动的可能条件?下面继续具体分析之:

第一种情形是:尽管一个国家在法律上明确地赋予了习惯的法源地位,但同时,或者并没有对具体的习惯作出可否适用于司法的区分,或者明确规定了民间规则的适用范围。在前一种情形下,事实上赋予了法官适用民间规则的自由裁量权,即在司法中,究竟适用何种民间规则,完全是由处理个案的法官自由选择、自由裁量的问题,其他人不能干涉。尽管此种情形,并不违背司法权的运行范围,但法官在个案中对民间规则的自由运用,仍然显现了司法能动的某些特征。法官在这一过程中,行为不是羁束的,即并没有严格地被限定适用的规范范围,这为法官能动地适用民间规则创造了条件。尽管在这种情形下,法官适用民间规则的行为具有一定能动性,但这种能动性和人们熟知的法官的自由裁量权,和法官自由地选择适用规则没有本质上的区别。对此,能否用"授权的能动"来总结?这一点值得研究。在后一种情形下,如果法官严守民间规则适用的界限,则不存在司法能动的问题。但如果法官突破相关的界限和规定而适用民间规则,则意味着法官采取了司法能动的司法模式。由于民间规则是多元存在、多层次存在的,因此,法律上或者通过官方的正式渠道对民间规则适用的限制,会顾此失彼,或者挂一漏万,这些都是难免的。对具体之民间规则性质的界定,也很难做到周备无遗,况且衡量一种既有的规范,哪些是良善的,哪些是丑恶的,并非泾渭分明、立时可判的问题。这种情形,必然导致往往是当法官把个案的有关情境和民间规则的具体内容相结合后,才能真正判别一种民间规则的好坏优劣、良善丑恶。正是此种情形，可能会导致即便法律上对民间规则的适用有明确的界限，但在实践中法官未必能守得了这些界限。从而因为法官裁判中适用民间规则的越界，可能把民间规则和司法能动结合起来。严格来说，这是民间规则作为司法能动之前提的第一种条件。

第二种情形是：尽管一个国家没有普遍地规定民间规则的法源地位，但在一定时空范围内规定了民间规则的作用。例如，前文提到的我国在《婚姻法》《民族区域自治法》《合同法》《物权法》的部分条文中对相关习惯的规定和关注，可以认为，这些法律的规定是附条件、附场景的规定。不符合其规定的条件或场景，法官就不能适用之。法官一旦超越这些条件和场景而适用之，就当然是一种司法能动行为了。

随着上述法律的颁布实施，我国一些法院也借助这些附条件、附场景的有关民间规则法源地位的法律授权，在实践中大胆地超越这些条件和场景，在司法中特别是在婚姻和家事纠纷裁决中，在涉及熟人社会、乡民社会的纠纷裁决中，广泛引用民间规则，超越了法律授权及其所附的条件和场景。这当然是一种借助民间规则的司法能动现象。

第三种情形是：一个国家在法律上虽没有否定民间规则的法源地位，但同时也没有明确肯定民间规则的法源地位。这其实既没有赋予法官在司法中援引民间规则裁决的权力，也没有否定这一权力。它反倒为法官在司法实践中选择适用民间规则提供了方便。但这种方便，只有在司法的独立地位得到确立后，或者司法功能并不十分明晰甚至有点混乱这两种情形下才有可能。倘若一个国家的法律尽管明确了司法的地位，但法律上对司法限定得过死，对其在司法中适用何种规则予以强制性规定，不允许其在制定法之外，适用其他任何规范以解决纠纷，也不允许法官在司法中有任何能动性，这时，显然法院和法官只能成为所谓法律的“自动售货机”，而不能是能动司法者。即使司法在这种情形下是独立的，也只是机械的、被动的独立，而不是有机的、能动的独立。

除去以上情形，则法官在司法中，面对法律的可能局限和案件事实的无限多样之间的冲突，总要寻求在法律不能调整的情形下，予以解决案件、裁决纠纷的方式。这时候法官对民间规则的适用，是否是基于法律上对法官在适用民间规则上的放任？笔者认为，要厘清这一问题，需要说明包括司法权在内的权力能否推定的问题。严格来说，一个真正的法治国家,权力只能是法定的,而不能是推定的。[①] 因之,当法律没有明确授权司法可以在纠纷解决中适用民间规则判案,而法官选择适用了民间规则判案时,可以认为是一种司法能动的行为。

第四种情形是:虽然一个国家在法律上否定民间规则的法源地位,并把民间规则排除在司法可适用的范围之内,但是法官在司法中还是照样适用民间规则以解决案件、平息纠纷、赢得两造。这种情形,特别是在国情复杂、文化多样的国家,更为突出。一例纠纷,只要法院受理,总需要法官设法处理,以向当事人和其他社会主体交待。如果法律上对民间规则的效力不予授权和认可,就只能迫使法官在法律之外寻求裁判根据。例如,在广西发生的因喜筵遇丧宴,红事事主起诉酒楼案,[②]在四川等地曾发生的"凶宅买卖纠纷案"等。[③] 严格来说,这类案件在法律上都没有明确的对应规范可适用,法官无论引入善良风俗的法律原则裁判也罢,还是引入采取欺诈签订的合同无效这一法律规则裁判也罢,都不构成裁判上述案件的充足法律理由。上述案件裁决的真正充足规范理由和根据,就是和这些事实相关联的民俗或民间规则。

事实上,这种情形构成了法律漏洞,即针对某种社会关系和社会纠纷,法律上没有明确的应对措施和应对方式。而法官一旦受理相关案件,必须予以处理或裁决;否则,法官构成司法不作为,既无法向两造交待,也无法向社会交待,更无法完成其司法职责。在法律出现漏洞时,法官想方设法补充漏洞,乃是其天经地义的使命。只要立法不能无所遗漏地规范所有的社会关系,那么,司法在具体个案的处理中就必然会超越职权(当然,在有些国家,这并非超越职权的行为,特别是在判例法国家,在遵循先例的原则下,法官的"先例识别"行为,就是其发现先例不足,并可能进行"现例创造",以作为新的先例的条件),哪怕法律对民间规范的效力予以排斥,法官也会在司法实践中关注民间规则,将其作为案件裁判的根据或者参照。例如,1804 年的《法国民法典》就否定了习惯的效

---

① 谢晖:《价值重建与规范选择——中国法制现代化沉思》,山东人民出版社 1998 年版,第 184 页。

② 案情及裁判参见 http://www.xhfm.com/Article/faan/200806/Article_1949.asp,2009 年 11 月 18 日访问。

③ 案情及裁判参见 http://www.xhfm.com/Article/faan/200903/Article_2411.asp;http://www.xhfm.com/Article/faan/200903/Article_2410.asp,2009 年 11 月 18 日访问。在该案的裁判中,法院尽管是以欺诈的合同无效这样的法律理由来裁决的,但其认定的欺诈背后的根据,却是人们对"凶宅"的忌讳这一民俗或民间规则。

力，但在司法实践中，法官却不时会利用习惯裁决案件，因为实践的当下要求总是胜于法律的高调理想。因此，有人甚至认为："法国民法典有两个渊源，其中习惯处于优势。"①显然，当一国的法律否定民间规则的法律效力时，法官公开运用它，作为司法裁判特别是漏洞补充的根据，是一种典型的司法能动现象，也是民间规则作为司法能动前提的一种应然条件。

进一步讲，前面所涉及的，其实就是在法律出现漏洞后，法官发现法律的问题，涉及的法律方法，就是"法律发现"。法律发现的具体场域，或者法官在何处发现法律的问题，是多元的，对此可称为"法律发现场域的多元性"。民间规则是法律发现的场域之一。这样，则民间规则借由法律发现而勾连着司法能动。

第五种情形是：因法律调整不能而采取民间规则替代国家法。前文在谈及民间规则进入司法的两种情形时，已经提到"事实替代"。以事实替代法律，除了严格的条件——法律调整不能之外，还需要解决替代法律的"材料"或者前文提到的"场域"。这些"材料"或"场域"，大体有当下之案件事实本身的规定性、已经被社会接受并广泛运用的民间规则、双方当事人协商达成的规则、通过社会交涉达成的规则以及法官的规范构建。其中民间规范自身就作为既有规则，构成了"事实替代"的重要"材料"或者"场域"。

如前所述，以民间规范作为"事实替代"的材料，就是当国家尽管有法律规定，但法律并不能调整它所欲调整的社会关系时，即法律"调整不能"时，法官对民间规范的选择和适用。这一特征，决定了"事实替代"作为一种法律方法，本身就逃离了法律的樊篱，其从而属于典型的司法能动现象。

回过头来再看上述五种情形。在上述五种民间规范作为司法能动之前提的可能条件中，前两种情形尽管也可使民间规则成为司法能动的条件，但这些条件作为司法能动的前提，还显得较弱，因为它们尽管给了司法以主动性、积极性和能动性，但并没有使司法逃离司法权的范围，也没有使司法权的行使直接影响行政权、立法权或者其他权力。在这个意义上，似乎并不符合司法能动的要求。但毕竟和严格羁束的司法行为和司法权相比较，它使司法获得了一定的能动性，因此，可把这种情形称为

① 《法国民法典》，李浩培等译，商务印书馆1979年版，第11页。

民间规则作为司法能动之前提的“弱项条件”。与此相对,上述后三种情形,则彰显着司法活动中借助民间规则,法院和法官积极地、主动地超越法律规范、解决社会纠纷的情形,所以,可认为这是一种典型的民间规则作为司法能动之前提的条件,我们可以将它命名为“强项条件”。

四、结语:司法能动与民间规则的地位

在如上讨论中可以发现:

首先,司法能动是审判权在权力模糊背景下运作的一种方式,或者说是司法权的越界运用。所谓审判权的越界运用,是指在法定的审判权之外,司法机关行使了权力。这种权力的行使,可能朝向两个方位:第一个方位是司法权在国家权力内部扩张,即司法权僭越了其边界,侵入到立法权、行政权或其他权力领域;第二个方位是司法权直接进入公民权利领域,侵夺公民的权利。前一个方位意味着权力内部的冲突和调整,而后一个方位意味着审判权的扩张反倒不是自由的保障,而是对公民安全的侵夺、隐患和妨害。尽管这是权力模糊状态下司法权扩张和司法能动所不可避免的现象,但也是特别需要提防的现象;否则,审判权的扩张和司法能动,就只能走向反面——它不但实现不了权力制约的功能,反倒会和其他权力一起,对公民权利的行使和运用造成妨害,从而司法不但不是人权的保障者,反而是人权的掠夺者和侵害者。

其次,无论如何,司法能动主要应面对具体的案件事实或者社会关系,围绕着规范而展开。所谓面对案件事实,是指司法能动作为个案处理的方式而被运用。在判例法国家,面对个案,乃是司法能动的基本事实基础,司法不可能在个案之外,在司法政策意义上推动其能动性。但在我国,法院和法官除了在司法个案意义上推进司法能动外,在更多场合,反倒是在司法政策方面推进司法能动。无论是最高人民法院对司法能动的政策性倡导,还是各个地方法院和基层法院对司法能动的经验总结,都主要以政策的方式展开。以司法个案裁判的方式所展开的司法能动现象,反倒不多。但无论如何,一种司法能动现象必须围绕个案事实或者社会关系事实而展开;否则,司法能动就成无的之矢、徒耗精力。

与此同时,一个个案的处理也罢,一种(类)社会关系的调整也罢,还是作为司法裁判方法的运用也罢,司法能动绝不能毫无所宗,任由法官恣意作为,而必须被置诸规范的框架内予以解决。一切司法活动,无非是针对案件事实或者社会关系,寻求规范地解决案件的活动。无论是根据法律之一般调整的法则,还是纯粹一个孤案的个别处理或者个别调整,都是法官在认识案件事实的基础上,寻求适切于这种事实的规则的活动。正因如此,司法能动既不能违背案件事实,也不能没有规则依凭。无论这种规则是国家的正式法律,还是社会的非正式规范;也无论是适用于一般调整的社会规范,还是适用于个别调整的裁判规范,只要是司法活动,就需要规范跟进。所以,司法能动,可以能动于法律,但不能逃离出规范。

最后,当我们说司法能动不能逃离出规范时,所涉及的规范是多方面、多视角、多层次的。国家或执政党的政策、社会道德、社团组织的章程及内部纪律、私人之间的协议或约定、一定社区主体之间的约定、案件中呈现的事物本身的规定性等,都可以作为这里的规则使用。但在这些被制度经济学家们统称为非正式制度的规则中,[①]本文的主题词之一——民间规范却具有特别重要的价值。因为作为习惯的民间规范,一方面,是在一定区域内人们长期交往行为的结果,因此,很容易被人们所接受,也很容易方便地满足人们的需要和生活。所以,在能动司法中,既容易被法官所适用,作为案件裁判的规范根据,也容易被双方当事人所接受,取得案件裁决的可接受效果。另一方面,即使那些作为社团章程、纪律的具有"当下性"的民间规范,也是在一定范围内主体自治地达成的规范,所以,如果因为司法能动的需要而引入这些规则,就更显成熟,也更容易被人们所接受,从而取得较好的裁判效果。

如上原因,或许这正是长期以来,即使那些进入民治国家的法律,对以习惯为核心的民间规则也重视有加的原因所在,[②]也是在司法能动的历史上,法官每每借助民间规则以推进相关工作的原因所在。[③] 至于我国目前所开展的能动司法活动,正如前文所言,更是对不同地区、不同民族、不同文化背景下人们喜闻乐见的民间规范重视有加,甚至可说民间规范是这种能动司法的最重要的规范前提和依凭,是法官在面对一些疑难、复杂的案件时,或者在面对从法律上说尽管不疑难,也并不复杂,但根据既有规则裁判并不为人们所接受的案件时,法官在法律之外寻找裁判根据的基本场域。即使一个国家因为种种原因,可以改造既有的以习

---

① 彭德琳:《新制度经济学》,湖北人民出版社 2002 年版,第 181 页以下。

② 例如,在德国民事立法史上,曾经把国家正式法和民间习惯法的效力和地位相提并论。后来尽管民间习惯法没有颁行为正式的法律规定,但这一举措本身却对后人不无昭示。至于我国清末和北洋时期的民事习惯调查活动,已是业内人士熟悉的知识,这里不再赘引。

③ 参见[美]霍姆斯:《普通法》,冉昊、姚中秋译,中国政法大学出版社 2006 年版,第 164、186~187 页。

惯为主的民间规范,但民间规范作为人们交往行为规范的事实不可能被消灭,纵使旧的民间规范被淘汰了,新的民间规范也会随着社会关系的变迁应运而生。这就决定了以习惯为核心的民间规范在司法能动中具有的特别的地位和作用,也就决定了我们研究民间规范与司法能动之关系的基本意义。

民间规范对法律方法的可能贡献*

如何在法学研究中,把民间规范研究引入法学方法上来?这是近年来笔者在思考民间规范时一直所关注的问题。事实上,民间规范的研究目的,大致有两个路向:一是把民间规范设法导入到立法活动中,从而使民间规范进入国家正式法律体制;二是把民间规范导入司法活动中,从而使民间规范以辅助的方式进入国家秩序的构造。两个路向的关键就在于通过一定的法律方法而实现。这就既涉及对民间法功能在国家整体秩序形成架构中的定位问题,也涉及如何改进法律方法,从而使民间规范能够方便地进入国家秩序构造中的问题。限于选题,对前者,本文不予涉及;对后者,笔者拟从民间规范对法律方法的可能贡献这一视角做些力所能及的探讨。

民间规范对法律方法的可能贡献,既指民间法对法律方法的完善和丰富所可能作出的贡献,也指民间规范借助法律方法进入司法过程之中,从而成为国家权力所支持的社会秩序的组成部分。就此而言,研究民间规范对法律方法的可能贡献,须从这两个方面展开。在本文中,"可能"一词的限定非常重要,它表示本文形成的最终结论仍只是推论性的。

---

* 本文原载《现代法学》2006 年第 5 期。

一、民间规范作为法源而被引入——国家认可

在以往我国法理学中，法源每每被解释为法律的表现形式。[①] 但是，严格说来，法源这一概念更应被运用于司法活动和法律方法中，因为它是用以引导人们（特别是法官）在哪里去引用法律（规则），或者以何种规则为标准，去判定案件事实，作出司法判决的根据。所以，尽管说法律渊源（法源理论）是法律的表现形式并无不可，但这是站在立法视角所得出的一个结论，倘若站在司法视角，我们更关注应为作为法律方法的法源理论。所以魏士德这样写道：法律渊源"广义上讲，它指的是对客观法产生决定性影响的所有因素"；广义上的法律渊源"可以帮助法官正确认知现行的法（法律认知的辅助手段）"。而狭义的法律渊源按照《德国基本法》的相关规定，是"那些对于法律适用者具有约束力的法律规范……"[②]

不难看出，如上对法律渊源的解释，无论站在广义视角还是狭义视角，皆特别关注法律渊源对司法活动的意义。只有站在司法立场上谈论法律渊源，这一概念才能充分发挥其实践价值。或以为，即使站在守法者或行政执法者的立场上，该概念照样具有其存在的重要意义。诚然如此，但质而论之，所谓法律的统治，其核心问题是借助（甚至通过）司法的社会统治方式，在此意义上，法治政治可谓司法政治，如德沃金所言：

"法院是法律帝国的首都，法官是它的王侯将相……"[③]

正因如此，法律渊源的概念应当首先围绕着司法而展开。

众所周知，在有关法源理论中，民间规范（习惯或习惯法）从来就是它的重要内容。"无论是土著社会的习俗或习惯法规范、还是伊斯兰社会的《古兰经》等，都被视为法源。"[④]即使在那些发达国家的法律体系中，习惯或习惯法作为法律渊源仍然深受重视。例如，在大陆法系国家，

---

① 例如，公丕祥主编的《法理学》（复旦大学出版社 2002 年版）这样界定之："法律渊源……指由不同的国家机关制定或认可的，因而具有不同法律效力或法律地位的各种类别的规范性法律文件的总称。一般又称为法律的形式……"（第 320 页）严存生主编的《法理学》（陕西人民出版社 2002 年版）对此作了类似的阐述（第 220 页）。即使由胡玉鸿主编的特别关注法律技术（方法）的《法律原理与技术》（中国政法大学出版社 2002 年版）一书，在界定法律渊源时也未脱离开立法中心主义的窠臼（第 96 页）。只是该书在论述"法律渊源的识别技术"时，才将法律渊源纳入司法的视野（第 339 页）。

② 参见[德]伯恩·魏士德：《法理学》，丁小春等译，法律出版社 2003 年版，第 102 页。

③ [美]德沃金：《法律帝国》，李常青译，中国大百科全书出版社 1996 年版，第 361 页。

④ [日]大木雅夫：《比较法》，范愉译，法律出版社 1999 年版，第 132 页。

尽管法国的法学家“曾试图把习惯看成有点过时的法源……”①,但实际上,《拿破仑法典》自身就大量地吸取了此前流行于法国的大量习惯法的内容,从而:

> “该法典还是经过深思熟虑吸收了长期历史发展的成果,并且在很大程度上是深受罗马法影响的南部成文法与以日耳曼、法兰克习惯法为基础的北部习惯法这两种传统制度的巧妙融合物。”②

但“在德国、瑞士与希腊……人们力求把法律和习惯看成处于同等地位的两个法源”。③ 尽管在司法实践中,民间规范已经在大陆法系的一些国家作用不大,但在那些深受欧陆法律影响的国家,民间规范仍然是其司法活动的最重要的规范根据。

至于在英美法系国家,首先,美国在表面上看,是甚少受习惯影响的一个国家,似乎移民国家的特征使其更看重国家正式法的作用,好像一旦过度看重民间规范,则移民集团的利益分割对其国家利益的影响就显而易见。然而,这明显是一种假象,以卢埃林为主所起草的《美国统一商法典》,④在很大程度上就是对美国商业习惯、商业判例和一些行业商业规则进行编纂、整理、加工,并赋予其新意义的产物。即使奉行权力分立的美国宪政制度,其权力分立原则也受到了一些印第安部落习惯法的重要影响。这种情形,在英国也照样存在:一方面,“除判例和法律这两个丰富的英国法渊源外,第三个渊源是习惯……这第三个渊源极为次要,不能与前两者相比”;另一方面,“……习惯的重要性仍不应低估。英国社会同任何其他社会一样,不是只受法律支配。单就法律而言,习惯在今天不甚重要,但在英国生活中,它事实上起决定性的作用”。⑤ 这其实是说,英国人的日常交往仍然深受习惯的影响。

如上论述,旨在说明民间规范作为法源,乃是在当今世界较为普遍

---

① [法]勒内·达维德:《当代主要法律体系》,漆竹生译,上海译文出版社1984年版,第121页。

② [德]茨威格特等:《比较法总论》,潘汉典等译,贵州人民出版社1992年版,第144页。

③ [法]勒内·达维德:《当代主要法律体系》,漆竹生译,上海译文出版社1984年版,第121页。

④ 笔者与该法典及其正式评述(第1卷)的中译者孙新强交谈时,他特别指出了该法典及其正式评述中对法院适用习惯的强调。

⑤ [法]勒内·达维德:《当代主要法律体系》,漆竹生译,上海译文出版社1984年版,第362、363页。

存在的一种法律现实。问题是,一般说来,哪些民间规范可以作为法源,哪些又不能作为法源?这些在成文法国家显然需要经过国家立法的认可,如我国《婚姻法》就有相关“变通规定”:“民族自治地方的人民代表大会有权结合当地民族婚姻家庭的具体情况,制定变通规定。”但在实行判例法的国家,法官可以依据案件事实,引入相关民间规范进行判决,民间规范从而成为判例法重要产地——法官造法的方法每每因此得以实现。对此,因后文还要涉及,此不赘述。

我们知道,民间规范一旦被国家法律所认可后,就被纳入国家法的范畴,因此,法官援引民间规范与援引国家制定法没有实质的区别,这样,就似乎不会从中进一步引申出相关的法律方法。其实不然。因为国家对民间规范之法律效力的认可分为两种:一种是特指的认可,即认可内容特别指向某一具体的民间规范,这时,法官对民间规范的引用,确如上述;另一种则是泛指的认可,即国家法并不特别指明哪些民间规范是被认可的,而只是一般性地说明民间规范所适用的条件、方法。在后一种情形下,法官面对案件事实对民间规范的引入,就显然是法官根据案件事实和法律的一般授权,自我判断的一个过程。其实,这也是法律方法能够真正发挥其积极作用的地方。

民间规范作为法律渊源这种方法在司法实践中的运用,就是要使司法者学会在面对案件事实时,从正式法和非正式法之间进行必要、有效的权衡和识别。在司法活动中,一般说来正式法优于非正式法,这是一个基本的原则。但该原则的例外情形——法官即使在有国家正式法的情形下,也有可能仍然决定适用非正式法。但是,为什么要适用非正式法而不适用国家正式法?对此,法官有义务作出论证和说明。显然,这就给法官运用、识别、论证民间法之为解决该案件的法律渊源,并为其作出必要的说理等提供了机会。在这里,民间规范既是非正式法源,同时也是法律渊源的识别方法。这样,民间规范对识别法律渊源这一法律方法的贡献也就昭然若揭。

更重要的情形还在于:当国家正式法在某种意义上明确否定了或并未明示某些民间规范的法律效力时,法官在某些案件的审理上仍然要照顾到民间规范的存在,在民间规范中寻求判案的灵感。这有两种情形:一是在和案件相关的领域,国家法律空缺;二是尽管国家法有相关规定,但严重脱离一些社区或地区的实际,根本难以落实。这两种情形,皆要求法官设法借助既有的民间规范作出创造性说明,即法官根据案情,识别最适宜于解决该案件的民间规范来解决之。这在一定意义上就是要求法官在国家没有认可的情形下也把民间法纳入法源中,以解决相关纠纷。例如,某地一位村民因为其父前妻家人阻挠将其母安葬到祖坟,和其父亲共享同一块墓地(因为其父之前妻已经和其父安葬在一块墓地里),将其父前妻家人诉诸法院,法院在此种情形下,不得不根据善良风俗和对原、被告两利的原则,借用民间规范来解决该案件。事实上,在这里已经预示着法官根据案情对民间法的识别问题。

二、民间规范作为价值衡量的社会根据

我们知道,法官在判案中,并不是完全被动的。虽然曾经在近代历史上出现过把法官作为"法律自动售货机"的主张,但这种主张从来就不是司法的实际,原因在于该主张不适当地把立法者的智慧看成了"完人智慧",而把司法者的智慧当成了只会服从的智慧,甚至法律首先是为了防备司法者而设。但事实证明,从古至今,没有作为"完人"的立法者,即使神灵给人间降示的"法律"——《圣经》《古兰经》等(当然,尽管《圣经》《古兰经》等宗教经典,都被宣称是"神意",但从科学和学术的角度却难以被认可,这已经是近代以来的一个基本事实),也不是完美无缺的"杰作"。从《旧约》到《新约》的"发展",从《古兰经》到《圣训》再到教法学家们的解释,都无可辩驳地证明了这一事实。至于出自人的理性的法律,就更需要人们在法律的实践中予以补充。

价值衡量就是法官在司法活动中根据案情对法律、对适用于个案的规则的处理方式之一。在该处理方式中,法官进行在价值衡量的根据既可以是国家法律的原则精神,也可以是民间规范。央视曾经宣传的女法官宋鱼水所处理的一些案件,如对双方当事人不到庭者通过电话方式进行调解,[①]显然是该法官借助价值衡量的方式,把"情理因素"和相关利益因素引入司法活动的结果。在我们所习见的新闻报道中,对有些案件参酌民情民意、作出受民众欢迎的判决也是如此。事实上,在价值衡量中引入情理因素和利益因素,也就是引入了某种民间规范(其可能是成文的,也可能是不能文的)。这表明民间规范往往是法官在司法过程中进行价值衡量的规则根据。

---

① 央视新闻频道2005年1月12日"焦点访谈"栏目。

任何判决,无论是判断是非型的,还是平息矛盾型的,①归根结底在于赢得民心,维护"正义的"(须注意的是:正义往往是一条变色龙)秩序。归根结底,对正义和秩序的维护标准,就在于安抚民心、赢得民心。在古典中国的司法判决中,判官们每每依照乡土民情作出判决,其目的就是赢得民心。例如:

"陆广霖……乾隆五年……选受福建连成县知县。为治严明而平恕。由于氏兄弟三人,孟与叔后皆鼎盛,合建宗祠,以仲后单寒,诬其已为人后,不得入主。仲之后鸿渐者,纵火焚祠,遂相劫杀。吏当之死。广霖至,招两造集广廷,以情谕下,声泪俱下,众感且悔,卒送主入祠。"②

"翁运标……乾隆八年,知湖南五陵……有兄弟争田,亲堪之,坐田野中,忽自掩涕。讼者惊问之,曰:'吾兄弟日相依,及来五陵,吾兄已不及见。今见汝兄弟,偶思吾兄,故悲耳。语未终,讼者亦感泣,以其田互让,乃中分之。又有兄弟争产,父殁,弟以其兄为父养子,分以瘠壤,使别居。其兄控诉,状中有父嗜酒得疾语。运标怒其暴亲过,笞之;仍斥其弟割腴田以畀兄……邓康二姓争湖洲利,斗杀积数十年,久不服。运标亲往堪其地,会大雨,二姓人皆请少避。运标曰:尔辈为一块土,世世罹重法不顾,予何爱此身乎?'立雨中,逾时坚不去,遂皆感动,划界息讼。"③

判官的如上办案方式,可称为"情理入法"。但"情理入法"究竟是什么?它和民间规范有无区别?在笔者看来,所谓"情理入法"恰恰根据的是某种民间规范——约定俗成的民间心理、民间规范文化而处理案件的方式。其实,对判官而言,这里所追求的价值衡量是明显的(尽管彼时在法学上并无所谓"价值衡量"的概念)。通过判官如上以情感人的判断行为,他们恰恰利用了中国古人对"清官"的崇敬、敬畏心理,利用了人们对日常生活事实及其规范的依从事实和心理,既顺利地解决了案件,也维护了在一个宗法社会里至关重要的家族成员间的团结、合作与和谐。

---

① 笔者认为,中国法文化传统中司法活动的基本目的是平息矛盾,而西方法文化背景下司法判决的主要目的却是判断是非(参见谢晖:《象牙塔上放哨》,法律出版社 2003 年版,第 216 页以下),尽管这种比较也许并不全面,但还是大体上能够反映中西法文化对司法的目的期待。

② 《清史列传·陆广霖传》。

③ 《清史列传·翁运标传》。以上两例皆转引自辛子牛等主编:《中国历代名案集成·下卷》,复旦大学出版社 1997 年版,第 213、217 页。

在美国等一些西方国家,在刑事案件中,存在所谓控方和辩方之间的“辩诉交易”制度,它是指“在刑事案件中,被指控者通过他或她的律师与公诉人进行协商达成双方均可接受的协议的程序”。为什么人们要选择这种程序呢?正如有人所言:“它所产生的‘互利性’足以支持较高的辩诉交易率。就公诉人而言,辩诉交易产生了无须增加有限的公诉资源的定罪。如果公诉人决定自己想获得高的选举产生的职位,他或她便在定罪上有了好的‘轨迹记录’。就被告而言,危险被一定程度的控制和确定性所代替。如同其他协商后产生的协议一样,辩诉交易对双方都避免了‘赌博损失’。”①

除此之外,同样在一些西方国家,对一些民事案件,特别是那些“小额诉讼标的”的民事案件,借鉴东方调解经验,纳入调解程序中去解决。或者通过简易程序解决,以通过利益—价值衡量来节约诉讼成本。

上述种种,实质上是在一些西方国家把有关“刑事案件”和“小额诉讼标的”的民事案件,在和国家法律相比较后,做了一种“价值衡量”或者“利益衡量”的处理。尽管在一些国家,这种“价值衡量”或“利益衡量”现今也已上升为正式法律制度,从而对检察官、当事人以及法官而言运用之已经有法可依。但这并不否定在将其上升到正式制度以前,其作为民间规范对正式制度的作用。又尽管“辩诉交易”的实施尚未真正进入法院拟审理的司法程序中,也不否定国家法律制度根据民间要求、借助民间规范,对价值衡量的一种必要安排。

我们知道,在现代的正式法律制度中,任何一种诉讼程序的启动,都意味着其时限的冗长、其费用的高昂、其情感代价的“残酷”。因此,通过“辩诉交易”、调解等方式的处理,大体上可以避免当事人在时间、费用上的无谓付出,同时还不至于伤害两造(或控方与辩方)之间的和气,从而展开新的交往活动。所以,“辩诉交易”应当是较为典型的价值衡量方式。

问题是,无论立法者,还是法官,其作出价值衡量的因素是多方面的,但其中重要的根据之一是:一种在一定社区或地区内民众中间长期存在的社会规范,乃是其进行价值衡量的基本前提。仍以调解和“辩诉交易”这种业已制度化的价值衡量为例,立法者或者法官们之所以做这样的选择,既应和了一种千古流传的“两利相权取其重、两害相权取其

① [美]伦斯特洛姆编:《美国法律辞典》,贺卫方等译,中国政法大学出版社 1998 年版,第 189、190 页。

轻”的人类普遍存在的习惯(民间)规范,而且也迎合了人们总是希望方便、快捷、有效地解决问题的普遍道德和功利期望。

在价值衡量中,一般的规则是人的生命、健康的法益要大于财产的法益,当两者出现冲突时,当然首先要保障前者;紧急法益大于平时法益,因此,当两者出现冲突时,首先要保障紧急法益(这正是《突发事件应用法》授权国家机关在紧急状态下可以作出一些紧急举措的原因所在。对司法活动而言,此理照存);大额财产的法益大于小额财产的法益,这乃不言而喻之理;精神法益大于物质法益,遗憾的是在我国相关的精神赔偿规定得还很不尽如人意,而法官在这方面的“价值衡量”也不甚明显;最后,公共法益大于私人法益。尽管在现代法治国家,对私人财产规定了诸多的保护方式,甚至“私有财产神圣不可侵犯”也被规定为宪法原则,但当私人法益和公共法益出现明显冲突时,法官判决应当首先尊重公共法益。[①]

如上进行价值衡量的诸因素,都在很大程度上和民间规范不能分离,或者是以某种民间规范作为其衡量的前提和根据的。即使在中国法律语境和司法环节中,法官在判决中的价值衡量也每每依赖于一个社会普遍接受的民间规范前提。比如我们在民事案件的审理中,根据通常规则对弱者的适度倾斜;在刑事案件的审理中,根据民意、民情对犯罪嫌疑人作出或轻或重的刑事处罚等皆可作为证明。所以,民间规范作为法官进行价值衡量的一个规范前提,较为普遍地存在于古今中外的司法判决中。这也在一定程度上表明民间规范对法律方法的可能贡献。(当然,在经济学意义上,权衡轻重或价值衡量的基础是人们的理性选择,而不是纯粹依据某种规范,但是,在可选择性的多种规范并存的情形下,规范本身也就成了理性选择的依据)

三、民间规范作为判例或判例法产出的社会根据

判例或判例法作为司法审判的结果,其中必然体现着法律方法的运

---

① 应说明的是:一般说来,国家、政府等代表着公共法益,但未必总是代表着公共法益。私人利益的共同性因素就是公共法益。倘若这些共同性因素解决不了,必将危害更多的私人法益之实现时,公共法益大于私人法益的事实也就难以呈现。另外,早在明代,判官海瑞就总结道:“凡讼之可疑者,与其屈兄,宁屈其弟;与其屈叔伯,宁屈其侄。与其屈贫民,宁屈富民;与其屈愚直,宁屈刁顽。事在争产业,与其屈小民,宁屈乡宦,以救弊也。事在争颜貌,与其屈乡宦,宁屈小民,以存体也。”(转引自黄仁宇:《万历十五年》,三联书店1997年版,第135页。)海氏在这里提出的审判技巧,恰恰是把民间规范引入价值衡量中的典范,尽管囿于时代、文化的制约,他不可能提出今天我们奉行的一些理念,但其运用民间规范从事价值衡量却跃然纸上。

用。如果说当民间规范作为法源或者法官进行价值衡量的规范根据而被引入法律方法中,乃是在某一环节上把民间规范和法律方法结合在一起了的话,那么,民间规范作为判例或判例法产出的社会根据,则直接在结果意义上把民间规范和司法活动连接在一起了。

我们知道,判例是成文法国家喜欢运用的法律术语。因为在成文法国家,基本的法律就是国家制定法。尽管自 20 世纪中叶以来,在一些成文法国家的某些领域,也成功地将判例升华为判例法,但判例作为司法的参照在其整个法律体系和法律渊源中仅仅是配角。判例法主要是英美法系国家所使用的概念,众所周知,在那里,法律的主要表现形式就是通过法官判决形成的判例法。因此,离开对判例法进行研究的英美法系研究,即使不是空洞无物,也大致相差无几。

对判例与判例法的交代,在于说明,法官制作判例并形成判例法的活动,既是法官的判决活动本身,同时也是法官独特的判案技巧发挥作用的过程。甚至可以说,判例或判例法的作出本身就是一种法律方法,并且在一定意义上说是最重要的法律方法,因为法官认定事实、适用法律的一切活动,归根结底是为了形成对案件的判决。在那些实行判例制度或判例法制度的国家,进而在此判决基础上按照程序要求上升为判例或者判例法。正因判例与判例法的作出本身是一种方法,因此,在现代国家,从事司法判决的人——法官,必须经过专门的训练。尽管在一些简单案件中,人们不难发现,即使那些没有经过专门训练的人有时候也会处理得很好,作出让两造心服口服的判决。但这并不意味着任何人都可以不经过专业训练,就能轻而易举地掌握作出判决、形成判例或判例法的法律方法。

说判例或判例法的作出本身是一种法律方法,和这里要探讨的作为判例或判例法产生基础的民间规范有何关系?同时民间规范对这种方法又有何种具体的贡献?

判例或判例法的作出,法官本身要考虑许多因素。除了在案件事实这一基本的因素中发现案件本身所蕴涵的“规则”之外,就是要在众多的案件事实之外的、作为法律渊源的规范中寻求裁判的根据。毫无疑问,成文法律和判例法律乃是法官发现并运用和案件事实相关的“法律”的根本所在和场合,因为法官总是国家正式法律的守护神,他们总要为国家正式法律负责,这大概在任何现代国家,概莫能外。

但问题在于,法官不仅生活在法律的理想世界中,而且也生活于各种规范兼而有之的日常生活的世界，法官处理活生生的案件，不仅要根据法定的、难以轻易更易的国家正式规则给案件提供判断是非的基本依据，而且还要紧扣民众和社会的需要，根据人们生活中的规范和常识进行判案。因此，在司法活动中引入某种在一定社区内被人们普遍遵行的民间规范，不只是增强判决的说服力，而且能够真正"赢得民心"。毕竟任何一个国家的法官并非不食人间烟火，所以，才不断有法官根据某种流行于某一社区、时代和国家的民间规范解决问题、作出判决，并最终形成判例或判例法的一系列事实。

格雷在谈到习惯与法律的关系时，曾指出了两种情形(尽管在行文中他并未明确对这两种情形进行分类)：一是作为法律渊源的习惯，它不是法律，仅仅是一种法律渊源，因为在他看来，真正的法律就是法官所作出的司法判决(判例法)；二是由法官通过判决所产出的习惯。① 事实上，这种习惯就是判决(判例或判例法)本身。尽管格雷本人对于把习惯引入司法并形成判决的兴趣不大，但笔者下面还是想借用格雷对习惯作出的含蓄区分，继续展开笔者在这里的论述。

第一种习惯(民间规范)在判例或判例法的形成过程中，是法官据以形成判断的最基本的社会事实。我们知道，社会事实既有非规范意义上的，也有规范意义上的。对法官而言，他所面对的案件总是在一定社会事实背景下发生的。对于案件的判决而言，相关非规范的社会事实一般来说意义不大，因为非规范的社会事实本身是不确定的。既然如此，法官据以判断的主要社会事实其实就是指那些规范性的社会事实(广义上的制度事实)。

规范性的社会事实既有社会规范本身，也有在规范规制下的具体事件、行为等。前者是作为社会规范的社会事实，后者是在规范规制下的社会事实。而作为社会规范的社会事实，又可进一步分为作为国家正式规范的社会事实(如国家法律)和作为非正式规范的社会事实(如民间规范)。对法官的判决活动而言，国家正式规范在其寻求判决的"规范支援"中固然重要，但非正式规范作为其判决的"规范支援"也绝非可有可无。即使在当代中国，当人们一方面特别强调人民代表大会立法的权威性的时候；另一方面，法院和法官有时也会(甚至往往)利用社情民意或者民间规范来弥补国家法律的不足，并据以解决争议，平息纠纷。对此，

---

① 参见[美]格雷：《格雷论习惯》，马得华译，载《山东大学学报》2005年第2期。

强世功和赵晓力曾通过跟踪采访,对发生在陕北的一起收贷案件及其处理过程进行过生动的描述和严谨的评论、分析。① 两文皆清楚地表明我国法院和法官对社情民意以及民间规范在判决中的重视,对国家法律在程序上和实体上所进行的必要的修正。

如果说,前述两位作者文章中所选取的例证是以人所共知的我国较为落后的陕北地区的司法判决(调解)过程为素材,因而,就全国情形而言,不具有普遍性和典型性的话,那么,从我国不少法院公开的“送法下乡”“送法进企”“上门揽案”“法、企合作”等活动中可以看出正式法律制度极不严谨、缺乏权威的一面外,也不难看出法院和法官在处理案件的行动策略中,因为正式制度的不足,而向民间规范寻求“支援”的行动和努力。

至于在那些法治发达的国家,类似我国存在的这种案件处理方式——以民间规范作为根据裁判的相关经验,更是一个值得我们特别予以关注的问题。限于相关材料和本文的篇幅,这里就不再专门展开论述,待以后条件成熟时再作补充。

第二种习惯因其自身是司法判决的结果,或者说其本身是因司法判决而形成的习惯,所以,它对于其后的其他类似案件的判决而言,以判例或判例法的面目呈现于法官面前。法官对此种习惯或民间规范在案件判决中的引入,在成文法国家一般地是在引证一种成功的经验,或以此经验从事相关判决活动;在判例法国家,引入它其实就是遵循先例(当然,应说明的是:因判例形成的习惯已成为正式法律,所以应与民间规范明确区分开来,对此,笔者下文再做区分,这里注明以免引发误解)。

然而,问题似乎不止于此,因为从司法活动中形成的习惯,既有被国家正式体制纳入正式制度之列的,也有随着时过境迁在正式制度中被排除的,尽管后者在主体交往行为中仍然具有规范作用。前一种情形可以运用笔者前文提出的如上解释框架来解释,但后一种情形,实际上导致了民间规范:尽管它是根据某一时期的司法判决而形成的,但该司法判决本身有效的正式法律基础业已不存,因此,该司法判决对于此种习惯(民间规范)而言,只有发生学上的意义。

这种情形,在中国古代司法活动中尤见其盛。因为在中国古代行政兼理司法的传统之中,每个司法判决的作出,不仅是为了处理个案本身,

---

① 参见强世功:《“法律”是如何实践的》,赵晓力:《关系/事件、行动策略和法律的叙事》,两文皆载王铭铭等主编:《乡土社会的秩序、公正与权威》,中国政法大学出版社 1997 年版。

而且要以此个案的处理为例,告诫其所管辖的子民,该如何如何,不该如何如何。自然,这种判例及其影响很容易就成为某种习惯。古代处理案件的情形及其对案件处理的期待,作为一种文化传统仍然回荡在今天的司法判决过程中。尽管如今在宪法上我国有了一定的权力分立(或分工),法官在具体的司法活动中,无论是刑事案件的判决,还是民事纠纷的处理往往要考虑判决后的社会影响。(当然,严格说来,作出"是非曲直"的判决和"社会影响"间至少在深层结构上是统一的,因为只有公正的判决才会给社会创造一种有益的激励)所以,对刑事案件,往往要选择特殊的场合和地点宣判;对民事案件的审理,不仅要通过判决教育当事人,而且还要通过此教育、感染更广泛的民众,从而把司法判决纳入更为广泛的政治、社会控制意图中。

在这里,我们已经大体上看出因为司法判决而形成的习惯(民间规范),在该判决本身的效力已无关紧要,但因其所形成的习惯(民间规范)仍然具有效力时,法官在判案中对该种民间规范的引入,事实上与其引入前述第一种习惯(民间规范)进行判决没有质的区别。

四、民间规范作为司法论证的合法(理)性前提

论证理论是20世纪中叶以来在西方,特别是在德国普遍流行的一种前沿性的论辩理论。随着这种理论研究的日渐深入,很快,这种理论也就被引入法学中,成为战后德国法哲学理论最前沿性的话题。[①] 然而,和哲理的问题相关的是:这种看似高深的理论在很大程度上是建立在对法律活动尤其是司法论辩活动的观察和分析基础上的,因此,其很快就成为法律方法研究的最新成果。法律论证理论的集大成者阿列克西这样指出:

> "法律论证(论辩)与普遍实践论证(论辩)之间的区别是什么,这个问题是法律论辩理论的一个核心问题。这里我们能够确认的一点是:法律论证的特性在于其受现行有效的法的约束(尽管这种约束照旧有待确定)。""在不同的形式中,限制的程度及种类是很不相同的。最自由的(限制最少的)是法学的争论。限制最多的是在诉讼上(的争执)。在这里,(法律)角色不是对等地分配的,参与被告的一方也不是自愿的,陈述实情的义务受到限定。论证(论辩)的程序有时效上的限制,且通

---

① 参见舒国滢:《战后德国法哲学的发展路向》,载《比较法研究》1995年第4期。

过程序法的规定来加以调整。各当事人允许以自己的利益为取向。他们经常,也许通常所关心的并不是达到某个正确的或公正的判决,而在于达到与己有利的判决……”①

阿氏只强调了司法诉讼活动中论辩的一个方面的限制——“现行有效的法的约束”。在一定意义上讲,这仅仅适用于比较典型的法治社会。但即使在这里诉讼论辩活动仍然会受到法律之外的其他规范,特别是民间规范的制约。至于在非典型的法治社会,甚至非法治社会中,尽管法律的存在是一个众所周知的事实,但在司法活动中,法律的制约往往成为法院处理案件的装饰。当然,并不是这一装饰不重要,但它仅仅对说明判决结果很重要,而对于进一步说明论辩过程则不太重要。因为实际的论辩过程经常是“功夫在诗外”。

当然,这不是笔者想在此探讨的主要问题,笔者想探讨的是在司法过程的法律论证中,民间规范对法律论证的具体作用。笔者想大体上有如下几点:

第一,民间规范作为司法论证活动的合法性基础。这里所谓的合法性,与合理性同义,因此不是指狭义的合法性。尽管在法律论证理论中,狭义的合法性乃是重要的原则之一,但恰恰是狭义的合法性是最普通的、对一个有一定法律意识的法律人而言无须更多强调的;否则,其就没有资格做一个法律人。因此,在法律方法的视野中,狭义的合法性也就“无关紧要”(或许有人问:为什么不在这里直接使用“合理性基础”这一概念?因为在笔者看来,法学上有实在法律外部意义上的合理性,也有实在法律内部裁量意义上的合理性,与其如此,还不如放大合法性的概念)。

然而,对广义的合法性(合理性)而言,是否合理或合法,往往取决于诸多因素,如法官对合法性把握的尺度,民意的客观要求,案件判决后是否会有很大的后遗症以及民间对该类问题处理的惯常规则等,皆是法官在思考合法性问题时必须予以关注的。

在一定意义上来讲,只要讲广义上的合法性,事实上就是法官通过其特殊的解释技巧、论证方式对狭义的合法性之修正的活动。在这一过程中,一种被某一社区内广泛使用的民间规范往往是法官在事实上修正正式法的前提和根据,从而使该前提和根据反而成为替代正式法的合法

---

① [德]阿列克西:《法律论证理论——作为法律证立理论的理性论辩理论》,舒国滢译,中国法制出版社2002年版,第263页。

性基础。因为只有在此基础上,判决的正当性、公正性才能得到承认并进而发挥之作用,背离这一前提,即使判决合法(正式法),也不会有效,因为它很难在实践中得到执行。

作为司法论证合法性前提的民间规范,在该规范发挥作用的时空范围内应是具有普遍性特征的,即在它作用的时空范围内,人们普遍地接受或依据该规范而行为。但即使如此,和国家正式法律相比较,也总会存在如下不同情形:

第一种情形,是被法院、当事人、法官或律师在论证中引入的民间规范大体上是和国家正式法不冲突或者至少冲突不大的规范。在此情形下,法律论证的基本合法性前提仍然是国家正式法律,民间规范的引入,仅仅是人们(论证者)为了进一步印证国家正式法律合法性的规范材料。因此,作为法律论证合法性的前提,民间规范起着一种辅助性的作用。

第二种情形,是被法院、法官、律师或当事人用来说明其主张合理、其判决合法的民间规范与现行国家正式法是完全冲突的。在此种情形下,人们引入民间规范作为论证其主张的合法性前提,显然得冒相当的风险——或者是破坏国家正式法律严肃性的风险,或者是两造或其代理人冒着在法庭上败诉的风险。但即使如此,人们有时也会引入之以对抗国家正式法在某些环节中可能出现的问题。例如,在"关于林木盗窃法案"一案的辩论中,如众所周知,马克思每每借助捡树枝的"习惯权利"——一种民间规范来对抗、驳斥当时普鲁市邦法的非法性。即使在当今我国不少法院的司法活动中,当法官无法依据国家法律进行更有力的、为人们所能普遍接受的判决时,仍然会采用一些民间规范以作出判决,尽管其判决结论并不因此表现出来,反而往往通过国家正式法律而被包装起来。①

以上两种情形均说明:在司法活动中,民间规范有时作为国家法律的补充,担当法官(或其他诉讼主体)进行论证的合法性前提,有时甚至替代国家法律而担当法官(或其他诉讼主体)作出论证的合法性前提。

第二,民间规范作为法律论证之可接受性的前提。寻求司法判决的可接受性,既是司法活动的重要任务,也是司法中法律论证的中心题旨。

---

① 笔者在和青海、山东的一些法官交谈时,都曾经获知:他们所判决的案件中,特别是在一些乡村地区所发生的案件,如宗族纠纷类案件、死者安葬类案件等,就有相当一部分不可能完全按照国家法律的规定来判决,于是只能既照顾到不同地方、不同民族的乡间民俗,又要通过国家法律对这些民俗进行修饰。从而能既"公平地解决案件",又能不失对法律严肃性的尊重。

因为一份判决最后的效力在于法官的判决能够真正以理服人。虽然人们可能会说:法官的判决之所以有效力,不在于他正义,而在于他是法官。但即使如此,倘若一位法官在当事人或其他人看来,在其法律论证中不但不能以理服人,反而总是强词夺理,那么,即使他是法官,即使他是法定的社会正义的代表者,人们也未必能接受其论证和判决。在那些法治传统根基深厚的国家,我们知道,由于法官作为代表正义的"制度事实"已然确立,因此,无论法官判断在实质上究竟正确与否,只要其能大体上秉持某种形式正义的标准,人们也就无条件接受之。即使出现一些问题,如 20 世纪 90 年代初期,在美国洛杉矶因黑人对法官判决的不满而发生的大"骚乱",终究没能阻止上诉法院对原审法院判决的维持,因为该判决并未违背形式正义的原则。但即使如此,黑人"骚乱"本身说明国家的法律和法院的判决应当根据民间规范考虑人们的可接受性。美国司法判例中对黑人权利的保护、对妇女权利的保护、对少数人权利的保护、对同性恋者的保护等,事实上都是司法者在论证中为了考虑人们的可接受性而使国家法律向民间规范的妥协(当然,在更深刻的意义上讲,这是主流群体与非主流群体利益妥协的结果,法官及其判决只是迎合了这种结果而已)。

至于在法治后发达国家以及那些国情、民族极其复杂的国家,且不说法官的素质问题能否赋予其必然代表社会正义的资格,仅就其制度保障而言,即使在形式上赋予了法官依法代表社会正义的资格,但在社会制度的实际运作中,法官也只能勉为其难地接受这一资格。因为靠讲理的司法在强权面前,只能是"秀才遇到兵,有理说不清"。要使这里的法官也变得"有理能说清",除非"秀才变成兵"。原因就在于在这里,有关的制度保障机制往往不能提供给人们说理的机会,哪怕他是法官!

事实上,这种情形恰恰是现代法治理念及其制度向民间习惯和规范的妥协。这种妥协尽管有它相当的弊端,但如果没有这种妥协,社会对司法论证的不接受可能会更显其盛,因之,其弊端也更盛。进一步的问题必然是:司法对社会的作用空间会日显其微。在此意义上,这种妥协又不无意义。当然,作为法官,还应当考虑在此种妥协的基础上,如何进一步提升和扩大司法的影响,使其在未来的发展中有足够的力量不仅仅对民间规范予以妥协,而且还有足够能力施加必要的对抗,甚至通过法律论证革除陋习,而人们尚能接受。

第三,民间规范作为通往融贯性的桥梁。融贯性是法律论证理论的又一个基本原则,它要求在进行法律论证活动时,论证过程及结论要大体上做到自圆其说,不能前后矛盾。按照这种要求,那么,当论证理论运用到司法活动中时,只要法官以国家正式法为大前提,以案件事实为小前提,进行传统的三段论式的推论,就足以解决融贯性的问题了。

然而,我们知道,这只能适用于简单案件情形,未必就能当然地解决复杂案件和疑难案件中论证的融贯性问题。对于疑难案件而言,如上简单的三段论推理,可能因为前提之假,而必然导致结论的非真(不正确)。因此,疑难、复杂案件中论证的融贯性要求就可能不同于简单案件中论证的融贯性要求,就有可能产生需要民间规范以支援论证的情况。

疑难案件的发生,一般在这样几种场合:一是有案件事实,无正式法律根据;二是有案件事实,也有正式法律根据,但和该案件事实相关的法律根据有多种并且是相互冲突的;三是有案件事实,同样也有正式法律根据,但相关法律根据和正当的民间规范严重冲突;四是案件事实自身是疑难和复杂的,即使有相关法律根据,适用起来也相当不易。

对法官而言,之于上述四种不同场合的疑难案件,要做到在论证中的融贯性,确非易事,但可以肯定的是,其中第三种情形,要实现论证的理论与实践的逻辑自恰,实现论证过程中的逻辑融贯性,引入民间规范应视为理所当然的;第一种情形,需要引入民间规范作出融贯性论证的可能性也很大,至少它比临时性地请求有权机关作出适用法律的解释来得更加方便、合算和理性,并且更能实现法律论证的融贯性。而在第二种、第四种场合下,尽管适用国家正式法律或以之为大前提进行逻辑论证,是法官的主要职责,但疑难复杂的案件本身,当人们适用国家正式法觉得勉为其难时,适用非正式的民间规范作出论证,也在可理解的范围。因为再疑难复杂的案件,法官一旦受理之,就得认真面对,不得拒绝论证和判决。

当然,这里的问题也就来了,既然是疑难或复杂案件,既然在法律上要通过融贯性地论证并处理它们的根据嫌不足,那么,法官总要想出一些可以融贯性地论证并处理这些案件的策略。这时,法官们寻求民间规范的支援以论证,或许是解决问题的不二法宝。这在我们所看到的中外司法判决中不绝如缕。无论在成文法国家,还是判例法国家,皆如此。

综上所述,法官在法律论证活动中,不仅仅要依靠国家法律来解决论证的逻辑前提问题(当然,这很重要),而且要不失时机地运用民间规范来解决论证中“法律不足”“法律冲突”“法律漏洞”和“法律不宜”等问题。这样,民间规范对法律论证的可能贡献也就不言自明。在这方面,日本的民法解释学已经做过令人敬佩的讨论。[①]

当然,民间规范也对其他法律方法,如法律解释、法律识别、法律推理、冲突消解等也存在可能的贡献,对于这些问题,限于篇幅,不再展开,笔者将在后续研究中继续进行。

① 相关论述,参见段匡:《日本的民法解释学》,复旦大学出版社 2004 年版。

民间规范司法适用的前提和场域*

在《初论民间规范对法律方法的可能贡献》这篇文章中，笔者对民间规范之与法律渊源、价值衡量、判例法产出以及法律论证的可能贡献作出了初步的论述。[①] 但是，法律方法的内容，远不止这篇文章所提到的如上几种。所以，本文准备借着“初论……”一文的内容，继续对民间规范与法律方法的关系问题进行探讨。考虑到本文主要涉及司法对民间规范的直接或间接援用问题，因此，本文拟主要探讨的是民间规范与事实替代、法律发现和法律续造等法律方法之间可能的关联问题。换言之，所探讨的是民间规范在司法适用中的基本前提和场域问题，以期获得民间规范、司法适用与法律方法之关联研究的鸟瞰效果。

一、民间规范适用于司法活动的基本前提

民间规范的司法适用，在成文法国家有完全不同的规定。以法国为代表的一些成文法国家，相信法律理性的完美性，因此，无论在法律上还是在理论上，一般都不主张法官在法律之外另起炉灶，寻求司法的替代方案。尽管在法学理论和司法实践中，学者和法官在民间规范中寻求司法根据的主张也时有

---

* 本文原载《法学论坛》2011 年第 3 期。

① 参见谢晖：《初论民间规范对法律方法的可能贡献》，载《现代法学》2006 年第 5 期。

所见[①]。而以瑞士为代表的一些成文法国家,在民事法律中就明令:“如本法无相应规定时,法官应依据习惯法,无习惯法时,依据自己作为立法者应提出的规则裁判。在前一款的情况下,法官应当依据公认的学理和惯例。”(1907 年《瑞士民法典》第 1 条)“不违反公共秩序及善良风俗的习惯,限于依法令规定被认许或有关法令中无规定的事项者,与法律有同一效力。”(《日本民法典》之“法例”第 2 条)“民事,法律所未规定者,依习惯;无习惯者,依法理。”(我国台湾“民法典”第 1 条)从而在法律上明确地赋予了习惯等民间规范的法律效力,这样,司法活动对民间规范的援用,就于法有据。

我国作为一个地域广大、各地文化风习有别的大国,在坚持法律统一性的前提下,如何保有文化、主体交往方式和生活样式、纠纷解决方式等的多样性?这既是法律回应这个大国国情的必要,也是法律和司法能够取得实际效果,以型构我国社会秩序的必要。诚如布朗所言:

> “一个民族无论发展地多么进步和完善,这个民族的每一代人皆有适用新的规则的需求……”
>
> “无论是受不可抗拒地司法情感的驱使,还是因为有目的地适用新环境的意识”[②]。

由此,在诸如《民法通则》《合同法》《物权法》《婚姻法》《继承法》《民族区域自治法》等法律中,都对作为民间规范的地方习惯给了必要的规定。这在一定程度上也说明了司法援用民间规范的合法性基础。但是,能够被司法所援用的民间规范,毕竟应有一定的要求。换言之,并不是说所有的民间规范都可能被司法活动所援用。那么,究竟怎样的民间规范才能被司法活动所援用?笔者认为,能被司法活动所援用的民间规范,至少应具有如下诸特征:

第一个特征是活动性。活动性问题所讲的是某种民间规范在一定区域内人们的交往行为中,对人们是否依然具有规范效力的问题。一种习惯对于特定区域内人们的交往行为如果依然具有效力,则这一习惯就具有活动性;反之,则不具有活动性。众所周知,人们的习惯既是多元

---

① 例如,法国学者雅克·盖斯坦、吉勒·古博就对作为民间规范的习惯及其司法适用给出了深刻的回答。他们在引述了不同学者的观点之后评论道:“对于这些学者而言,习惯法是法律规则,法官应当了解并适用它,无须当事人举证,甚至无须提及它。”[法]雅克·盖斯坦、吉勒·古博:《法国民法总论》,陈鹏译,法律出版社 2004 年版,第 493 页。

② W. Jethro Brown, “Customary Law in Modern England”, *Columbia Law Review*, Vol. 5, No. 8, 1905, p. 564.

的,也是在历史发展过程中被不断地淘汰和更新的。俗云,“十里不同风,百里不同俗”,说的正是这个道理。在这么多的习惯中,并不是所有的习惯都具有活动性,都能够在人们的交往行为中依然发挥规范作用。有很多习惯,仅仅是人们作为文化流传意义上的记忆,已经不具有实际的规范价值了。例如,“男女授受不亲”“父母在,不远游,游必有方”这些自古而然的训导,在汉民族的历史上,毫无疑问,曾经作为人们交往行为的习惯而存在,并且往往还是衡量人们行为状况、判断人们道德高低的基本标准之一。甚至在二十多年前,因为市场经济模式尚未深入人心,上述情形依然存在。但随着市场经济对人的流动的必然要求,随着男女交往模式的全新变化,如今,再操守上述习惯行事,就已经显得很不合时宜了。

第二个特征是可接受性。可接受性则是指某种习惯在一定时间和区域内被人们普遍承认、并在行为中习以为常的特征。倘一种民间规范能被一定时间和区域内的人们普遍接受,则此种习惯就具有可接受性;反之,倘一种民间规范,虽然依然存在,但一定区域内的人们并不接受它,那么,这种民间规范就是过时的、失效的。同时,此种习惯就不具有可接受性,从而也不具有法官在司法中援引并运用它的属性。可以认为,可接受是人们承认某一事物的基本前提。在民间规范中寻找、发现法律规则,并运用之,必须以这一民间规范在一定时间和区域内的人们接受为前提。因为接受即意味着承认,而承认即意味着一种民间规范就有了对人们的规范效力。这种逻辑上的呈递关系,正是法官在作为社会事实的民间规范中寻找和发现法律的原因所在。所以,法官针对案件事实,在法律之外寻找法律的过程,在很大程度上就是寻求并“发现”和该案件相关的、被人们所接受和承认的相关民间规范的过程,也是寻求并发现当事人以及其他主体对民间规范的接受性的过程。

第三个特征是可诉性。可诉性一般是指人们对国家正式法律之属性的一种概括。这里把它运用到对某种具有法律效力的民间规范的概括上,是否合适?笔者认为是可以的。因为人们据以诉讼的原因和根据,有些在法律中业已有规定,但有些却付之阙如。可无论如何,只要有了社会纠纷,就需要寻求纠纷的解决方式。特别是用来解决社会纠纷的专门公共机构——法院,更没有推脱主体诉讼请求的权利。一切纠纷行为都可以诉诸法院,都可以通过司法途径予以解决。司法倘若对人们的纠纷行为置之不理,那人们就只能通过其他方式寻求解决的思路了。这同时也表明，既然把解决社会纠纷的权力交给司法机关，也就意味着当司法机关在面对案情而法律根据不足时，为了纠纷的解决，可能会依照、根据案发地人们日常处理类似案件的民间规范来解决问题，也就是说，法官可以在和案件事实紧密相关的民间规范中去寻求和发现法律。这时候，也就意味着这些民间规范和国家正式法律一样，具有了可诉性。①

第四个特征是权利义务的分配性。民间规范对主体之权利义务的分配性问题，在这里更值得一提。一般认为，权利义务这样的分析范畴，只是近代法产生以来才有的。至于古代法以及那些和近、现代法并不直接关联的民间规范，是无法借助权利和义务这样一对范畴进行分析的。因为古代法不但是"义务本位"的，甚至也没有权利这样的概念：

> "总的说来，前资本主义社会的法是以义务为本位的，资本主义社会的法是以权利为本位的，社会主义社会的法则是最新类型的权利本位法。从义务本位法到权利本位法的转变是历史的进步和必然。"②

笔者认为，如果机械地理解权利义务的概念，则这对范畴主要是近代法律的创造。在罗马法上，虽然已经有权利和义务的具体规定，甚至已经超越了希腊哲人而站在城邦政治的视角阐述权利和义务，进而把权利问题和个体紧密地联系起来，如：

> "罗马法中的每一种权利或法律关系都有着自己相应的诉讼形式作为保护措施和救济手段，甚至，人们经常以是否存在相应的诉权来判断是否存在特定的权利。"③

然而，在那里，还没有自觉地在学理上把权利和义务作为法律的核心范畴和内容来阐述的情形，反倒是权利和义务问题，都围绕着分配正义这个政治哲学的重要问题而展开，其具体表现于罗马法对于希腊社会契约论思想的继承和发展。在罗马社会"从自然状态到市民社会的过渡完成，社会契约是两者间的中间环节""这个重要、影响深远的法哲学预设体现在罗马法的具体制度中"，以致"罗马君主认为自己的权力来源于法律之授权的社会契约论意识"④。

---

① 谢晖：《独立的司法与可诉的法》，载《法的思辨与实证》，法律出版社2001年版，第245～259页。

② 张文显：《从义务本位到权利本位是法的发展规律》，载《社会科学战线》1990年第3期。

③ 黄风：《罗马法》，中国人民大学出版社2009年版，第17页。

④ 徐国栋：《共和晚期希腊哲学对罗马法之技术和内容的影响》，载《中国社会科学》2003年第5期。

但是,如果我们打破对权利义务的学理固执,放眼权利和义务的实践,就不难发现,在中国古典法律进行义务强加的背后,依然有未曾明文的权利保障的内容;在中国诸多古代契约中,甚至可以显见契约当事人对双方权利和义务的约定;至于在民间规范中,尽管人们日常所见的民间规范也更多的是禁止性的内容,但在这种禁止性内容的背后,却含有“接受禁止,始有权利”的意味。所以,以禁止性内容为主的民间规范,绝非无视权利和义务问题,而只是对权利和义务采取了一种独特的规范方式。如果一种民间规范不具有权利和义务的分配功能,在笔者看来,也就同样不宜在司法中运用之,作为法律适用的渊源或根据。道理显而易见,一种裁判根据不能恰当地给纠纷主体分配权利和义务,则案件事实就无法据之合理地处理。

第五个特征是合理性。民间规范,名目繁多,也往往鱼目混珠,良莠不齐。即使一种民间规范是活动的、可接受的、可诉的和具有权利义务分配特征的,也并不意味着在司法活动中就一定能够援引它进行裁判。例如,在我国各地普遍存在的“冥婚”(“阴婚”)习惯,虽然至今仍能被很多人所接受,①但假设因此发生了“婚姻”纠纷(而不是和其相关的财产纠纷),则司法无论如何也不能因为这种习俗的活动、可接受、可诉等,而援引它予以裁判。因为这种规范无论在科学意义上来讲,还是在法律意义上来讲,都不具有合理性。当然,行文至此,必然涉及对究竟什么是合理性等问题的追问。在笔者看来,这里的合理性,一是指民间规范能够符合法律和人类进步的一般价值需要,或者不违反这种价值需要;二是指民间规范能够符合科学常识,或者不公开违反科学常识;三是民间规范应在前述价值和科学基础上,能够引导人们健康的情感和生活,而不能支持那种明显不健康的情感和生活。以“冥婚”为例,虽然它在一定意义上具有表达生者对逝者情感寄托的内容,但这种情感寄托既缺乏法律和人类进步的价值担当,也没有科学意义上的任何根据,还容易导致国民沉迷并追逐愚昧、落后的生活理念和方式,因此,在合理性上明显得不偿失。不但如此,如果司法者支持这样的民间规范,势必因为“冥婚”而

---

① 据报道,最近在河南洛宁发生的邮政局长酒后开车撞死五人一案中,其中被撞死的一些孩子的家长就为孩子专门联络“阴婚”的事,其中有两位孩子就以“阴婚”(“冥婚”)的名义合葬在一起(参见《河南官员撞死5少年　父母为身亡少年少女配阴婚》,载 http://news.ifeng.com/society/2/detail_2010_12/10/3439901_0.shtml,2010年12月13日访问)。

扭曲人们的日常生活，破坏法定的既有秩序。①

笔者认为，以上诸方面，是一种民间规范能够在司法活动中被援用的基本前提。如果一种民间规范不具有如上的属性，那么，即使在客观上出现了法律调整不能、法律漏洞等现象，司法者也不能运用这样的民间规范，作为司法裁判的依据；否则，对民间规范的援用，就只能破坏法律预期的秩序，而不能有效维系法律既定的秩序。以上所论，是就民间规范自身的内容出发，说明司法援用民间规范的前提问题。那么，即使一种民间规范有了如上的前提，但究竟在什么场合，或者什么条件下司法才需要援用民间规范？这也是本文如下内容所要探讨的主要问题。

二、调整不能、民间规范与事实替代

调整不能，是法律冲突的一种表现形式，笔者把它界定为当法律的规定不能调整它所欲调整的对象（主体交往的社会关系）时法律的一种病态形式。法律调整不能，在表象上和法律漏洞很相像，但它又完全不同于法律漏洞，因为法律漏洞的前提是一种社会关系压根儿就没有相关的法律规定可遵循，立法没有在社会关系的事实和法律的词语之间建立起逻辑勾连，从而一种社会事实没有法律规范。但调整不能却并非如此，它的前提是有法律规定，但法律规定和它所欲调整的对象间南辕北辙、大相径庭，从而导致所谓法律的调整不能问题②。

如何寻求法律调整不能的一般救济措施？能不能用类推适用方法？如果人们把法律调整不能视为一种独特的法律漏洞，那么，运用类推适用的方式，从最相类似的法律规定中寻求法律调整不能的救济方法，也未尝不可。但问题是相关的社会事实，已经安排了具体的法律规范，只是这种规范不能准确地表述相关的社会事实，从而使法律规范与它所欲调整的社会事实间出现了明显的疏离和不睦。所以运用类推适用的方式补救调整不能，也就勉为其难。

既然调整不能属于一种法律冲突，那么，能不能借用效力识别的方法解决这种冲突？在笔者看来，法律冲突分为两种：一种是法律规范和法律规范之间的冲突，对这样的冲突，法官才可能选择运用效力识别的

---

① 例如，在我国至今仍笃信“冥婚”的一些地方，如秦晋一代，一些人就为了撮合所谓“冥婚”，更为了些微利益，而发生过一系列丧尽天良的、令人发指的重大命案（参见虞伟：《陕晋盛行配冥婚风俗 高额利润诱发系列命案》，载《南方都市报》2007年2月15日）。

② 相关系统论述，参见谢晖：《法律哲学》，湖南人民出版社2008年版，第241～279页。

方法予以救济；另一种是法律规范和它所欲调整的社会事实之间的冲突。显然，对这种冲突，无法适用效力识别的法律方法予以解决和救济，因为它本身不属于借助效力识别来救济的领域。

还有一种方法，即利益衡量方法能否解决或救济法律调整不能的问题？如果把法律的规范冲突一分为二的话，那么，效力识别的方法一般运用于法律的层级效力出现冲突时，而利益衡量的方法则运用于法律的水平效力出现冲突时。所谓水平效力冲突，是指效力相同的两部或多部法律，就相同的调整对象问题作出了不同规定的情形。① 效力相同的法律间一旦出现冲突，对法官而言，往往意味着无所适从。处理水平效力冲突的基本法律方法，是利益衡量方法。但法律调整不能问题，压根儿表达的就不是法律规范之间的冲突，而是法律与它所欲调整的社会事实之间的冲突，这意味着法官不能在冲突的事实和法律之间进行利益衡量。因为这里的情形，并不符合利益衡量的场域。

所以，法官面对法律调整不能，就只能剩下两种选择了：要么削足适履，强行把不合适的法律规范代入案件事实中去，其结果未必能获取裁判应有的效果；要么以事实替代法律，即法官在案件事实中，寻求相关事实的规定性，或者在和相关案件事实有关的其他社会规范中，寻求可以替代现有法律之不足的规范来裁判案件。这些规范如宗教规范、社会道德、民间习俗、乡规民约、社团内部规定等。笔者在这里把它们统称为民间规范。

这样，对事实替代这一法律方法，可以做两个方面的解释：

一方面，是法官在案件事实中寻找和发现事实本身的内在规定性。规范作为对事物的命名方式，是一个言辞和事物的对应过程。文字的产生，让规范对事物的命名更加方便、规范。但是，规范又不同于对事物的一般命名，一般命名可以不考虑事物的内在规定性，规范对事物的命名，必须考虑事物的内在规定性。因为日常命名只是一种对对象的称呼，能否反映对象的内在规定性问题不大，但规范特别是法律规范却需要直接调整主体的交往行为，所以，如果规范不能表达其所调整的对象的内在规定性，就势必导致规范规定和人们行为的南辕北辙。

所谓事物的内在规定性，也可以称为事物的规律性，法律的调整不

---

① 关于法律水平效力及其冲突问题，在国内法学界研究者尚不多。李秀群在研究宪法基本权利的水平效力问题时有所涉及。参见李秀群：《宪法基本权利水平效力研究》，中国政法大学出版社 2009 年版，第 264～279 页。

能，其实就是法律没有表达它所欲调整对象的内在规定性，没有表达某种社会关系的规律性。当法律没有在一般层面上表达所调整对象的内在规定性时，法官面对个案，就需要在个案事实中寻求其规定性，以便更准确地处理案件，获得案件裁判的可接受效果。这种规定性，就是事物本身的内在规律或者规定性。笔者认为，针对自然事实，以内在规律命名更妥当些，针对社会交往事实，则以规定性这个词命名更妥当些，因此，在本文中，笔者更多地运用事物的规定性这个词，而不是事物的规律这个词。因为法律所调整的，主要是社会交往事实，即使是和自然对象紧密相关的那些法律，当被置于法律的调整框架中时，也是因为和主体的交往行为相关才被纳入的。对此，这里不予展开论述。

另一方面，事物本身的规定性尽管能够解决事实替代问题，但并没有涉及民间规范和事实替代的关系问题。事物本身的规定性，仍然局限于客观事实的层面，而民间规范，在本质上来讲，是一种规范事实或者制度事实。在此，规范事实或制度事实对应着客观事实。客观事实，是没有人的主观能动因素作用于其间的那类事实，而规范或制度事实，是经过了人的主观能动性加工、筛选和过滤的一类社会事实。笔者认为，规范事实这个词，更具有法学意蕴，而制度事实这个词，更具有社会学、政治学或制度经济学的意蕴。特别是制度经济学，对制度事实问题更为关注，制度可谓是制度经济学的核心概念：

> "制度是一系列被制定出来的规则、守法程序和行为的道德伦理规范，它旨在约束追求主体福利或效用最大化利益的个人行为。"①
>
> "由人制定的规则。它们抑制着人际交往中可能出现的任意行为和机会主义行为。制度为一个共同体所共有，并总是依靠某种惩罚而得以贯彻。"②

由此而言，民间规范既可谓非正式制度事实，也可谓规范事实。

作为规范事实，民间规范或许比事实的规定性更能够发挥事实替代的作用。当法官面对法律对案件调整不能的情形时，法官不能首选在案件事实中寻求事实规定性的路线，因为这不但是一个耗时费工、各说各理过程，而且也容易将案件的处理从遵循一般规范的处理，降格为个别

---

① [美]道格拉斯·诺思：《经济史中的结构与变迁》，陈郁等译，上海三联书店1991年版，第225～226页。

② [德]柯武刚、史漫飞：《制度经济学》，韩朝华等译，商务印书馆2000年版，第11页。

处理,从而导致同类案件无法类似处理的情形不断出现。所以,法官如何在与案件事实相关的民间规范中寻求救济和解决之道,从而引入民间规范进行裁决,实现民间规范在事实替代这一法律方法中的作用或价值,对事实替代而言,或许更为有效。具体说来,援用民间规范作为事实替代的方案,其作用在于:

第一,援用民间规范为事实替代的方案,可以提供一种比现行法律更优越的现成的规范替代方案。所有司法活动,归根结底是把案件事实和规范内容结合起来的一种程式化的作业。一种法律调整不能的社会事实,仅仅是就法律规定和该种事实的关联而言,出现了调整不能的情形,但这并不意味着这种事实没有规范可循;相反,在实践中,这种事实还往往具有自身业已存在的独特的规范。譬如前些年在国内很多地方通过立法推行的有关节假日的烟花爆竹禁放令,就能比较典型地说明相关问题。虽然看似雷厉风行的禁放令,在公民的交往行为中却屡遭冷遇,原因在于已有的法律规范罔顾中国固有的民间规范和千古习俗,刻意革新的结果,不但没有收到更好地调整相关社会关系的效果,反倒使相关社会关系更加混乱、无序——因为法律调整不能导致的无序,比没有法律调整的无序往往还要糟糕。

第二,援用民间规范作为事实替代的方案,更容易收到可接受的裁判效果。当国家法律不能调整当下的案件事实时,那么,和当下的案件事实相关联的民间规范不但是一种较好的事实替代方案,而且很容易获得当事人的可接受效果。如前所述,能够获得可接受性,是民间规范司法运用的基本前提之一,在可接受性中,最重要的可接受性,就是案件当事人的可接受。只要有一方当事人不能接受或不愿认同采取民间规范解决案件纠纷,那么,可接受性问题在这里就被阻止、中断。所以,在一定意义上来讲,以民间规范作为事实替代的规范基础,就是一个在当事人之间,甚至在其他主体之间寻求规范的可接受性的过程。这一过程一般不会像援引法律规范那样斩钉截铁——因为借助法律处理纠纷,在任何现代国家是天经地义的,而借助民间规范解决纠纷,是一种不得已的妥协机制,所以,它总会含有一定的协商和交涉过程在其中。也正是因为这种协商和交涉机制,使当事人对借用民间规范处理纠纷,以实现事实替代更具有可接受性。“顶盆过继案”的处理,就是一个比较典型的例证,尽管法院依旧把“顶盆过继”这一民间规范作为论证的事实来引用,但当事人以及对这一民间规范都予以认可的当地人士,对这一判决都没提出异议。[1] 原因就在于“顶盆过继”的民间规范本身在当事人之间的可接受性和有效性。

第三,援用民间规范作为事实替代的方案,和在个案中寻求事实规定性来裁断案件相比,使裁决结果更能彰显一般性。和具体的事实相比较,任何规范都具有一般性。适用于某一案件事实的民间规范,和相关事实相比较,也具有这种一般性特征。在人类历史上,个案的处理有两种方式。要么是“议事以制”的个别调整方式,其基本特点是“一事一规则”。虽然它可能在一定意义上实现某种实质公正,但毕竟它很难导向一般性的形式公正,从而不但耗时费工,而且还会在比较意义上失去实质公正的印象。要么是“类案同判”的一般调整方式,其基本特点是“类似案件,一样规范”。其好处是能尽量在形式公正基础上,实现更大范围内的实质公正。因此,和在个案中寻求其规定性,以作为事实替代的根据相比较,利用民间规范作为事实替代的材料、方案来裁判案件,更能够突出表明司法裁判是根据某种一般性规范进行的,从而既克服司法恣意,也能够尽量保持人们对司法形式公正的印象和认同。

第四,援用民间规范作为事实替代的方案,更容易迎合公民对司法的预期。不论是国家正式法律,还是民间规范,只要能够被人们接受,都在一定程度上给所接受的人们设定了一种预期,也因为这种预期,让人们面对案情,心理能够安定,行为能够守序。这和在个案中寻求事实的规定性相比较,更能实现人们对裁判结果和裁判秩序的预计,从而尽量避免因个案裁判反倒带来的对社会秩序的妨害和不便。司法的职能之一,是让处于争议状态的社会秩序能够得以恢复,使不稳定的社会秩序能够得以稳定。如果司法不能平复处于纠纷状态的社会关系,反倒或者使处于纠纷状态的社会关系更趋于复杂,或者引起更进一步的社会纠纷和秩序混乱,则意味着司法的基本职能未能呈现。所以,司法者在法律调整不能时,如何更加审慎地选择最恰当的方案和规范进行裁判,不仅仅涉及个案解决的公正与否,而且影响当事人和其他公民的预期,从而影响个案裁判和社会秩序之间的关系。在一定时空范围内公民可接受的背景下,选择援用民间规范作为事实替代的方案,可以较好地满足当事人和其他公民的预期,从而也能够较好地通过司法裁判,恢复社会秩序,实现社会稳定。

---

① 有关“顶盆过继案”的内容、裁决和学理论述,参见姜福东:《法官如何对待民间规范?——“顶盆过继案”的法理解读》,载《甘肃政法学院学报》2007 年第 4 期。

以上论述表明,当法律调整不能,从而需要借助事实替代的方法解决当下案件纠纷时,援用民间规范作为事实替代的方案,比在案件事实中寻求和发现案件的规定性,更具有合理性和当事人及其他社会主体的可接受性,从而也能够使司法裁判获得一般性规范的支持,避免在类似的案件中法官擅断的可能。

三、法律漏洞、民间规范与发现法律

简言之,所谓法律漏洞,就是法律规定和它所欲调整的社会事实、社会关系之间出现了无法对位的情况,是法律规定对社会事实和主体交往关系的遗漏或者预计不足。在法律出现漏洞时,用以补救的主要方法有三种,即类推适用、法律发现和法律续造。[①] 其中,在法律发现这种法律方法中,民间规范作为法律发现的法源,具有重要的作用。

一般认为,法律,特别是成文法,就是一种白纸黑字的规定,只要识字的人去看它就行了,怎么在这里还讲什么法律发现呢?事实上,这里涉及人们对法律的基本看法问题。即使在一个法律相当健全的国度里,相对静止的法律不能、也不可能完全应对丰富多彩的、不断变化的社会事实。同时,由于法律已经成为规范人们交往领域里全方位事务的社会规范,所以,面对如此多的法律,即使一位资深的法官,也不可能把这些法律全然烂熟于心,更兼之法律自身规定也存在诸如语义不清、自相矛盾、重复规定、规范漏洞等一系列的问题。这时,法官针对具体个案,就既存在一个如何在卷帙浩繁的法律世界"发现法律"的问题,也存在一个在蕴涵了规范内容的社会事实甚至案件事实中如何"发现法律"的问题。显然,这是两种不同的法律发现。

第一种法律发现,是法律的内部发现,即法官在法律体系内部发现最适合于个案处理的法律。如下案件就能较好地说明法律的内部发现问题:有次,某地一位消费者买了一辆小轿车。知情人通过匿名信告诉他该车是瑕疵车。他首先找到售车行,该车行拒不承认该车是瑕疵车;接着,他又找到交通管理部门,交警部门证实该车确为事故车。当他再找车行时,车行蛮不讲理,仍不予理睬。无奈之下,车主诉诸法院。此案可谓事实清楚,但在如何适用法律上却因法律规定的不同形成了争点:究竟该适用《合同法》处理该案还是适用《消费者权益保护法》处理该案?法官经过权衡再三,决定适用《消费者权益保障法》来处理该案。这

---

① 相关系统论述,参见谢晖:《法律哲学》,湖南人民出版社2008年版,第283~403页。

里既存在一个价值衡量问题,也存在一个“法律的内部发现”问题。

在此,尽管法律对相关问题的规定是白纸黑字、至为明显的,但适用两部不同的法律对判决结果以及当事人的权利义务分配而言又大相径庭。这表明,在一个国家众多的法律中寻求最适合解决本案的法律,这显然是一个针对个案的“法律发现”过程,就如同英美法系的法官们针对个案解决,总需要在诸多的先例中寻找和本案最相接近的判例来解决案件(所谓“先例识别”)一样,这其实也是一种“法律发现”。只要一位法官不可能对一个国家卷帙浩繁的法律了如指掌、烂熟于心,那么,法律的内部发现就总是不能避免的。

第二种法律发现,即法律的外部发现。法律的外部发现,更能典型地说明法律发现这一概念。它所强调的是当法律规定不到位时,或者法官没有现成的法律根据处理当下的案件时,在案件事实中和一个社会既有的主体交往行为的规范体系中去发现法律。这里表明了两种情形:

一种情形是法官在案件事实中发现法律(规定性),其基本根据在于案件事实本身就可能预示着某一类社会关系的规范性内容,但国家法律中未必对这类事实有明确的规范措施。例如,最近在我国各地都悄然兴起了“代驾业务”,以帮助醉酒后无力开车的人们驾车回家。[①] 但这种业务在法律上的根据显然并不充分,虽然它在事实上的需要相当充分。假设法官遇到代驾活动中产生的纠纷,除了依据代理的一般法律规定之外,具体根据何种代理合同来处理这样的纠纷?这显然是目前法律尚不明晰的问题。对此,根据案件所涉及的社会关系本身可能蕴涵的规定性进行处理,就成为法官处理案件的一种可能和必要的选择。对法官而言,这就是其在案件事实中“发现法律”的一个过程。

另一种情形,根据社会交往中业已存在的规则机制来处理相关纠纷,其实就涉及这里的主题——民间规范对案件处理及法律发现的作用问题。在前文中,笔者已经交代过:在《瑞士民法典》和我国民国时期的民法典中都有这样的规定:民事法律未规定者,依习惯。但按照这样的规定,究竟什么是习惯的问题就可能会引出一些麻烦。因为在人们交往的现实世界中,习惯存在的内容、样式、功能等,实在是各种各样、不一而足的。在芜杂斑驳、式样繁多的习惯面前,是不是所有习惯都能成为法官法律发现的渊源,都能进入法官法律发现的过程,从而成为法官判案

① 参见李子平:《代驾火了,接一半推一半》,载《华商晨报》2009年8月15日。

时援引的根据？如果不是，那么，究竟什么样的习惯等民间规范才可以作为法官判案时援引的规范根据？哪些习惯不能作为法官判案时援引的根据？显然，法官在这里就面临着在案件事实中、在社会事实中、在活生生的诸多习惯中，发现用以判案的规则，以作为适用于具体案件中的“法律”的问题。

在本文第一部分，笔者已经对于什么样的民间规范才能作为司法援引的裁判依据做了一般性的交代，认为只有那些具有活动性、可接受性、可诉性、权利义务的分配性以及合理性的民间规范，才具有被司法活动所援引的价值。这些特征不同时具备，最多只能在司法活动中作为司法推论的事实，而不能被援引为司法裁判的依据，不能成为法律发现的渊源。这里所强调的法律发现，就是指法律的外部发现。法律的外部发现，和前文中寻求“事实替代”的方案一样，既可以在案件事实中进行，也可以在和案件事实业已相关的规范事实特别是民间规范中进行。其中后者对于个案的裁判而言，更具有可接受性，因为即便是民间规范，和个案事实相比较，它毕竟是一般性的规定，而个案事实及其所蕴含的规则只能是个别性的规定。因此，援用民间规范更容易收到一般性调整的社会效果，而在个案事实中发现法律，只能收到个别调整的效果。

但是，和“事实替代”所面对的民间规范一样，法律发现所面对的民间规范也毕竟是多种多样的。司法者究竟如何在如此多的民间规范中“发现法律”？或者什么样的民间规范才具有法律发现的法源价值？这需要我们重温前述在司法中民间规范可能被运用的前提条件：只有那些具有活动性、可接受性、可诉性、权利义务的分配性和合理性的民间规范，才具有在司法活动中被法官运用于个案的必要和可能，才能够作为司法裁判的法源被使用。所以，在民间规范中发现“法律”，发现最能够适用于某一具体案件的民间规范，事实上就是法官根据个案的具体情形，审查某种民间规范是否具有活动性、可接受性、可诉性、对主体的权利义务的分配性以及合理性的过程，当然，在这个基础之上，还需要继续探讨相关的民间规范是否和当下的案件之间具有事实关联和逻辑关联。

所以，法官要在民间规范中发现法律，发现个案裁判的根据，就是要秉持在那些具有活动性、可接受性、可诉性、权利义务的分配性和合理性的民间规范中去发现法律。这是法官对可能援用的民间规范所进行的前提性审查，也是法官援用民间规范以发现法律时所要审查的第一步。如果这第一步审查中不符合上述要求，或者找不到符合上述要求的民间规范,就意味着法官在民间规范中发现法律的路被阻断了,因而面对法律漏洞,法官只能在个案事实中寻求事实的规定性以解决当下纠纷。

完成了对可能援用的民间规范的前提性审查,就应当进入援用民间规范进入司法的第二个步骤:审查当下个案和准备援用的民间规范之间的相关性。诸多的民间规范,并不是、也不可能就现成地摆在法官们面前;反之,法官理应结合当下的案件事实,寻求和发现这一事实与民间规范之间的内在关联。这种关联既包含事实性的关联,也包含逻辑性的关联。所谓事实性的关联,是指在纠纷主体所在的区域里,人们在日常的生活实践中,运用相关的民间规范来解决类似纠纷。所谓逻辑性的关联,是指之所以在纠纷主体所在的区域内,人们运用这类规则解决类似纠纷,是因为规则本身表达了纠纷事实的规定性。而这种规定性或许来自纯粹的纠纷事实,或许来自人们对纠纷事实如何解决的一种愿望。下面,笔者将结合在国内发生的"凶宅"纠纷案及其司法裁决,以说明司法者在个案中援用民间规范时的审查方式。

在国内多次发生的"凶宅"纠纷案中,众所周知,对于"凶宅"这一事实,并没有现成的法律予以特别地、专门地规定,最多只有一些类似于公序良俗的原则性规定。对于卖者而言,有没有就此告知买者的义务?在现行法律的规定上当然找不出根据,并且依照现行法律,卖者不告知,也没有违反法律的规范,没有损及当事人在法律上的任何利益。所以,遇到相关的诉讼时,法官裁判能够援引的有关"凶宅"的规则,只能是一些被人们可理解、可接受的习惯等民间规范。尽管在有关裁判以及法官的解释中,也运用了诸如诚实信用这样一些于法有据的说辞,但法官同时也都强调这样的案件在裁判中对民间习俗的尊重,对人类一般常理的遵循。笔者也注意到,有些专家站在唯物论的立场上,对法院的相关判决提出了质疑,并认为如果把死过人的房屋都当做凶宅,只能助长迷信,影响旧房交易事业的开展和房屋买卖的正常进行。①

在笔者看来,持这种观点的人,想当然地扩大了民间规范所能接受的"凶宅"的范围,混淆了宅内人的正常死亡和非正常死亡。一般说来,我国有关"凶宅"忌讳的民间习俗,只适用于宅内人的非正常死亡情形,并不适用于人的正常死亡情形。所以,在相关案件的处理中,当

① 国内有关凶宅案的相关案情、判决及不同观点的争论,参见夏德辉:《黑龙江首例凶宅买卖纠纷案宣判　买主获赔4万元》,载《生活报》2005年4月4日;陈太富等:《"凶宅"买卖纠纷案》,载《成都日报》2009年6月18日等。

法官无法在法律规定中找到确切的、具体的、明细的法律规范进行裁判时，引入有关“凶宅”忌讳的民间规范进行裁判，既能获得两造和其他社会主体的接受，也能获得案结事了的社会效果。大庆“凶宅”案和成都“凶宅”案的裁判结果，都以原告（买者）的胜诉而告结，并被双方当事人、其他社会主体所接受。这充分说明借用民间规范裁判，或者在裁判中以民间规范作为说理根据的可接受性，也说明这些规则在类似案件的处理中具有活动性，并在一定程度上具有对纠纷主体权利义务的分配功能，因为这种分配功能，也使“凶宅”忌讳在司法活动中获得了可诉性。

这里对“凶宅”忌讳习惯的司法适用，就集中围绕着事实相关性和逻辑相关性而展开。事实相关性是由“凶宅”买卖和纠纷，推演到“凶宅”忌讳一类的民间规范；逻辑相关性则是借助有关“凶宅”忌讳的民间规范处理纠纷事实，重新分配纠纷当事人的权利和义务，并最终获得包括当事人在内的所有社会主体的接受；反之，倘若法院在法律根据不足的情形下，秉持所谓“无神论”的精神和说教进行裁判，反倒无法收到这种可接受的效果。可见，法官在法律发现中，如何围绕民间规范与纠纷案件的事实相关性和逻辑相关性来选择适用民间规范，是借用民间规范获得实际的裁判效果的必经选择。

当法官在完成了拟援用的民间规范与当下案件之间的事实相关性和逻辑相关性审查这一任务后，要继续做的，就是把在民间规范中所发现的和当下案情相关的规范事实（“法律”）适用于当下案件的过程。需要指出的是，至今在我国的实践和学理上，人们对民间规范运用于司法裁判的看法不尽相同。有些主张只能作为案件裁判的小前提，即把民间规范作为事实来运用，而有些主张应区别对待，在有些案件中民间规范可以作为案件裁判的小前提使用，但在有些案件中可以作为案件裁判的大前提，即作为裁判根据使用。笔者在本文中所讲的民间规范的司法适用，无论强调援用民间规范作为事实替代的方案、法律发现的方案还是法律续造的方案，都是指在大前提意义上，即在裁判根据的意义上援用它。这尽管在我国实践中还有一定的困难，但在理论设证意义上，及早论述和探讨，并非多余。

四、法律漏洞、民间规范与法律续造

法律漏洞的救济机制，除了类推适用和法律发现之外，另一种方法就是法律续造。究竟什么是法律续造？目前我国学界通用的法律续造主张,来自拉伦茨。拉伦茨把法律续造分为法律的内部续造和外部续造两个方面。① 笔者认为,他所讲的法律的内部续造,不应当属于法律续造的范畴。而关于法律的外部续造,他也非常谨慎地提出了适用的条件。他认为:

> “法治国原则所包含的权力分立原则要求,司法裁判应尊重立法者的规范制定特权。然而,假使立法者未发挥其功能,而司法权如果自己不发现规则,将产生完全不能符合最低的法的安定性及正义的要求之状态时,则前述要求亦不完全禁止司法者自己去寻找规则……”②

显然,和梅里曼在法律续造问题上的担心相比,拉伦茨虽然也很谨慎地使用这一概念,但他要比后者乐观得多。梅里曼曾担心如果允许法律续造,可能会带来一系列问题,他指出:

> “一方面,法官不得借口法律规定不清楚而驳回诉讼,另一方面,当法规确实不清楚时,所谓‘严格意义上的法律解释’就成了法官为其所作的判决进行辩解的根据。在此情形下,法官明显地成为案件的立法者,其中所蕴含的危险自然更是不言而明的,这样通过司法解释而表现出来的法律已与立法机关制定法律时的宗旨大相径庭,法官的作用与立法者已无实际区别。”③

尽管梅里曼在这里还是无可奈何地承认了法律续造问题,但他对法律续造问题的警惕,对国家权力结构可能因此带来的失调的关注,自然也值得我们重视。不过这不是笔者在这里拟论述的主题。

笔者之所以把拉伦茨所讲的法律内的法律续造剥离出法律续造的范畴,是要强调在法律有漏洞,并且当法官穷尽了诸如类推适用、法律发现等方法,仍没有找到合适的裁判规则时,才能进行法律续造。在事实替代、法律发现等法律方法的运用中,尽管法官也是在法律之外寻求解决案件问题的法律方案,但法官还是在尽量寻求一种更加客观的方式,并直接依赖,甚至根据这些客观的方式来解决案件。但是法律续造却是法官在穷尽了这些客观的解决方案之后,更多地把自己的主观判断带入

---

① [德]卡尔·拉伦茨:《法学方法论》,陈爱娥译,商务印书馆 2003 年版,第 246 ~ 249 页。

② [德]卡尔·拉伦茨:《法学方法论》,陈爱娥译,商务印书馆 2003 年版,第 254 页。

③ [美]约翰·亨利·梅里曼:《大陆法系》,顾培东等译,法律出版社 2004 年版,第 44 页。

案件解决过程中的法律方法。[①] 所以，和其他法律方法相比较，法律续造最能体现法官在司法活动中的创造性，由这种方法所产出的司法裁判，在存在判例制度的国家，应当是最典型的司法判例。

在这里，笔者想暂且抛弃对拉伦茨有关法律内部续造的否定，而愿尝试着按照拉伦茨的观点，并结合笔者自身的理解，把法律续造分为广义的和狭义的两个方面（尽管笔者仍坚定地认为，所谓内部续造，不是法律续造）：广义的法律续造包含了所有法律漏洞的补充方法，而狭义的法律续造仅仅指法官超越法律，根据自己对案件事实和其他社会规范的判断，创造裁判规范的活动。笔者如下所讲的法律续造，仅仅是指狭义上的法律续造。

接着需要探讨的是法律续造和民间规范的关系问题。如果说在事实替代和法律发现等法律方法中，民间规范可以被法官直接代入司法进程，成为司法裁判的规范根据的话，那么，在法律续造中，由于它本身是一个法官高度地发挥其主观能动性的活动，更兼之法律续造是以法官穷尽了所有可直接运用于当下案件的规范为前提的，因此，法官在法律续造中对民间规范就只能是借鉴，而不是直接运用。这至少能表明如下四个问题：

第一，在法律续造中借鉴民间规范和在事实替代、法律发现中运用民间规范的功能不同。只要法官运用法律续造这种方法来解决案件，那么，法官对民间规范的借用，就并不是直接引用，而只能是法官法律续造所要继续加工的对象。这些民间规范，并不能直接地适用于当下的案件事实，从而不能直接作为裁判的规范事实根据。对法官而言，他们最多只是依据案件事实和与这种事实相关的、可参照的其他规范去构造新的、和当下案情相关的裁判规范。所以，在法律续造中，对法官而言，借用某种民间规范的目的，不是直接适用它，而是将其作为进一步构造裁判规范、进行法律续造的参考材料。

直接适用和作为参照，是截然不同的两个概念，前者是把民间规范直接运用到个案的裁判中，成为个案裁判的直接规范事实和依据，而后者仅仅是法官重构裁判规范的材料，它必须经过法官的再加工，才能适用到个案裁判中去。由此可见，法官的法律续造，是一个在现有案件事实和法律规范基础上的再加工和再创造过程，从而法官对民间规范的参

① 参见谢晖：《法律哲学》，湖南人民出版社2009年版，第365~400页。

照，也是一个为了当下案件的解决，加工民间规范，并生成个案的裁判规范的过程。

第二，在法律续造中借鉴民间规范和在事实替代、法律发现中运用民间规范的过程不同。在事实替代和法律发现中运用民间规范，是一个运用和当下案情相关的民间规范直接进行裁判的活动。尽管在相关活动中，法官也面临着在众多的民间规范中如何选择最合适的民间规范的问题，但只要法官选定了相关的民间规范，就不需要再进一步去构造新的规范，而是直接把选定的民间规范代入案件事实中去。这时，被法官选定的民间规范，事实上就构成当下个案的裁判规范，而不需要法官在所选定的民间规范之外，再专门构造裁判规范。

但在法律续造中，法官要么在个案案情中提取、寻找其规定性，作为重新构造裁判规范的材料，要么在和案件相关的民间规范中寻求构建裁判规范的材料，要么结合个案规定性和相关民间规范，经过法官的主观思维加工，构造当下案件的裁判规范。显然，在法律续造中，民间规范的适用，并不直接指向案件的裁判，而只能通过法官的再加工、再构造，首先形成法官构造的裁判规范，然后再借由这一裁判规范，使民间规范间接作用于案件。

第三，通过前面两点论述，可能读者会提出这样的疑问：是不是说在法律续造中，法官对民间规范的参照不应当被纳入民间规范的法律适用中？笔者认为，如果严格地按照法律适用就是把规范直接运用到案件事实中去的要求，在法律续造中法官对民间规范的参照，确实不是民间规范的直接适用，因为它不能直接作为司法裁判的逻辑大前提。在法律续造中，司法裁判的逻辑大前提是法官所构造的裁判规范。

但也是在这里，在一定意义上，既不是把民间规范仅仅作为事实来运用，又不是仅仅作为司法中法律推论的事实根据。民间规范在法律续造中，已被法官杂糅进他所构造的裁判规范中去了，在这个意义上，民间规范、个案事实的规定性等都被法官纳入针对个案事实的创造性规范构造中去，从而成为法官裁判当下案件的规范依据。这样看来，说在法律续造中，被法官参照并据以构造新的裁判规范的民间规范，仍然是被法官通过特殊的方式适用到当下的案件中去了，因此，仍属于民间规范的司法适用问题，就完全能够成立。

第四，既然在法律续造中，被法官所参照，并据以构造裁判规范的民间规范，仍然属于民间规范的司法运用，那么，对民间规范的司法运用，就应当分为两种情形来看待。一种情形是民间规范在司法中的直接适用,这主要体现在法官运用事实替代和法律发现的法律方法时,直接在民间规范中寻求和当下案情最相符合的规范事实,并把这种规范事实适用到个案的裁判过程,从而作为案件裁判的规范准据的情形。当然,民间规范在司法中的这种直接运用,还必须与一个国家的法律体制和司法体制紧密结合起来考察。如果一个国家在司法和法律体制中坚决反对司法在法律之外援用其他规范解决纠纷,那么,这种对民间规范的直接适用,也就皮之不存,毛将焉附了。另一种情形是民间规范在司法中的间接适用,它是指法官以民间规范为参照,结合案件其他因素,重新构造个案裁判规范的过程。因为在所构造的个案裁判规范中,已经蕴涵了民间规范的内容,因此,可以视做民间规范在司法中的间接适用。

上述结论,已经明确地把民间规范作为推论或论证事实的情形排除在民间规范的司法适用之外了。在我国有关民间规范司法适用的探讨中,有人把民间规范作为推论和论证的材料也放在司法适用的范畴,①笔者认为这明显扩大了民间规范司法适用的范畴。所以,民间规范的司法适用问题,只能是指依据民间规范,直接或间接地适用于案件裁判的活动。

五、基本的结论

在一个强调法律治理的国度,作为把法律奉为唯一上司的司法机关和法官,②在迫不得已选择民间规范的司法适用时,必须遵循民间规范司法适用的基本前提和条件。当然,这并不意味着在任何案件的裁判中,都可能运用到民间规范。只有在法律和事实间出现冲突,从而法律调整不能时;在法律出现漏洞并没有可类推的方案,从而需要在民间规范中发现法律时,或者在法律出现漏洞,需要法官借助民间规范,作为构造裁判规范而裁决的案件中,才是民间规范能够适用的基本场域。至于把民间规范作为司法推论和论证的材料使用,本身不是民间规范的司法适用问题,最多属于民间规范参与司法论证的问题。这样界定民间规范的司法适用,就既可以避免人们对民间规范司法适用的过分期待,也能够避免忽视,甚至无视民间规范对个案裁判作用的一些观点和立场。

---

① 例如,藤威在研究民俗习惯在民事审判中的司法适用时,就把“民俗习惯作为案件事实的证明责任”也纳入论述范畴。参见藤威:《民事审判视野下的民俗习惯及其运用》,载谢晖、陈金钊主编:《民间法》(第8卷),山东人民出版社2009年版,第277~287页。

② 马克思曾言“法官除了法律,就没有别的上司”。《马克思恩格斯全集》(第1卷),人民出版社1956年版,第76页。

刑事和解与民间规范*

缘于和谐意识形态之倡导，刑事和解问题在我国相关政策和有关国家机关的规定、举措中，日渐得到重视。[①] 但作为一种必须付诸社会实践的、同时也必将对社会实践和主体权利义务分配具有广泛影响的措施，须借助制度的规范力量加以推导和实施；否则，只会经验满天飞，但其效果却是对单一制国家法律统一性、稳定性和权威性的挑战。自然，一套制度的建立，是一个从规范、意识、主体、行为到反馈的成配套的体系，但在这其中，规范因素尤为重要，因为它是制度的前提。而这里的规范因素，既包括作为刑事和解制度根据的规范，也包括和解过程中给当事人具体分配权利义务的规范根据。其中前者，在现代国家应当是一种正式制度；而后者，则既可以是正式制度的规定，也可以是非正式制度的规范内容。正因如此，也就可能涉及民间规范在刑事和解中的运用。本文的主旨，就是对刑事和解与民间规范的可能关联做一些学术性的研究和预判。

---

* 本文原载《现代法学》2011 年第 2 期。

① 相关政策如最高人民检察院第十届检察委员会第六十八次会议颁布实施《最高人民检察院关于在检察工作中贯彻宽严相济刑事司法政策的若干意见》《人民检察院办理未成年人刑事案件的规定》和《最高人民检察院关于依法快速办理轻微刑事案件的意见》。相关举措如浙江、江苏、山东、海南、湖南等省依据这些指导性文件，作出了对轻伤害案件试点适用刑事和解的规定。

一、刑事和解之权利义务分配中可能涉及的规范类型

“和解”一词，“和”为前提，“解”为目标、为结果。“和”指纠纷当事人在所信任的第三人之主持下，通过相互能够理解和信任的方式，进行纠纷解决方案的商讨和谈判；而“解”则指纠纷当事人在第三人的主持下，恢复处于纠纷中的相互关系，并在当事人之间分配权利和义务的过程。刑事和解也是一样，在本质上它是加害人和受害人（下文通称“当事人”）之间，在可信任的第三人的主持下，通过相互谅解、相互协商和相互尊重的方式，分配其权利义务的活动。那么，究竟根据什么来分配当事人之间的权利和义务？笔者认为，这是一个关系刑事和解公正性的基础性问题。根据一般设想，在刑事和解之权利义务分配中，所涉及的规范根据不外乎如下几种情形：

第一种规范是只对纠纷当事人具有直接效力的规范。其基本的形成过程是：在第三人主持下，完全根据当事人之间的协商解决纠纷。这种解决根据，自始至终是当事人之间的意愿。在其终端上，才产生对当事人而言的规则。这种规则就是在第三人主持下，在当事人之间达成的、类似契约性质的协议。显然，这时只是在和解的终端意义上才产生了规则，即规则的产生，是当事人意思自治的结果，而不是预先设定的结果。虽然这一结果的产生，有第三人在场，但第三人对规则的产生只起辅助的作用，只有加害人和受害人的意思，才真正地、最终地决定着规则的产生。

这种规则其实就是当事人之间的一种协议，一种对它们具有拘束力的、必须贯彻落实的行动根据。如果引申一下现实主义法学的基本立场，则这种协议，就是双方当事人所期待的规范内容和规范结果。[①] 虽然以这种规范结论比拟具有普遍性的法律，明显具有片面性，但只要我们回顾一下“个别调整方式”时代的情形，所谓法律，不过就是“议事以制”，不过就是在当下的案件事实中获得纠纷双方主体都能接受的规范内容。在一定意义上，刑事和解同其他和解一样，既然把加害人和受害人等当事人引入在第三人主持下，自治地解决纠纷，恢复社会秩序的境地，那么，其在本质上就秉持了“个别调整方式”或者“议事以制”的精

① 现实主义法学者认为：实在的法律就是法官的裁判结果。如果这一结论适用于通过法官裁判方式给双方当事人分配权利和义务的话，那么，在刑事和解中，实在的法律就是指加害人和被害人之间所达成的和解协议。现实主义法学的如上观点，参见付池冰：《现实主义法学》，法律出版社 2005 年版。

髓。它的调整结果,也只是在刑事个案纠纷中的加害人与被害人之间才有直接效力。这种效力,既类似于合同或契约效力,也类似于裁判效力。无论如何,其直接效力结果只及于案件中的当事人,对其他人,这一规范只具有间接效力,不具有直接效力。

第二种规范是由国家制定的、对所有法律管辖范围内的人都有效力的法律。这是指刑事和解中当事人权利义务的分配,所依赖的基本规范路径是国家的相关法律。在现代国家,公民交往中权利义务的分配基础是由国家所制定的法律,所以,在刑事和解中,权利和义务在加害人与受害人之间的协商和分配,可以依照国家法律,特别是实体法律的规定进行。如果当事人在权利与义务的分配方案中选择了国家法,则意味着一种独特的"规范交易"在刑事和解中的产生。

众所周知,传统刑法学把刑事关系的本质界定为犯罪嫌疑人和国家之间的关系,因此,是一种纯粹的"公法关系",不涉及私法关系问题。特别是那些被法定为公诉案件的刑事关系更是如此。按照这种理论,则至少对公诉的刑事案件,必经司法判决而生效,绝不能绕开司法判决,把加害人和受害人的意愿掺杂进司法裁判中。所以,这种借助国家的刑事威慑主义立场,对于刑事和解而言,显然是一种阻碍。

但事实上,在任何刑事犯罪的背后,不但存在加害人和国家刑事法律秩序之间的紧张关系,而且还存在当事人之间的紧张关系,不但需要解决借助国家力量对加害人的刑事惩罚,而且还存在加害人对被害人的利益补偿,以及借由这一补偿所导致的社会公平和法律秩序恢复的实现问题。所以,单纯的刑法威慑主义,只能产生报复正义的效果,并不能实现恢复正义,或者回应性正义的效果。刑事和解所要解决的正是对威慑正义的一种纠偏。

所以,由于在刑事和解中,需要对威慑报应主义的刑罚观作出修正,而强调恢复性司法①,也需要对传统的刑事关系作出适当的调适。刑事和解中权利义务关系的分配,所关切的不仅是刑法上的相关规定,也是

---

① 黑格尔在谈到刑罚的意义时指出:"犯罪行为不是最初的东西、肯定的东西,刑罚是作为否定加于它的,相反地,它是否定的东西,所以刑罚不过是否定的否定。现在现实的法就是对那种侵害的扬弃,正是通过这一扬弃,法显示出其有效性,并且证明了自己是一个必然的被中介的定在。"([德]黑格尔:《法哲学原理》,范扬、张企泰译,商务印书馆1961年版,第92、95~96、100页。)这比较典型地表达了报应主义刑罚观。有关恢复主义刑罚观,参见张庆方:《恢复性司法——一种全新的刑事法治模式》,载陈兴良主编:《刑事法评论》(第12卷),中国政法大学出版社2003年版,第449页。

其他法律,特别是民事法律的相关规定。因为刑事和解所要直接解决的,是当事人之间的权利义务关系,在此基础上,间接解决的,才是加害人和国家之间的权利义务关系。这样,就出现了在刑事和解中的“规范交易”问题。

所谓“规范交易”,就是指在刑事和解中,本应援引刑法解决的问题,因为当事人之间的意愿和要求,又援引其他法律规范的规定,并与刑法规范的要求进行“对价”交易的行为。在这里,一般的情形是以一个民事规范的责任内容换取一定量的刑事规范的责任内容。这种交易,自物质内容上讲,是一种利益的博弈和交换,特别是物质利益和自由利益之间的博弈和交换,即对受害人通过物质上的抚慰,换取其对加害人的谅解,并在国家刑事惩罚中免去或减轻对加害人人身自由的限制。自法律内容上讲,则是不同性质法律责任之间的博弈和交换,即通过加重加害人对受害人的民事责任负担,适当减轻加害人的刑事责任负担。显然,对加害人而言,一般是超额支付了民事责任,而额外减轻了刑事责任。自法律形式上讲,则是其他法律(特别是民事法律)和刑事法律的博弈和交易。虽然民事法律强调民事交往中的主体自治,而刑事法律强调法律贯彻中的国家干预,但绝大多数刑事案件,除了涉及加害人对国家利益的侵损之外,更涉及加害人对受害人利益的侵损。所以,处理好加害人与受害人之间的权利义务关系,既是在恢复国家秩序,也是通过刑事法律和其他法律的责任交易,获得回应型的正义。在这个意义上来讲,“规范交易”在实质上是社会正义实现形式的交易。

从中也不难发现,在刑事和解之“规范交易”过程中,或者在交易的两种规范中,总有一种规范是刑事规范。规范交易的目的,就是要通过加重其他法定责任而减轻刑事责任。所以,在这一过程中,加害人也罢、受害人也罢、和解主持人也罢,他们共守的权利义务的分配根据是国家法律,或者国家的正式法律规范。

第三种规范是民间规范。即刑事和解中在第三人的主持下,当事人之间根据民间规范,并参照刑法的要求,通过协商达成相互间权利义务分配的方案。严格说来,一切刑事和解,都奠基于民间社会对刑事犯罪处理的民间意见和要求,这种意见和要求起初并没有法律上的明确规定和根据,甚至在法律上,特别是在刑法上还是悖乎其精神宗旨的,但因为相关的民间要求,以及满足这种要求的社会效益和秩序建构价值,才使刑事和解具备了被推为一种制度的必要。所以,在刑事和解中,以民间规范作为当事人权利义务分配的方案,就几乎是不可避免的。

这里所讲的民间规范,既包括民间习惯和习惯法,也包括乡规民约、社团章程、宗教规范、单位内部纪律等。① 其中习惯和宗教规范在这里尤显重要。刑事和解主要适用于自诉案件和那些对社会秩序、国家和公共利益影响较轻的刑事案件。刑事和解的过程,有时候更宜适用人们喜闻乐见的民间规则,以分配当事人之间的权利和义务,特别对那些发生在熟人之间的刑事案件而言,借用被一定社区或区域内人们所共同接受的民间规则来分配当事人之间的权利和义务,更具有可行性、可接受性,并有利于社会关系的终极恢复。

在这里,事实上也存在一个"规范交易"的问题。这种"规范交易"不像前述"规范交易"那样,是在国家大传统体系内的"规范交易",而是在作为刑法的国家大传统和作为民间规范的民间小传统之间的规范交易,是通过突出民间(社会)规范,在一定意义上弱化国家刑法规范的交易。这种弱化,不是在效力上弱化刑法,而是在实效上使既有刑法的作用暂时有所谦抑,②从而更进一步发挥社会规范在刑事和解之当事人间分配权利义务的作用,尽量克减因为刑法的过于刚性可能带来的社会秩序修复的困难。

或以为,作为国家意志的刑法,必须凌驾于作为社会交往传统的民间规范之上,因之,也就不能以民间规范来弱化,甚至替代刑法这种国家法律;否则,刑法这种国家法律的权威性、规范刑事社会关系的至上性就会土崩瓦解,任何人都会借着民间规范的柔软性来破坏刑法规范的刚性特点,所以,不容民间规范和刑事法律间进行"规范交易"。

这种看法,如果站在刑法国家主义、威慑主义和报应主义立场上,完全可以理解,但如果站在刑事和解这种本身立基于"社会主义"、协调主义和恢复主义立场上的纠纷解决机制,那么,可以认为,刑法在有些问题、有些范围内的刚性,应服从被破坏了的社会秩序得以恢复的柔性需要;否则,被破坏的社会秩序不但不能因为刑罚的运用而得以恢复,反倒会因此造成更为长久和久远的社会怨恨以及秩序隐患。譬如自从实行

---

① 关于民间规范外延的界定,参见于语和:《民间法》,复旦大学出版社2008年版。

② 关于刑法谦抑概念:"刑法的谦抑性,是指立法者应当力图以最小的支出——少用以至不用刑罚(而用其他替代措施),获取最大的社会效益——有效地预防和控制犯罪。"(陈兴良:《刑法的价值构造》,中国政法大学出版社1998年版,第353页以下)笔者在这里所讲的刑法谦抑,显然不是在刑事立法意义上讲的,而是在既有刑事法律之实践推行意义上讲的。

一对夫妻一个孩子的计划生育政策以来,在刑事法律领域内,面临很多非常尴尬的问题。一旦某个年轻人构成犯罪,特别是可能涉及死刑的犯罪,就迫使他们的父母老来孤立无援,陷入孤苦伶仃的状态。即使不构成死刑犯罪,只构成可能判处10年以上有期徒刑的犯罪,对于他们的父母而言,也面临着类似的问题。在这种情形下,只要犯罪行为所危害的主要公共安全不是重大的社会利益,不是国家利益,而主要是另一方当事人(加害人)的利益,那么,借民间规范,加害人通过对被害人及其家属的利益补偿,换得刑法的谦抑,显然,对加害者和被害者可谓是两全其美的事。这既可以较好地解决当下的纠纷,也可以较好地修复被破坏的社会关系。①

同时,刑事和解毕竟是通过当事人协商的方式来解决纠纷的,即使在法官或检察官主持下的刑事和解,也照例是如此。这就意味着刑事和解活动,从根本上来讲,是加害人和受害人之间在第三方主持下,自治地选择解决方案的活动。这里的自治,既包括是否选择刑事和解的自治,也包括在符合程序的前提下,在和解过程中自由谈判、自由表达自己主张和意见的自治,还包括选择何种规范,给当事人分配权利义务关系的自治。即使在这一过程中,有第三人出面主持,也不乏刑事和解的这种自治性。恰恰是这种自治性,决定了在刑事和解中,"规范交易"的内容即使指向国家刑事法律和民间规范之间的交易,只要不违背国家利益、社会利益和公共利益,那么,也应当视为当事人自治地选择规范、分配权利义务的过程,主持人不能利用主持者的权力对此干预,最多只能引导,否则,就不能称为刑事和解。

可见,在刑事和解中,当事人选择民间规范分配权利和义务,或者借助民间规范加大加害人民事责任成本的支出,以换取其刑事责任成本的降低,对自治的刑事和解而言,完全可以理解。只要依此达成协议,那么,就对双方主体都具有一定的约束力(特别在自诉案件中);而在刑事公诉案件中,对作为刑事和解主持人的司法者也有一定的约束力。

---

① 曾在网络世界关注度很高的李启铭交通肇事案(俗称"我爸是李刚"案),根据有关报道,在民事赔偿部分,由加害人给被害人家属偿付46万元人民币(参见《齐鲁晚报》2010年12月26日的相关报道),其目的不排除寻求在刑事部分中能够适当减轻对加害人的惩罚。尽管网民们出于社会公平不再的担忧笔者完全能够理解,但在这背后,是不是还存在一个一旦李启铭被判重刑,受害人家属对加害人父母可能在感情上将来无所依靠的怜悯和同情的因素呢(受害人还有一位孩子)。而这一因素,正是中华传统习惯中最为重视的问题。站在这一立场上,或许能对这一解决方案报以"同情的理解",尽管该案的刑事部分还未结案。

二、刑事和解中民间规范运用的两个条件:接受和确信

刑事和解中民间规范的运用,毕竟是借用一种民间社会规范,来损耗,甚至抵消国家最严肃的正式法律——刑法的活动。因此,厘定在刑事和解中民间规范的运用可能和条件,就显得格外重要。笔者认为,对这一问题,可以在如下两个方面加以探寻:

一是对一种民间规范,人们形成了外在的行为接受,即加害人、受害人、法官或检察官,是基于一种共同可接受的民间规范,提起和运用刑事和解程序的。在国外,刑事和解的提起,既可以由司法机关向当事人提出建议,也可以由其他纠纷解决的组织向当事人提出建议,①还可以由当事人向有权主持和解的第三人提出和解请求。在我国目前相关的实践中,刑事和解的提起,既可以由检察院根据有关政策提起,也可以由法院根据有关政策提起,②在理论上,还可以由当事人(刑事案件的当事人)提起。

不论是谁提起刑事和解,都要基于一定的事实基础和规范根据。其中在规范根据方面,程序性的根据往往是国家正式法律或相关政策,而实体性的根据则既可能是国家法律,也可能是民间规范。在我国西南一些少数民族地区,特别是苗族地区,一些在刑法上构成犯罪的行为,在当地却采取司空见惯的“罚 3 个 100”或者“罚 3 个 120”的方式解决,③这既是当事人之间的一种协商过程,也是在村寨主持下,对行为人的一种威慑和惩罚机制。它的基本方式,是通过给加害人施加额外的、高额的经济负担而完成的,其结果,既在精神上损其颜面,又在物质上损其利益,最终达到惩罚与教育相结合、有耻且格的效果。

在我国有些地方,即使对强奸这样较为重大的、按照国家法律必须通过公诉解决的犯罪行为,也每每借助和解的方式予以解决。有时候

---

① 例如,在首创了刑事和解制度的加拿大安大略省,刑事和解获得了专门的“被害人—加害人”和解方案基金会的支持,这样的基金会一般由教会捐赠、政府补助、社会各界积极参与。这也预示着这一解决方式不仅是国家的行为,而且更反映了一种社会意愿和社会的参与。

② 例如,湖南省人民检察院在 2006 年制定了《关于检察机关适用刑事和解办理刑事案件的规定(试行)》,多为行业性政策和实验性政策。江苏省高级人民法院、江苏省人民检察院、江苏省公安厅联合出台了《关于办理轻伤害案件的暂行规定》,也规定可以进行刑事和解的范围。

③ 徐晓光:《从苗族“罚 3 个 100”等看习惯法在村寨社会的功能》,载《山东大学学报》2005 年第 3 期;《“罚 3 个 120”使用地域及其适应性变化——作为对黔东南苗族地区“罚 3 个 100”的补充调查》,载《甘肃政法学院学报》2010 年第 1 期。

还会借助公权机关的力量，作为第三者主持调解或和解。[①] 尽管在正式法律的理念下，这样的做法匪夷所思，欠缺正义和公道，但在相关具体案件中，这样的解决方式，却既能得到类似和谐理念这种传统规范的支持，也有民众接受的基础。特别在熟人社区，只有借助这些熟人之间可以理解和接受的规则，才能使案件的解决既保住当事人的面子，也不伤当事人及其关系人之间的和气，更能够取得双方当事人都可接受的和解效果。

因此，面子、关系、和气和利益等因素，就构成了这里的民间规范的核心要素和主题词：[②]面子在这一规则体系中充当价值性因素，关系在这一规则体系中充当事实性因素，和气在这一规则体系中充当目的性因素，而利益在这一规则体系中充当技术性因素。这样，似乎对那些严重犯罪如强奸罪，也完全可以纳入这样的规则体系中进行考量和处理。例如，强奸行为不论对加害人还是受害人，都是一件伤脸（面子）的事，所以，当事人通过第三人或者公权主体，能更好地、体面地保住加害人及其利害相关人、被害人及其利害相关人的面子。因为面子得以保住，所以，在熟人社会的交往中，有利于将来双方主体间维系某种良性的交往关系，从而避免低头不见抬头见时的尴尬。这又进一步促进了熟人社会组织，特别是加害人及其利害关系人、受害人及其利害关系人之间的和气，并最终使双方获得和解约定的利益，避免法定的不利。[③] 这样，根据民间规范所达成刑事和解，反倒是当事人共同趋利避害之必然。对国家秩序而言，也没有造成实质性的妨害。

即使由法院或者检察院提起的刑事和解，往往也会通盘考虑当事人的各个方面，包括当事人可接受的民间规范之后，才会决定是否提起刑事和解。特别对基层地方的法院和检察院而言，他们本身身处社会习俗的包裹中，法官和检察官在一定意义上，既被结构在国家法律之中，是所

---

① 《强奸案调解纪实》，载 http://www.dakuan.net/news/meiti/2010/99/1099153150IB85HF51GEIHIH9947A7.html，2011 年 1 月 6 日访问。

② 陈柏峰曾就相关的问题进行过较好地梳理和论述，参见陈柏峰：《村庄生活中的面子及其三层结构》，载《广东社会科学》2009 年第 1 期；《秋菊的“气”与村长的“面子”》，载《山东大学学报》2010 年第 3 期。

③ 有时候，刑事法律的规定，不仅会给加害人带来不利，而且因为加害人不利事实的产生，进而带来对受害人在利益补偿或权利分配上的不利。“关了不赔，赔了不关”，就是不少地方人们对相关问题的规范要求，也是一种习俗性的规范约定。在这个意义上讲，当事人乐于选择和解，而不选择刑事审判，事实上是规避刑法的不经济和不利益，追趋民间规范的经济性和利益性。

谓的法律人，也被结构在社会习惯或者民间规范之中，是所谓的社会人。甚至在更多的情形下，在我国现有的社会构造和制度体系下，在日常生活的耳濡目染中，他们被结构在社会中的角色比他们被结构在法律中的角色更为重要、更为稳定、更能决定他们办事的选择方向和路向。尤其当法官、检察官结构在法律中和结构在民间规范中所导致的角色定位不是同构的，而在一定意义上是相斥的时候，更要求法官与检察官在遇到相关问题时作出艰难的选择。[①] 这种选择，既要有利于对法律秩序的维护，也要有利于满足当事人的愿望，满足生活在民间规范结构中的人们对纠纷解决的一般需要和看法。

在这种情形下，法官或检察官强调"案结事了"，强调"和谐司法"，就既是可欲的选择，也是可操作的选择。在这方面，泰州姜堰市法院在民事审判中推行的"泰州经验"，或许能给我们以启示。[②] 虽然"泰州经验"主要涉及的是民事审判问题，但这一经验的背景因素和心理动机，也可以移用到法官或检察官提起刑事和解的问题上来，即解决一例刑事案件，不仅要维护既定的法律秩序，而且要满足当事人的利益诉求，要方便在特定社会结构下的社会交往，从而，既解纷，又解心。在一定意义上，这种心理与追求，和中国古典社会中判官审理案件的心理与追求是一脉相承的。[③]

尽管人们可以用有违"职业精神"这样的理念来诟病法官或检察官的相关想法与做法，但即使一位诟病者，倘若被结构到这种角色体系中，也会无可奈何地权衡其中利弊，作出非此即彼的选择。如果说法的结构不能超出人们社会经济关系的结构的话，那么，同样，司法以及刑事和解的结构，也永远不会超出人们在社会中关系角色的结构。所以，民谚曰：

---

① 在那些法治理念深入人心，并且人们离开法律，就无法交往、不知所从、手足无措的国家，一个人被结构在法律中和其被结构在社会中，几乎是同义语，法律在那里就是最权威的结构社会的凭证，一切法外的交往，在法律上不但无效，而且非法，所以，法官、检察官、甚至普通公民被结构在法律中，就是被结构在社会中。因为法律结构和社会结构在这里是一元的，是统一的。但是，在法律事实上远没有这种结构能力的国家，每个人的身份既可能被结构在法律秩序中，也可能被结构在民间规范秩序中。法律不能独断地构造社会，不是唯一的社会构造的规则，民间规范也在充当构造社会的职能。因此，一个人，哪怕是法官和检察官，其法律角色和社会角色并不必然关联，有时候甚至是完全悖反的。

② 关于"泰州经验"的系统总结，参见汤建国、高其才编：《习惯在民事审判中的运用——江苏省姜堰市人民法院的实践》，人民法院出版社2008年版。

③ 相关论述，参见谢晖：《中国古典法律解释的哲学》，中国政法大学出版社2005年版，第102～170页。

“话须通俗方传远，语必关风始动人。”法官和检察官提起刑事和解时，如果不考虑、不关切自己置身其中的民间规范及当事人对它的接受问题，至少会给刑事和解设置更多的障碍，而不是开辟更加宽阔、更加流畅的通衢。

二是对一种民间规范，人们形成了内在的心理确信，即在刑事和解中运用的民间规范，能够形成一定时空范围内人们的规范确信和权利义务期待。确信，是人们对事物的一种信任状态，它表明人们在内心深处，对某一事物确信不疑。确信状态，未必是一种理性的状态，在确信状态下，人们未必一定要寻找这种确信的理据，在很多时候，确信是和直感、经验、传统、日常生活等紧密相关的一个过程。一定要寻求理据的确信，反倒是和人们的日常生活、经验传统、直接感知相去较远的事物。特别是在熟人聚居的社会，人们日常的交往结构，完全不是靠理性和理据来尺量的，而是靠经验和传统来维系的，除非理性和理据的追求本身被转化为一种经验和传统。

所以，在刑事和解中，一种民间规范的引入，必须以人们对这种规范具有规范确信为前提①。所谓规范确信，就是交往行为的主体，对交往中应遵循的规范及其遵循它或者违背它必然带来的后果知悉并具有明确预知的一种心理状态。民间规范的规范确信，则只是在这一概念基础上的外延延伸。在刑事和解中能够被引入的民间规范及其确信，从确信主体之视角看，应具体包含如下几个方面：

一是当事人对民间规范的规范确信。刑事和解中的当事人，就是案件的当事人，这与刑事案件、特别是刑事公诉案件中的当事人明显有别。当事人对民间规范的规范确信取决于如下两个因素。第一个因素是当事人生活的时空距离和文化环境。如果当事人共同长期生活在一个相对狭小的时空范围和文化环境中，那么，对某一民间规范产生确信和认同的可能性就大；反之，则可能性就小。第二个因素是利益因素，如果按照某一民间规范给刑事和解中的当事人分配权利和义务，都能最大限度地满足双方当事人的利益要求，则它们确信和认同该规范的可能性就大，否则，可能性就小。

以上两个因素中，第一个因素是当事人民间规范确信的一般基础。只要在此基础上能确信民间规范，那么，相关民间规范就可以直接被援

① 有关“规范确信”问题的具体论述，参见王林敏：《论习惯法中的“法的确信”》，载《甘肃政法学院学报》2011 年第 1 期。

引到刑事和解的过程中，显然，这是一种成本支出最小、收益可能最大的对民间规范援引的效果。如果当事人双方都不确信或认同某一民间规范，则在刑事和解中就不得援引相关民间规范；如果只有当事人一方确信或认同某种民间规范，那么，对该民间规范的援引，必须征得另一方当事人的认可或同意。而在这时候，一般就又必然牵扯到第二个因素上来。

民间规范在当事人之间被确信的第二个因素，则是一种交涉性因素，由于这一因素以利益的得失作为基础，所以，这里的确信，每每是一个理性权衡的过程，或者是一个要求当事人必须寻求确信或不确信这一规范之理由的过程。只有当当事人能够确切判断运用某一民间规范，能够给其带来利益的享有时，确信该民间规范的内心基础才能扎牢。有了这种确信，即使生活在完全不同环境下的当事人，都可能达成刑事和解，因为即使当事人的生活环境各异，但他们对利益得失的内心要求以及判断利益得失的一般目标取向并无不同——尽管对于利益得失、或者利益得失大小的标准，双方当事人可能有完全不同的判断。

当事人对民间规范的确信，是刑事和解中援引民间规范的关键。因为归根结底，刑事和解是要解决当事人之间的权利义务关系的。当事人如果不认同、不确信相关民间规范，那么，强行援引民间规范解决当事人间的利益纠纷，结果只能事与愿违，案结事仍未了。

二是一定区域内的公民对某种民间规范普遍确信和认可。也就是说，该区域内的人们在日常交往行为中，就是日复一日地在重复着相关民间规范，就是以相关民间规范为依凭，按部就班地安排人们的交往、工作和生活的。这对于发生在熟人之间，或者尽管是陌生人，但都生活在相近的文化带上的当事人而言，是尤为重要的。如果一种民间规范在当事人所生活的区域内不被人们确信和认同，那么，当事人之间就以不熟悉、不确信为名，在利益谈判中抗拒对该民间规范的援引，从而刑事和解也无法援引该规范而获得解决。

可见，虽然刑事和解主要是用来变通地解决当事人之间权利和义务关系的，从而是否援引一种民间规范，只需要当事人的确信、同意和认可就足矣；甚至即便一定时空环境和文化背景下的人们都确信某一民间规范，但对在同一文化时空中的当事人而言，未必一定要接受相关规范。从这个意义上讲，某种民间规范在一定时空内是否被人们普遍确信，并不构成当事人选择接受该民间规范，分配其权利义务、和解其矛盾纠纷的必要条件。但问题是,一旦有了这种确信,对于当事人选择接受、或者对于主持人劝说当事人选择接受该规范协调矛盾、解决纠纷而言,提供了一种更充分的论证理由。

三是刑事和解主持人对民间规范的确信和接受。刑事案件的解决,往往既涉及重大的国家利益和社会公共利益,也涉及当事人之间的私人利益。所以,刑事案件的和解主持人,既要放眼大局,也要照顾当事人的情感、利益和情绪。既要处理因刑事案件引发的民事权利义务关系,也要权衡这种民事权利义务关系的处理对刑事责任的负担可能造成的影响以及影响的程度。所以,刑事和解的主持人绝对不同于民事和解的主持人。在后者中,几乎可以放任当事人的意思自治和权利义务关系的分配问题,但在前者中,当民间规范的援引及其权利义务分配尽管可以较为完美地解决当事人之间的纠纷,但不利于,甚至有害于国家刑事法律原则、刑事法律秩序的维护和保障时,毫无疑问,就不能援引相关民间规范进行和解。

可见,刑事和解的主持人对某种民间规范的确信、肯定和认可,与该规范能否被援引到刑事和解中休戚相关。因为刑事和解中的主持人,绝不像民事和解的主持人那样,仅仅是调停人、主持人和见证人,他们同时也是国家刑事法律和刑事政策的执行人。[①] 特别是民间规范的援引,事实上涉及民间规范与刑事法律之间的"规范交易",因此,更加非同小可,稍加不慎,可能会导致国家刑事法律的原则和秩序荡然无存。

因此,把民间规范援引到刑事和解的过程,还不可避免地和刑事和解主持人对民间规范的确信、肯定和认可相关联。而刑事和解主持人对民间规范的确信,又不纯粹是一个经验和主观感受的过程,而是一个对国家刑事法律和政策、当下案情和需要、民间规范及其可能蕴含的权利义务内容、一定时空内公民对相关民间规范的确信程度、民间规范与国家刑事政策和法律的关联程度等进行综合的、理性权衡的结果。正是在这里,才可能借助民间规范真正完成刑事和解中当事人之间的权利义务分配,并把这一分配结果导入民间规范和刑事法律的"规范交易"过程中,以加害人借民间规范的付出,减轻甚至抵消其刑事责任。

---

① 这一点,特别在我国目前所试行的、主要由法院或检察院所主导的刑事和解活动中,更显得尤为重要。法院也罢,检察院也罢,必须在刑事和解中把握好当事人的权利义务分配对于国家与犯罪嫌疑人关系的可能影响;否则,就可能损及国家利益和刑事法律秩序。

三、刑事和解、民间规范类型和当事人权利义务的分配

刑事和解中对民间规范的援引,归根结底,其直接目的是解决当事人之间的权利和义务的分配问题,并通过借用民间规范的权利义务分配,减轻或抵消刑事责任负担,实现民间规范和刑事法律的“规范交易”。那么,民间规范能否实现当事人之间权利义务的分配?如果能,它是如何样实现对当事人权利和义务分配的?这是需要继续进行探讨的问题。

民间规范能否分配当事人之间权利和义务的问题,在本质上提出了对民间规范之法的可能性问题的质疑。众所周知,在现代法律体系中,法律的核心,是给按它交往行为的人们分配权利和义务。只要人们按照法律去做,必然意味着要么付出义务,要么获得权利。法律本身就是一套清晰的权利义务体系,或者权利义务构成了法律体系的核心内容和精神要旨。“你想要鹦鹉了解法律吗?那么,请你教会它说权利与义务”,这是笔者对19世纪西方关于供求经济学之妙语的改造。[①] 这形象地表明了权利和义务这一对范畴之于现代法律而言的核心价值和基石功能,也表明不能给当事人分配权利和义务,就不配称为法律。

法律的核心范畴是权利和义务,那么,民间规则是不是如此?它有没有权利和义务的分配功能,特别是在刑事和解中,它能不能给当事人分配权利和义务?这些问题,必须针对不同类型的民间规范,作出类型化的分析和判断。实践中的民间规范可以分为不同的类型,在不同类型的民间规范中,其权利和义务的表达形式也不同,因之,在刑事和解中根据这些民间规范对当事人分配权利义务的结果也就各异。下面笔者将尝试对民间规范进行分类,并根据这些分类阐释在刑事和解中依据民间规范给当事人分配权利义务的可能性。

第一种类型的民间规范,是与传统文化 - 社会结构紧密相关的民间规范,不妨简称传统类民间规范。可以说,这一类的民间规范,不是明文制定的,而是在一定时空内根据人们反复不断的交往实践,通过人们的行动表达的民间规范。譬如春节及其习俗、清明及其习俗、端午及其习俗等,如果追因于古,虽然也有它发轫、传播和继承的历史因缘,甚至还有对它在礼仪上的制度化处理和规制等。时至今日,作为节日虽然被正式制度确定下来,但这些节日里的具体风俗习惯、民间规则,却仍然以小传统或非正式制度的方式存在。在这类规范中,权利和义务关系尽管没

① 这一妙语说:“教会鹦鹉说‘供给与需求’,也就教会了它经济学。”

有明文规定,但真确地传承在人们的心灵和行为世界。如春节期间的亲人团聚权、祖先祭拜权,对尊长探视、维护家族、邻里和谐的义务等,尽管都没有勒铭成文,但雕刻在心,实在地支配着人们的交往行为和价值取舍。所以,和此类民间规范相关的犯罪,涉及刑事和解时运用相关的规范内容分配权利义务,并无不可。

还应说明,前述列举,更多地着眼于在全国范围内有效通行的民间规范。但导因于传统文化-社会结构中的民间规范,常有很多层次。有些可能是放之“四海”而皆准的,有些则纯粹是地方的,是体现“十里不同风,百里不同俗”的那种交往规范。在刑事和解中面对的民间规范,可能更多地还是后者,而不是前者。即使在全国通行有效的民间活动,涉及具体规范时也各有不同,如春节的礼俗,在我国不同地区就具有完全不同的内容,其所表达的权利义务关系也并不相同。如果在刑事和解中遭遇这样的民间规范,那么,究竟如何在当事人之间进行协调?当事人究竟根据哪种民间规范分配其权利义务?就可能面临着多种方案,这也为当事人进一步协商提供了可能和条件。

还有,在这一类型的民间规范中,尽管权利义务关系经常不是通过白纸黑字的方式明示的,而是通过人们实际的交往行为在客观上表现出来的,但在刑事和解中,当事人、主持人可以就人们在交往行为中所表达的权利义务关系进行语言表述和文字描述,从而升华为和解协议中的权利义务分配。所以,在这个意义上来讲,民间规范中的权利义务是否通过文字表达,并不影响当事人在主持人主持下,实际地运用民间规范分配权利和义务。清末民初的民事习惯调查,就是在这个意义上给后人提供了一份很有价值的关照在没有明确法律背景下,人们交往中权利义务关系模式的资料。① 这类的规范,在当下我们的日常生活中依然存在,因此,在刑事和解中,并非无所用场,反而大有作为。

第二种类型的民间规范,是宗教类规范。宗教规范作为教民交往行为中必须遵循的规范,既可以体现在大传统中,也可以体现在小传统中。在政教合一的地方,宗教规范既是教民交往行为的规范,同时也是国家的规范。宗教教法虽然在日常交往中,替代不了其他法律,但是,它自身却是一种人们日常交往中必不可少的法律。在工商社会中,哪怕这种法

① 前南京国民政府司法行政部:《民事习惯调查报告录》,胡旭晟、夏新华、李交发点校,中国政法大学出版社2000年版,第1页以下。

律在很多时候,只具有宣告的性质,并不具有行政和司法中执行的性质,[①]但其在人们心理上、日常行为中的影响却是非同小可的。可见,在政教合一的地方,宗教规范不是小传统意义上的、作为非正式法律的民间规范,而是大传统意义上的、作为正式法律的国家规范。自然,在这种情形下,宗教规范不在我们所讨论的范围内。

但在世俗国家中,宗教规范总是以非正式制度或者以小传统的样式存在。特别在我国这样的国家,自身文化基因中受宗教的影响较小,国家政权自从周秦以来,基本上是世俗主导的,宗法信仰每每超越了宗教信仰,因此,宗教规范很少被纳入国家大传统中;反之,"不语怪力乱神""敬鬼神而远之",却是官、民共守的箴言。

特别是中华人民共和国成立以来,国家尊重宗教信仰自由,但宗教本身对世俗国家事务的影响却很有限。宗教规范只在教民之间有效,同时,国家法律,包括刑事法律尽管针对宗教信仰,有一些变通的原则和措施,但这并不意味着相关的宗教规范获得了国家正式法的地位和作用。宗教规范依然处于小传统的地位,依然属于民间规范的范畴。所以,在刑事和解中,针对与宗教有关的刑事案件,借助宗教规范予以处理,可能获得更佳的和解效果。

那么,宗教规范能否具体地给当事人分配权利和义务?这是一个值得探讨的问题。一般的宗教,给人们的基本印象是一套道德规劝和神灵的权威命令体系,因此,其表面的规范特征主要呈现为对教民的义务,要在其规范中寻找权利的内容,可能此路不通。那么,这是否意味着宗教规范中就不具有权利赋予的内容?笔者认为,要认识这样的问题,必须解决宗教规范之字面的含义与隐含的含义。

一种规范,既可以明示地规定权利和义务,现代法律一般选择这种权利和义务的规范模式,也可以对义务明示在规范中,而对权利却隐含在规范字面意义之外。在笔者看来,任何一种规范,只要它给人们明确地设定了义务,那么,其隐含的意义就是和义务相关的权利。最简单的例子,譬如在《旧约》中,对耶和华的遵从和崇拜是教民们的一项义务,但这项义务的背后,隐含着只要尊重和信仰耶和华,则受耶和华的恩惠和保佑。再譬如,不得诽谤他人这样一条简单的命令和义务,背后隐含着只要一个人遵守它,则同时也就获得了不因此而受追究的权利。所以,

---

① 高鸿钧:《伊斯兰法:传统与现代化》,清华大学出版社2004年版,第1页以下。

在这个意义上讲,虽然从规范的外在规定来看,没有权利明示的规范是存在的,但是从隐含的意义上看,则只要有规范、命令和义务,则必然意味着其背后具有权利。

正因如此,笔者认为,在刑事和解中援引作为民间规范的宗教规范,照例可以获得分配当事人权利和义务的效果。

第三种类型的民间规范,是乡规民约类规范。乡规民约是民间规范中最重要的、最具有活动性的和一定时空范围内最容易获得可接受性的规范。这种规范,在中国文化传统中早已存在,古代的乡约就是典型。[①]如今,在我国不少乡村地区,传统乡约的理念、精神和规范并没有完全销声匿迹,新时代所遇到的特殊情形,又催发了按照时代精神和国家法律制定并推广乡规民约的行动,所以,乡规民约已经成为乡村治理体系中不得不关注的内容。当然,引申意义上的乡规民约,不仅呈现在乡村地区,在城市社区里,也存在类似乡规民约的社区管理规范。在现代的一个小区,往往有业主条例、有小区管理条例等。这些,笔者认为都属于乡(社)规民约一类的民间规范。

受现代法律权利义务体系的影响,现代的乡规民约也越来越呈现出把权利和义务都明示于规范的情势。这就为在刑事和解中援引乡规民约、分配当事人之间的权利和义务提供了方便与可能,即在刑事和解中,援引乡规民约来解决、分配当事人之间的权利和义务,和传统类民间规范、宗教类民间规范相比较,更具有明确性与可靠性。

但援引乡规民约进入刑事和解,并非没有问题。一方面,乡规民约的适用范围和传统类民间规范、宗教类民间规范相较,更具有地域上的褊狭性。在分散的乡村地区,往往是以自然村为单位制定乡规民约的,尽管也有以行政村为单位制定乡规民约的,但已经较少,而在更大的空间范围内制定乡规民约的情形殊难见到。城市社区的"社规民约"也是一样。这种过分分散、过分强调村庄或社区特殊性的民间规范,虽然在村庄和社区内能够发挥较好的权利义务的分配作用,但一当纠纷当事人溢出村庄或者社区,不受这类民间规范规约的一方必须先行接受相关规约,才能进入刑事和解之中。这显然是乡规民约类民间规范援引到刑事和解中时不太有利的方面。

因此,如何取法古人的经验,对乡规民约的制定,给予理论上或者宏

---

① 参见张明新:《乡约的诸属性及其文化认识原理》,载《南京大学学报》2004年第5期;《中国古代乡约三则》,载谢晖等主编:《民间法》(第3卷),山东人民出版社2005年版。

观制度上的指导，使乡规民约的制定在形式上、重大事项的内容上能够参斟比较，就可为乡规民约的援引建立起更加可操作的体制。特别在社会化程度越来越高、商业和劳务交往越来越频繁、交通和通信越来越方便、资讯获取也越来越便捷的时代，这种在形式上的规制既有可能，也有必要，这样，更有利于让人们获得对乡规民约的一般认同，从而在刑事和解中运用起来也更方便。

第四种类型的民间规范，是行会、单位内部类规范。随着工商社会的大规模发展，所有主体无可例外地被推到行业人和单位人的境地。所以，除非那些饮誉全球的各界领袖，对绝大多数人，甚至对每一个人而言，只能在自己行业内存在或者单位内存在。人只是被紧密地结构在行业内或者单位内的。离开行业、离开单位，人往往是游离于结构之外的存在。心里，不再有什么归属感，行为，除了国家规范之外，不再受更多规范规约。由此可见行业与单位对于工商社会中人们交往行为、甚至心理思想的巨大影响。这或许就是马尔库塞反思“单面人”的理由吧[①]？这种单面的身份特征，也决定了每个人的规范归属。

行会规范和单位规范，就是作为单面人的行业人、单位人应当遵循的民间规范。当然，对这种规范究竟是否属于民间规范，还有学者存有质疑。[②] 笔者也认为，这些质疑是有一定道理的，特别是行业规范，在现代社会往往被纳入国家，甚至国际规范体系中，如行业质量与行业管理规范等，因此，让民间规范概纳行业规范，显然不合时宜。即使单位规范，也存在类似的情形，一是因为单位总是从属于行业的，而且因为在类似我国的国家，绝大多数单位的产生和存在，本身是和国家管理息息相关的，所谓全民单位、国（公）立学校等，都表明这一问题。这样一来，行业和单位的个性，总是从属于国家管理的共性。因此，行业规范和单位规范的民间属性反倒越来越淡，国家属性反倒越来越浓。这种情形，是不是可以称为民间规范的国家化？或者国家影响下的民间规范？

但即便如此，行业规范和单位规范还是具有很明显的民间属性，前述“民间规范的国家化”这一判断，本身就蕴涵这个结论。行业规范和单位规范的民间性质，主要体现为三个方面。一方面，不同行业和不同单

---

① ［德］赫伯特·马尔库塞：《单面人》（又译《单向度的人》），张伟译，湖南人民出版社 1988 年版。

② 例如，张景峰就提出了公司章程的属性的两面性，参见张景峰：《官方法与民间法视野下的公司章程》，载《甘肃政法学院学报》2009 年第 5 期。

位的规范内容、规范方式和规范效力完全不同，它们不会因为国家的涉足而刻意走向统一，那样，就势必消弭了社会分工、单位分工，从而也就消弭了工商社会和现代社会结构。这显然是悖反现代社会要求的。即使存在国家对相关规范的认可、宽容，也是在承认其民间属性基础上的认可和宽容。另一方面，这些规范作用的发挥，仍然是民间性质的，如果进入国家所设定的公共程序、特别是司法程序，依然要根据国家规范强制地修正行业规范和单位规范的调整内容。再一方面，不论行业也罢、单位也罢，其规范效力都只作用于内部，一般不涉及外部，所以，更具有民间的性质。

现代的行业规范和单位内部规范在权利义务的配置上，一般也是规范所明示的，这一点与现今的乡规民约有些类似，因此，在刑事和解中，援引这些行业规范和单位规范，只要双方当事人同意和接受，并且不违国家刑事法律的原则和精神，就能够获取较好的对当事人权利义务分配的效果，进而使刑事和解得以顺利进行。

四、民间规范与刑事和解制度的建构

前述对刑事和解中可能援引民间规范、以便分配当事人权利义务，实现民间规范与刑事法律之“规范交易”的论述，更进一步的用意，是期望国家在建构刑事和解制度时，能够关注民间规范，把民间规范要么通过制定的方式，要么通过认可的方式，结构到相关制度体系中，使民间规范在刑事和解中名正言顺地发挥其应有作用。

目前，刑事和解在我国仅仅处于倡导和草创阶段，已有的，不过是不同国家机关推出的经验，其本身处于“官方非正式经验”阶段。笔者把这种经验也称为民间规范的范畴。既然是一种非正式经验，就意味着对国家通过正式程序和渠道处理问题、解决纠纷没有法律上的示范意义，也不产生正式的法律效力。所以，这种缺乏正式制度支撑的刑事和解，能否真正有效地解决因刑事案件带来的一系列社会问题？能否实现案结事了，实现双方当事人、社会主体以及国家都可接受的处理效果？笔者认为很难，因为没有正式制度的保障，刑事和解的结果，就没有更为稳定、可靠的预期机制。一例刑事和解虽然以当事人达成协议而结束了，但当事人对这份协议，既可以事后接受，也可以事后反悔。如果你要当事人必须接受，则所面临的问题是正式法上的根据并不充足。

所以，构建刑事和解的正式制度，对积极推进我国刑事和解的有序开展而言，真可谓是当务之急。如何构建刑事和解的正式制度？在刑事和解的正式制度中,如何规范和体现民间规范的价值?这是需要在此继续展开讨论的问题。

如何建立刑事和解的正式制度?这或许是一个见仁见智的问题,也是人们可以在不同视角阐述的问题。笔者认为,如果站在程序和实体这个角度上来看,那么,刑事和解制度的建立,应当首先着眼于程序,即建立以程序为主导的刑事和解制度。这一制度的内容,包括刑事和解的提起,刑事和解的受案范围,刑事和解中主持人、当事人的程序性权利和义务,刑事和解中解决实体问题的来源和根据,刑事和解协议的签订程序和方法,刑事和解协议的效力,刑事和解协议的执行以及刑事和解中的"规范交易"及其限制等问题。所以,刑事和解的正式制度,从根本上来讲,应是一套程序制度,如果在刑事和解的制度安排中,过多地涉及实体问题,势必会影响当事人之间的充分协商,也会影响主持人对当事人的引导余地,从而影响刑事和解的效果。不但如此,过于关注刑事和解的实体问题,会让相关制度纠缠于枝节,以实质正义的规定限制形式正义的充分展开,最终反倒影响刑事和解中个案的实质正义追求,因为正式制度事先的规定太呆板了,不利于当事人的协商和主持人的引导。

那么,如何在这样一套程序性的正式制度体系中表达人们在刑事和解中对实质正义的追求呢?对这样的问题,只有通过形式正义的刑事和解制度,赋予刑事和解的主持人和参与人较为充分的选择权利,才能更好地实现。而这种选择权利,也是程序性权利,不是实体性权利。从本质上来讲,实体公正只有在选择中才能实现,丧失了选择的公共空间,实体权利就是"分配"的结果,而不是交涉和选择的结果。"分配",总有分配者和被分配者,一般说来,分配者是天然的支配者,而被分配者却是受支配者。这样,在分配者和被分配者之间,事实上就构成了一种支配和被支配的关系,从而所谓正义,是给与的、无法争辩的正义。"交涉和选择"却完全不同,这是在当事人之间充分协商、辩驳和选择的正义,它在本质上表明当事人之间是一种平权的关系。所以,这样的规定,更有利于当事人选择适用实体规范,自我协商"分配"各自的权利和义务,体现和解的实质追求。

如此强调刑事和解制度建构的程序性,那么,如何在这一制度中具体地体现民间规范的作用,或者让民间规范参与到刑事和解制度的构建中呢?笔者认为,这又得话分两头:

一方面,在民间规范中,也存在纠纷解决的程序性内容。无论是传统类民间规范、宗教类民间规范、乡规民约类民间规范还是行业性、单位内部性民间规范，都可能设置相关纠纷处理的程序性内容。对这样的内容，在国家构建刑事和解制度时，可以间接参照，也可以直接吸收为正式制度中相关的程序性规定。即通过国家立法上的制定或认可程序，把民间有关和解的程序性内容，上升为国家规范和国家意志。这其实是民间规范直接参与刑事和解制度建构的过程。当然，这并不意味着民间规范处理和解的程序性规定一定能被刑事和解制度所采纳，究竟如何采纳，采纳什么，必须和刑事和解自身的要求相关联而进行。

那么，对于那些并没有被刑事和解制度所采纳的民间和解的程序性内容，在刑事和解的实践中是否还要关注、采纳和运用？笔者认为，一旦国家建立了刑事和解的正式制度，完善了刑事和解的程序体系，那么，在刑事和解的具体实践中，就不宜再吸收和采纳有关民间规范中和解的程序性内容。在此意义上，刑事和解中程序性民间规范的直接参与，基本上是“一次性参与”，除非对刑事和解制度再修改或重订时，程序性民间规范才有机会再次参与。

另一方面，对于民间规范中那些具有实体权利义务分配内容的规范，作为一套程序体系的刑事和解制度，无法也不可能全盘照纳，而只能采取认可和赋权的方式，提供给刑事和解中的当事人、主持人进行参考和选择。这样，当事人在刑事和解中，究竟要不要选择某种民间规范来解决其权利和义务问题，就完全是其自主选择的内容，对当事人而言属于权利的范畴，而不是义务的范畴。对主持人而言，也可以通过更好的识别，尽量处理好民间规范和国家刑事法律之间的“规范交易”，不因民间规范的运用而害国家刑事法律。这在本质上也是一种选择，一种在国家利益和当事人利益之间、在国家刑法和民间规范之间的选择、斟酌、交涉和博弈的过程。所以，民间规范中的实体性内容，在国家构建刑事和解制度时，其基本的参与方式不是直接参与，而是通过认可与授权而间接参与。

尽管实体性民间规范对刑事和解的参与是一种间接参与，但在刑事和解的实践中，它并不受刑事和解制度完善与否的制约，即使作为程序体系的刑事和解制度再完善，只要该制度赋予人们在刑事和解中对民间规范的选择权，那么，就不能制止当事人、主持人在刑事和解实践中对民间规范的选择和适用。在这个意义上，民间实体性规范对刑事和解制度的参与，不是一次性的，而是不断地、可反复地参与的过程。

如果国家能够在刑事和解的制度建构中这样采纳和看待民间规则，那么，我国固有的民间规则将会在刑事和解问题上发挥一种直接的或者间接的结构性的力量，这种结构性的力量不但增益于刑事和解制度本身，而且也会增益于我国国家秩序的构造和维系。

民间法与纠纷解决*

社会纠纷是对既定法律秩序和社会秩序的违反现象，这种违反法律或社会秩序的行为，如果以群体对群体方式表现，就形成社会冲突和政治纠纷。对它的解决，一般是政治解决。尽管借助司法的方式可以进入政治解决领域，但其效果比政治谈判等解决方式要逊色。如果以个体对群体，或者个体对个体的方式存在，就形成法律纠纷。对它的解决，主要借助司法的方式进行。有纠纷必须有救济，这是一个健全的法治社会之起码要求。在法律上，纠纷的救济就是纠纷的解决机制。尽管在法治理念下，纠纷解决的最权威方式，是国家司法，但并不是说司法可以一劳永逸地解决社会纠纷。即使在司法具有最权威地位的美国，司法也不能包办纠纷的解决，也有替代司法的纠纷解决方案。① 在纠纷解决中，法律毫无疑问是最重要的规范根据。但与司法不能包办纠纷的解决一样，法律也不能包办纠纷的解决。民间法等社会规范也可以作为纠纷解决的规范依据，参与到纠纷解决中。本文拟就纠纷解决中民间法的可能作用，做些比较系统的思考和阐释。

一、纠纷解决的一般分类

近代以来，民主化和法治化体制模式的建立把一

---

* 本文原载《法律科学》2011 年第 6 期。

① 例如，著名的 ADR 纠纷解决方式，已经在美国不少地方的民事纠纷解决中居于主导地位；即使在刑事领域，也早已出现了刑事和解一类的纠纷解决方式。相关具体的论述，参见范愉：《非诉讼纠纷解决机制研究》，中国人民大学出版社 2000 年版，第 1 ~ 300 页以下。

切国家事务纳入法律既定的框架下，成为该体制模式的基本特点。其中权力分立原则，使立法、司法和行政各司其职，司法权和司法机构的基本职能，就是专门用来解决社会纠纷。但这也不意味着司法担当了纠纷解决的全部任务，与此同时，其他纠纷解决方式仍在配合着司法对纠纷的解决，在有些国家和地方，司法虽然是正式的纠纷解决方式，但从其实际作用来看，仍处于纠纷解决之配角的地位。如下笔者将专门就纠纷解决的一般分类问题进行阐述。

第一，纠纷解决的正式方式：司法。司法的职能在人类历史上早就存在。在中国古代，虽然权力不分、诸权合一、皇权至上，但在中央，皇权之下有相对独立的司法权。① 而在希腊和罗马有些时期，甚至已经出现了权力分立的事实，这种事实，是后来孟德斯鸠强调"权力分立"的历史事实根据。② 到近代以来，随着权力分立理论的建立和体制的设定，以司法权专门用来解决纠纷、裁判案件，越来越得到世人的认同。虽然在孟德斯鸠看来："司法权在某种意义上可以说是不存在的"，③但接受了其三权分立总结的近代世界各国，不但让司法权存在，而且成为足以和立法权、行政权分庭抗礼的第三大权力，以至于今天再强调司法权是不存在的，只能让人感觉是一种莫名其妙的结论。我国在权力分工体系中，明确地规定了法院专司审判权，代表法律和国家裁决纠纷。"以事实为根据，以法律为准绳"，就是其代表法律裁判的原则性、精神性和公告性规定。这种情形，与孟德斯鸠当年给司法设定的使命大体吻合：

> "法院不应固定，然而判例则应该固定，以便做到裁判只能是法律条文的准确解释。如果裁判只是法官的私人意见的话，则让人民生活在社会中将不能确切地知道他所承担的义务。"④

司法作为纠纷解决的方式，是代表国家行使纠纷解决职能的。尽管在黑格尔的笔下，司法既被归类于政治国家，也被置放在市民社会，从而

---

① 以我国为例，至少自汉代以来，就在中央政权体系中确立了专门司法的职官——廷尉。其中法律人耳熟能详、敢于和皇帝叫板的的著名循吏张释之，就执掌廷尉事，并强调"廷尉，天下以平"(《汉书·张冯汲郑传》)。

② 孟德斯鸠对希腊英雄时期和罗马王政时期、共和时期的三权分布状况曾有过比较仔细的描述(参见[法]孟德斯鸠:《论法的精神》(上册)，张雁深译，商务印书馆1963年版，第168~187页)。

③ [法]孟德斯鸠:《论法的精神》(上册)，张雁深译，商务印书馆1963年版，第160页。

④ [法]孟德斯鸠:《论法的精神》(上册)，张雁深译，商务印书馆1963年版，第157~158页。

是跨越了政治国家和市民社会的另一种力量，①但在近代以来的国家结构系统中，司法从来是国家权力系统中的一种，是和立法权、行政权并列的国家权力之一。固然，司法也会审查涉及权力之间的社会纠纷，这样一来，似乎司法既是纠纷的裁判者，又是纠纷的当事人，好像扮演了双重角色，但通过权力制约和法官选任等一系列保障措施，近代司法制度较好地胜任了纠纷解决的使命。即使针对行政权力、立法权力的案件，针对重大的违宪案件，司法都能胜任且愉快地予以解决。这种情形，不仅在西方传统的法治型国家是如此，即使在一些法治后进型国家和地区，也明显地出现了司法作用越来越显著的情形，如巴基斯坦通过司法解决政治纷争案件，韩国借助司法裁判总统罢免案，中国台湾地区通过司法审判前领导人经济腐败案等。这足以表明借助司法以权威地解决纠纷，已成世界潮势。这也是迈向民治的国家所绕不过去的问题。

第二，诉讼的制度化替代方案（以下简称诉讼替代方案）。司法尽管是最权威、最正式的纠纷解决方式，但司法固有的缺陷——程序拖沓、费用昂贵、术语专业以及公开争辩等，必然会影响司法在更广泛的层面上对纠纷的解决。对于那些耗不起时间、掏不起费用、不愿过分受费解的专业词汇折磨以及不愿将自己的纠纷公之于世的当事人而言，寻求诉讼外的救济方式，来解决纠纷，是其更心甘情愿的选择。特别是在当代这个社会发展越来越迅速，人们的行为节奏越来越快、人们的情感和交流越来越隔膜的时代，更需要一些迅捷的、人性的、经济的纠纷处理方式，为当事人节约时间、节约金钱，也搭架沟通方式、减少情感损耗。这正是即使在那些严格强调司法对纠纷的权威解决的国家，各种替代性纠纷解决方案不断被推出的原因所在。在我国，司法之外，更是存在很多体制化的替代性纠纷解决机制。对此，可以在大的方面分为两种：一种是从

---

① 在《法哲学原理》之伦理篇中，黑格尔阐述了家庭、市民社会和国家这样三个重要的问题。一方面，他把司法、警察和同业公会纳入“市民社会”的框架中进行论述，强调“法采取法律的形式而进入定在时就成为自为的。它跟法的特殊意志和意见相对立，而是独立自主的，并且必须肯定自己为普遍物。在特殊场合这样地认识和实现法，而且不带有对特殊利益的主观感情，系属一种公共权力及法院的事”；“司法应该视为既是公共权力的义务，又是它的权利，因此，它不是以个人授权与某一权力机关那种任性为其根据的”。另一方面，他又在论述国家时，把审判权和警察权作为行政权的一部分：“行政权包括审判权和警察权，它们和市民社会中的特殊物有更直接的关系，并通过这些特殊目的来实现普遍利益。”（以上引文均参见［德］黑格尔：《法哲学原理》，范扬等译，商务印书馆1961年版，第229、230、308页）这在一定意义上表明了黑格尔把司法既作为市民社会的力量看待，也作为国家的力量看待。但即使作为国家的力量，也更多地关联着“市民社会中的特殊物”。在另一视角来看，这也反映了司法作为一种判断权的独特要求。

属于国家的；另一种是从属于社会的。

从属于国家的制度化替代方案，主要有党政联席会议解决方案、四大班子会议解决方案、行政解决方案等。党政联席会议或者四大班子（党委、人大、政府、政协，有时候还可扩大到法院和检察院，实为六大班子，但几乎没有人这样称呼）会议，与纠纷解决似乎风马牛不相及，但在涉及重大的、影响全局问题的社会纠纷时，我国不时会采取这类方式解决纠纷。例如，“三鹿奶粉案”，除了涉及刑事责任的追究和破产程序的启动之外，在对受害人的赔偿问题上，完全没有走司法程序，而是通过党政联席会议的方式，确定了给受害者的赔偿的原则方案。① 再如，在汶川地震和玉树地震中，因为很多灾民深受“豆腐渣工程”之苦，引导灾民们通过司法程序起诉有关单位或个人，还是通过行政方式确定“一揽子”的补助和救助方案？这在党政机关和律师群体之间产生了不同的意见。结果也基本上是通过党政决定的方式，推出“一揽子”救助方案，避免了讼累及其可能导致的对社会秩序的进一步妨害。② 而行政解决方案包括了诸如行政复议、行政调解等纠纷解决方式。这不但在我国存在，而且在很多法治发达国家也存在，不过有些国家通过建立行政法院系统，将其纳入行政司法的范畴。③

从属于社会的制度化替代方案，在我国主要指人民调解制度，它包括了村委会、居委会调解制度，乡镇、街道调解制度，企业、事业单位内部调解制度以及行业、协会调解制度等。除此之外，仲裁制度，包括劳动争

---

① 2008年9月13日，党中央、国务院启动国家重大食品安全事故I级响应机制，成立应急处置领导小组，由卫生部牵头，国家质检总局、工商总局、农业部、公安部、食品药品监管局等部门和河北省人民政府参加，以共同做好三鹿牌婴幼儿配方奶粉重大安全事故处置工作。载 http://www.cnr.cn/2008zt/2008nzch/spaq/sjhf/200812/t20081226_505187848.html，2011年1月30日访问。

② 在2010年全国法学理论研究会年会上，中央政法委秘书长周本胜在其长篇报告中，特别举例强调了这一处理方式的优越性和其效果的优佳性，并以之对照，设想了通过诉讼方式解决可能带来的复杂性和危害性。笔者认为，这种处理方式是否真的优越，还需要结合更加细微的因素进行考量和研究，如尽管这种处理带来了社会的稳定，却是以法律上责任的模糊为代价的。它可能放纵不法建筑商，无端免去地方政府可能承担的责任，也很容易把不法商人、地方政府的责任转嫁给纳税人，最终破坏法律秩序的严谨和严明。

③ 在建立了行政法院的国家，有些把行政法院纳入行政系统，如法国；而有些则把行政法院独立出来，既独立于立法和行政，也独立于普通法院，如德国。这种不同的体制，是和这些国家的历史传统和政治格局相关的（参见田飞龙等：《民法法系法院系统多元性的法律史考察比较及启示》，载《江苏警官学院学报》2009年第3期；刘飞：《建立独立的行政法院，可为实现司法独立之首要步骤——从德国行政法院之独立谈起》，载《行政法学研究》2002年第3期）。

议仲裁、经济贸易仲裁等，既具有国家的属性，也具有社会的属性。这种从属于社会的纠纷解决之制度化替代方案，在我国具有特殊的意义。可以认为，我国大量的纠纷，是通过这样的方式解决的。特别是熟人之间的纠纷，内容相对简单、不太复杂的纠纷等，通过这种方式解决，更能够获得当事人的接受，并且一般也不损及当事人的面子和感情。虽然在技术上来讲，这是一种低级的纠纷解决方式，但在效果上讲，至少在我国，它和司法解决纠纷相比，不会输于对方。这种纠纷解决方式，基本上有一定制度保障，如果当事人不服，还可以通过"诉调对接"的方式被引入诉讼的轨道。即使如此，人民调解制度作为一种运用广泛、功能很大的诉讼替代方案，其制度的细节建设还需要继续完善。因为不关本文论旨，这里不予具体论述。至于仲裁，就更有较为完善的制度保障，因此，是更为完善的纠纷解决的诉讼替代方案。

第三，纠纷解决的私人方式：私力救济。纠纷的解决，除了前述两种之外，私人之间也可就其纠纷达成解决方案，即私力救济。对此，徐昕、桑本谦、范愉等学者都做过专门的论述。[①] 私力救济既可以是正式制度所认可的，即私人之间对纠纷解决的方案获得正式制度的授权或承认，如欧洲中世纪的正式制度对于"决斗"的规定，就是典型的对私力救济的授权规定。而根据近、现代法的精神，在不涉及公益时，纯粹私人之间的纠纷究竟如何解决，完全是私人之间的事情，因为"法不禁止即可推定为权利"。在这个意义上来讲，私力救济已经被纳入整体的制度框架中，是制度框架中权利制度的重要内容和自然延伸。在此意义上讲私力救济有时也是正式制度，是国家法的结构性内容，也未尝不可。

但必须承认的是，在有些时候，私力救济虽然能够解决纠纷，却往往是违背法律的。这种违背大体体现在：要么是对象的违背，如以私力救济的方式处理公诉案件；要么是手段上的违背，如用恐吓、威胁、雇用黑社会的方式处理私人纠纷；要么是内容上的违背，如要求用违背公共利益、社会公德、有伤风化等内容的民间法来承担责任，解决纠纷；要么是时效上的违背，如对一例早已过了追诉时效的纠纷，仍通过私力救济的方式解决等。这一类的私力救济，或许在非正式制度上，也有规范可循，并且在当事人之间也有实效，但由于它对国家法的公开违反或者公然对抗，并不能取得国家法的支持，所以，当事人间因此而反悔，形成新的纠

---

① 参见徐昕：《论私力救济》，中国政法大学出版社2005年版；桑本谦：《私人间的监控与惩罚》，山东大学出版社2005年版；范愉：《私力救济考》，载《江苏社会科学》2007年第6期。

纷,而只有再次被纳入国家纠纷正式解决框架中时,才有可能真正获得解决。

如上对纠纷解决之一般分类的论述,旨在进一步讨论民间法与纠纷解决的可能关联。在不同的纠纷解决中,民间法所担当的角色也自然各异。下文我将针对不同的纠纷解决方式,探讨民间法在其中的具体作用。

二、民间法与司法解决纠纷

民间法与司法解决纠纷之间究竟有什么关联？一般说来,司法解决纠纷的基本规则根据是国家法律,所以,才有“以事实为根据,以法律为准绳”的法律适用原则。在大陆法系国家,所谓法律,主要是由议会制定的成文法,再辅之以司法判例;在英美法系国家,法律更多呈现为判例法,以及从判例中萃取、整理、编纂而成的成文法。但是,不论成文法,或者判例法,总会出现调整不能(法律规定与社会事实相冲突)或法律空缺等现象,这时,对于司法裁判而言,如何在民间法中寻求合适的规范裁判案件,就是必要的选择。更兼之现代司法不仅肩负着通过裁判解决案件的使命,而且也承担着通过司法调解,解决案件的任务。这更容易让民间法进入司法活动中。具体说来,民间法在司法解决纠纷中的作用,主要体现在如下三个方面,即作为或构造司法裁判的大前提;作为司法裁判的小前提;作为司法调解的规范选择方案。分别叙述如下:

第一,民间法作为或构造司法裁判的大前提。司法裁判活动,由事实认定和法律适用两个阶段构成。无论事实认定还是法律适用,都是一个逻辑上的理性推理过程。因为司法裁判的基本要求是判断是非,并在是非判断的基础上解决纠纷。没有逻辑理性的支持,纯粹的经验很难准确地判断是非,进而裁判案件。不过事实认定一般遵循的是归纳推理的逻辑规范,而法律适用遵循的是演绎推理的逻辑规范。对司法裁判而言,尽管归纳推理及事实认定是必需的,但演绎推理及法律适用是关键的,因为司法裁判的结果要靠演绎推理和法律适用来最终决定,当事人处于争议中的权利义务关系要靠此来拨正,因为纠纷导致的社会秩序的紊乱,也要靠此来矫正和恢复。所以,根据什么来确定司法裁判的大前提就至关重要。

众所周知,这一大前提一般是国家法律,但是在法律不能或者法律空缺的情形下,如何确立司法裁判的大前提？这是一个颇费踌躇的问题。在判例法国家,法官可以通过其创造,把民间法直接代入判决中。在一定意义上,判例法国家的判例,其最初来源就是法官根据习惯等民间法所作出的判决，对此，卡多佐进行了认真的探索和反思，尽管在他看来，他所处的时代习惯在司法中的作用在发生着深刻的变化，“我们寻求习惯，至少很多时候不是为了创造新规则，而是为了找到一些检验标准，以便确定应如何适用某些既定的规则”；“在今天，习惯的创造力在制定新规则中还不像在运用旧规则时那样最经常地自我表现出来。有关权利义务的一些一般性标准已经确立。习惯必须决定这里是坚持了还是背离了这些标准。”但他仍然坚持这样的结论：哲学、历史和习惯是法律的“三种指导力量”。[①] 习惯对法律的指导，就是法官通过引入习惯，作为案件裁判的逻辑大前提或者构建这一大前提。

而在大陆法系国家，因为成文法构成了法律的主干，民间法只能是辅助性的裁判根据，所以，司法裁判的逻辑大前提一般是法律。只有在法律授权，并且法律出现了调整不能时，或者规范空缺且不能从既有法律中找到类推规范时，引入民间法作为裁判大前提或者构造裁判大前提，才是被允许的。所以，其条件更为严格和复杂。

民间法在司法裁判中作为逻辑大前提，在本质上就是要求民间法充当个案的“裁判规范”，所以，以民间法作为大前提进行裁判，就是法官援引民间法作为个案裁判规范或者运用民间法构造裁判规范的过程。这里涉及另一个专门性的论题，即民间法与裁判规范的关系问题。对此，因为笔者有另文专门论述，[②]这里不再展开。

只要民间法被援引为个案裁判的准据，或者被法官运用为构造裁判规范、寻求司法裁判大前提的准据，就意味着民间法已经被作为法律使用，民间法从而真正发挥了司法法源的作用。在判例法国家，就意味着一个有创意的先例的形成，意味着一个有价值的判例法的诞生；在建立了判例制度的成文法国家，则意味着一个新的判例的创生，意味着法官在处理以后类似案件的时候，在法律依然调整不能或者有漏洞时，须参照这一判例或接受其指导。

由于大前提在适用法律的逻辑推理中具有举足轻重的地位——“大前提不正确，结论必然不正确”，所以，法官在选择适用民间法作为司法裁判的大前提时，既应在价值上关注民间法和国家法之原则精神的吻合问题，也应在技术上关注作为大前提的民间法能不能作用于小前提，并

---

① [美]本杰明·卡多佐：《司法过程的性质》，苏力译，商务印书馆1998年版，第36、37、38页。

② 谢晖：《论民间法与裁判规范》，载《法学研究》2011年第2期。

进而推出让当事人所接受的裁判结果来。这样,民间法的司法适用才可谓有的放矢;否则,作为大前提被援引或运用的民间法,一旦在价值上与法律规定南辕北辙,在技术上也无法对应于案件事实,依此裁判的结果,就不是理智的结果,而只能是恣意的结果;不是因循法意,而是乱点鸳鸯。

第二,民间法作为司法裁判的小前提。如果说民间法作为司法裁判的大前提,受多方面条件的制约的话,那么,它作为司法裁判的小前提,对法官而言,则要自由得多。因为在很大程度上讲,民间法作为司法裁判的小前提,是为了检验大前提是否运用得准确。众所周知,司法裁判中的小前提,是案件事实,而民间法是一种规则,如何把这种规则纳入事实中去?这必须要让案件事实和民间法之间取得关联。或者说,在相关的纠纷事实中,某种民间法就表达了这一纠纷的规定性,即在一定的时空范围内,人们面对这样的纠纷,就是按照该种民间法来理解和处理的,从而自然地把民间法纳入对纠纷事实的理解中去。例如,一起和婚约相关的彩礼纠纷,当女方悔婚后,男方要求女方归还彩礼,而女方拒不归还,因此引起纠纷,形成诉讼时,人们都熟悉的"悔婚返财"这一民间法,自然就成为纠纷事实的关联因素,它既可以被结构到纠纷事实中,成为纠纷事实的一部分,也可以成为检验法官运用大前提(法律或其他规范)是否妥当的一个重要标准。

民间法作为司法裁判的小前提,既可运用在援引法律作为司法裁判大前提的场合,也可运用在援引民间法、社会道德、法律学理等作为司法裁判大前提的场合。在前一种场合,民间法的运用,纯粹是作为一种事实被引入的。在人们的日常交往行为中,看似散乱的事实,不论其以符合秩序的方式存在,还是以不符合秩序的方式(纠纷)存在,当人们论及符合秩序或者不符合秩序这样的字眼时,业已意味着人们的交往事实,包含了某种规范的因素。无论这种规范是民间的,还是国家的,规范总是在人们的交往行为中存在的。如果没有规范,也就没有人们有目的的交往行为。在这个意义上,凡是有目的的交往行为,都和规范相伴随。只是作为民间法的规范,未必一定以白纸黑字的方式存在。它们可能是口耳相传的"口承习惯法"①,可能是行为示范的"行动中的法",也可能

---

① 这些年来,我国学术界对于口承习惯法多有挖掘。特别是徐晓光教授的研究,更直接来自田野资料(参见徐晓光:《原生的法——黔东南苗族侗族地区的法人类学考察》,中国政法大学出版社2010年版,第63页以下)。有些"口承习惯法",则通过歌唱的方式表达出来(参见谢晖、陈金钊主编:《民间法》(第8卷),山东人民出版社2009年版,第394页以下)。

是白纸黑字的"纸面上的法",或者勒石为铭的"石头法[1]"等。无论如何表达,在人们有目的的交往行为背后,都有规范的作用,这种作用足以成为结构人们的行为的要素。因此,说规范是人们有目的行为的组成成分或结构要素,并不难理解。由此进一步推论,人们交往行为中的纠纷,就是因为违反了规范的结构或者对规范的理解出现误差才造成的。这时,要恢复被破坏的规范内容,或者正确理解规范要求,都需要把规范自身拉入事实中来。这正是把规范、特别是民间规范看做纠纷事实的一部分,并作为裁判案件的小前提的基本因由所在。正是如上情形,决定了即使法官援引国家法作为司法裁判的大前提,也不排斥民间法参与到纠纷事实中,或者作为纠纷事实的结构性要素,而成为司法裁判的逻辑小前提。

至于法官援引其他规范,或者以其他规范为据,构造裁判规范,作为司法裁判的逻辑大前提时,民间法也可成为司法裁判的逻辑小前提,这也是一个值得探讨的问题。特别是当民间法作为大前提时,和事实相关的民间法同时作为小前提,似乎并不符合逻辑,它是不是会导致大、小前提在内容上出现重合?会不会导致不经由小前提,而直接从大前提推出裁判结论?会不会影响大前提的范围总是大于小前提的一般规程?这些担心,其实都可谓多余。

在司法裁判中,民间法既被援引为裁判规范成为大前提,也被作为小前提,或者被结构在小前提中,只能说明大、小前提之间的关联,并且更方便从大前提出发,推出恰当的结论。所以,这里并不存在大、小前提间的重合问题,作为规范的民间法,依然适用于人们更广泛的交往行为,而它作为小前提,只是被结构在受它调整的案件事实中而已。因此,第二个疑问也就可以迎刃而解,司法中大前提和小前提中虽然出现了同样的民间规范,但因为语境差异,两个前提中民间法的使用范围不同,所

---

① 在世界史上,法律的发展,似乎和石头一类的坚硬之物具有不解之缘,《汉谟拉比法典》《刑鼎》《法经》《十二铜表法》等都被刻铸在坚硬之物上。这或许是人们对法律神圣、不朽和至要的另一种表述。与此类似,对于民间法,不少民族也刻写在坚硬的石头上或者水泥板上,以便长存不朽、传承久远。对此,有学者称为"石头法",其中苗族的"埋岩"、瑶族的"石牌"等,都是"石头法"的典型代表(参见周世中等:《金秀瑶族自治县金秀镇六段村石牌调查——黔桂瑶族侗族习惯法系列调研之二》,载《经济与社会发展》2006 年第 9 期;周世中:《瑶族新石牌与大瑶山社会主义和谐社会的建立》,载《广西民族研究》2007 年第 1 期;徐晓光:《原生的法——黔东南苗族侗族地区的法人类学考察》,中国政法大学出版社 2010 年版,第 24 页以下;林楠:《广西融水苗族"埋岩"习惯法研究》,广西师范大学 2007 年硕士学位论文等)。

以,法律推理在这里依然遵循着“作为大前提的民间法(大前提)—案件事实及结构在该事实中的民间法(小前提)—裁判结果(结论)”这样的三段论原则而展开。只是结构在小前提中的民间法,为作为裁判大前提的民间法提供了推论的更加便捷的条件或者连接纽带。至于第三个疑问,在对如上两个疑问的阐释中事实上已经得到解决。以上论述表明,民间法在司法裁判中作为小前提的空间范围更广泛。

第三,民间法作为司法调解的基本依据。司法活动,不仅通过裁判来结案,而且经常会选择调解来结案。在国外,和司法相关的有 ADR 解决机制,虽然其自身有一套严格的程序机制,但也需要法官参与其中。在我国,民事案件中,司法调解是一项必经程序;行政案件,虽不适用调解,但也有人开始探索调解结案的问题;近些年,随着“宽严相济”刑事政策的展开,“刑事和解”这种独特的纠纷解决方式也开始被运用,甚至在一些重大的影响性案件中也被运用。① 如今在我国法院系统,对调解结案率、特别是民事案件的调解结案率提出了专门的要求,成为法院必须完成的硬指标。很多法院民事案件的调解结案率达到 60% 左右。② 如果说在裁判解决纠纷的场合,更多地适用国家法的话,那么,在调解解决纠纷的场合,法官在坚持程序正当的前提下,在坚持法律的原则和精神的前提下,会更加灵活地选择适用规范。这种规范可能是民间法,可能是一定时空范围内主流的社会观念和社会意识,也可能是当事人之间在法官主持下,所达成的权利义务关系的分配协议。特别是后者,对司法

---

① 如李启铭交通肇事案(被网民戏称为“我爸是李刚”案)中,引起全国广泛关注的一例案件,肇事者一审被判 6 年有期徒刑,在这之前,肇事者家属赔偿死者家属 46 万元,赔偿伤者 9.1 万元,这与对加害人轻判之间有明显关联,法院鉴于李启铭认罪态度较好,其家属积极赔偿被害人损失,取得被害人及其家属谅解,酌情从轻判决(参见《李启铭车祸案一审宣判》,载 http://xhfm.com/Article/faan/201101/Article_2836.asp,2011 年 1 月 30 日访问)。显然,这是“刑事和解”发挥了作用,尽管在相关报道中,没有出现“刑事和解”的字样。类似的影响性案件还有钱云会案,其家属已经获赔 105 万元,在此背景下,对加害人的刑事责任如何追究,肯定会有影响。2011 年 2 月 1 日,该案一审判决判处肇事司机 3 年零 6 个月有期徒刑,在央视的相关报道中已表明,对被害人家属的赔偿以及取得其家属的原谅,是法官轻判肇事者的重要理由(参见《钱云会案司机犯交通肇事罪一审被判 3 年 6 个月》,载 http://news.163.com/11/0201/19/6RR31DKO00014JB5.html,2011 年 2 月 2 日访问)。

② 对此,某基层法院院长很认真地告诉笔者:凡是报民事案件调解结案率达到 50% 以上的,据他的经验判断,都是虚假的。在基层法院,民事案件的调解结案率一般最高也就维持在 40% 左右,除非把诉调对接的案件也包含其中。而诉调对接的案件对法官而言,工作付出却要轻松得多。另外,一例案件如果要真正选择调解,法官也不愿接手,反倒是法官宁愿办理 10 个棘手的案件,也不愿办理 1 个简单的、但要求调解的案件,因为调解结案实际上太困难。

调解结案而言,更是经常被运用。因为司法调解结案在本质上,法官不行使判断权,法官只充当主持人、协调人、见证人的角色。结案的根据是当事人对权利义务关系的选择(对此,我在后文中还将专门论述)。所以,调解结案,不过是在法官这个第三人的主持、协调和见证下,当事人之间达成了一份有关纠纷解决的合约、契约或者协议而已。正因如此,对法官而言,这是一种"低级的司法",因为他不需要付出太多的心智,他只是付出了很多的"苦劳",但并没有获得如同裁判解决那样的"功劳"。当然,在调解结案时,当事人也可以选择根据民间法的规定分配权利和义务,特别是对那些地缘关系较近,当事人都受某种民间法的规范和影响的案件而言,选择其所接受的民间法调解结案,乃是一种轻车熟路的选择。所以,民间法在我国司法中的适用,更多地以各种方式,被运用在司法调解中。①

三、民间法与诉讼替代方案

如果说民间法在司法解决纠纷中,只是一种辅助性规范的话,那么,在诉讼的替代性解决方案中,即使民间法不是主导的规范,但至少也不是辅助的规范。尽管替代性解决方案也是一种制度化的安排,也强调合法的要求,但是,由于其纠纷主体、解决内容、处理方式和追求目标等因素的制约,自然使民间法的适用在这种纠纷解决方案中更容易得到青睐。②

首先,就纠纷主体而言,选择诉讼替代性方案解决纠纷的当事人,一般都是熟人。无论当事人选择到其所在的村委会、居委会调解,还是选择其所在的乡镇、街道办调解,也无论是当事人到其所在的企、事业单位调解,还是选择到其所在的行业、协会调解,当事人必然是相关地方、单位或者行业的人,从而当事人之间事实上构成一种熟人关系。众所周知,熟人交往的规则和陌生人交往的规则大相径庭。熟人交往的规则更多地以感情为原则,利益也更多地表现为精神利益,物质利益从属于精神利益。一般在熟人之间,人们不会为了物质利益而伤和气的,这就是熟人社会纠纷解决中面临的突出特点:精神利益置于物质利益之上,情感原则凌驾于利益原则之上。当事人的这种内心渴望,需要相应的规范

---

① 有关司法调解中运用民间法的方式问题,参见张晓晓:《民间法在民事调解案件中的体现——以烟台某地基层法院案例为切入点》,载《山东大学学报》2008 年第 6 期。

② 这里的论述,主要以从属于社会的诉讼替代方案为根据。从属于国家的诉讼替代方案在解决纠纷的目的和方式上也可适用这里的论述,尽管在主体和内容上有很大差异。

作供应。

法律规范在本质上是利益的规范表达，它所建立的根基，是随着商业化、市场化和人的大规模流动化所带来的陌生人之间的交往方式。在这样的背景下，“天下熙熙，皆为利来；天下攘攘，皆为利往”，利益标准，特别是物质利益追求，是陌生人社会形成的根本原因。因此，商品－市场经济越是发达，越需要法律；相应地，陌生人关系越多越复杂，越需要法律。法律规范的基本使命，就是通过分配权利和义务，使人们通过利益上的增减而维系交往的秩序和利益时代的道德（功利型道德）的。[①]它必然调整并鼓励人们通过契约的方式来构筑相互之间的连带关系，而契约关系，一般地说，是追求利益最大化的关系。无论对契约关系的任何一方而言，追求利益最大化都是理所当然的，尽管契约关系的双方或各方当事人，对利益最大化的评判指标往往会截然不同。正是如上原因，使熟人之间的纠纷要借助法律解决，就显得很难为情，就会破坏抬头不见低头见时人们情感凝结成的“自然秩序”。这不仅是心理上不好意思的问题，而且也会严重地羁绊人们的行为和选择。

与此相反，民间法总是会照顾到熟人情感的需要。民间法的存在形式多种多样，既有通过长期的、自发的文化积累而形成的习惯法，也有通过人们主动合作而制定的乡规民约、企事业单位章程、规则，还有行业、协会的习惯、标准和章程，更有不同民族所信仰的宗教规范等。另外，笔者把官方的非正式经验也纳入民间法的范畴。上述这些民间法，尽管也不乏利益的内容，特别是行业、协会的习惯、标准等，就更是如此。但总的来说，民间法的基本特点，是以情感原则为先导的，利益原则必须从属于情感要求，或者是情感下的利益规范，如藏族的“陪命价”制度、苗族的罚“三个100”制度、羌族的“议话坪”制度、汉族的“起誓”制度等，都是直接关涉纠纷解决的民间法。其共同特点是以利于熟人之间情感的维系为解决纠纷的基本原则或前提。显然，这样的规则对于熟人之间的纠纷而言，选择起来自然是顺理成章的。可见，诉讼替代方案、特别是通过调解解决纠纷的方案，更适宜于选择以维系人们情感优先的民间法来处理纠纷；否则，即使纠纷解决了，也因为熟人情感的丧失，反倒增加了熟人

---

① 曾几何时，功利主义道德是我国一些学者所反对和批判的词汇，如今，功利主义道德已经是市场化国家、同时也是我国法治所要求的基本道德形式。凡是追求法治化的国家，不可能不关注并追求功利主义道德。关于功利主义道德的具体论述，参见王润生：《西方功利主义伦理学》，中国社会科学出版社1986年版，第1页以下。

之间更多的交往成本。

总之,对熟人而言,以利益关系为核心的国家法律,反倒是不能接受或不容易被接受的规范,即在一定意义上具有不可接受性。而以情感为原则与核心的民间法,反而是容易接受的规范,具有更大的可接受性。这正是熟人之间选择诉讼替代方案解决纠纷时,也更容易选择民间法以解决纠纷的根本原因所在。

其次,就解决内容而言,选择通过诉讼替代方案,尤其是调解方案解决纠纷的案件,多是一些纠纷标的额不大,或者日常所谓鸡毛蒜皮的纠纷。在这样的纠纷面前,当事人自身拥有选择和处分权。这种权利在总体上被笔者称为当事人的权利选择。严格说来,除了严重的刑事案件以及涉及公共利益、集体利益、国家利益甚至人类利益的民事纠纷之外,其他一切民事案件的当事人,在纠纷处理中,都有权利选择的资格。这正是我国在民事诉讼中规定当事人在诉讼判决作出前的任何阶段,都可以申请调解的理由所在。但即便如此,标的大的案件,当事人依然会更多地根据法律选择、处理其权利和义务;而标的小,且当事人是熟人的案件,更容易根据民间法选择和处理其权利和义务。

为什么熟人之间的小额案件,一旦当事人选择了通过诉讼替代方案解决,特别是通过调解解决时,更容易选择民间法,而不是选择法律处理其权利和义务?这也需要从法律和民间法两者各自的特征及其对当事人的方便谈起。

法律是一种应对复杂社会的高级规范,但同时也是复杂规范。所谓高级规范,是指法律是经过了智慧过滤、专业加工而产生的,无论是成文法,还是判例法,都可说是人类最高智慧的产物。一种法律一旦制定,就对法律管辖下的所有公民、对象都毫无例外地适用,如果做不到这种高级规范,人们服从法律的理由也就要大打折扣。所以,法律和民间习惯、社团纪律、协会章程、行业规范等民间法相比较,更具有高级属性。所谓复杂规范,则是指法律所调整的对象越来越复杂。随着人类社会分工和专业化发展的不断推进,人类交往越来越置于一种复杂情境中。这同时导致法律必须面对这种复杂的社会关系,调整各类复杂的社会问题。这也是复杂社会中法律本身需要解决的。社会越发展,法律的高级规范和复杂规范这种特征也越明显。法律作为高级规范和复杂规范,意味着法律也必须是专业化的规范。这个概念存在两解,一是说法律规范要突出法律自身的专业属性,如系统性、逻辑性、稳定性、肯定性、准确性、权威性等。二是说法律要反映专业(行业)分工时代不同专业(行业)的固有规定性;否则,法律就对这些专业及其交往不发生效力。本文所谓法律的专业化,是指第二种含义。法律的以上特征,使其运用于简单案件及其调解场合时,多少显得有些代价高昂。过分的专业化,无论对于调解主持人而言,还是对于当事人而言,都未必适合。要把日常生活中那些鸡毛蒜皮的事情全部带入专业加工的规范中,不是说不可以,而是说成本太高,需要经过一番系统的理性过滤。在这个意义上来讲,法治是一种代价昂贵的治理模式。那些选择了调解解决的简单案件的当事人,未必能消费得起。谁也不愿意选择一种大投入,而换回一种小产出。而对法律自身言,用来处理这类案件也有些"大材小用"的意味。

相比较而言,民间规范,要么是自生自发地产生于一定时空范围内公民的交往行为中,要么是一个较小的社区、行业、单位内产生的适合于该社区、行业或单位的规则。尽管有时候它也不免具有复杂性、专业性,甚至高级性,但和国家法相比较,以及和一定时空、一定领域内人们的知识结构相比较,又是简单的、常识的和初级的。在面对选择调解解决的那些简单案件时,当事人在这些简单的、容易理解的、为一定范围内主体所容易接受的规范中选择其权利和义务的分配方案,更具有实效性、经济性和低成本性。这也是用简单规范应对简单案件的必然要求。

再次,就解决方式而言,在诉讼替代性方案的诸多纠纷解决方式中,一个共同的特点是主持人并不是案件的权威裁判者,而是案件解决的主持者、协调者和见证者。这一点,几乎和法官主持调解时的角色特征没有本质的区别。主持人的角色定位和裁判者的角色定位尽管有相似之处,如两者都要求一定的权威性,要求有一定范围内的公信度等,但是,两者的不同之处更多:对裁判者的要求,首先是理智和智慧的要求;而对主持者的要求,首先是德性和经验的要求。对裁判者的要求,必须具有一言九鼎的权威;而对主持者的要求,则是要有让双方当事人坐下来认真谈判的协调耐心和能力。对裁判者的要求,必须首先是法律专家,精通法律业务,用专业术语来解释生活中的纠纷;而对主持者的要求,首先是人情练达,要了解不同主体的人情需要。对裁判者而言,坚持根据法律要求裁判案件;对主持人而言,则要坚持当事人的自主选择——只要这种选择不违背法律原则和精神,不侵犯他人利益、公共利益和国家利益等。这种角色的不同,就导致了规范运用的差异。

在司法活动中,规范选择及适用是由法官完成的,当事人除了在司法调解之外,在裁判解决纠纷的场合是没有规范选择权的。如果当事人拥有规范选择权,就意味着司法和法官本身的权威就荡然无存,甚至根本就不能称为司法。但是在诉讼替代性方案中,除了对于程序性规范,当事人必须尊重之外,其他规范,对当事人而言都是开放的。当事人完全可以自主地协商和选择符合自己利益要求的规范,以选择分配其权利和义务,解决其纠纷。这种情形,就是诉讼替代性纠纷解决方案中当事人的规范选择权。认识和理解这一点,对理解诉讼替代性纠纷解决方案,是至关重要的,因为它在本质上反映着诉讼替代方案和司法裁判方案解决纠纷时的根本区别所在——严格说来,诉讼替代方案是当事人直接参与并决定纠纷解决的方案,而司法解决方案是当事人虽参与,但并不决定纠纷解决的方案。

前已述及,虽然在司法活动中,法官也会做规范选择,但这与诉讼替代方案中当事人的规范选择具有明显的不同,如法官的规范选择,一定会坚持法律为主,其他规范为辅;而在诉讼替代方案中,当事人的规范选择,并不会有这种主、辅之分,很多时候,选择法律之外的规范解决纠纷,可能更容易被理解和接受。又如,法官即使选择援引或运用民间法,也要本着法律的原则和精神,所以,会强调(法律的)价值优先性;而当事人选择什么规范,一定会强调利益优先性,这种利益或者是物质利益,或者是诸如情感等精神利益(这里的论述似乎和前述第一个方面,即熟人之间在解决纠纷时,首先照顾的是情感,而不是利益,是情感下的利益要求有冲突。笔者认为,这其实并没有冲突。因为法律的价值优先性本身反映了宏观意义上的利益追求,而当事人的利益追求是包括了精神利益在内的个人利益追求。只要当事人觉得哪种规范更能代表其解决纠纷的利益需要,其就可以自主地选择)。再如,法官的裁判,无论如何都需要选择一种规范,哪怕法官自己构造的裁判规范,也要运用其他一些规范做论证基础,所以,司法裁判至少在名义上不是法官意定的,而是法定的;但是,在诉讼替代方案中,当事人的规范选择既可以是法律、民间法等规范,也可以完全是在主持人主持下,当事人协商、意定的结果,即当事人自己在没有其他任何规范前提下,可以自定一种规范——纠纷解决协议。由此足见以诉讼替代方式解决纠纷时,当事人的规范选择权,使选择运用民间法的可能性大为增加。

最后,就追求的目的来看,诉讼替代方案所追求的目的,基本上是平息矛盾,而不是判断是非。多年前,笔者曾就中西两种不同文化对司法的要求写过一篇文章，认为西方司法更多地强调判断是非功能，而中国司法更多地强调平息矛盾功能。[①] 如今回过头来再思考，这种区别，其实不仅是中西之别，而且是古今之别，是简单社会和复杂社会的司法之别。也就是说，在古代社会，在简单社会，纠纷解决的基本目的，就是平息矛盾；而在现代社会，在复杂社会，纠纷解决的目的必须首先是判断是非，或者必须以判断是非为前提解决纠纷，平息矛盾。为什么目前中国一方面必须要求建立法治国家，并推进以司法解决社会纠纷的法治要求；另一方面又强调各种人民调解，并把社会纠纷和矛盾化解于萌芽、化解于基层？原因就在于中国正在经历着所谓历时性问题的共时性解决，正在从古代社会文化模式向现代文化模式转型，正在从简单社会（农民社会）向复杂社会（工商社会）转型。

不过，即便这种转型完全成功，也不意味着古代社会或者简单社会的纠纷解决方式就完全可以消灭，因为人的身份具有多重性，既可以置身于复杂社会结构中，也可以置身于简单社会结构中。例如，当一个人作为“社会人”角色的时候，他就置身于复杂社会，但当一个人作为“单位人”，甚至“家族人”角色的时候，他就置身于简单社会。所以，简单社会处理纠纷的方式不但依然可行，而且对于熟人之间的简单案件而言，可能效果更佳。这样的案件，在处理的目的上，所强调的并非判断是非，反倒是越强调判断是非，越容易把纠纷扩大，弄得不可收拾，走向纠纷解决的反面。在这个意义上来讲，以诉讼替代方案解决的案件，在实质上也要求优先考虑“平息矛盾”，而不是判断是非。

既然如此，在规范的适用上，如何能够平息矛盾，就是最好的规范选择。在这个意义上，“摆平就是水平、搞定就是稳定、没事就是本事、妥协就是和谐”这种在法院内部广泛流传的说法，[②]虽然对于司法而言是很不合适的，但对于诉讼的替代解决方案而言，对于人民调解而言，完全是有道理的。这也是前文我为什么称裁判是“高级司法”，调解是“低级司法”的原因。总之，主要用来平息矛盾的诉讼替代方案，因为这一目标的影响，在规范选择上更加开放，从而民间法适用的可能性要比在司法中更大、更广泛。

---

① 谢晖：《判断是非与平息矛盾》，载《法制日报》2002年12月19日。

② 在2009年和2010年于上海召开的两届长三角、珠三角法院院长论坛上，有法院院长都谈到这句格言，既说明其无奈，也说明这种格言在当下中国司法，特别是司法调解中的有效性。

四、民间法与私力救济

私力救济作为社会纠纷的一种解决方式,在我们已知的历史上长期存在,如手刃仇人、替父复仇的有关历史记载,就是典型的私力救济方式。所谓私力救济,就是凭借私人的力量解决纠纷的方式。私力救济可以分为五种不同的情形。一是纠纷当事人一方直接以暴力方式,强制或要挟对方当事人服从,这种私力救济,所凭借和依赖的就是暴力,所以,有力的人必然对乏力的人带来不公。二是纠纷当事人一方委托第三人,通过一定方式处理纠纷、"摆平矛盾",如我国出现的讨债公司,在国内外都存在的私家侦探等,都是应这种需要而生的。这种纠纷处理方式,有些可能采取合法手段,有些则可能采取违法手段。三是双方当事人以武力的方式解决,即当事人相互施之以武力,直到一方取胜。欧洲历史上的决斗制,就是这种私力救济的典型。这种双方施之以武力解决纠纷的方式,还有一种变种,那就是从"一对一"的武力施加,变成群对群的武力械斗。这在家族纠纷,或者因个人纠纷引起的族群纠纷中最为常见。四是纠纷双方当事人之间通过协商解决纠纷。显然,这是一种成本最低,但收益最丰的私力救济方式。五是纠纷双方当事人在可信任的第三人主持下,所进行的协商。这和前一种私力救济方式相比较,虽然成本支出要高一些,但也不失为一种很好的私力救济方式。

在如上五种私力救济中,第一种和第三种救济方式,在形式上一般说来是非法的(可以简称启动方式非法的私力救济)。尽管在某些时代的某些地方,曾把决斗一类的私力救济方式认可为合法,但在近、现代文明国家,都不允许以此种方式来施加私力救济。第二种救济方式,仅仅在形式上可能有合法的情形,也可能有违法的情形,具体是否在形式上合法,还要看当事人委托的对象有没有资质做相关行为。而第四种和第五种救济方式,则在形式上完全可以认为是合法的(可以简称为启动方式合法的私力救济)。以上合法与否的标准仅仅是从形式出发判断的。倘若从实质出发判断,即使形式合法的私力救济方式,未必一定合乎实体法律规定,如对严重抢劫行为,加害人家长带加害人与被害人之间私下协商解决,尽管在形式上,并没有什么问题,但在实质上,却在对抗国家对这种严重犯罪行为的公诉权,因此,形式的合法并没有带来实质的合法。这是在关注私力救济时,必须认真对待的问题。

从性质上说,私力救济是纠纷当事人一方或者双方对纠纷及其权利和义务的处置方式。它只能在法律许可的范围内才能处置。在这个意义上,被纳入法律秩序体系中的私力救济,不过是纠纷当事人行使法律权利,在法律秩序体系内从事的一种独特行为。但私力救济,一般在法律上并不明示,最多只是当事人处理之后,法律表达认可或不认可,保障或不保障而已。所以,私力救济作为纠纷当事人处理权利义务的方式,作为权利,一般也只是推定的权利,而不是法定的权利。但不论如何,私力救济在实践中存在,并且往往还很有效,因此,对私力救济和规范的关系,特别对私力救济和民间法的关系予以探讨,并非多余。

私力救济的规范依凭是相当开放的,由于实践中的私力救济既有合乎法律的,也有违背法律的,还有根本不循既有规范,纯粹按照双方当事人达成的协议作为规范的,所以,各种社会规范都容易在私力救济中一显身手。但一般情形是,如果说在司法解决纠纷中,国家法律是最权威、最经常被援引的规范根据,在诉讼替代性方案中,国家法律和民间规范被援引、运用的程度不相上下的话,那么,在私力救济中,国家法律基本不会是首选的规范依凭,不论在形式上合法的私力救济还是非法的私力救济,在实体处理及权利义务的分配上,规避国家法的一些规定实属经常。所以,民间法引入的条件,绝不像司法解决纠纷那样,只有在法律调整不能(法律与社会冲突)或者法律出现空缺时才能援引或运用。在私力救济的框架下,无论法律有无规定,也无论民间法的内容是否符合法律原则和精神,在协商地解决纠纷的当事人之间,只要其认为有必要,就可以自由地运用之。在一方施加外力解决纠纷时,基本上没有规范可循,其目的不过是通过施加胁迫和压力,迫使对方接受自己的条件,在一定意义上,是迫使对方签订、或接受"协议"的过程。在双方各自施加外力,通过决斗或者械斗的纠纷解决中,事实上也遵循着一样的规则,那便是胜王败寇的规则逻辑。

为什么私力救济一般会选择民间法而不愿选择国家法呢?笔者认为,这在我国,其中原因至少是:第一,私力救济多发生在国家法供应不足、服务不到位的场合。越是偏远地区、乡村地区,私力救济的情形越多;反之,越是中心区域、城市地区,私力救济的情形越少。其中基本原因,就是在中心区域或城市地区,法律服务到位,供给丰富,所以,法治的基本路向,是"道路通向城市"。[①] 当国家法律供应不足时,当事人自然

---

① "道路通向城市",是苏力的一部书名(原名是《道路通向城市:转型中国的法治》,法律出版社2004年版)。它揭示了现代法治发生和发展的真谛,也预示着城市对法律供给的必然要求。

会选择其他规范解决纠纷——只要想解决纠纷，这就是一种常识和常情。

第二，私力救济中人们寻求情感和谐的因素，也是导致更多地选择民间法的原因。在私力救济中，只要双方当事人都有意识地、真诚地期望纠纷得到解决，那么，在追求纠纷解决之外，当事人之间还会同时寻求情感不要受损。除非单方强加的，或者双方对决与混战的私力纠纷解决方式外，只要是双方当事人以和平的方式寻求纠纷解决，那么，使双方当事人之间的情感不因此受损，就是这种纠纷解决方式的题中应有之义。特别是熟人之间采取这种方式解决纠纷时，必然会寻求在情感利益和纠纷利益之间保持适度协调。但以理性利益作为规范模式的国家法，不可能兼顾这两种不同的利益。只有源出于乡土、社区、单位、行业、宗教的规范，才有条件实现两者的兼顾。

第三，国家法内容的复杂性，也容易导致人们在选择私力救济解决纠纷时，优先选取民间法，而不是国家法。纠纷解决，就是把纠纷这种复杂的事物简单化，明了化，从“公说公有理，婆说婆有理”的一团乱麻状态，变为清晰可辨、权利义务分明的过程。尽管私力救济和诉讼替代性方案一样，未必一定是判断是非，在更多情形下，平息矛盾可能是其首选，但即便如此，对当事人而言，纠纷解决，也是寻求使纠纷简单化的过程。但正如前述，法律规范却是一套复杂规范，其复杂的规范结构、专有术语、逻辑形式等，反倒把简单的纠纷代入复杂的法律公式中去了。这对普通公民而言，对一般寻求私力救济的纠纷当事人而言，显然是得不偿失的。因为选择国家法容易把复杂的问题变得更为复杂，特别对那些根本不熟悉法律内容的纠纷当事人而言，有时会感觉如堕云里雾中。相比较而言，民间法却是当事人日常生活中经常面临的规范，也是生活在其环境中的人们都知悉的规范，所以，选择民间法更容易使复杂的纠纷关系简单化，最终实现纠纷解决的目的。

第四，规避国家法内容的需要。不可否认，在私力救济中，无论在启动方式上合法的私力救济（双方协商或请第三人主持协商等），还是在启动方式上非法的私力救济（一方要挟或暴力相加或双方混战等），都可能在实体上存在规避国家法律规定的诉求，如合法的启动方式，所要解决的可能是故意杀人、抢劫、爆炸等严重危害社会和公共安全的犯罪行为，从而规避国家刑法的惩罚，实现对双方当事人而言都有利的效果。同时也规避国家法律在程序上烦琐、拖沓、成本高昂等弊端。至于以非法方式启动的私力救济,即便有时候也存在其解决的纠纷内容在法律实体上合法的情形,如为了解决婚姻纠纷、债务纠纷、相邻关系纠纷等,但在许多时候,其以非法方式启动私力救济的重要目的,就是规避国家法律。至于规避了国家法律之后,是否一定选择民间法,则另当别论。总之,私力救济中常见的对国家法的规避,是当事人容易选择民间法的另一重要原因。

第五,方便当事人利益选择和规范选择的需要。在私力救济中,除了一方当事人强迫施加的私力救济外,其他方式的私力救济,总是当事人对其纠纷利益的选择过程。这一选择,从每个当事人的角度,总是期望对自身的利益最大化;而从双方当事人的角度,必须要处理得让双方都能接受,否则,纠纷就没有得到解决。这意味着对双方当事人而言,纠纷解决的结果都是赢家,没有输家。这就完全不同于司法程序的救济,因为司法程序一般以判断是非为前提,所以,输赢关系在司法中,或者借助国家法处理纠纷时,是不可避免的,也是当事人必然在意的问题。为了规避这种输赢关系可能带来的尴尬,实现双方当事人都可接受的利益追求,所以在私力救济中,对国家法的排斥和对民间法的选择,就不难理解。

在如上论述中不难发现,私力救济在很多时候,或者在启动方式上,或者在拟解决的内容上,或者在这两个方面,都是违背国家法律的。这是否意味着国家法就对私力救济放任自流,任其作为?当然不是,国家法自有其态度。一般说来,对以非法方式启动的私力救济,无论其拟解决的内容是否可采用私力救济的方式解决,站在国家法的立场,都是反对的,从而也没有法律效力、不受法律保护。而对于以合法方式启动的私力救济,国家法则要分别不同情况。如果私力救济解决的是民事纠纷,那么,在不违背国家利益、社会利益、公共利益和第三人利益的前提下,国家法律予以认可,处理结果也具有法律效力,受法律保护。如果从法律权利视角出发剖析,这事实上是当事人行使权利的活动,法律对这种权利的处分行为,采取放任性调整。如果私力救济拟解决的是刑事自诉类的案件,由于刑事自诉案件的处分权由受害人行使,国家不强制受害人行使之,所以,借助私力救济以处理,也是当事人行使权利的活动,法律对之采取放任性调整。如果当事人采取私力救济的方式,是为了解决属于刑事公诉的案件内容,那么,国家法必然抱持反对的立场,处理结果并没有法律效力,不受法律保护。对此,法律采取禁止性调整方式。[①]这说明,至少在私力救济中,当事人对民间法的运用不能完全是随意的。在一个法治国家,遵循法律的原则和精神,或者至少不违背法律的原则和精神,是私力救济中以民间法作为处理纠纷根据时的基本要求。

---

① 笔者把法律的调整方式分为四种,即针对权利规范的放任性调整、针对义务规范的导向性调整、针对违法行为的制裁性调整和针对模范义务行为的奖励性调整。其中导向型调整又可以细分为禁止性调整(针对禁止性的不作为义务)和导为性调整(针对强制性的作为义务)。具体论述,参见谢晖:《法理学》,北京师范大学出版社2010年版,第189页以下。

民间法与裁判规范*

司法活动，是把法律规范运用到个案事实中的过程。表面看来，只要有白纸黑字的法律，并且这种法律制定得足够严谨，那么，司法活动就是一个面对案情，调配法律的过程，甚至像有人所言，是一个自动售货的过程，法官只是法律的"自动售货机"。[①] 但事实

---

* 本文原载《法学研究》2011年第2期。

① 这个论断究竟是谁作出的？经常能见到不同的说法。有些人说是贝卡利亚的见解，有些人说是孟德斯鸠的主张，还有些人说是韦伯的意见。笔者在以前的文章中也曾引用，人云亦云地以为是孟德斯鸠所讲。为此，笔者专门查阅了相关资料，结果是：贝卡里亚认为"刑事法官根本没有解释刑事法律的权利，因为他们不是立法者"（[意]贝卡利亚：《论犯罪与刑罚》，黄风译，中国大百科全书出版社1993年版，第12～13页），贝卡利亚曾经设计过一种"阶梯式量刑表"，以便塞进去犯罪事实，吐出相应刑罚（参见上书第166页）。孟德斯鸠曾谈道："国家的法官不过是法律的代言人，不过是一些呆板的人物，既不能缓和法律的威力，也不能缓和法律的严峻。"（[法]孟德斯鸠：《论法的精神》（上册），张雁深译，商务印书馆1963年版，第163页。应注意的是，孟德斯鸠在讨论不同政体下的法官时，有不同的结论。参见该书第76～77页。另外，对于这句话，论者在引用时有不同的译法。如有些译为："法官不过是叙述法律语言的嘴巴，不过是不能增减法律的力量和苛酷的无生命的存在而已。"还有些译为："一个民族的法官，只不过是宣布法律之语词的喉舌，是无生命力的人，他们既不能变动法律的效力，也不能修正其严格性。"如上这些译法，在意思上并没有什么出入。）有人总结韦伯的观点时说："现代的法官是自动售货机，投进去的是诉状和诉讼费，吐出来的是判决和从法典里抄下来的理由。"（[美]刘易斯·A.克瑟：《社会学思想名家》，石人译，中国社会科学出版社1990年版，第253页）可见，以上这些说法，要么专指刑事法官，要么是以批判的口吻阐述其观点，所以，这里的引用内容，并不是他们的主张，而是像很多引用者一样，是他们批判的对象。由此足见我们学者中较为普遍地存在的"好读书、不求甚解"的现象（笔者也是）。其实，最典型的类似说法是温斯坦莱的一个结论，他指出："法官是宣布法律的喉舌，法律才是真正的法官。"（[英]温斯坦莱：《温斯坦莱文集》，任国栋译，商务印书馆1982年版，第151页。）

上，谁都知道，司法活动是把日常最复杂的问题（社会纠纷），代入简单、机械和程式化的法律的过程。在这种复杂对简单的游戏中，已然隐含了复杂的问题：简单的法律能否应对复杂的案件事实？俗话说，“清官难断家务事”，套用这样的说法，完全可以说清官难断纠纷事。因为社会纠纷本来是打破了人际交往的正常秩序，从而需要纠纷处理者按照一定程序、原则和规则予以恢复的社会事实。把这样的社会事实套入相对简单的规范中，并恢复受损的社会秩序，其复杂程度，不难想象。因此，司法过程，是一个需要耗费法官复杂心智的过程，其中复杂的问题之一，是法官根据案情，构造裁判规范。在法有明文时，裁判规范的获得相对简单，但在法律规定不明，或者法律规定不足以调整复杂的纠纷事实时，借用民间法、社会道德、社会主流意识以及法律学说等构造裁判规范，就是法官必要的选择。本文拟就司法中民间法与裁判规范的关系问题予以专门探讨。

一、裁判规范界说

奥地利法社会学家埃利希在其名著《法社会学原理》中，用大量的篇幅论述了裁判规范这样一个主题，从而使裁判规范这一概念得以广播。他提出了一种“活法”的法律观，他强调：“法律是国家的秩序或者是政治生活、社会生活、智识生活和经济生活的秩序，但不是唯一的秩序。还有另外一些秩序具有与法律同等的价值，这些秩序可能在整体上要比法律具有更强的效力……”“‘活法’的知识具有独立的价值，它构成了人类社会生活的基础……”“宪法、法律等规范性文件中的规则，不是法律制度的核心，法主要存在于人们的态度、感觉的照应和交换之中，存在于社会互动之中。”

在如上观点的基础上，埃利希进一步强调：

> “裁判规范始终不仅仅是联合体的内部秩序，而且和联合体的内部秩序并不相同。即使在裁判规范直接基于以明确的语言阐述联合体内部秩序的地方，即使在裁判规范可以追溯回社团章程细则、契约或遗嘱的地方，它也总是一种非常不同于联合体内部秩序的事物。因为处于纠纷中的关系总是和处于和平时期的同种关系有所不同……但是，在一起讼案中，只要当事人提交某种关系给法官要求裁判，法官就有义务根据那种关系来履行职责，尽管那种被提交的关系可能超越这种发生争议的关系，并且是和联合体的经验完全不同的关系，关于这些

指责,法官不能从联合体的内部秩序中学到任何东西。"[①]

显然,他所讲的裁判规范未必是国家制定的法律;相反,在他看来,国家法仅仅是法律世界的一小部分,所以,法官在司法中每每要构建裁判规范。对此,沈宗灵总结道,在埃利希看来,"每一种制定出来的规则,从根本上说是不完整的,一旦制定出来就已经过时了。它既难管现在,更不用说管将来,而负责适用法律的人是本民族、本时代的人,要根据本民族和本时代的精神来适用法律。"[②]正是在此基础上,埃利希强调法官自由地发现法律和适用法律,以摆脱传统的过分关注于技术主义的裁判方法。[③]

之所以引述这么多埃利希对法律以及裁判规范的看法,是要强调,一方面,司法裁判中,法官除了引述法律作为裁判规范之外,还经常自己构造裁判规范;另一方面,埃利希的论述已经表明,法官构造裁判规范的渊源(笔者在后文称为"原材料"),并不仅仅是国家法律,而且可能是种种"活法"。在这些活法中,民间法理应是其中一种。经由埃利希对裁判规范的以上论述,我们可以对裁判规范作出如下的界定:

所谓裁判规范,是指法官在司法中所援引或构造的、适用于当下案情裁判的规则。这里包含两种情形。一种是法官援引某种规范,直接适用于当下的案情。这时,法官所援引的规范,或者是法律规范;或者在法律规范供给不足、且法律授权可以援引习惯时,援引习惯(民间)规范;或者在既没有法律,也没有习惯,且法律授权可以援引法理或其他社会规范时,援引法理或其他社会规范。对法官而言,援引法律规范,虽然要做论证,但至少在成文法国家,法律规范自身的肯定性、明确性不需要太多的论证负担。而对民间法或其他社会规范、法理的援引,一方面,需要法律的明确授权;另一方面,即使这些规范本身是明晰的,法官也负有大量的论证义务,因为毕竟法官以法律为业,法律是法官"唯一的上司"。只有在援引这些规范时,说明其和法律精神的勾连,才表明其尽到了对法律的忠诚义务。另一种是法官构造裁判规范。所谓构造裁判规范,是指法官在处理案件纠纷中,面对复杂或疑难的案情,在不能直接援引国家法

---

① 以上引文,分别参见[奥]尤根·埃利希:《法社会学基本原理》,叶名怡、袁震译,九州出版社 2007 年版,第 119、97、51 页。

② 沈宗灵:《现代西方法理学》,北京大学出版社 1992 年版,第 256 页。

③ 参见[奥]尤根·埃利希:《法社会学基本原理》,叶名怡、袁震译,九州出版社 2007 年版,第 277 页以下。

或其他社会规范、法律原理进行裁判时,法官需要按照法律的精神和原则,借助法律或其他社会规范,并依据其经验、直觉和理性,构造适用于当下案件的裁判方案和规范。在一定意义上,法官构造的此种裁判规范,是一种“法官之法”。法官构造裁判规范的情形,在大陆法系国家和英美法系国家各有不同。

在大陆法系国家,并不是所有的案件都需要法官构造裁判规范,对于那些简单的、明了的案件,只需要援引相关法律规定或者其他社会规范作为裁判规范就足矣。尽管即使对这样的案件,法官依然在裁判中负有一定的论证义务,但这种论证中的创造因素不足以让人称其为“法官之法”,因为这一过程基本上是按照立法或其他规范的预设而进行的。但是在复杂和疑难案件的裁判中,情形就完全不同,法官在现成的法律或其他社会规范中,找不到可直接适用于当下案件的裁判准据,只能自己根据案情、法条、其他社会规范、学理、经验、直觉和理性等,经过严密论证,构造适用于当下案件的裁判规范。所以,在奉行成文法的国家,对前一种裁判规范的研究,法理意义不大,真正有意义的,是对后种裁判规范的研究。

而在英美法系国家,从理论上来讲,每一个案件的裁判都需要法官构造裁判规范,因为法官对案件的裁判都是先例,但要成为真正意义上的先例,就必须在裁判中有所创造。没有创造的裁判,即使作为先例,也不过是重复了先例的先例而已,其对后例的作用和意义不大。正因为在理论上所有案件的裁判都需要法官构造裁判规范,所以,在活跃于英美法系国家的一些现实主义法学者看来,法官所构造的裁判规范,才是真正意义上的法律:应然的法,是人们对于法官将做何种裁判的预测;而实然的法,就是法官对案件所做的裁判本身。[①] 尽管如此,在英美法系国家依然存在简单、明晰的案件。对这些案件,过于强调法官裁判规范的创造,可能只会耗时费工,收效甚微。与其如此,不如直接援引先例的规范内容作为裁判规范,来得更方便、更经济、更实用。所以,即使在特别强调法官在裁判案件中创造性的英美法系国家,法官要在真正意义上构造裁判规范,主要针对疑难案件和复杂案件。一方面,只有这样的案件,才能为其后的案件提供真正意义上的先例;另一方面,只有这样的案件,才可能存在无直接援引的先例之虞。

---

① 如现实主义法学者霍姆斯,就坚定地持守这一立场。参见[美]小奥利弗·温德尔·霍姆斯:《法律的道路》,载《霍姆斯读本:论文与公共演讲选集》,刘思达译,上海三联出版社2009年版,第11~12页。

可见,无论哪个法系,法官构造的裁判规范,都主要针对疑难案件和复杂案件。对简易案件、明晰案件,只需要直接援引成文法、先例、授权的其他规则即可。因为这样既符合法治要求,也符合节约成本、减少司法支出的经济性。

学者们对裁判规范尚有不同的认识,我国台湾地区学者黄茂荣给出的叙述方式是:"法条或法律规定之旨意,若在要求裁判法律上争端之人或机关,以他们为裁判之标准进行裁判,则他们便是裁判规范。"[①]其基本意思是裁判规范就是法律规定和当下案件之结合,从而更多地关注通过援引而生成的裁判规范,而对笔者在本文提及的通过法官构造所生成的裁判规范并未关注。这与他在同书中所强调的法源理论和分类有些冲突。[②] 我国大陆的一些学者也曾论及裁判规范,[③]但笔者在这里特别关注两位作者及其观点,因为他们对裁判规范特征的总结,意思正好是相反的。

一位是张其山的论述。他认为,"裁判规范是法官在审理案件时所创立的直接用于裁判案件的规范。"它的创立,须满足三原则:可预测性、可普遍化和回应性。前者"要求法官必须遵循存在于法律人层面之中的可重复性的思维方式";中者"要求法官创制的裁判规范不仅仅适用于当前案件,而且同样适用于以后相同类型的案件";后者"要求法官所创制的裁判规范必须回应他所面对的'听众'的要求,也即争议的当事人及其律师,其他法律执业者和公众意见"。[④] 另一位是郭楠楠的论述。他认为,"裁判规范是指法官在裁判案件过程中,根据个案具体情况并结合法律规范,旨在解决诉争而创设的个别规范"。

在此基础上,作者把裁判规范的特征总结为四个方面,即"适用范围的专属性""形成过程的动态性""制定主体的单一性"和"效力不具有普

---

① 黄茂荣:《法学方法与现代民法》(增订三版),台湾大学法学丛书编辑委员会1993年版,第122页。

② 黄茂荣把法源分为制定法、法院的裁判、习惯、契约或协定、学说、国际法六个方面以及法规性命令、行政规则和自治法规等。参见黄茂荣:《法学方法与现代民法》,中国政法大学出版社2001年版,第1~37页。

③ 如陈金钊:《论审判规范》,载《比较法研究》1999年第3、4期;历尽国:《论裁判规则及其公共性》,载《法律方法》第5卷,第165页;赵耀彤:《论裁判规范》,载《法律方法》(第6卷),第356页;尹士强:《论裁判规范》,南京师范大学2009年法学硕士学位论文;刘成安:《论裁判规则》,山东大学2009年博士学位论文。

④ 张其山:《裁判规范的创立原则》,载《政治与法律》2009年第10期。

遍性”。[①]

显然，这两位论者就裁判规范的原则或特征所得出的结论大相径庭。那么，造成这种分歧的原因何在？我想一个重要的可能是：两位论者的路径依赖不同。张其山论述裁判规范的路径依赖主要是以判例法为根据的。以判例法为路径依赖，未必一定以英美法系为路径依赖，但如果在坚持严格规则模式的制定法传统下，所谓裁判规范本身就丧失了其应有空间。只有一个国家存在一定的判例法空间，裁判规则才在相应空间内具有可预测性、可普遍化和回应性等特点；否则，上述特点就丧失了立足的基本前提。可见，张其山的论述，就我国国情而言，乃是基于一种理想，就其研究路径和结论而言，乃是以判例法为路径依赖的。

相比之下，郭楠楠论述的路径依赖，却是成文法或制定法。因为在严格的成文法或制定法背景下，法官裁判案件的裁判规范，主要来源于健全的法律规定本身，所以，裁判规范主要是法官援引法律的结果，而不是法官构造的结果（尽管从宽泛的意义上，援引及其理由说明过程也存在“构造”的因素），并且在严格的成文法背景下，法官即便有构造裁判规范的空间，这一空间也主要指涉在当下的案件范围之内，而不能溢出当下案件范围。所以，裁判规范并不要求可普遍化，也不要求在更宽泛的范围内的回应性，当事人的接受就足以满足回应性的一般要求。这一论述，比较符合目前我国法治和司法裁判的情形，所以，置诸目前我国司法裁判的国情，似乎显得更“合理”一些。

然而，我国司法裁判的国情正在发生一些微妙的变化。一方面，最高人民法院及地方各级法院强调司法的能动性或能动司法，[②]并在积极推进判例指导制度的改革。[③] 这在本质上都要求司法活动必须给法官以个案裁判的能动性和构造裁判规范的自主性。如果没有这种能动

---

① 郭楠楠：《论裁判规范的特征》，载《法律与社会》2010年第7期。

② 《最高人民法院2010年工作报告》指出：“针对国际国内经济形势的发展变化和企业的生产经营状况，最高人民法院加强调查研究，提出能动司法的要求，适时调整司法政策能动司法……”而此前，王胜俊通过多次调查坚定地认为：“能动司法是新形势下人民法院服务经济社会发展大局的必然选择……”（袁祥等：《司法为民，守护公平正义——写在“两高”工作报告审议之际》，载《光明日报》2010年3月12日）

③ 最高人民法院早在2005年10月26日颁布的《人民法院第二个五年改革纲要（2004～2008）》中规定：“建立和完善案例指导制度，重视指导性案例在统一法律适用标准、指导下级法院审判工作、丰富和发展法学理论等方面的作用。最高人民法院制定关于案例指导制度的规范性文件，规定指导性案例的编选标准、编选程序、发布方式、指导规则等。”但时至今日，这一制度的推进还没有实质性进展。

性或自主性，那么，无论能动司法也罢，还是判例指导制度也罢，都是口号，而无法化为一种可预期的由法官裁判所主导的制度模型。另一方面，非常遗憾的是，一边是大张旗鼓地宣传能动司法，另一边又不遗余力地批判司法技术。这足以表明，我国倡导的能动司法，不是通过司法技术的制约而推进，而往往是抛开了技术要求，仅仅通过政治正确的表白而推进的。因之，对真正能养成司法能动的裁判规范的构造，就根本不予重视，甚至还在敌视。其实，这种情形，和建立“案例指导制度”的设想也是睽违的，因为案例指导制度必然要求法官须通过裁判技巧，构造裁判规范，以便法官裁判的样本对其后类似的案件具有普遍的参考价值（可普遍化），但这种能动司法论，在不明就里的背景下，把构造裁判规范，以及建立案例指导制度的技术可能，基本抛弃，取而代之的是大而化之、粗枝大叶的一种政治－道义理念。因此，我国对上述裁判规范的论述，人们可能更认同后一种观点，而不是前一种观点。

但只要中国朝市场经济、民主政治和多元文化发展，并因之只要中国朝法治方向迈进，那么，复杂社会关系的发展绝不可能使再“健全的立法”胜任愉快，所以，借助司法对个案的解决，以补充立法的不足，就是司法和法治的必然选择。从而法官在个案解决中构造裁判规范，而不仅仅是援引裁判规范，就是未来中国司法必然会面临的问题。因此，无论从理想的视角来看，还是从必然的走向来看，对法官构造裁判规范必须予以充分关注和研究。只有这样，才可能有真正的“能动司法”，也才可能建立起一种有实效的“案例指导制度”，当然，才可能使民间法真正作为法源，被援引或构造到裁判规范中。

二、民间法直接作为裁判规范

前文陈述了两种不同的裁判规范，即通过法官援引成为裁判规范和通过法官构造形成裁判规范。与此同时，也强调了民间法作为法官援引的规范，被作为裁判规范的可能。但是，民间法作为法官援引的裁判规范，应有前提制约，因之，并不是所有的民间法，都能够通过法官直接援引，形成裁判规范。那么，民间法被法官直接援引的条件是什么？一般说来，主要有如下六个方面：

第一，法律授权。民间法被援引的第一个条件，是法律授权。当然，这一条件主要是针对成文法国家而言的。在判例法系各国，因为法律自始就是一种“开放性结构”，法官在遵循先例的前提下，完全可以按照“先例识别”和“现例创造”的精神和要求，开放性地运用民间法，实现法律之形式理性和实质理性的结合。但是,在成文法背景下,情况有所区别。第一种情况是法律明确禁止适用民间法,因此,民间法的司法适用也就难上加难。虽然在那些典型的成文法国家,[①]如法国,民事领域严格控制民间法的适用,但在司法活动中,适用民间法的情形,仍不少见。[②] 第二种情况是是否允许民间法的司法适用,法律规定不明。在这种情形下,作为行使国家审判权力的司法机关,能否在法律界定之外适用民间法?是需要特别予以探讨的问题。就原则——"权力不得推定"而言,法院要直接引入民间法裁判,逻辑上存在一些问题;但可变通处在于,如果当事人都同意选择民间法进行裁判,从而法官适用民间法,又未尝不可。第三种情况是国家法律明确授权:当法律未规定时,可以适用民间法。众所周知,《瑞士民法典》在民事活动中,如果没有法律时,得依习惯——民间法裁判的规定和授权。这种授权,为民间法进入司法活动创造了基本的法律根据。民间法和国家法、司法裁判、契约和协定、国际法以及法律学理一样,成为司法活动的法律渊源。尽管这些渊源在司法中的地位、适用程度等不可同日而语、相提并论,但无论如何,这为法官适用民间法,创造了前提和基本条件。我国在《宪法》《民族区域自治法》《合同法》《物权法》《婚姻法》等法律中对民间法实际作用的肯定,可以看做一种授权,从而为法官在司法中援引一些民间规范作为裁判规范,提供了一定的理由。这也是一些地方在司法实践中积极采用民间法的基本缘由所在。[③] 虽然在法律未授权的情形下,法官迫于案情,也可以运用民间

---

① 事实上,当我们以成文法和判例法这样的词汇来总结一个国家的法律基本特征时,应当有所区别:在判例法国家,已经有通过对判例规则的萃取、加工、整理和汇编,所形成的成文法典;而在成文法国家,如法国,在有些领域、特别是行政法领域,也存在着发达的判例法。所以,用判例法和成文法的概念来区别英美法系和大陆法系,已经有些勉强,需有必要的前提界定。

② 法国学者雅古·盖斯旦等指出:"今天,在明确习惯法只具有辅助且有限作用的同时,几乎所有的学者都承认它具有法的渊源的资格。争论只限于相对法律和判例而言习惯法的独立性问题。而且我们认为,习惯法也是实体法的一种渊源,因为正是社会群体的行为方式,方有权陈述应遵循规则的内容,并且这种法律陈述是有效的,强制性的,而这种效力来源于其他渊源这一点是无足轻重的。"([法]雅古·盖斯旦,吉勒·古博:《法国民法总论》,陈鹏等译,法律出版社2004年版,第192~193页)他们还以交易习惯为例,论述了法官在司法中对交易习惯的审查机制和原则(参见前引书第483页)。

③ 例如,江苏省姜堰市人民法院引入民俗进行裁判的经验就是典型。不过在这一经验中,有些把民俗作为案件事实对待,有些则作为裁判规范对待。在作为裁判规范时,有些直接说明,有些则只用不说(参见汤建国等主编:《习惯在民事审判中的运用——江苏省姜堰市人民法院的实践》,人民法院出版社2008年版,第1~290页)。这种情形,反映了法官利用民间法裁判案件时,或许还心有余悸,或许还拿捏不准的情形。但无论如何,这些法律的规定,已经引致了中国法院开始探索民间法进入司法的情形。

法，但毕竟法律授权提供了法官运用民间法的合法性基础。在这个意义上，法律授权是法官引入民间法，作为裁判规范的基本前提与合法基础。

第二，穷尽法条。民间法直接被法官援引为裁判规范的第二个条件，是法官在裁判中穷尽法条。所谓穷尽法条，是指针对当下的案件，法官遍寻现行法律体系中可适用于当下案情的规定，但又无所获得的情形。法律总是存在所谓的空隙的，这是因为作为言词的法律，和人们交往的社会事实相比，总是无法穷尽社会事实，所谓“言有尽而意无穷”，所指的就是这种情形。当社会事实超出了法律的调整范围时，法官在民事审判中，要么寻找最相类似的条文予以类推，要么直接深入民间法或其他社会规范中，寻求裁判的根据。特别是当法官受理了一件在法律上根本无法找到根据的案件时，作出裁判是其受理行为的基本义务，如著名的祭奠权纠纷案、红白事同时同店举办纠纷案[①]等，在法律规定上都基本上是空白，但法院既然受理了这样的案件，就必须设法进行裁判。那么，如何完成这类案件的裁判义务？显然，法律中没有现成答案，于是，法官另辟蹊径，在其他社会规范，特别是民间法中寻求并引用，以作为裁判规范，应是一条终南捷径。为什么这样说呢？

这是因为民间法本身是在一定时空范围内被人们所接受的规范，同时也从中能推出当事人之间的权利与义务，并据此裁判当事人因权利义务所产生的纠纷。还以祭奠权纠纷为例，慎终追远、缅怀祖先，这是中华民族数千年来，形成的一种伟大传统和习俗。既是儿孙对祖先的一种义务，也是儿孙表达哀思、缅怀和追忆的权利。无论作为义务，还是作为权利，对儿女们而言，在行为层面表达这一权利或义务的基本方式是祭奠，所以，在我国也就形成了逢年过节，祭奠先祖的传统和民间规则，上至王侯将相，下到草民百姓，都遵循着这种传统。因此，当有人设置障碍，影

---

① 其中祭奠权纠纷的案例，在河南、甘肃、上海等地都曾发生过，相关案件之报道，参见李军林等：《铁西审结一起祭奠权纠纷案》，载《人民法院报》2002 年 6 月 23 日；李军林：《甘肃首例祭奠权纠纷案审结》，载《西部商报》2003 年 1 月 20 日；李燕等：《兄弟反目只为老母祭奠权》，载《新民晚报》2005 年 7 月 15 日。酒店同时举办红白事，遭致起诉的案例，在广西、北京等地都曾发生。参见李乔等：《酒店同时办红白喜事，被判赔新婚夫妇 1600》，载 http://news.qq.com/a/20070608/002614.htm，2011 年 1 月 29 日访问；北京在通州、房山和门头沟各发生一起相关案件，其中前者选择了司法裁判（参见《红白喜事“撞车”难收拾，酒店与新人对簿公堂》，载《楚天金报》2005 年 4 月 20 日），中者以调解结案（参见《北京酒店大厅同时办红白喜事，新人怒告酒店》，载 http://www.stnn.cc/society_focus/200806/t20080623_800363.html，2011 年 1 月 29 日访问），后者则选择了红白喜事双方群殴（参见李罡：《红白事饭店相遇，燃放爆竹炸坏玻璃致群殴》，载《北京青年报》2009 年 8 月 11 日）。

响人们的祭奠行为，并因此产生纠纷、诉至法院时，法院所能采取的基本方式，就是按照既有民间法及其习惯权利，来处理当事人之间的纠纷。所以，民间法有条件成为国家法律空白或者调整不能时，人们权利义务规范分配的替代方案。当然，民间法本身既有在一定时空范围内被普遍接受和尊重的民间法，如我国的春节习俗、祭祖习惯、婚姻习惯等，在全国各地多有相同的方面，也有只在很小的时空范围内所适用的民间法，所以，如果纠纷主体之一方或者双方不受某一民间法的影响或"自发调整"时，法官能否运用民间法裁判？这里涉及民间法适用的另一个制约条件。

第三，当事人的接受和选择。本来，司法活动不论当事人接受与否，只要法院的裁判是终审裁判，那么，当事人就有强制接受它的义务。尽管在法学上，还有一套司法中的当事人自觉接受理论，但即使当事人不自觉接受裁判，在现代法律上，只要司法完成了生效的裁判程序，那么，当事人就必须接受裁判，这是现代司法的一种常识。不过笔者认为，在法官引入民间法所裁判的案件中，对当事人之于民间法的接受问题需要特别予以考量。这里涉及如下几种不同的情形，需要进一步探讨：

第一种情形：一种民间法对双方当事人都有习惯意义上的约束力。在此，虽然双方当事人平时都受一种民间法的制约，但在纠纷解决中，双方当事人是否接受民间法的裁判，可能存在如下三种可能：一是双方都接受根据民间法进行裁判，这时，民间法就获得了双方当事人的接受，法官也可以比较容易地把民间规范纳入到司法裁判中；二是其中一方并不接受民间法的裁判，这时，法官要么动员其接受民间法的裁判，要么强行以民间法裁判，从而形成类似于法律裁判之强制接受的效果；三是双方当事人都不接受运用民间法进行裁判，这时，法官要么动员双方当事人接受之，要么以民间法强制裁判之，要么放弃民间法，寻求新的裁判规范。在如上三种可能中，只有第一种可能才支持法官对民间规范直接引用，并形成裁判规范，同时，也可减轻法官的论证义务。其他两种情形虽然不影响法官对民间法的直接引用，并进而形成裁判规范，但法官要对此付出更多的论证义务，以说明引用民间法裁判的合理性。

第二种情形：一种民间法只对一方当事人具有习惯意义上的约束力，对另一方当事人不具有这种约束力。这时，也有三种情形可供选择。一是双方当事人都接受该民间法的处理，这也可以方便法官引入民间法直接进行裁判。二是双方当事人只有一方接受该民间法裁判。这又分为两种情况：或者平时接受该民间法之习惯约束的一方当事人接受该民间法，而另一方则不接受；或者相反，平时不接受该民间法之习惯约束的一方当事人反倒接受了该民间法，而另一方则不接受。这时，法官如果认为必要，也可以运用说服的方式，在当事人同意的前提下引入民间法进行司法裁判，并据此形成裁判规范；但只要平时不接受该民间法之约束力的一方，拒不接受依照该民间法予以裁判，法官就不能强行引入该民间法作为裁判规范。三是双方当事人都不接受按照该民间法进行裁判，这时，法官理应放弃援引该民间法进行裁判的努力，寻求其他裁判方法。

第三种情形：一种民间法对双方当事人都没有习惯意义上的约束力。法官可以出示给当事人一种民间法内容，要求当事人进行选择。如果双方当事人都选择接受该民间法时，法官才能将这种民间法援引为裁判规范；只要双方当事人一方选择不接受，那么，法官就不能直接援引该民间法作为裁判规范；至于双方当事人都不接受该民间法时，法官就更不能直接援引它作为裁判规范了。其中原因不言自明。

在以上的论述中可发现，当法官把当事人的接受和选择作为援引民间法的条件，使之成为案件的裁判规范时，事实上表达了一种司法的回应性，即在法官和当事人之间，对民间法的援引经过了回应的过程。倘若达不成这种回应，那么，法官就很难直接援引民间法作为裁判规范，而只能通过构造裁判规范的方式，把民间法引入司法中。

第四，法官的论证义务。法官援引民间法裁决案件时，比直接援引法律裁判案件肩负着更大、更重的论证义务。不论何种裁判，只要法官在裁判中讲道理，就肩负着为了道理而论证的义务。但在直接援引法律进行裁判时，因为法律自身和案件事实的直接相关性，法官所肩负的论证义务要轻得多，如果因此造成当事人的不服，在根本上讲，是当事人不服从法律，所以，法官因此也会少一些责任和压力。但法官对民间法的援引，即使双方当事人都接受了，法官依然肩负着更重的论证义务，因为法官即使是根据法律的授权来援引民间法的，但民间法的援引只是法律供应不足或者法律调整不能时的替补或替代方案。民间法本身的存在多种多样，不一而足，一种具体的民间法的援引，需要法官认真剖析它和法律精神、法律原则、立法旨意是否吻合等问题，这事实上就给法官提出了援引民间法裁判时，更高、更重和更大的论证义务和要求。这种论证，更容易导致援引民间法时的社会接受。

众所周知,一起案件的裁判,绝不仅仅是当事人接受就可以完全案结事了,除此之外,其他社会主体的接受对案件的顺利解决也非同小可,事关重大。特别是援引民间法进行裁判的案件,更是如此。因为和国家法相比,民间法毕竟不是更广泛意义上公共理性选择的产物,人们完全可以对民间法抱持不同的立场。因此,如何让司法活动在援引民间法作为裁判规范时,获得当事人以外的其他社会主体的接受,就是法官必须论证和考虑的问题。正是这层因素,必然使法官在援引民间法作为裁判规范时,进一步增加了论证义务和负担。

第五,援引民间法的时空制约。尽管在一个国家总有一些在广泛空间里适用和认可的民间法,但在更多的时候,民间法具有明显的地域性和时限性。所以,民间法是一种多元性的规范形态。这样,民间法的司法适用,也势必受地域性的影响。对于习惯性地接受某种民间法调整的当事人而言,运用民间法于这些当事人,不存在什么问题,但对于跨区域从而并不受这些民间法约束的主体而言,适用民间法以解决他和受这些民间法约束的主体之间的纠纷,就勉为其难,除非他自愿接受该民间法的规范内容和要求。为了解决民间法的这种地域局限,在现代民治国家,更多地强调地方自治,通过地方司法以更方便地援引民间法,并适用于地方主体之间所发生的纠纷和诉讼中。对相关问题,前文第三点事实上已经有所展开,这里不予赘述。

第六,民间法的性质和功能。民间法不但是一种多元性的存在,而且还是一种性质和作用完全不同的规范。有些民间法和国家法在精神上、原则上并不排斥,而有些民间法则完全背离国家法的精神和原则;有些民间法和社会进步的理念和目标一致,而有些民间法则违反社会进步的基本理念和目标(如性别歧视类的民间法、迷信蛊惑类的民间法,酷刑无道类的民间法等)……所以,援引民间法于司法活动,并作为裁判规范,法官必须识别民间法的性质和功能,并根据国家法的精神和原则,根据社会进步的理念和要求等,决定是否援引;否则,便是援引民间法作为裁判规范的排除因素。对此,本文第四部分将继续阐述。

三、民间法与法官构造的裁判规范

什么是法官构造的裁判规范?对此,可以在广、狭两义来界定。广义的界定是:只要有司法裁判,就有法官构造的裁判规范,因为所谓裁判规范,就是法官在处理个案中,用来直接适用于当事人之间权利义务关系纠纷的规范。法官所处理的案件,无论是简单案件,还是复杂案件,也无论是清晰案件，还是疑难案件，都会将某位具体法官的“前见”、[①]经验、处事方式、思维方法以及对个案和法律的独特认识引入裁判活动中。在这个意义上讲，每一次判决，都是一个创造。因此，只要有司法裁判，就有法官构造的裁判规范。但正如前述，在简单明了的案件中，即使有裁判规范，也主要是法官援引既有的、白纸黑字的法律形成的，法官从中所负担的论证义务很少，因之，说法官构造的裁判规范，就勉为其难。这样，就需要在狭义上理解法官构造的裁判规范这个概念。

笔者认为，狭义上讲的法官构造的裁判规范的界定，应是当法官面对疑难案件和复杂案件时，因为法律规定不能全部满足，甚至完全不能满足案件事实的要求时，需要法官结合案件事实、法律规定、其他社会规范、被人们接受的社会意识等，并结合法官自身的经验、直觉和理性，构造一种直接适用于当下案件的规范。对此，在本文第一部分已有交代。

法官构造的裁判规范，站在判例法的立场和成文法的立场会得出不同的结论。在判例法视角，大体可认为，只要是法院的个案判决，都存在法官对裁判规范的构造问题，因为法官的裁判结果，是生成先例的前提，并且任何一个判决，都有可能成为后例的先例。但即便如此，判例法国家也存在一个简单案件与复杂案件、明晰案件与疑难案件的区别问题。因此，简单案件和明晰案件的法律适用，直接援引先例的可能性会更大一些，即援引性裁判规范的适用要更多一些。而在复杂案件和疑难案件中，法官创造裁判规范的可能性要更大一些，即创造性裁判规范的生成机会要多一些。并且一般说来，创造性裁判规范作为新先例，在后例中适用的可能要更大，因为这一创造本身，容易填补先例的空白。

而站在大陆法系成文法的视角来看，直接援引成文法作为裁判规范和通过法官的心智和努力，构造裁判规范，情形完全不同。前者是一个比较简单的法律适用过程，法官甚至可以充当法律的“自动售货机”这一角色，但后者却是一个复杂的创造过程，法官的角色绝非自动售货机，而是售货机的设计者和制造者。没有法官的创造心智发挥作用，就不可能有法官构造的裁判规范。这类裁判规范，在立法层面来讲，所体现的就

---

① “前见”，又被翻译为“前理解”“先见”等，是哲学诠释学的重要概念，它是指一个人特有的生活经验、思维方式、理解能力等对于理解的前提性制约作用。任何一个人对文本或事物的理解，都是带着前见去理解的，所以，“只要有理解，理解便会有不同”；“一切解释，都具有创造性”。从而前见是理解的前提和条件，前见帮助人们理解，同时也是人们的理解得以实现的方式（参见［德］海德格尔：《存在与时间》，陈嘉映等译，三联书店1987年版，第374页以下；［德］伽达默尔：《真理与方法》（上卷），洪汉鼎译，上海译文出版社1999年版，第341页以下）。

是法官的法律续造或法官造法。在设立了判例制度的成文法国家,这类裁判规范会构成判例制度的有机内容,即使在没有设立判例制度的成文法国家,也会为类似案例的司法裁判提供有益的参考。

对法官构造的裁判规范之一般的交代,是为进一步阐明民间法与法官构造的裁判规范之间的关系。法官在构造裁判规范时,至少会涉及三个方面的问题:一是案情,即法官所面对的当下的案件事实,通过事实,再对照法律,才可发现是否需要构造裁判规范;二是规范,面对案情,在法律规定不能满足案件裁判的需要时,法官可以寻找替代性的规范,如民间法、道德规范、社会意识以及案件事实中蕴涵的规定性等;三是能动,即法官在面对这样的案情时,不可避免地会发挥其能动作用,把自己以往办案的情感、经验以及理性,①运用于构造当下案件之裁判规范中。对照这三点,可进一步观察民间法与法官构造裁判规范间的关系。

在上述三点中,民间法只是作为法官构造裁判规范的"原材料",②在规范视角发挥作用,但即便如此,一旦法官选择运用民间法作为构造裁判规范的"原材料",就意味着民间法被纳入法官构造裁判规范的具体作业中去了,也意味着在法官构造的裁判规范中,必然有相关民间法的成分。在这种陈述中,我们可以推出构造型裁判规范中民间法的作用和援引型裁判规范中民间法的作用有如下五点具体区别:

第一,法官在运用民间法构造裁判规范时,民间法不过是裁判规范形成的一种原材料,是法官可供参照的内容,而不是法官直接裁判案件的援引和根据。但是在援引型裁判规范中,只要法官援引了民间法进行裁判,那么,该民间法就直接构成了案件的裁判根据,直接作为个案的裁判规范,从而被援引的民间法就是相关个案的裁判规范。

第二,法官运用民间法构造裁判规范时,必须尽到最强的论证义务。

---

① 最近,广东一位资深刑案法官在和笔者交流时坦陈:法官的阅历和经验,对办案结果具有直接的影响。他强调自己刚做法官时,见到"罪大恶极"犯罪案件,首先思谋的是如何按照刑法严厉惩罚之;而经过十多年的锻炼和经验,面对类似的案件,首先想的是哪些情节可以让被告人少受刑、甚至免受刑,尤其面对那些可能判处死刑的案件时。他强调,这种心理变化,在刑案法官的履历中普遍存在。

② 在这里之所以运用"原材料"这样的比拟词汇,而不用法律渊源这样的专业词汇,原因在于法律渊源这个词汇更符合直接援引,并作为裁判规范的情形。而法官构造裁判规范的基本前提,是不能直接在法律渊源中援引某种规范。虽然在法官构造裁判规范时,也可以在法律渊源中寻找构造的原材料,但这毕竟与援引有很大区别。找到这些原材料,并不意味着它们立马会起到裁判规范之效果,只有经过法官的再论证和加工,才能成为裁判规范。但这时,裁判规范已经不是法官找到的这些"原材料",而是法官构造的新规范。

如果把法官在司法中的论证义务按照强弱分为三类,即最强的论证义务、较强的论证义务和一般的论证义务的话,那么,法官直接援引成文法或者先例作为裁判规范时,所肩负的是一般的论证义务,因为在这样的裁判活动中,白纸黑字的法律和案件事实之间的对应关系较为明确。法官直接援引民间规范等法律之外的规范进行裁判,或者法官借用相似的法律规范构造新的裁判规范时,肩负着较强的论证义务。具体原因是,在前一种情形下,法官的援引,溢出了法律的范围,从而可能引致人们对法律秩序断裂的担忧,因此,较强的论证义务及其履行,有利于克服人们对裁判和法律的此种担心。在后一种情形下,一方面,法官虽然借用法律构造裁判规范,但借用的法条毕竟和当下案件不具有直接关联,还需要法官通过缜密的阐述、论证和说明,才能使其获得和具体个案间的关联效果;另一方面,当法官做了这样的论证和说明之后,所产生的其实已经是构造意义上的裁判规范,是法官之法,而不是立法者之法。剩下的,就是法官运用民间法等其他社会规范、社会意识等构造裁判规范,这时,法官肩负最强的论证义务。为什么呢?原因有二:一是法官运用民间法等其他社会规范构造裁判规范,其行为已经溢出了法律的范围,势必造成对法官忠诚于法律的影响,即使法官运用民间法等社会规范构造裁判规范出于迫不得已,也应通过最强的论证义务,严格制约法官对民间法的运用,并使民间法的运用产生更好的社会效果;二是法官运用民间法构造裁判规范,本身是法官的一种创造性活动,对此谓之构造裁判规范也罢,谓之法官造法也罢,都意味着法官在相关司法中直接发挥了创造性作用。众所周知,法官在司法中的基本形象是恪守法律、克制创造,但在法官运用民间法构造裁判规范的场合,法官却必须能动,坚持创造。对此,如果不附加最强的论证义务,那么,法官的擅断也就无力制约和监督。

第三,法官运用民间规范构造裁判规范时,必须有更多的心智创造。众所周知,在一个法律健全的国度,无论其遵行判例法传统,还是成文法传统,都不需要法官更多的创造,因为一般说来,法官只是既有法律秩序的遵行者和守护者,法律是其唯一的"上司"。但是在法官构造裁判规范时,如果同样恪守法律的陈规,就表明复杂案件或疑难案件难以裁判,从而法院裁判案件的使命也会大打折扣。为了避免法律空缺、法律不能以及法院无法裁判这种尴尬,按照一定的约束条件,赋予法官必要的自由裁量权或者能动司法权,是克服这种尴尬的必要措施。这也意味着在处理复杂案件和疑难案件并进行裁判规范的构造时，法官可以行使其创造职权，发挥其创造心智，在法律之外，甚至在其他社会规范之外，寻求出于法官的法律——裁判规范。虽然这在判例法国家，是一件较为平常的事，但在成文法国家，尤其没有建立判例制度的成文法国家，这是很不寻常的事。所以，运用民间法构造裁判规范的活动，在本质上是法官创造心智发挥的过程。这种创造心智，或依赖于理性，如在裁判规范构造中严格根据逻辑规则进行归纳或者演绎；或依赖于经验，如法官把以往处理疑难或复杂的纠纷事实的经验，代入处理当下的纠纷事实中以构造裁判规范；或依赖于直观判断，如法官以对疑难案件的第一印象入手，作为构造裁判规范的认知前提；等等。无论如上哪个方面，都是法官面对案件事实及其裁判规则的一种心智创造活动。

第四，法官在运用民间法构造裁判规范时，必须充分考虑当事人和其他社会主体的接受性。运用民间法构造裁判规范，其前提是法官溢出法律的创造行为，尽管这一行为必须符合法律的精神和原则，但事实上，究竟是否符合法律原则和精神，还需要法官作出最强的论证。更重要的是，法官所构造的裁判规范，要能够恰当地给纠纷中的当事人分配权利和义务，这尤其是一件难上加难的事情。众所周知，司法所面对的事实，是一种纠纷事实或者冲突事实，如果把日常生活比喻为一出戏，那么，社会纠纷就是这出戏的最高潮和最复杂的部分，从而也是最引人关注的部分。而疑难案件和复杂案件，就更是戏剧冲突的极致。对这样的案件，究竟如何裁判，如何分配当事人之间的权利和义务，必然是万众瞩目的问题。所以，面对疑难案件和复杂案件，法官在进行裁判规范的构造，并据此分配当事人的权利和义务时，通过论证获得当事人对裁判规范的接受，就更显必要。因为如果援引法律或者民间法进行裁判，而当事人对裁判规范不接受时，法官还可以告诫当事人“法律规定如此”，或者“法律的精神如此”的话，那么，面对法官构造的裁判规范，要求当事人或者其他社会主体接受，就必须要法官作出扎实深入的论证，做到裁判规范的无缝化和逻辑自恰。显然，这一问题是和前述法官运用民间法构造裁判规范时的最强论证义务紧密相关的。与此同时，还须稍加说明，在援引民间法直接作为裁判规范的场合，也需要当事人和其他社会主体的接受，但它对法官的论证义务要求不是那么强，因为民间规范和案件事实的关联程度更高。但在运用民间规范构造裁判规范的场合，直接据以裁判案件的规范，是法官造法的结果，因此，法官的论证义务更强，当事人对裁判规范的接受问题，站在法官的立场，更显重要（尽管站在司法的一般立场，当事人和其他社会主体接受与否，只要法官不隐瞒或虚构事实、不违背程序，并且裁判能够自圆其说，就都不影响法官依据其构造的裁判规则所作出的裁判及其效力）。

第五，法官运用民间法构造裁判规范，在本质上是法官运用民间法进行"法官造法"或"法律续造"的过程，其目的既可以是新判例的创造，也可以为判例指导提供范型。法官所构造的裁判规范，就是法官造法或者法律续造。这种规范如果仅对于当下的案件生效，那么，它就是现实主义法学家笔下的"实然法"，[①]即只对个案中纠纷的解决、当事人的权利和义务分配有效的法。换言之，对当事人而言，就是根据法官构造的裁判规范这种"法"，使他们获得其权利，或者追加其义务的。对他们而言，这自然是一种实然法。一个人一生因为纠纷而打官司，并获得法院裁判的情形总是有限的，对他们而言，法官所构造的裁判规范及其权利义务分配，会深铭于心，因为这一裁判规范会成为当事人记忆中最深刻的权利归属或义务负担。当然，如果一个国家实行的是判例法，或建立了判例法制度，那么，法官针对个案的裁判规范，要么是较为典型的新先例，因为在既往的先例中这样的裁判规范，前无古人；否则，法官就会援引之作为裁判规范，而不会专门创造裁判规范。要么作为判例制度中的判例，对成文法的缺陷起一种拾遗补阙的作用。这样一来，我们会发现：民间法进入法律，获得法律的效力（而不仅仅是裁判效力），可以通过两种情形，一种是立法上的认可或授权；另一种是司法上法官构造的裁判规范获得了判例法或判例的效力。我国目前虽然没有建立判例制度，但在历史上，包括判例法在内的"混合法"曾经发挥过巨大的规范作用，"混合法"的这种作用，至今依然对我国具有重要的现实意义。[②] 可以预料，随着中国法律体系建设的逐渐完善，细节建设的需要和作用会越来越凸显，这对法官运用民间法，构造裁判规范，并依赖此创建判例制度或者案例指导制度，是一个契机。

四、裁判规范对民间法的排除

尽管民间法对于裁判规范的形成具有如此重要的作用，但在实践

---

① 极端的现实主义法学家认为，所谓应然的法，是当事人及其律师对法官将作何裁判的一种判断，而实然的法，则是法官对案件的裁判结果本身。

② 有关"混合法"的论述，参见武树臣：《中国传统法律文化》（第七章、第九章），北京大学出版社 2000 年版；武树臣：《法治与国情》，载 http://wsc2010. fyfz. cn/art/902919. htm，2011 年 1 月 29 日访问。

中,民间法和国家法既是一对互补的规范类型,更是一对竞争。因此,有时候也是一对对立的规范类型。在两者互补时,法官无论直接援引民间法也罢,还是借助民间法构造裁判规范也罢,都不存在本质性的冲突,因此,也无须在裁判规范中排除之。但在两者处于竞争,特别是对立的状态时,司法直接援引民间法或者借助民间法构造裁判规范,就需要更加谨慎,甚至需要设置有关裁判规范排除民间法的标准。

严格说来,所谓裁判规范对民间法的排除,就是指民间法进入司法的排除条件,或者民间法不得作为司法之法律渊源的条件。具体到裁判规范,就是民间法不能被援引作为裁判规范,或者法官不能运用民间法构造裁判规范的条件。这些条件,有些是民间法之外的,如在成文法国家,法律有明文规定,且不存在法律调整不能时,不得援引或运用民间法作为裁判规范或构造裁判规范;再如,在法律没有明确授权法官可以援引或运用民间法时,法官一般也不能援引并运用民间法作为裁判规范或构造裁判规范等。有些则是民间法之内的。以下笔者将要探讨的核心问题,是民间法自身在裁判规范的形成中被排除的原因和条件。

排除条件之一:无效或者过期的民间法,不能援引为裁判规范,也不能作为法官构造裁判规范的原材料。法官援引民间法作为裁判规范也罢,或者法官借助民间法构造裁判规范也罢,都要求民间法是活动的和现实有效的,即民间法在一定时空范围内,对相关主体发挥着实际的规范功能,在日常生活中具有规范效应。但是,民间法作为一种文化遗存,既有现实有效的民间法,也有随着时过境迁,在客观上已经失效的民间法,从而成为人们的一种历史记忆,或者仅仅是一种文字遗存。这样的民间法,即使曾经发挥过巨大的作用,但在现实生活中已经消失得无影无踪,自然就不能被法官援引为裁判规范,或者法官运用之构造裁判规范。因此,这种作为历史遗存或者人们记忆的民间法,就是裁判规范需要排除的部分。或以为,作为一种文化遗存的民间法,能否被法官在构造裁判规范的时候借用呢?因为它毕竟在某个历史时段,曾经调整过类似的社会事实。笔者认为,这时,即使法官运用它,也不是在运用民间法构造裁判规范,而是在运用一种文化遗存构造裁判规范,因此,当将两者区别开来,不可混同为一;否则,就会过分扩大民间法的范围,其失误将会与援引清代法律作为今天案件的裁判规范,或者运用清代法律构造当下案件的裁判规范一样荒谬。

排除条件之二:不具有权利义务的分配可能的民间法,不能援引为裁判规范,也不能作为法官构造裁判规范的原材料。在司法中,无论法官是援引民间法作为裁判规范,还是运用民间法构造裁判规范,其目的都是解决处于纠纷和紊乱状态的社会关系,恢复社会正常秩序,维护法律的公义、公道和公平。那么,具体通过什么方式做到这些呢?一个基本的方法是通过裁判规范,分配纠纷当事人之间的权利义务关系。一般情形是给加害者或者侵权人裁判追加更多的义务,而对受害者或被侵权人裁判赋予更多的权利,以便通过司法的微调,修复社会秩序,恢复社会正义。这些都要求法官在援引民间法作为裁判规范,或者运用民间法构造裁判规范时,必须审查民间法是否具有分配权利义务的可能。严格说来,作为法律渊源的民间法,自身本应当有权利义务的分配功能,这也是衡量一种规范能否作为法来对待的核心要素之一。一种规范倘若不能给按照它行为的主体分配权利和义务,那么,就不配称为法,也不能被司法援引或者运用。但尽管如此,有些日常交往中经常被人们遵循的规范,只具有劝诫或者宣告的性质,不具有权利义务的分配功能,法官也不能根据之推出权利义务的具体分配。这时,法官就不能援引或者运作之,作为裁判规范,或者构造裁判规范。即使这样的规范被称为民间法,对司法而言,助益不大。

不过民间法对权利义务的分配,不像近代以来的国家法那样,是白纸黑字,将权利义务分门别类地规定的;反之,在大多数情形下,民间法以禁止(不作为)性或倡导(作为)性的规范形式存在,因此,主要是一种义务性的规范,即通过民间法的规范表面,人们只能发现其中的义务内容,而无法直接发现其权利内容。要在其中发现权利内容,必须借助法官的推理和论证。一般说来,禁止的反面即权利,倡导的目的是保障,所以,在民间法之义务规定的背后,一定蕴含着权利的内容,那就是只要一个人在行为中遵循了民间法的义务规定,就必然意味着其在民间法上权利的获得。当然,也有一些民间法,具有明确的权利义务规范内容,如"一分钱,一分货"的买卖权利义务,再如"人情一匹马,买卖争分毫"的赠与和买卖分界规范等,都可以看出其明确的权利义务分配特征。在这种情形下,法官援引其作为裁判规范或者运用之构建裁判规范,当然不在话下了;相反,如果一种民间法不具有这种权利义务的分配性质,那么,就应被裁判规范所排除。

排除条件之三:与法律的精神和原则相排斥的民间法,不能援引为裁判规范,也不能作为法官构造裁判规范的原材料。在现代秩序体系中,民间法只是国家法的辅助性因素或者配角。它要对国家法律秩序有所助益,就必须获得与国家法律的互补性效果。尽管从社会发展的长时间段来看,民间法往往是国家法发展和变革的直接推动者,即国家法的稳定性和保守性,在无法应对社会发展的急剧变革时,需要借助民间法来完成其新的构造任务,所谓"失礼,求诸野",在这个意义上也完全可以成立。不过这并不意味着在现代国家,国家法是民间法的从属者。即使那些特别强调法律与民族精神内在关系的法学家,也会强调一旦国家的法律体系和法律秩序按照民族精神的要求完成之后,就不能因民间法的存在而随意更改之,更何况有些民族精神理论的代言人,虽然口喊民族精神,但在实际的研究中却更关注普适性的规则、命题和问题,从而关注国家法赖以生存的条件。[①] 国家法秩序一旦形成,无论它的路径依赖是什么,都和与国家法并存的民间法之间是一种主导和辅助的关系,而不是相反。虽然这种情形并不排斥实践中有些民间法对国家法原则和精神的违反,但无论如何,法官在援引民间法作为裁判规范,或者运用民间法构造裁判规范时,必须审查所援引或运用的民间法是否符合国家法的原则与精神。即使一种民间法不明确符合国家法的原则与精神,也不得公开违背国家法的原则和精神,特别在成文法国家,更应如此;否则,民间法就不能被法官援引作为裁判规范,或者被法官运用构造裁判规范。也就是说,当民间法公开违背国家法的原则和精神时,就应被裁判规范所排除。

排除条件之四:反文明的民间法,不能援引为裁判规范,也不能作为法官构造裁判规范的原材料。现代法律是现代文明最重要的组成部分,现代文明本来产生于商业贸易活动,商业贸易活动的开放性、平等性,要求通过制度理性安排并稳定这种文明,现代法律也就由此应运而生。科技文明的发展,进一步促进了物质文明和商品贸易的迅速发展,同时也为法律在更大的范围内发挥调整作用提供了条件,因此,法律在总体上代表了现代文明的发展。如果说商业文明代表了现代物质文明、科技文明代表了现代精神文明的话,那么,法律文明则代表了现代制度文明,并

---

① 众所周知,在这方面,历史法学派的代言人萨维尼就是典型。一方面,萨维尼特别强调法律的"民族精神说",并以此著称于世,另一方面,综观其一生的主要学术贡献,却是对罗马法的研究,如他的巨著《当代罗马法体系》《中世纪罗马法史》等,而不是对其所生活于其中的普鲁士民族精神的研究,这是一个巨大的反差。这或许反映了国家法所追求的普适性与民间法所固有的地方性之间不可调和的冲突。

且打通了作为物质文明的商业文明和作为精神文明的科技文明。法律文明的这种特点,使其集中地表达了文明社会的规范要求。因此,作为法律秩序辅助的民间法,也应表达文明进步的要求,才能被法官援引为裁判规范,或者被运用来构造裁判规范。但在民间法的既存事实中,不可否认,既有充分表达文明的一般要求的民间法,也存在反文明的民间法,还存在既说不上文明,也说不上不文明的民间法。对表达文明要求的民间法,如尊老爱幼、邻里和谐、相互扶助、社团内部的协作等,法官可以援引为裁判规范或者运用于裁判规范构造;对于那些既不能说表达了文明要求,也不能说没有表达文明要求的中性的民间法,如一些宗教规范、传统习俗等,法官也可以根据一定时空范围内人们对它的接受状况,或援引为裁判规范,或运用之构造裁判规范;而对于那些公然反文明的民间法,如身份歧视、性别歧视、宗教歧视、残酷刑罚等,法官不得援引为裁判规范,也不能运用于裁判规范的构造。所以,反文明的民间法,应被裁判规范所排除。

排除条件之五:反人道的民间法,不能援引为裁判规范,也不能作为法官构造裁判规范的原材料。关注人的需要,把人当做人,推进人的解放和现代化,满足人道的一切欲望和要求,可谓是近代以来"人的创世纪"。① 近代法律的一切规定,都建立在这种人道的要求基础上,特别是对人之平等权的规定,直接推进了人的解放和社会的文明不断发展。所以,表现人性、反映人道,乃是近、现代法律的基本使命。自然,这一使命也要求作为法律辅助的民间法能充分彰显人道的要求。不过实存的民间法对人道的态度,和对文明的态度一样,也可以分为三类:一类是人道的民间法;另一类是不排斥人道的民间法;还有一类是反人道的民间法。对这三类不同的民间法,法官在援引为裁判规范或运用于构建裁判规范时,也应加以区别:对第一类民间法,法官可以援引,也可以运用;对第二类民间法,法官照例可以援引或运用,但在援引或运用时,法官肩负更多的识别和论证义务;对第三类民间法,法官不但不能援引和运用,而且在裁判规范的形成中,必须设法否定或排除之。在世界范围内来看,反人道的民间法还大量存在,如阿拉伯世界的一些国家对通奸行为处以乱石砸死的刑罚方式等,②就是一种反人道的民间法。再如,我国不少民众把妻、女被强奸视为"家丑",而"家丑不可外扬",也是一种反人道的民间

① 参见张猛等编著:《人的创世纪》,四川人民出版社1987年版,第1~309页。

② 这种刑罚方式的司法运用,自21世纪以来,在尼日利亚、索马里和伊朗等国多次发生过。

法，其结果既保障不了受害者的权利，也无法追究加害人的责任。[①] 由此足见民间法的人道性对其辅助于国家法的实际意义，一旦某种民间法反人道，则它对国家法的辅助作用就荡然无存，裁判规范理应排除之。

在司法活动中，如上裁判规范对民间法的排除条件，只要具备其中任何一个方面，就必须排除，而无须诸条件或者其中几个条件同时具备时，才予以排除。明确裁判规范对民间法的排除条件，对于法官援引民间法作为裁判规范，或运用民间法于裁判规范的构造而言，提供了民间法之司法识别的基础。这种识别基础对司法而言是极为重要的，因为司法首先肩负着国家法价值和调整的实现，一旦民间法有违国家法的价值宗旨和原则精神，法官有义务排除它的援引和运用，有义务排除援引它作为裁判规范或者运用它构造裁判规范。

---

① 有关反人道的民间法及其个案报道，刘作翔曾专门收集并剖析过(参见刘作翔:《具体的"民间法"——一个法律社会学的考察》，载《浙江社会科学》2003年第4期)。

民间法对法律合法性缺陷的外部救济*

法律合法性问题自来是法学研究的重要话题,也是法律实践不能不关注的问题。因为一部法律的制定,影响着其所规范的全体主体的切身利益,关乎法律调整下社会秩序的状态和路向。在法律主治的背景下,完全可以说法律好,一切皆好,法律坏,一切皆坏。尽管恶的法律,也是法律①——因为人类智虑的天然缺陷,不可能让法律在合法性上毫无瑕疵,但问题是法律有了缺陷之后该怎么办?通过何种方式来救济法律合法性缺陷?众所周知,之于法律的平稳运行而言,救济手段尤为重要。俗云:有救济方有权利,通常人们对这一格言的意义限于司法或法律运行,但事实上其意义不限于此。因为权利需要救济的领域除了有法不依之外,更常见的还在于"法不能依"或者无法可依。这时,救济不仅针对权利,而且也具有寻求救济法律自身的意蕴,即有救济方有法律。对救济

---

* 本文原载《东方法学》2017 年第 4 期。

① 奥斯丁云:"从实际存在的由人制定的法的角度来看,一个已经确立或现存的主权政治政府,既不是合法的,也不是非法的。就……实际存在的由人制定的法而言,一个已经确立或现存的主权政治政府,既不存在公正的问题,也不存在邪恶的问题,与是否正义的问题,同样是没有关系的。"([英]约翰·奥斯丁:《法理学的范围》,刘星译,中国法制出版社 2002 年版,第 363 页)这段话所强调的,实际上就是在法律视角看,法律的效力只取决于立法者使一项法律"成为法律"的权威,而不取决于制定法律的主权政府是否合法,从而符合逻辑地蕴含着"恶法亦法"的命题。

法律而言，方式是多样的，特别是对其内部救济而言。但有一样是无法回避的——一旦内部救济不能时将怎么办？这时，通过民间法展开对法律合法性缺陷的救济，即外部救济，就是一个必要且明智的选项。

一、法律合法性、法律合法性缺陷及其救济资源

法律是人们交往行为的正式规则体系，是以国家名义推进人们交往行为时，一切交往主体必须遵循的规范机制。它既提供着人们交往行为的规范标准，从而是人类行为的最重要的标准，也构造着人类交往的公共秩序，因此，法律是否符合社会需要，是否符合客观事实，是其能否调整交往行为并缔造社会秩序的关键所系。这自然就引出了法律合法性的话题。“合法律性和合法性之间的关系，自 20 世纪上半叶以来一直是法律哲学和社会学中重要的议题。”[①]那么，什么是法律的合法性问题？法律合法性问题具体有哪些类型？法律的道德合法性与其技术（工具）合法性间是什么关系？如何针对法律的技术合法性进行救济？如下笔者将展开对这些问题的具体论述。

（一）法律的合法性及其分类

法律虽是人们行为合法性的标准，但它自身也有一个合法与否的问题。对此，可以采效力的标准，依此，法律的合法性就是“效力（主权来源）合法性”，即法律规则的有效性。因此，它强调法律与道德的分离，主张法律就是主权者的命令。[②] 也可以采实质的标准，依此，则法律的合法性是指“价值（道德）合法性”，即法律的合道德性。基于此，强调法律与道德的相互包容。法律不是一个脱离道德而独善其身的命题或事物，法律只有在道德价值的框架内，才能获得其合法性。“为了完全的合法性，

---

① Jiří Přibáň, “Beyond Procedural Legitimation: Legality and Its ‘Infictions’”, *Journal of Law and Society*, Vol. 24, No. 3 (Sep., 1997), p. 331.

② 这一学说引用霍布斯的名言一再强调：“立法者之所以具有最高权力，不是其具有首先立法的权威。而是因为，其具有可以使一项法律继续成为法律的权威。”（[英]约翰·奥斯丁：《法理学的范围》，刘星译，中国法制出版社 2002 年版，第 364 页）而在拉兹的笔下，作为人们行动的规则，法律一旦实现对“奠基性理由”的规范表达，那么，“遵行规则也就保证了与奠基性理由的符合，甚至由此而获得了一种比其他方式所能达到的更好的符合。这就能够证明遵行规则是正当的，即使规则要求的行动并不是奠基性理由要求的行动。这种遵行也许是最大限度地符合奠基性理由的最佳策略。不遵行另一理由的理由是一个排他性理由。由于规则只能作为规则而起作用，因此如果我们将规则作为行动理由并且避免努力遵行奠基性理由的话，那么所有规则都是排他性理由”（[英]约瑟夫·拉兹：《实践理性与规范》，朱学平译，中国法制出版社 2011 年版，第 224～225 页）。由这种对规范（法律）的排他性命题出发，拉兹进一步发展出其法律与道德的分离命题。因此，法律的合法性，就取决于其规范的有效性。

民主不仅要求设计并遵循正当程序，而且其法律也必须遵守特定的价值，如人的尊严、自由、对所有人平等对待等”。① 因此，当法律与道德相冲突时，恶法非法，法律应向道德妥协。② 还可以采形式（工具）的标准，依此，法律的合法性可谓“技术（工具、程序）合法性”。在这里，法律的合法性主要是一个是否符合人们约定俗成的技术或程序标准的问题。能够把法律代入这一技术或程序中，并得以检验，则法律就是合法的；否则，法律就会存在合法性瑕疵。在现代民治政治背景下，法律的技术合法性问题，主要表现在法律的商谈理性中，即通过主体之间民主的商谈，把德性的内在规定外化在已经预设好的商谈通道——法律中，因为在商谈的理论视界中，道德不仅是私人领域的事，而且通达公共领域：

“商谈论所理解的道德原则，已经超越了从历史上说是偶然的、随社会结构的变化而变化的公、私生活领域之间的界限；它已经重视道德规则的普遍主义的有效性意义，因为它要求把在康德看来是单个地、私人地从事的理想的角色承当……转变为一种公共的、由所有人共同从事的实践……政治立法者的意志形成也延伸到需要调节的那些问题的道德方面。确实，在复杂社会里，道德只有转译为法律代码才能具有超越邻近范围的效果。”

“道德原则的作用是充当合理地决定道德问题的论辩规则，而民主原则已经预设了实践问题之合理决定的可能性，确切地说，预设了赋予法律以合法性的所有东西在商谈（以及受程序调节的谈判）中进行论证的可能性……道德原则是在一个

---

① Wojciech Sadurski, “Law's Legitimacy and ‘Democracy – Plus’”, *Oxford Journal of Legal Studies*, Vol. 26, No. 2 (summer, 2006), p. 377.

② 德沃金就很典型地将权威、命令与道德合法性做了区分：“一个政府可以颁布法律，可以颁布官方的政策，但是，它不可以只是因为宣布某些事情是真理，它们就真的成了真理。真理是不能通过命令而颁布的。如果政府宣布某些原则为道德原则，但事实上这些原则并不能够被我们的道德领域所接受，那么，尽管有政府的命令，我们还是不会接受那个原则的道德，而是坚持我们自己的理性道德的价值观……”“理性道德不承认‘高级立场’……理性道德就是其权威只建筑在理性之上的道德。一个理性的政治道德也要求政府的行为具有理性：即它们的思维与支配我们自己的道德思想中的理性具有同样的理性标准，它们的行为背后的道德推理能够为我们所理解。”（［美］罗纳德·德沃金：《认真对待权利·中文版序言》，信春鹰等译，中国大百科全书出版社 1998 年版，第 23～24 页）在这里，德沃金阐释了法律合法性必须建立在“理性道德”基础之上，也暗含了不具有价值（道德）合法性的法律，人们也没有去服从它的义务——即便它是由强有力的主权机构——政府所颁布的。

特定的论辩游戏的内在构成的层面上发挥作用的，而民主原则则涉及一个外在的层面，在这个层面上，平等地参与一个以商谈形式形成意见和意志的过程，被有效地建制化，而这个过程本身，也是以得到法律的担保的交往形式来实现的。"①

如上三种不同的合法性，事实上都围绕着法律的德性问题而展开，这表明，要谈论法律合法性问题，道德问题是不可或缺的。诚如学者沃伊切赫所言："更为确切地说，为了达到合法性，满足对其批判性审查的要求，法律必须包含诸多实质性的价值"，②即便是效力（主权）合法性和技术（工具）合法性问题，仍然围绕着德性问题，只是效力合法性给予主权者以德性想象，结果形成有规则总比无规则对人类更有益的假设；而技术（工具、程序）合法性给予民主商谈以德性想象，只要道德被代入民主商谈的正当程序中，或者经由民主商谈所形成的法律，自然秉有德性，承载了德性的天职。这些有关法律合法性的主张，其实设定了一种法律合法性的实质标准。笔者想在此基础上继续强调，上述法律合法性的三种论断，实质上都是在立法视角上讲的，这一结论或许对法律的"效力合法性"之主张者——分析法学而言有欠公平，因其一直致力于将作为立法学的伦理学和作为规范学的法学（从而也把道德和法律）区分开来。所以 Markby 指出：

"在我看来，奥斯丁（Austin）的前辈们未曾完全明白法律与道德的区别，至少源于那种确信的自信和确定。举例说，我们发现边沁（Bentham）在划分法学与伦理学的界限时，将立法归于法学属下，相反，奥斯丁指出立法显然归属于伦理学。奥斯丁通过界定法律与道德的区别……为法律科学奠定了基础。"③

但众所周知，立法与法律问题并不是截然两分的，特别在英美法系国家，判例即法律，因此，司法本身就承担着立法的职能。奥斯丁本人在说明习惯转化为法律的过程时就提出了"司法立法"④这个概念。正因

① ［德］哈贝马斯：《在事实与规范之间——关于法律和民主法治国的商谈理论》，童世骏译，三联书店 2003 年版，第 134 ~ 135 页。

② Wojciech Sadurski, "Law's Legitimacy and 'Democracy – Plus'", *Oxford Journal of Legal Studies*, Vol. 26, No. 2 (Summer, 2006), p. 379.

③ ［美］罗斯科·庞德：《法律与道德》，陈林林译，中国政法大学出版社 2003 年版，第 57 页。

④ "法院参考了预先存在的习惯，然后进行司法立法。"（［英］约翰·奥斯丁：《法理学的范围》，刘星译，中国法制出版社 2002 年版，第 186 页。）

为如此，作为立法学的伦理学和作为规范学的法学之间，也就并非完全泾渭分明。可见，即使主张法律与道德两分的分析法学，仍然没有逃离立法的掣肘，只是无论如何，它给我们提供了一种新的分析思路，要真正揭开罩在法学头上的面纱，就应当厘清伦理学和法学各自的研究范围，否则，会导致眉毛胡子一把抓，越抓越乱的情形。

（二）法律的技术合法性缺陷及其分类

事实上，法律的合法性问题不但存在于道德领域，而且还会因为立法认知的失误（如认识不周、认识不能、认知过当等）、表意工具的欠缺、规范与事实的对立以及事物的无尽发展与规则的必然滞后等原因，在纯粹事实和技术层面产生法律的合法性缺陷。显然，这种合法性缺陷尽管会牵涉法律的德性内容——无论是实质正义意义上的德性还是技术工具意义上的德性，但毕竟这种缺陷，无论是在德性完美的立法者那里，还是在德性明显欠缺的立法者那里，都可能会产生，因此，与其关注法律和道德的关系，关注伦理学和法学的关系，还不如关注如何在司法上救济这种不可避免的德性之失。在这个意义上，上述法律合法性（法律与道德关系）的三种不同观点对我们的启示，与其说是见识性的，不如说是技术性的，即三者在不同的层面上提供了救济法律合法性缺陷的可能的技术方案。

法律只要存在合法性缺陷，总是需要救济的。其中一种救济，是法律的废改立。我们知道，这是一种程序拖沓、成本昂贵的救济机制，并且于解决当下的案件而言，远水解不了近渴，因此，在立法救济之外，设定因时因事而制的法律救济手段，殊为必要。这就是司法救济手段。[①] 但对法律之合法性缺陷的司法技术救济，需要结合法律合法性缺陷的不同情形因症施治。这种不同情形大体上可一分为二，即内部合法性缺陷与

---

① 我们知道，司法救济手段在英美判例法体系下，也是一种独特的立法救济，因为正如我们所知道的："创设判例之权……为英美法院之特权，基此特权，凡各级法院之判决例有拘束本法院与同级及所属下级法院之效力。"（杨兆龙：《杨兆龙法学文选》，中国政法大学出版社2000年版，第289页。）不仅如此，即便是基层法院的一纸判决，其效力也可以阻却一项本来可能在全国范围内有效的行政命令，使其不发生法律效力，也意味着这一基层法院的裁判在全国范围内发生了效力。2017年1月7日美国总统特朗普向全国发布的所谓"禁穆令"，就被华盛顿州西区联邦地方法院法官詹姆斯·罗巴特裁决"在全美范围内暂停实施特朗普入境限制令，即刻生效"（以下简称罗巴特裁决，参见http://mt. sohu. com/20170205/n479928776. shtml，2017年2月20日访问），很典型地暂时阻却了总统针对全国所发布的命令，明显地体现出英美国家司法的"立法"特征。但尽管如此，它与立法机关（议会）出面的立法救济明显不同，它必须运用独特的法律思维和法律方法而成就。

外部合法性缺陷。

法律的内部合法性缺陷，需要结合法律的内部合法性这一概念展开。它是指法律内部的文字表意清晰，文字与文字之间也无所冲突，法律与法律之间、法条与法条之间都不存在任何逻辑瑕疵，即法律无论是在文义上、语法上、修辞上还是逻辑上，都贯彻了意义清晰、逻辑一贯的精神，法律就是逻辑统一的意义构造体系。对法律内部合法性的此种描述，也意味着法律内部的合法性缺陷是什么。它是指在法律内部，文字的表意本身存在意义瑕疵，或者文字与文字之间、法条与法条之间以及法律与法律之间存在逻辑瑕疵。我们知道，对此类法律内部合法性缺陷的司法救济手段，有很多，如法律解释、法律推理、法律论证、效力识别、利益衡量、类推适用①等。不过这些都不是本文拟探讨的话题。

法律的外部合法性缺陷，也需要结合法律之外部合法性这一概念展开。它是指法律规范与其所欲调整的对象——社会事实之间榫卯接睦的状态，即法律规范能够恰到好处地调整社会关系。在法学史上，有一派影响甚大的学术观点，强调社会事实决定法律规范，社会事实的变迁发展必然决定法律的变迁发展。尽管这种观念每每是在最终意义上讲的，但它表明了社会事实与法律之间的一般关系——决定与被决定的关系。例如，埃利希的主张就很典型：

> "国家在宪法出现之前即已存在，家庭比家庭秩序更为古老，占有出现在所有权之先，在有契约法之前先有了契约，即使自发产生的遗嘱也远比遗嘱法古老……权利不是来自法条，而是来自人与人的关系，来自婚姻、契约和遗嘱。将权利的来源归结为法条，这即使在今天仍是一个只在法学家中间流行的观点。然而，社会现象不能够按照法学上对它们进行推理的方式来加以解释，而是基于以此为基础的事实展开思维过程的方式来加以理解。"②

社会事实与法律之间这种终极意义上决定与被决定的关系，并不意味着法律之于社会事实就无能为力，甚至法律只能作为社会事实的被决

---

① 笔者对如上法律方法及其对法律内部合法性缺陷的救济之论述，参见谢晖：《法律哲学》，湖南人民出版社2009年版，第1页以下。

② ［奥］欧根·埃利希：《法社会学原理》，舒国滢译，中国大百科全书出版社2009年版，第38～39页。

定者。相反,法律作为人类有意识地结构社会主体交往行为和关系的规范体系,必须对社会事实具有过程中的支配、决定作用,甚至因此而形成以法律为经纬的制度事实体系。对于制度事实,人们有多种多样的解释,例如,麦考密克就根据塞尔的制度事实理论,来论述作为制度事实的法律:

> "法律是一个社会事实;谁想要获得关于法律体系的知识,他就必须获得关于一个社会里实际发生了什么的信息。然而,法律是一种特殊的事实,一种在塞尔所说的意义上的制度事实。这种事实与所谓的'原始事实'不同……"
>
> "制度事实——例如法律制度——是以一种特殊方式出现的复杂的事实;它们是有重要意义的规范的构成物,而且与此同时,它们作为社会现实的因素存在。只有当它们被理解为规范的精神构成物而且同时被认为是社会现实的组成部分时,它们才能得到承认。"
>
> "法律制度从它的意义上看是一种规范制度,其结构可以用规范逻辑的术语来说明,而且它建立在目的论的和价值-导向的基础上,因此,法律知识包括了解法律秩序的'应当是这样'的内容和包括理解法律的有效事实,由规范和制度确定的事实。"①

这种对于法律作为制度事实的论述,可谓精辟。不过尽管如此,笔者还是要说,所谓制度事实,就是由法律规范来结构并塑造的一切事实。它是社会事实的一部分,但它是对所谓"原始事实"进行规范加工的产物。在一定意义上,作为制度事实的法律,不仅在适应"原始事实"的内在规定性,而且在创新、塑造新的社会事实。这表现在三个方面:

一是法律规范这种精神的产物,结合了精神现象与物质现象,"客观事实"与"精神事实",从而形成独特的制度事实。在这个意义上,正是法律规范这种制度事实,勾连了"客观事实"和"精神事实",形成全新的独立于上述两种事实之外的"第三种事实"——制度事实。所以,制度事实胎生于"客观事实"和"主观事实",但当其从前两种事实的勾连中"呱呱坠地"后,则它就是留有"客观事实"和"主观事实"之印记的

---

① [英]麦考密克、[奥]魏因贝格尔:《制度法论》,周叶谦译,中国政法大学出版社1994年版,第135~137页。

制度事实。①

二是法律规范一旦产生，不仅以相对独立的制度事实面貌而存在，而且能把它所调整的所有“精神事实”结构为制度事实的内容——如思想自由、言论自由、出版自由等精神需要规定为相关法定权利；同时也能把它所调整的所有“客观事实”如物、财产、买卖、租赁、其他债权债务、婚姻、遗嘱、亲权、侵权、管理等结构为制度事实的一部分，除非这些“客观事实”不受法律的调整；否则，法律就必须对这些“客观事实”有结构作用，方能形成在法律调整下的社会秩序。

三是法律作为制度事实，不仅因调整“精神事实”和“物质事实”而扩展其制度事实之内容，而且它还在以独特方式创造着制度事实，如议会、政府、法庭、军队等国家机构的设立，再如，党派、社团、企业、国际组织等社会组织机构的设立，还如徽章、旗帜、官服、标志等能够物化的法律标识的设计……毫无例外，它们都是在法律规范基础上的杰作和创造。因此，法律不仅按照事物的规定性描述事实，而且还在按照人们的意志要求创造事实。

之所以要把作为制度事实的法律与“客观事实”之间的这种关系做类型化处理，是为了继续阐述前文所讲的法律的外部合法性问题。既然法律的外部合法性所指的是法律与其所调整的社会事实间的呼应或接睦问题，那么，自然意味着当法律能够和其所要调整的社会事实相互呼应、接睦无间时，法律就具有外部合法性；反之，则法律的外部合法性就

---

① 这里派生的问题或许是：制度事实究竟是主观的还是客观的？当我们提出这样的问题时，不得不说这是与习常所谓笛卡尔的“主、客两分论”（“肉体与灵魂两分”“物质与精神两分”——至于这些说法是否准确表达了笛卡尔哲学的原貌，则另当别论）相关的一种理解。笛卡尔认为：“在一般的意义上，物体是一种实体，因此它也是不死灭的；但是人的肉体就其有别于其他物体这一点来说，它不过是由一些肢体和其他类似的一些偶性组合成的；而人的灵魂就不是这样，它是一种单纯的实体，绝不是由什么偶性组合起来的……由此可见人的肉体很容易死灭，但是精神或人的灵魂（笔者认为这二者是没有区别的），从它的本性来说是不灭的。”（[法]笛卡尔：《第一哲学沉思集》，庞景仁译，商务印书馆1986年版，第11～12页。）这种近乎“一分为二”的思维，尽管对于人们采取分析的立场看待事物不无帮助，但它并不是一种严格而彻底的分析立场。严格而彻底的分析立场，毋宁说是“一分为三”“一分为多”，只有如此，才能进至“打破砂锅问到底”的分析境界。但“一分为三（多）”已然意味着对“一分为二”之机械性的反思，同时也意味着对制度事实的上述提问所存在的问题之反思。完全可以说，制度事实是“一分为多”的产物，它提供了在物质实在和精神实在之外的另一种实在，这种实在的本质就在于规范——把精神事物之间、物质事物之间以及精神事物与物质事物相互之间的关系，借由规范勾连在一起。这是精神事物自身无法独立完成的，也是物质事物自身无法独立完成的。是故，制度事实才是一种独立的事实。

存在缺陷。换言之,当法律能够有效地调整其所应调整的社会事实时,法律的外部合法性无虞,否则,法律的外部合法性就存在问题,就需要对法律与其所要调整的社会事实之间的关系作出救济。

在上述三种情形中,前两种情形都意味着法律要能取得社会调整的效果,就必须对精神事实和物质事实予以充分的关照,或者规范只有记载和表达这两种事实的规定性时才具有合法性;否则,其合法性便存疑。第三种情形则要稍微复杂些,可以一分为三:如果法律是在既有的多样的客观社会事实和主观精神事实中肯定或否定其中之一种,那么,其合法性问题类同于前两种情形;如果法律是把既有的唯一的客观社会事实和主观精神事实予以认可,则其合法性问题虽与前两种情形不完全类同,但完全可以比较;如果法律在没有任何可资借鉴的既存的客观社会事实和主观精神事实之前提下,借由规范直接创生某种制度事实,那么,其合法性就不取决于它对客观社会事实和主观社会事实的遵从,反而人们的行为以及社会组织、标志符号要亦步亦趋于法律的规定,因此,这时完全可以说法律在支配事实、创造社会。

(三)法律外部合法性缺陷的救济原理与资源

至于法律外部合法性缺陷的救济,在法律方法上可以将其内部化处理,即通过特定的法律方法,把法律的外部合法性缺陷尽量结构在现行法律体系之内解决(以下简称内卷化的救济方案)。例如,针对法律规范对法律事实的"调整不能",可以选取类推适用(这要看既有的法律中有没有可以替代这一不适宜的法律之内容)的法律方法以救济。这同时还涉及法律方法的"复杂"适用问题。[①] 但一般说来,法律外部合法性缺陷的救济方式,很难在现行法律体系内解决,即很难把它结构在现行法律体系中。因此,需在法律外部寻求规范资源予以救济。显然,对法律而言,这是一种"外扩化"(不同于"扩张解释")的救济机制,[②]它必须坚持在符合法律精神和原则的前提下,让法律向其他社会规范开放。

---

① 相关具体论述,参见谢晖:《论司法方法的复杂适用》,载《法律科学》2012 年第 6 期;《论法律方法及其复杂适用的顺位》,载《山东大学学报》(社会科学版)2015 年第 4 期。

② 严格说来,所谓在法律外部寻求规范资源,也须符合法的一般精神和原则(详见本文第三部分之论述),即尽管不是用既有的法律规范来处理当下的事实,但所用来处理当下事实的外部规范不能远离法律的精神和原则。在这个意义上,运用法律外部的规范资源以救济法律调整之不能,同样在精神和原则上是种"内卷化"的机制。当然,这主要是针对成文法体系的国家而言。在判例法国家,一旦一种之前还在法律之外的规范,被用来作为处理当下案件的规范根据时,这一规范根据已然被判例吸收在既定的法律体系中了。

众所周知，法律外的规范资源也是多元共存的，举凡宗教、道德、纪律、习俗、民族习惯、社团章程、村规民约甚至私人契约等，都可统称为法律之外的规范资源。这些规范资源，有些可能被法律所认可，如把某种宗教作为国教的国家，其相关宗教规范，一定是具有法律之内在效力的规范；有些可能被法律所放任，如在信奉宗教自由的国家，不同的信教者根据各自的宗教规则安排其生活，这是信教者的权利，是国家法律所放任的内容，公民可以自由去选择、遵循并运用；还有可能被法律所明确采纳，这种情形更多，因为正如前述，毕竟法律是用以调整社会事实的规范体系，对既有的规范，它每每是一种深加工，而不是连锅端起，重起炉灶。只有这样，才能受到法律对社会事实的有效调整。

尽管立法对所有社会规范资源都应抱有某种温情的敬意；否则，立法便会出现巧媳难为无米之炊的尴尬。但无论如何，一方面，立法和法律不是、更不应是对所有其他社会规范的复写，而是如前所述，它只是对其他社会规范的深度加工；另一方面，立法和法律虽然在理论上可以包容其他社会规范（主要通过"放任性调整方式"①来实现），从而把所有社会规范纳入其麾下，但在实践中，被法律放任了的社会规范并非法律直接节制和支配的对象，反而是自治地发挥其作用的社会规范，因此，无论在效力的延伸上看，还是从主体的感觉上看，它们已经是异于法律的存在，而不是法律的同构体。更兼之法律作为一种"意义建构"，总是面对着一个复杂的和偶在的世界。换言之，人类认知及其有意识构造的法律，面对这样的世界并非总能做到丝丝入扣、应对自如，这正如卢曼所言：

> "人类生活在一个意义建构的世界中，仅凭人类的机体性质无法清楚地揭示人类与这个世界的相关性。世界包含着体验和期望的广泛可能性，但是，只有有限的可能性能够被意识所认知、被处理为信息或被行动所俘获。在体验即时的、给定性的内容中，会出现一些指向其他可能性的迹象，这些可能性具有复杂性和偶在性。我们理解的复杂性是指，与已经获得了现实化的可能性相比，总是还有其他更多的可能性存在。我们理解的偶在性是指，在即将来到的下一步体验中，被指向的可能性总是有可能与期望中的可能性不一致。"②

---

① 关于权利规范及其放任性调整问题，参见谢晖：《法理学》，北京师范大学出版社2010年版，第210页以下。

② ［德］尼可拉斯·卢曼：《法社会学》，宾凯等译，上海世纪出版集团2013年版，第71页。

特别值得一提的是，在现代社会，法律不仅是具有广泛包容性的社会规范，用庞德的话讲，自16世纪以来，法律是用以调整人类交往行为的主导规范和最高手段，[①]与此同时，在不少法学家，特别是分析实证主义法学家的心目中，法律还是一种所谓"意义自治"的存在——这似乎是对法律主治的一种最高意义的褒扬，但由此引出的问题是，越是意义自治的事物，越容易走向封闭并导致窒息，要设法真正保障其茁壮成长，毫无疑问，就越需要其意义开放。因为"意义自治"与"广泛包容"之间事实上存在着明显的张力。"广泛包容"指向了所有的复杂性和偶在性，但"意义自治"仅仅指向"有限可能性"。我们知道，就法律的规范事实而言，其"意义自治"是一个现实，但就法律的运行及其应然性而言，它必须面对世界的复杂性和偶在性，必须面对法律之外的、与法律一样具有一定自治性的其他社会规范，并向其他社会规范——宗教、道德、习俗、政策、纪律、社团章程、乡规民约、民族习惯开放；否则，法律就不可能真正全面地调整社会，构造社会秩序。但是，这种事实，并不否定法律的自治性，即法律对其他社会规范的开放，以保障其自治性为前提。那么，如何既保有法律的"意义自治"，又实现法律对其他社会规范的开放？这只能求助于司法方法，或借助司法方法把外部规范（民间法）纳入法律的一般精神和原则中。

可见，当法律之外部合法性存在缺陷时，把既定的、行之有效的社会道德、传统习惯、宗教规范、社会纪律、社区公约、政党政策、社团章程、乡规民约、民族习惯等运用于纠纷个案的解决中，以为救济法律合法性缺陷的资源和手段，就是法律实施时必要的，甚至必需的选择。这些社会规范，一言以蔽之，即所谓民间法，因此，法律对其他社会规范的开放，即对民间法的开放。易言之，其他社会规范对法律外部合法性缺陷的救济，即民间法对法律外部合法性缺陷的救济。那么，民间法究竟如何具体地作用于对法律外部合法性的救济？这还需要从整体上梳理民间法的内涵、外延及其特征出发去探寻。

二、民间法及其分类、特征的一般诠释

通过以上的论述可知，包含了对人们的日常交往起巨大作用的宗教、道德、纪律、政策、乡约、习俗、规章等规范的民间法，既是法律外部合法性缺陷的外部救济资源，也是法律外部合法性缺陷的救济方式。对这

---

① 庞德指出："自16世纪以来，法律已经成为社会控制的最高手段了。"（[美]罗·庞德：《通过法律的社会控制》，沈宗灵等译，商务印书馆1984年版，第131页。）

两个问题的进一步理解,需要深入究竟什么是民间法这一话题中,或者只有在这一研究的基础上,才能更为深入地理解民间法作为法律外部合法性缺陷的救济资源和救济方式这两个命题。那么,究竟如何在比较、分类以及具体特征方面进一步理解民间法呢?对此,笔者将在如下三个方面予以阐释。

(一)民间法、习惯法与民间规范

近20年间,我国有关民间法的研究蔚为大观,不仅有大量的学术论著问世,而且相关的已成建制的专门刊物每年都在出版,已出版18卷;专门学术会议每年都在召开,已连续召开12届;编辑出版了“民间法文丛”等学术丛书,相关的国家社会科学基金课题也大幅度增加,资助费用也大幅度提高……这些学术活动、学术成果及学术项目,都大大地提升了我国民间法研究的学术水平,在一定意义上,完全可以说,隶属于法社会学和法人类学的民间法研究,成为当代中国最活跃的法学领域之一。[①] 尽管如此,但究竟何谓民间法,学术界并未形成统一的认识。其中分歧之一在究竟如何称呼的问题上,即究竟用习惯法,还是用民间法?或者究竟用习惯规范,还是用民间规范?

通过前文的论述不难发现,事实上,在笔者的视域中,习惯法抑或习惯规范,与民间法抑或民间规范,是明显有别的概念。就内涵而言,习惯法基于传统而产生,是因为某种久远的传统和文化而形成的人们交往行为的规范体系。应指出的是,基于传统和文化而生成的规范体系,未必一定被纳入习惯法的体系中,很多时候这些规范和习惯法(规范)是一种交叉或并列的关系,如宗教规范、道德规范等。但民间法却不完全是这样,尽管民间法有基于传统和文化而产生的部分,但还有不少的民间法,

① 自2005年起,李学兰、张晓萍、尚海涛、刘洋等就既往或当年的民间法研究专门写成“学术报告”,分别在《山东大学学报》《民间法》等刊物上发表,可参见李学兰:《中国民间法研究学术报告(2002~2005)》,载《山东大学学报》(哲学社会科学版)2006年第1期;张晓萍:《中国民间法研究学术报告(2006)》,载《山东大学学报》(哲学社会科学版)2007年第1期;张晓萍:《中国民间法研究学术报告(2007)》,载《山东大学学报》(哲学社会科学版)2008年第1期;尚海涛:《中国民间法研究学术报告(2009)》,载《山东大学学报》(哲学社会科学版)2010年第1期;尚海涛、张晓萍:《中国民间法研究学术报告(2011)》,载《山东大学学报》(哲学社会科学版)2012年第2期;尚海涛:《中国民间法研究学术报告(2012)》,载谢晖、陈金钊主编:《民间法》(第12卷),厦门大学出版社2013年版;刘洋:《中国民间法研究学术报告(2013)》,载谢晖、陈金钊主编:《民间法》(第13卷),厦门大学出版社2014年版。另外,还可参见冼志勇等:《“民间法”近15年以来研究态势——基于CNKI中961篇期刊论文的文献计量学分析》,载谢晖等主编:《民间法》(第12卷),厦门大学出版社2013年版;李向玉等:《由国家社科基金立项资助看民间法研究:发展趋势及问题(1991~2015)》(未刊稿)。

则不是传统的产物，反而是人们现实利益关系的协调，如社（财）团规章、政党纪律、政党政策、社区公约、乡规民约、自治规则等，皆为基于现实利益而产生的存在于民间的社会（民间）规则。由此也决定了在外延上习惯法（规范）与民间法（规范）的基本区别。完全可以说，这两个词汇的逻辑关系是一种属种关系，民间法（规范）是属，而习惯法（规范）是种，从而两者间是包含和被包含的关系。

厘清了民间法与习惯法这两个概念之间的上述关系，进而观察何为民间法，便会更有针对性。在本文中，笔者不想就什么是民间法做个定义性阐述，只想就理解民间法的一般准则略做论述。对此，我在之前曾谈及民间规范与习惯权利、民间规范的司法适用时，强调了民间规范要能被司法援引，需要具备七个特点，即普遍规范性、稳定性、活动性、可接受性、可请求性、合理性，并最终落脚到权利义务的分配性①上。这么多的特点，或许显得拉杂了一些，但对于认识民间规范的现实效力，特别是它对司法的效力而言，还是有帮助的。问题是这些特征，能否运用于对民间法的理解上？这又涉及对民间规范与民间法这两个概念如何理解的问题上。

在笔者的一些论著中，对民间法和民间规范这对概念，常交替使用，没做特别的区分。但有些学者坚持用民间法这个概念，②有些学者却喜欢用民间规范这个词，③还有些学者专门就民间法和民间规范这两个不同的用法究竟哪个更为妥帖作出了研究，并强调运用民间规范这个词的正当性。④ 除此之外，另有一些学者习常用习惯法、习惯性规范或者习惯

---

① 参见谢晖：《民间规范与习惯权利》，载《现代法学》2005 年第 2 期；《论民间规范司法适用的前提和场域》，载《法学论坛》2011 年第 2 期。

② 参见田成有：《乡土社会中的民间法》，法律出版社 2005 年版，第 1 页以下；于语和主编：《民间法》，复旦大学出版社 2008 年版，第 1 页以下；龙大轩：《乡土秩序与民间法律——羌族习惯法探析》，中国政法大学出版社 2010 年版，第 1 页以下；魏治勋：《民间法思维》，中国政法大学出版社 2010 年版，第 1 页以下；张晓萍：《论民间法的司法运用》，中国政法大学出版社 2010 年版，第 1 页以下等。

③ 朱淑丽：《法律与民间规范——以荣誉决斗为视角》，上海人民出版社 2009 年版，第 1 页以下；贾焕银：《民间规范的司法运用——基于漏洞补充与民间规范关联性的分析》，中国政法大学出版社 2010 年版，第 1 页以下等。

④ 陈文华、孙日华：《规范法学视野下的民间法》，载《广西社会科学》2010 年第 7 期。

规范一类的词汇,[①]这一用法的缺漏,只要再回顾一下笔者在前文中对习惯法和民间法这两个概念的区别,就不难发现——习惯法、习惯规范毕竟无法概览民间法或民间规范。那么,究竟运用民间法还是民间规范更为妥当?在笔者看来,反对运用民间法这个词汇的担忧,是怕因为该词汇的运用会冲淡国家法的作用,并且事实上按照传统上对法和法律的理解,民间法这一提法确实存在是否"适格"的问题。除了这种担忧,还有的学者担忧这个概念既没有为学界所公认,也不符合中国传统法的实际。[②] 笔者认为,这两个概念之间并无实质差别,因此,大致可以不加分别地运用。如果一定要分别,则仅仅区别在运用的场域:如果从事法学研究,运用民间法这个词汇或许更为必要;如果从事社会学、人类学研究,则运用民间规范这个词汇或许更为合适。所以,刻意强调民间法和民间规范的区别,并进而强调运用民间法这个词更为妥当还是运用民间规范这个词更为适宜,尽管有一定的意义,但并不存在原则性的区别。

(二)民间法(民间规范)的分类

当我们在法学研究中运用民间法或民间规范时,自然要基于法学对法的一般理解而展开,但一来因为篇幅所限,本文不再对法学上有关法的概念、法律的概念予以展开;二来尽管迄今为止,法的概念也罢,法律的概念也罢,法和法律的关系也罢,都是争论中的话题,但毕竟这些概念和关系有其基本共识,因而在这里展开论述,不免耗费笔墨。但为了说明问题起见,我不妨根据人们已知的法学常识,并借鉴梁治平的观点说明什么是民间法,然后在类型学意义上对民间法略加分类,最后再阐述对民间法特征的理解。

民间法是国家法或者官方法的对称。对此,梁治平曾指出:

"所谓国家法可以被一般地理解为特定国家机构制定、颁

---

① 李可:《习惯法——一个正在发生的制度性事实》,中南大学出版社 2005 年版,第 1 页以下;王新生:《习惯性规范研究》,中国政法大学出版社 2010 年版,第 1 页以下;厉尽国:《法治视野中的习惯法——理论与实践》,中国政法大学出版社 2010 年版;王林敏:《民间习惯的司法识别》,中国政法大学出版社 2011 年版,第 1 页以下;姜世波、王彬:《习惯规则的形成机制及其查明研究》,中国政法大学出版社 2012 年版,第 1 页以下;尚海涛:《民国时期华北地区农业雇佣习惯规范研究》,中国政法大学出版社 2012 年版,第 1 页以下;尚海涛:《当代中国乡村社会中的习惯法——基于 H 村的调研》,厦门大学出版社 2014 年版,第 1 页以下等。

② 曾宪义、马晓红:《中国传统法的"一统性"与"多层次"之分析——兼论中国传统法研究中应慎重使用"民间法"一词》,载《法学家》2004 年第 1 期。

布、采行和自上而下予以实施的法律。以往,许多法学家不但主张这些是法律,而且倾向于认为它们是全部的法律。结果,一个可能更广大的领域被忽略了。事实上,国家法在任何社会里都不是唯一的和全部的法律,无论其作用多么重要,它们只能是整个法律秩序的一部分,在国家法之外、之下,还有各种各样其他类型的法律,它们不但填补国家法遗留的空隙,甚至构成国家法的基础。当然,也正因为其非官方性,这部分法律往往与国家法不尽一致,乃至互相抵牾,但这并不妨碍它们成为一个社会法律秩序中真实和重要的一部分,甚至,它们是比较国家法更真实而且在某些方面也更重要的那一部分。"

"民间法具有极其多样的形态。它们可以是家族的,也可以是民族的;可能形诸文字,也可能口耳相传;它们或是人为创造,或是自然生成,相沿成习;或者有明确的规则,或更多表现为富有弹性的规范;其实施可能由特定的一些人负责,也可能依靠公众舆论和某种微妙的心理机制。民间法产生和流行于各种社会组织和社会亚团体,从宗族、行帮、民间宗教组织、秘密会社,到因为各式各样目的暂时或长期结成的大大小小的会社,它们也生长和通行于这些组织和团体之外,其效力小至一村一镇,大至一县一省。"①

梁氏的论述可谓精辟,但其行文落笔,仍在民间法这一概念的外延及其功能。如果进而在内涵视界界定民间法,大致可以这样说:民间法是国家法(或官方法)的对称,它是社会和国家两分的产物,是指源自社会,并在一定时空范围内给人们分配权利义务,调整社会秩序,以多样方式保障其实施的社会规范。在外延上,可以对民间法进行两分,即日常生活视角的民间法和司法视角的民间法。

日常生活视角的民间法,恰如前文中梁氏所言,遍布于人们的日常生活中,是匹夫匹妇洒扫应对的日常规范。我们的日常生活、交往及其秩序,主要靠此种民间法。它几乎是支撑、贯穿并勾连人们日常生活的桥梁。举凡家法族规、村规民约、民族习惯、社团规范、民间宗教、社区公

① 梁治平:《清代习惯法:社会与国家》,中国政法大学出版社1996年版,第35、36页。所引后段话,梁氏在其论文《中国法律史上的民间法——兼论中国古代法律的多元格局》(《中国文化》1997年卷)中的表述文字略有不同,但无妨其内容。

约、企业章程、事业规则、政党纪律、官方非正式规范(包括所谓潜规则和显规则)等,都是这里所谓的民间法。在这个意义上,民间法可谓是社会构造的规范要素之一部分,也是最重要、最常见的一部分。如果一个社会的构成要素,分为物质(客体)、精神(主体)、制度(规范)的话,那么,制度(规范)就是无所不在地沟通物质和精神的介质,它把静态的物质和精神结构在动态有序的行为选择中,因此是人们行为选择的框架,是精神与物质相互作用的"过滤器"。诺斯指出:

> "制度提供了人类相互影响的框架,它们建立了构成一个社会,或更确切地说一种经济秩序的合作与竞争关系……实际上,制度是个人与资本存量之间……资本存量、物品与劳务产出及收入分配之间的过滤器。"①

诺斯的论述虽然是一个经济学视角的结论,但之于我们对制度的整体理解,不无补益。制度是人类生活中除了物质、精神之外的"第三领域",是人类物质生活和精神生活的"过滤器"。这一"过滤器",可以是精致的大传统的,也可以是粗糙的小传统的。但只要是制度,无论是大传统的还是小传统的,都是对人们物质交往和精神交流的积淀、过滤,因此,它是更高层次的精神创造,是人类作为理性动物而在人与人之间、人与自然对象之间、人与社会对象之间的自我约束和控制,所以,它在更高的和更深的层次上表达着人作为精神现象的本质要求。在这个意义上,完全可以说"人是规范的动物"。这一结论,与"人是文化的动物""人是理性的动物""人是利益的动物"等结论相比较,更能集中且准确地表现上述关系。

而一般来说,作为非正式制度或者小传统的民间法,②尽管未经严丝

---

① [美]道格拉斯·C.诺斯:《经济史中的结构与变迁》,陈郁等译,上海三联书店、上海人民出版社1995年版,第225页。

② 非正式制度这一概念既被经济学界所乐用,也被社会学界所常用。前者参见[德]柯武刚、史漫飞:《制度经济学——社会秩序与公共政策》,韩朝华等译,商务印书馆2000年版,第109页以下;伍装:《非正式制度论》,上海财经大学出版社2011年版,第1页以下。后者参见于阳:《江湖中国:一个非正式制度在中国的起因》,当代中国出版社2006年版,第1页以下。而小传统这个概念更被社会学和人类学界所习用。芮德菲尔德(又译为"雷德斐")认为:"在某一种文明里面,总会存在两个传统:一是一个由为数很少的一些善于思考的人们创造出的一种大传统,二是一个由为数很大的、但基本上是不会思考的人们创造出的一种小传统。大传统是在学堂或庙堂之内培育出来的,而小传统则是自发地萌发出来的,然后它就在它诞生的那些乡村社区的无知的群众的生活里摸爬滚打挣扎着持续下去。"[美]罗伯特·芮德菲尔德:《农民社会与文化:人类学对文明的一种诠释》,王莹译,中国社会科学出版社2013年版,第95页。

合缝的加工，处心积虑的雕琢，但唯其如此，才以人们喜闻乐见的方式对人们的日常生活发挥更大的作用，反倒是基于精制加工、严谨雕琢的国家法，因为太过"正襟危坐"，所以即便日常生活与之紧密勾连，人们也查而不知，用而不觉。自然，日常生活视角的民间法，会与国家法相互勾连，甚至经常作为国家法之基础——特别是近代以来，随着"三化"——经济市场化、文化多元化、政治民主化的发展，也导致现代社会越来越世俗化，人们的日常生活越来越成为社会的主角，俗文化决定性地影响着整个人类社会，而雅文化越来越退居其次。这使与俗文化或者与世俗社会勾连更为紧密的民间法，对社会生活的作用愈益彰显，也使得必须直面人们世俗生活、日常交往的国家法不得不在民间法中汲取灵感。

但即便如此，一方面，民间法不是专供国家法备用选取的椽棒砖瓦，因此，民间法不是也不可能紧紧围绕国家法的逻辑运转，即便在法治高度发达的欧美国家，诸如小费制度、排队制度、邻里纠纷解决制度、自主执法制度等影响广泛，直接关涉民众交往的制度，主要属于小传统的民间法范畴。[①] 因此，另一方面，民间法也完全不用踵于国家法之后，它自有其独自存在的理由、需要和空间，也能够自生自发地规范交往、调整关系、自制秩序。这正是日常生活视角的民间法存在的价值所在。

日常生活视角的民间法尽管如此重要，但不是本文关于法律合法性缺陷之外部救济这一话题所研究的重点，因为这种民间法或者与国家法并行不悖、各履其职，或者与国家法背道而驰、相互解构，或者与国家法相辅相成、相得益彰。显然，对救济国家法的合法性缺陷而言，第一类的民间法尽管有作用，但作用有限。第二类的民间法，只有在确认民间法所调整的社会事实比国家法所欲调整的同一事实更能够与案件事实相适切的情形下，即能够确认和所欲调整的社会事实之内在规定性相较，国家法明显具有非法性的情形下，才能发挥对国家法合法性缺陷的救济作用。因此，对国家法合法性缺陷之救济而言，最能够展示其功能的，是第三类民间法。所以，本文对于民间法的探讨，更着力于司法视角的民间法。

司法视角的民间法，则是基于司法法源的立场而言的，凡是在司法中能够被引用来裁判当下案件的民间法才符合这一要求，可见，它必然

---

① 有人通过对美国邻里解决纠纷的实证，反驳了长期以来在美国及整个西方存在的"极端法律中心论"倾向(当然，其也对"极端法律边缘论"予以同样的反思)，参见[美]罗伯特·C.埃里克森:《无需法律的秩序——邻人如何解决纠纷》，苏力译，中国政法大学出版社2003年版，第166页以下。

是与国家法相勾连的一个概念，尽管这一视角的民间法本源于日常生活视角的民间法，但它需要被司法所引用、采纳为裁判的根据或参照，因此，是司法根据现行国家法的精神和原则予以筛选的产物，或者是司法识别的产物，这一点，在那些强调国家法特别是国家成文法中心主义的国家尤为重要。在这样的国家：

> “诉讼……各方参与人……将习惯导入司法……是通过程序进行的。具体而言，民间习惯进入司法进而进入民间习惯司法识别的过程，存在如下几个重要的程序环节：当事人对某项习惯的主张、当事人对该项习惯的举证、法官依据职权对该习惯的查明和确认。”①

本文所讲的民间法，正是在司法意义上讲的，因为本文的主旨就是要解决因法律的合法性缺陷对裁判案件的影响。换言之，就是要在法律存在合法性缺陷的情形下，寻求裁判中的法律替代方案（对个案裁判而言，等待立法的救济无疑是远水不解近渴，而要司法救济，就有可能、也有必要在一定条件下，打破法律的既有规定）。毫无疑问，这一替代方案最佳的方式是能够“近水楼台”地运用法律内部的规范资源，并以譬如效力识别、类推适用、法律的内部发现等法律方法进行司法救济。法律内部如果能够提供这样的救济条件、方案和资源当然更好，但问题是法律并不总是能提供这样的内部救济方案，故司法者在迫不得已时，须转而寻求民间法的救济，从而产生司法视角的民间法。

（三）把握司法视角民间法的应注意的八个方面

那么，究竟如何把握司法视角的民间法这一概念？换言之，司法视角的民间法究竟有哪些特征？对此，学界尽管有不同的看法，但笔者认为，在司法中，一种民间法能否被用来作为裁判案件的根据或参照，原则上应把握如下八点。

第一，要符合法律的精神与原则。法律尽管是社会需要的表达，也需要建立在表现为民间法的小传统基础之上，同时，当司法面对的法律存在明显的外部合法性缺陷时，司法既不能对案件拖而不决，甚至拒绝裁判，也

---

① 王林敏：《民间习惯的司法识别》，中国政法大学出版社2011年版，第68页。另有学者运用“查明”这一概念以阐述习惯规则的司法使用问题，并指出“通过习惯法编纂”“通过权威证明”“通过判例、司法认知”“通过利益衡量”等手段是查明习惯法的基本方法（参见姜世波、王彬：《习惯规则的形成机制及其查明研究》，中国政法大学出版社2012年版，第266页以下）。这些表述、内容尽管还可以继续完善或拓展，但著者所提出的问题弥为重要，颇值关注。笔者则更主张运用“审查”一词，来说明习惯法的识别和查明问题。详见后文的论述。

不能在裁判中公然背叛社会公理，违逆社会基本需要，因此，司法要想方设法对案件予以裁判，包括在民间法中选取能够适用于当下案件的裁判准据和规范资源。但问题在于，任何国家的司法，在职能上都是法律和法治的守护者。特别在立法和司法两分、法律和执行有别的国家，司法肩负的这一职能尤为突出。因此，即便司法面对案件事实和国家法律，在裁判适用法律时捉襟见肘，巧妇难为无米炊时，迫不得已而选择民间法，其目的也是维护法律和司法的权威与统一，而不是颠覆法律和司法的权威，肢解法律和司法的统一。正因如此，法官对民间法资源的选取，尽管在规范上可能与国家法律相抵牾，但在精神上、原则上不能影响、更不能背弃国家法的既有规定；反之，之所以引用民间法进行裁判，正好是为了救济、弥补国家法律之缺陷，通过司法而充实法律精神，圆润法律原则，补救法律规则。符合法律的精神与原则，这是理解司法视角民间法的总前提。

第二，要在一定时空范围内具有普遍的规范性。就一个国家而言，民间法既有全域范围内的，如在美国消费时的小费制度；也有纯粹属于地方，属于“限域”范围内的民间法。这是作为典型的“地方性知识”的民间法。就地方而言，仍然有“限域”大、小之区别，即民间法或通行于一县数县，或作用于一省数省。极端的情形，还存在仅仅在一个家族、一个村社、一个社区、一个社团适用的民间法。显然，这为司法适用民间法带来了极其复杂的情形。但尽管如此，司法视角的民间法，或者作为司法法源的民间法，必须在一定时空内具有对人们行为的普遍规范性。特别当案件的双方当事人都是该时空范围内的主体时，法官所选取的适用于该纠纷的民间法是否具有该范围内的普遍规范性，就至为关键，因为它直接涉及司法裁判是否被双方当事人所接受，涉及司法裁判的合理性、效力和效益。

第三，要在现实的生活交往中具有活动性。所谓活动性，乃是指人们在现实的交往行为、日常生活中还在运用该种民间法。只有这样的民间法，才具有被司法作为法源运用的可能性。我们知道，所谓民间法，既有历史上曾经存在过的民间法，但现实生活中这样的民间法已经逐渐退出历史舞台，而仅仅作为人们生活的、历史的或者文化的、观念的记忆，①

① 有学者在研究民间法时，用了“民间记忆”这样的字眼（参见谭岳奇：《民间法：法律的一种民间记忆》，载谢晖等主编：《民间法》（第1卷），山东人民出版社2002年版，第30页以下）。其实，记忆既可以是纯粹观念的、怀旧的，也可以是行动的。前种记忆尽管具有观念的活动性，但不具有行为的活动性。只有后种记忆，才属于行动中的记忆。特别当这种记忆属于规范记忆时，还能因此展现规范的现实的活动性——对人们现实的交往行为，起一种指导、导向和调整作用。

而非其行动的记忆。纯粹观念的怀旧性的记忆,虽然还是活动的,但不发生行为的效力,因此,不属于这里所讲的活动性。这里的活动性,只能指向还能通过人们不断反复的行为而被运用、被记忆的情形。因为只有这样的民间法,才在实践中可能关涉人们权利义务的纠纷。那种纯粹观念中的民间法记忆,尽管也可能因之产生口舌之争,但不会关涉人们的权利义务纠纷,因此,不具有被司法引入,作为裁判根据或参照的可能。这就意味着,过时了的民间法,不能被引入司法活动,因为民间法因过时而失去了时间效力,已然"过期作废"。

第四,要在日常生活交往中具有可预期性。任何规范,都是用来调整人们的交往关系的,都应当对人们交往中的利害得失以稳定的预期。所谓预期,就是人们在行为之先根据规范而预测行为结果,并进而选择其行为方式和行为取向。如果说法律是理性规范,从而根据法律行为必然意味着人们行为选择的理性化的话,那么,民间法规范也是对人们行为无预期的一种克服机制,它意味着人们根据民间法预期而选择行为、斟酌交往,意味着人们对其行为后果的提前预知。可预期是克服因为没有预期可能给人们带来心理恐惧的基本方案。面对波涛汹涌的苍茫大海,人们与之搏斗,结果究竟如何并无预期,因此,恐惧在所难免;面对社会的纷繁复杂,人们依规矩而行,入国问禁、入乡随俗,就可获得安全,免于恐惧。所以,在价值指向上,可预期性指向免于恐惧;在社会后果上,可预期性指向确定性和稳定性,故可预期性大致与稳定性可以相提并论;在技术手段上,可预期性的关键就在于预期。民间法的可预期性,不仅意味着根据其交往时人们安全感和获得感的提升,而且对于司法而言,意味着裁判结果的可接受性程度相应提升。

第五,要在日常生活交往中具有可接受性。可接受性命题,是科学认识论领域的重要话题,也是制度建构领域的核心话题,还是司法裁判领域的必要话题。所以,这是个与认识合理性、制度合理性以及裁判合理性紧密相关的话题。无论是民间法,还是国家法,既具有理性的特征,也是人们交往经验的结晶,因此,是经验世界的产物。按照普特南的观点,经验世界的一切存在,都和可接受性相关。他指出:

"……与本体世界相反,经验世界是依赖于我们的合理可接受性标准的(当然;反之亦然)。我们使用合理的可接受性标准来建立一幅'经验世界'的理论图景,然后,由于这幅图景的发展,我们根据这幅图景来修正我们的合理可接受标准本身,如此不断，以致无穷。”

“如果科学，尤其是精确科学中蕴含的价值揭示了我们善的观念的一部分，我想，它的其余部分也能在其他的知识领域里，从我们的合理可接受性标准中发现。当然，在这方面，拓宽合理的可接受性标准的概念就是必不可少的事。”①

可见，可接受性命题与价值善命题、与真理命题、与合理性命题等都息息相关。民间法作为小传统、作为非正式制度，其可接受性，既具有人们对交往行为认识合理性的认可意味，也具有人们对社会制度的认可意味，其一旦运用于司法，还有人们对裁判合理性、裁判说理性的认可意味。一旦司法中所运用的民间法无法导致人们对裁判合理性的认可和认同，那么，其必然意味着无论是该民间法也罢，还是援引该民间法的司法裁判也罢，其可接受性是存疑的。

第六，要在诉讼活动中具有可请求性。所谓可请求性，是指人们根据既有民间法，可以对某种行为因侵害它而向第三人特别是向司法机关提起诉讼。例如，邻居甲家在其房屋的后墙上，正对着邻居乙家的大门开了个窗户，协商解决不成，后者把前者告上了法庭。法庭根据当地习惯进行裁判，判决被告根据当地风俗堵死后墙正对着乙家大门的窗户。再如，两幢相邻楼房里，其中甲家在前阳台挂了一面镜子，以防邪魔，正对着另一幢楼房同楼层乙家人的后阳台。对此协商不成，乙方诉诸法院，法院也根据当地风俗裁判，裁决甲方消除妨害。这些类似的例证，都是一方当事人根据当地公认的风俗（哪怕并不必然是“善良风俗”）向法院提起了诉讼，并且法院依据风俗习惯作出了人们可接受的裁决。这就证明了此种风俗的可请求性。事实上，可请求性就是可诉性，即根据相关的民间法，人们可以据之起诉，据之寻求司法的权利保护和义务履行。如果一种民间法不具有这种可请求性。换言之，如果民间法不具有可诉性，那么，它就不是司法视角的民间法。

第七，对人们的交往行为、司法裁判而言具有合理性。法律因为合理性而为人们所接受，民间法因为合理性而为人们所遵循，司法裁判因为合理性而为人们所认同。所以，合理性奠定了人们接受、遵循、认同的基础。但对司法视角的民间法而言，究竟什么是合理性？我想，至少有如下三点：(1)要有历史合理性，即在一定时空范围内，人们都是按照某

---

① [美]希拉里·普特南：《理性、真理与历史》，童世骏译，上海译文出版社 1997 年版，第 145、138 页。

种民间法所规定的方式处理问题、裁判纠纷、解决是非的。如果用胶东一带人的口头禅,可以证明一件事情合理性的方式是:“老辈子就是这么做的。”(2)要有现实合理性,即按照一种民间法进行裁判,符合一定时空范围内的人们之普遍期待和感觉:根据我们的生活常识,就应当这么裁判。因此,在一定意义上,引入民间法裁判就是引入一定时空范围内人们的生活常识进行裁判。(3)要有两造感觉的合理性,毕竟所有司法活动,都是针对原被告纠纷的裁判活动。特别是引入民间法的裁判,是否被两造接受具有关键意义,因为民间法本身并没有国家法的“强制合法性”,因此,两造本身对用来裁判案件的民间法是否认同,是否接受,就是在个案中衡量民间法引入是否具有合理性的一项重要标志。

第八,具有对一定时空范围内人们权利义务的分配性。众所周知,所有法律归根结底是用来给人们分配权利义务的。尽管在民间法的世界,或许不存在明确的权利义务这样的概念和观念,但并不意味着在民间法领域不存在权利义务的事实。权利义务作为人们交往中实体内容的分配结果,不因为规范中是否明确表达了这样的字眼、概念而存亡。所以,国家法也罢,民间法也罢,其之所以能够规范人们的交往行为,关键就在于能够给人们分配权利和义务。如果说民间法本身具有分配人们权利义务功能的话,那么,司法视角的民间法就更应有这一特征,因为所有的司法活动都面对的是权利义务关系的纠纷,都是为了通过司法矫正权利义务关系的纠纷,并最终以司法解决权利义务纠纷,恢复正常的权利义务关系。可见,权利义务的分配性对于司法引入民间法进行裁判而言,尤为重要,也尤为必要;否则,司法引入一项无法分配人们权利义务的民间法,只能导致“裁判不能”。还有,对司法视角的民间法而言,权利义务的分配性是上述七个特点的最终落脚。这意味着,即使一项民间法具有前述七个特点,但结果如不能给人们分配权利义务,那么,就不能、也不可能被引为司法裁判的准据,无法成为司法视角的民间法。

厘清了民间法的概念、分类、外延以及特征等,进一步的问题是究竟如何进一步看待民间法作为法律(外部)合法性缺陷的救济机制。

三、民间法对法律合法性缺陷的外部救济

常言道:“有救济方有权利。”对这句话,正如前文所言,还可以做些扩大并演绎其范围:“有救济方有法律”——因为法律不可能不存在缺陷,但有缺陷就必须救济。它表明,法律既是一种常规的社会秩序结构的逻辑体系,也是一种一旦存在缺陷,必须予以救济方能获得法律调整

效果的规范体系。法律一旦因其内、外部缺陷而左支右绌、前后失据、规范与事实失调,其结果必然是调整结果的失效。法律因之不但无以结构社会秩序,反而每每是社会秩序的解构者。那么,如何理解法律合法性缺陷的外部救济,并进而具体理解民间法对法律合法性缺陷的外部救济机理?对此,笔者将作如下三方面的论述。

(一)法律合法性缺陷外部救济的含义及其理据

在前文中,笔者已经对法律合法性缺陷的救济方式做了二分:内部救济和外部救济。前者是指当法律出现合法性缺陷后,能够在既有的法律体系内部找到救济方式时,在法律方法上以内部资源为救济的根据和手段。例如,针对法律冲突,如果是层级效力法律之间的冲突,那么,符合内部救济的基本方式是效力识别,即以高阶效力的法律作为裁判准据,以保证法律体系在效力方面的逻辑统一性。如果是水平效力法律之间的冲突,法律方法能够提供其进行内部救济的方式是利益衡量,即司法根据法益大小作为裁判准据。而针对法律漏洞,内部救济的基本法律方法是类推适用,即在法律内部寻求最相类似的条款以为裁判当下案件的规范准据。这是因为只有如此,才能维护法律逻辑体系的严谨性——即便在立法上存在一些法律瑕疵,也通过司法的此种修补措施,予以内部救济,以完善法律缺漏,保障法律权威。①

但是,法律的合法性缺陷未必全部能够在法律内部找到救济资源。特别是当法律与它所欲调整的社会事实或社会关系出现冲突时,或者当法律出现漏洞,而现行的法律体系找不到能够类推的法律准据时,法官或者寻求其他社会规范的救济,或者在社会事实中寻求事物的规定性,以作为构造裁判规范的准据。显然,这些资源以及对法律合法性缺陷的救济方式,无论从思维方向上,还是在资源选取上,都溢出法律规范之外,属于外部资源的救济。此种在法律出现合法性缺陷,而难以通过法律内部出示救济方案,从而不得不以外部资源来救济法律合法性缺陷的救济方式和机制,就是法律合法性缺陷的外部救济。它是司法主体通过法律方法的运用,把与当下纠纷相关的社会规范或者事实规定引入司法裁判,作为裁判准据。

显然,法律合法性缺陷之外部救济的条件,一是穷尽了所有内部救济的可能性,即穷尽了内部救济的法律方法;二是外部救济的资源和方

① 相关具体论述,参见谢晖:《法律哲学》,湖南出版社2009年版,第29页以下。

式并不妨害既有法律的精神实质和基本原则，反而是对既有法律及其精神和实质的完善、充实手段；三是法律合法性缺陷的外部救济资源，必须具有规范性，因此，对于这样的规范，可以一言以蔽之曰民间法[①]；四是对法律合法性缺陷的外部救济，更须法官肩负说理和论证的义务，其说理论证的基本目标，除了完成当下案件的裁判任务外，还必须指向完善现有法律体系这一目标考量。满足了这些条件，进一步的问题则是法官对法律合法性缺陷的外部救济，所依赖的基本方式是法律方法，因此，司法中对法律合法性缺陷救济，无论是内部救济还是外部救济，皆是依赖法律方法完成的。

弄清法律合法性缺陷外部救济的含义，并厘清实质上外部救济就是民间法对国家法缺陷的救济后，还需要继续探究的问题是：用民间法来救济法律合法性缺陷，或者法律合法性缺陷外部（民间法）救济的具体理据是什么？笔者认为，其基本的理据有四：

（1）法律内部无法提供救济法律合法性缺陷的资源及其方法。这意味着只要司法者能在既有法律体系内部找出救济法律合法性缺陷的资源，那么，外部救济就是多此一举。当司法者无法在法律内部找到救济资源时，把救济法律合法性缺陷的资源选取位移到民间法上来，自是理所当然。对此，我在前文已经有所论述，故不再展开。

（2）法律合法性缺陷是在司法个案的处理过程中发现的，面对个案，法官不能拒绝诉讼，也不能不予以裁判。法律合法性缺陷可以在阅读、研究法律文本中发现，可以在法律的日常运行（包括行政执法、公民法律交往等）中发现，也可以在司法中发现。在前两种情形下，虽然存在行政机关或者交往中的公民根据民间法替代国家法的情形，但在这里无论行政机关，还是公民个人都不肩负严格论证的义务，因此，虽日用而不知。但司法面对个案裁判时却完全不同，因为一方面，司法裁判的对象是两造所争议的案件事实，因此，是一种处于待命状态的复杂事实。这意味着任何一方都不会接受一个模棱两可、亦此亦彼，不论是非曲直，各打五十大板的司法裁决，因此，另一方面，司法裁决必须是讲理的活动。在事实上，是把模糊（纠纷）事物清晰化的活动，在法律上，是根据法律说理的裁判活动。如果法官因为法律的合法性缺陷而难以直接根据法律说理，则必须寻找替补规范以作为说理根据。这一替补规范，就是民间法。所

① 事实上，这是理解这一话题的核心所在，在这个意义上，法律合法性缺陷的外部救济，可径直称为“法律合法性缺陷的民间法救济”。这两个命题是可以互指互代的。

以，民间法既是社会规范，也是法律规范的替补规范。法官面对没办法在法律内找到裁判根据的规范时，只有借助于民间法，才可能既取得裁判说理的效果，也可能获得社会主体特别是当事人对裁判结果的接受。在英美法系国家，“法官造法”在事实上也赋予法官以习惯等民间法作为裁判规范的权力，“皇家法院慢慢采用了诸多习惯规范，同时为了与王国的名誉相匹配而拒绝了另外一些习惯规范”。①

(3)所有的法律都建立在社会基础上，是社会规范(民间法)国家化的产物，因此，民间法与国家法之间具有天然的勾连性。这是人们都十分熟悉的一条法学常识。这一常识，不仅在马克思主义主导的法学体系中被承认，在其他法学体系中也是如此——因为它表达的是法律史上的一种事实。例如，庞德以哲学史、法律史或法律思想史上的实例曾说明或断言：

> “‘法律就是源于习惯和立法之法。’这一命题曾得到希腊智者们睿智的辩护，并促使希腊哲学家们努力寻求某种依据，而这种依据能够更有力地要求人们去维护法律秩序和社会制度的安全。”
>
> “的确，在社会控制规范之集合体是由宗教习惯、社会习俗和传统决定模式组成且尚未分化的阶段，日耳曼各民族的成文法不过是对习惯的宣示。如果从规范的角度进行考虑，那么规范的权威基础就是：长期被使用证明自身是为神所见悦的。因而可认为，普遍性法……的两个原理都是习俗性的，并且，如果原封不动地接受法教义学上的拟制，那么所有文明国家的普遍性法律，看起来就是以大众行为的习惯为实际基础的。习惯自生自长，它们并不是为了治理而创制出来的。所以法律也是自生自长的，而不是创制出来的。立法的功能仅仅是‘重述’、公布并提供一个更为有序、系统和调合了偶然出现之矛盾的表述。”②

在这个意义上，说法律与习惯(民间法)的勾连，比一般说法律与社会的勾连更为紧要，因为国家法律与民间法，都属于社会规范体系，不过

---

① Lief H. Carter, Thomas F. Burke, *Reason in Law* (8th edition), little, Brown and Company, 1984.

② [美]罗斯科·庞德：《法律与道德》，陈林林译，中国政法大学出版社2003年版，第20、31～32页。

前者是“正式的”、大传统的，后者是“非正式”、小传统的。因此，与其说社会决定着法律，不如说民间法决定着法律。[①] 民间法与国家法律的这种决定和被决定的关系，决定了只要法律存在合法性缺陷，且在法律内部找不到救济方案时，法官必然会近水楼台地到民间法中去寻求救济资源。

（4）民间法无论在实在法上，还是在法理上，都具有法源性质。对于这点，我将在下一个问题的论述中详细展开、专门讨论，这里不再赘述。

（二）民间法作为法律合法性缺陷外部救济的资源

民间法是一种社会规范资源，对于法治建设而言，这是一种尤为重要的资源。它既为国家立法提供前提性的规范参照，也为通过司法而救济法律之不足，提供现实的规范依凭。因此，它在实质上是一种资源。在法学上说资源一词，自然是对自然科学以及经济学上“资源”一词的借用。我们知道，这一借用自从苏力的《法治及其本土资源》[②]出版以来，广为流行。但本文在此谈及民间法作为法律合法性缺陷的外部救济资源时，是从法律渊源视角入手的。

什么是法律渊源？这在法理学上似乎是一个一清二楚的概念，也似乎是长期以来在我国法学界争议最小的概念，原因在于法律渊源是一个“政治性”较弱、技术性较强的概念。但事实上，这一概念并不如人们想象的那样清楚——无论其内涵，还是其外延，也无论其内部结构，还是其外部作用（领域），都存在值得继续探究的问题，具有从中做理论建树的广阔空间。仅就其源流和概念问题，彭中礼就做了繁杂且详尽的梳理和考证。[③] 他在解释法律渊源的内涵时，强调了三个视角，即“司法立场”“逻辑起点”以及“基本维度”，并认为：

> “法律渊源是多元规范的集合，法官从中发现裁决案件的裁判规范。”

在此基础上，他又强调了四点，即“第一，法律渊源主要作为一种法律方法应用于法律适用过程当中”；“第二，法律渊源为法官适用裁判规范提供了权威出处”；“第三，法律渊源是法官发现裁判规范的地方”；

---

① 应予强调的是，由于民间法这一概念的极其广泛性，在现代社会，民间法中并非来自传统因素的那部分内容，也直接受制于国家法的规定，例如，现代的乡规民约、社团纪律、自治章程、社区公约等。

② 该书由中国政法大学出版社1996年出版。

③ 彭中礼：《法律渊源论》，方志出版社2014年版，第23～109页。

“第四，法律渊源是由裁判规范组成的集合”。①

这一法律渊源之界定，就与传统的作为“法律表现形式”的法律渊源论有明显的区别。它是在司法维度，而不是在一般法律维度上论述法律渊源，因此，也让法律渊源的司法实践适用价值得以凸显，更使该概念及其内含的法律方法论意义得以伸张。

可见，无论法律合法性缺陷的外部救济资源这一概念，还是法律渊源的概念，其实质都围绕着法律而展开，在司法中，可能被结构在案件事实中，使案件裁判可能产生既判力，并能够维护法律精神和原则的规范资源，就是法律渊源；反之，无法被结构在案件事实中，运用它裁判或者不能被当事人所接受，或者即使当事人接受了，也违背法律精神和原则，不可能产生既判力的规范资源，就不能作为法律渊源而使用。这种规范资源，即使被司法裁判所使用，也不发生效力，不产生既判力。如上结论，对民间法这种非正式法源而言，尤为重要。

民间法，无论是经由长期以来的历史文化积淀而成的，还是根据社会现实发展而生的，都属于非正式法律渊源。非正式法律渊源，是正式法律渊源的对称。前者从属于社会，因而不具有国家强制的规范性，但具有法律意义，特别在人们权利义务的分配方面，一旦没有国家的法律标准，非正式法律渊源在纠纷处理中就可以作为替代规范。而后者直接从属于国家，具有国家强制的规范性。对司法而言，由于根据或参照正式法律渊源进行裁判理所当然，因此，其理论探讨的价值反而不太紧要。但在法律合法性缺陷无法在法律内部获得圆满的救济方案时，法院参照非正式法律渊源进行裁判，因为出处或根据在法律之外，故在成文法国家，就显得格外显眼，格外具有特别探究的意义。那么，何以民间法能够作为法律合法性缺陷的外部救济手段？换言之，何以民间法能够作为非正式法律渊源？笔者认为，这既涉及民间法作为社会规范的理论前设，也涉及一个国家的立法规定和授权，还涉及司法在法律因合法性缺陷而找不到法律内部的救济手段时，所习用的方式。

---

① 彭中礼：《法律渊源论》，方志出版社2014年版，第56～72页。按照定义的严格要求，作者上述对法律渊源的内涵界定尚存在明显的问题，或者至少并不是严格定义意义上的内涵界定。且在其具体叙述中，很容易让人混淆或者误解裁判规范这个词所应安顿的恰当位置——法律渊源“即裁判规范”呢，还是法官结合事实和法律渊源来“构造裁判规范”呢？换言之，“裁判规范”是外在于案件裁判的呢，还是存在于案件裁判之中的呢？这是相关表述中存在的突出问题。因为国内学者对裁判规范问题的系统研究还很不够，因此，这既是个饶有兴味的学术话题，也是一个大可挖掘的实践话题。

第一,理论前设。在学理上,无论人们如何界定法律渊源,对这一概念的类型划分都存在正式渊源和非正式渊源这一分类。这一分类的实质是站在社会和国家的二分立场上看待法律渊源的。尽管长期以来,我国在意识形态上不太鼓励社会和国家两分的主张,甚至在实践中还强调国家对社会的统揽性,国家的即是社会的,社会的也是国家的。但事实上,在实践中,社会和国家的两分即便在古代社会就是一个不争的事实。特别是宗法社会和皇权国家的两分,从而宗法社会的"家父权"与皇权国家的"刑罚权"的两别,是造成所谓"家-国同构"的逻辑前提("家-国同构"的基础是两者的分别)。对这一区分,即便在国家法上,也阐释得十分清楚。[①] 没有这种两分,而是一味地强调国家对社会的统揽性,"家-国同构"就丧失其主体前提,就没有任何阐释的学术价值,从而法律正式渊源与非正式渊源的区分,也就失去了存在的基础。与此同时,正如前述,民间法是社会规范,本来属于社会,所以,在学理上,其自然亦属于出自社会的非正式法律渊源之列。所以,说民间法是非正式法律渊源,完全符合这一理论逻辑之预设。

第二,立法规定与授权。在判例法国家,因为"法官造法"的存在,法官在既有判例和成文法存在合法性缺陷,不足以裁判当下案件时,引入民间法裁判理所当然,无所异议,判例法本身即是对法官引入民间法裁判的授权措施。但在成文法国家,法官一般要严格受制于法律的授权,即便对民间法的司法运用,也是法律授权的结果。好在成文法国家和地区,大都存在对习惯这类民间法的授权机制,众所周知的如瑞士、日本,以及我国台湾地区"民法典",有关"无法律时,得依习惯"的规定便是。我国虽然没有对包括习惯在内的民间法进行专门授权为法律渊源的情形,[②]但在不少法律,如《宪法》《民族区域自治法》《刑法》《合同法》《物权法》《婚姻法》《继承法》等法律中,分别就民族习惯、刑事习惯、合同习惯、物权习惯、婚姻习惯和继承习惯等,作出了授权性规定,从而,在当代

① 例如,"刑罚不可驰于国,笞捶不得废于家"[(唐)长孙无忌等撰:《唐律疏议》,中华书局1983年版,第1页]这一著名论断即是。

② 自2016年以来我国正在拟议中的《中华人民共和国民法总则(草案)三审稿》第9条这样规定:"处理民事关系,应当依照法律法规规定;法律法规没有规定的,可以适用习惯,但是不得违背公序良俗。"(http://v.fayi.com.cn/content_3276683.html,2017年3月2日访问)这个规定,基本上采用了成文法国家较为通行的授权方式,一旦该法律制定,将是我国法律对习惯效力予以认可和授权的里程碑式的立法成果。

中国法律中,习惯是颇为显眼的一个问题,也引起了学界的足够重视。①

立法规定与授权,使民间法作为救济法律合法性缺陷的非正式法律渊源,不仅获得了前述理论上的支持,而且获得了法律本身的支持。在一定意义上,这是法律对非正式法律渊源的认可,但因为这一认可是弥散性和抽象性的,因此,实践中究竟哪些民间法(特别是其中的习惯)被司法所采纳?还有一个司法的识别、审查、筛选和抉择过程。没被司法采纳的那些习惯,不具有当然的法律效力,所以,对司法乃至所有执法而言,只在"可以"范围内具有运用它的选择性,是司法者和执法者的"权利"。显然,这不同于司法对正式法律渊源的运用——尽管这一运用也存在法律发现(内部发现)的情形,但没被采行的法律内容,不因法官不采用而丧失效力;反之,它永远是法官和其他执法者"应当"遵循的规范,因此,对其而言,运用法律,是一种强制性的"义务"和"责任"。

第三,司法习惯。人类早期法律史上的司法活动,每每是采行习惯等民间法的活动。由于立法条件不够、主体生活分散、交往手段落后,必然导致立法供给不足,因此,一旦纠纷产生而诉诸司法,司法能够参照的基本标准,就是习惯。例如,在英国,成书于公元 12 世纪的《论英格兰王国的法律和习惯》,②以司法为中心,把法律与习惯并列,就足以说明习惯在彼时司法裁决中的重要地位。其实,英国所谓普通法,实质上即习惯法。

> "福特斯库……撰写了一本历史概论,以说明英国在此之前一直受着罗马时代以前的英国习惯的统治。他既不认为英国的不成文普通法拥有查士丁尼的权威,也不宣称它拥有任何其他最高立法者的权威。但是,'成文法'却规定,在没有成文法的情形下,古老悠久的习惯具有与成文法同样的权威,而且历史也表明,英国的普通法乃是英国人一直用来裁定争议和指导其行为的规则体系。科克……指出,英国人的那些古老的普通法权利,从一开始就为他们的祖先所享有,而且还得到了英国《大宪章》……一部接一部的大量法规以及一个接一个的无

---

① 其中最受关注的是苏力的两篇论文:《中国当代法律中的习惯——从司法个案透视》,载《中国社会科学》2000 年第 3 期;《当代中国法律中的习惯:一个制定法的透视》,载《法学评论》2001 年第 3 期。

② [英]拉努尔夫·德·格兰维尔:《论英格兰王国的法律和习惯》,吴训祥译,中国政法大学出版社 2015 年版,第 1 页以下。

数判例的确认。”①

在大陆法系国家，尽管“法官的形象就是立法者所设计和建造的机械操作者，法官本身的作用也是机械性的”；“法官……的作用也仅仅在于找到……正确的法律条款，把条款与事实联系起来，从法律条款与事实的结合中会自动产生解决办法，法官赋予其法律意义”，但是，“大陆法系国家还普遍承认习惯是第三个法律渊源”。②

而在我国古代的司法中，虽然自从秦代开始，审判中除了国家法律和司法判例（“廷行事”）之外，未见对习惯等民间法司法效力的规定，但一方面，立法本身关注历史、重视人情、切入实际，诚所谓“沿波讨源，自枝穷叶”；③另一方面，司法、特别是“民事司法”中对习惯、道德等民间法的运用，更是司空见惯，乃至每每以情理为据，解释法律。这类判例，在《龙筋凤髓判》《百道判》《名公书判清明集》《徐公谳词》④等古代著名判例及判词中可谓俯拾皆是。这也足以表明古代中国法律和司法对民间法的深切关注。

上述事实皆表明，在法律存在合法性缺陷，且法官在法律之内找不到救济方案时，为了解决纠纷、裁判案件，法官必须把眼睛盯向或相沿成习，或行之有效的民间法。所以，对司法而言，无论一个国家奉行成文法，还是坚持判例法，都意味着把民间法作为非正式渊源，作为补救或替代正式法律渊源的资源，作为裁判案件的备选规范和方案，乃是司法本身的一种习惯。上述种种，无不证明何以民间法能作为法律合法性缺陷之外部救济的资源。

（三）民间法作为法律合法性缺陷之外部救济的条件和技术

厘清了民间法作为法律合法性缺陷之外部救济的资源，接下来须进一步探讨的是：这是不是意味着民间法就可以当然地作为司法的资源，

① ［美］罗斯科·庞德：《法律史解释》，邓正来译，中国法制出版社2002年版，第12～13页。

② ［美］约翰·亨利·梅利曼：《大陆法系》，顾培东等译，法律出版社2004年版，第37、36、23页。

③ （唐）长孙无忌等撰：《唐律疏议》，中华书局1983年版，第3页。

④ （唐）张鷟撰：《龙筋凤髓判校注》，田涛等校注，中国政法大学出版社1996年版，第1页以下；（唐）白居易：《白居易集》（第4册），顾学颉校点，中华书局1979年版，第1378～1423页；中国社会科学院历史研究所宋辽金元史研究室点校：《名公书判清明集》（上、下），中华书局1987年版，第1页以下；陈全伦等主编：《徐公谳词——清代名士徐士林判案手记》，齐鲁书社2001年版，第1页以下；杨一凡等主编：《历代判例判牍》（全12册），中国社会科学出版社2005年版，第1页以下等。

而被法官自由地运用，成为法官寻求裁判规范的当然之所？对此，在法律供给不足的时代，或许可以这么说，因为毕竟当法官面对案件而没有现成的国家法作为裁判根据时，他必须另寻他策，找到案件的裁判规范和方案，因此，也会自然赋予法官以较大的对民间法的选择权和自由裁量权。法官只需要对运用的民间法在裁判案件时说明理由即可。但是，在法律供给日益丰盈，法律已然进入叠床架屋的时代，是否还要赋予法官自由采行民间法裁判案件的权力？事实上，无论是判例法国家，还是成文法国家，只要国家法愈益完善并严格，就意味着法官运用民间法裁判案件的条件严格受制，范围日渐逼仄，即民间法作为法律合法性缺陷外部救济的方式，需遵循严格的条件。这恐怕正是即使在判例法国家，法律实证主义（坚持国家强制观念，认定法律的排他性，倡导所谓"分离命题"，主张从法律内部寻求救济法律合法性缺陷的裁判资源）这种学术思想也极为兴盛的缘由。即便法官们偶尔会运用到习惯，实证主义法学家们也会站在国家法意义上对之做一番阐释。例如，奥斯丁就强调：

> "……习惯法作为实际存在的由人制定的法，其基础是这样的：法院参考了预先存在的习惯，然后进行司法立法。在这里，当习惯没有成为司法判决根据的时候，而且，当习惯没有以主权者个人或群体所设定的法律制裁为后盾的时候，习惯，也不过仅仅是被统治者舆论所确立的规则，这种规则的制裁性，或者强制性，仅仅具有道德上的意义。但是……当习惯成为法院判决的理由的时候，并且，当习惯是以主权者个人，或者群体所设定的法律制裁作为后盾的时候，这种习惯，的确就是实际存在的由人制定的法律规则。"①

而拉兹在此基础上，纠正了奥斯丁有关"默示命令"②的概念，进一步认为：

> "既然习惯与从前立法者所制定的法律肯定不能被认为是当前主权者机构的产品，这些习惯和法律就提出了一个进一步的问题。习惯当然不是靠立法制定的，而且它也不是奥斯丁或者任何其他公认意义上的命令……也许，人们可以……尝试修改奥斯丁关于法律创制的认识，例如，这样解释：除非习惯被法

---

① ［英］约翰·奥斯丁：《法理学的范围》，刘星译，中国法制出版社2002年版，第186页。

② ［英］约翰·奥斯丁：《法理学的范围》，刘星译，中国法制出版社2002年版，第38页以下。

院立法化,否则习惯就根本不是法律……法院并不是在通常的意义上立法,也就是说,法院不是通过表达自己的愿望来立法,法院不说根据习惯某些人应该如何行为等。”①

和判例法国家相比,成文法国家更加强调法律的国家性质,并且主权的真正行使者应是议会,而不是法院,因此,只有议会的成文立法才真正代表国家理性和法律精神。法院和法官不过是议会立法的被动的运用者,人们习以为常地称其为法律的“自动售货机”。但尽管如此,成文法不可能包罗无遗地把人们日常交往的方方面面盖纳到法律中,即成文法无法避免种种合法性缺陷。因此,也就无法避免法官不仅要在法律之内寻求救济法律合法性缺陷的措施,而且在迫不得已时,还需要在国家法律之外的民间法中寻求这一措施。

在这方面,企图制定一个无所不包的民法典的德国,仍然在学理上对法律与法(主要指习惯法)的关系做了区分,②尽管因为习惯法的式微,这一区分的意义也日渐萎缩,但该区分的意义并未过时。法官在司法中仍然会不时涉及习惯问题,尤其在法律本身存在合法性缺陷而无法在其内部获得救济时,法官更需要主动寻求通过借助习惯的案件解决方案。这种情形,在我国的司法中也不断呈现。③ 但无论如何,上述例证或论述都不表明民间法当然会成为司法裁判中用来救济法律合法性缺陷的外部方式。要使民间法进入司法,成为法律合法性缺陷的外部救济方式和裁判案件的规范依据,还需要满足合法性依据和程序性技术的要求。

其合法性依据一言以蔽之,在于国家法对民间法的授权和认可,使其成为法律渊源。进言之,国家法对民间法的授权和认可,可分为三种情形:

(1)直接认可和授权,即把民间法的具体规范直接提升为国家法的具体规定,从而使其产生和国家法一样的效力,或者使其成为国家法之

---

① [英]约瑟夫·拉兹:《法律体系的概念》,吴玉章译,中国法制出版社 2003 年版,第 48 页。

② [德]霍尔斯特·海因里希·雅克布斯:《十九世纪德国民法科学与立法》,王娜译,法律出版社 2003 年版,第 58 页以下。

③ 我国司法中运用习惯进行裁判或调解的例证甚多,相关的研究资料也俯拾皆是,其中为人们熟知,并且被最高人民法院所看重和研究推广的一个经验,是江苏姜堰市引民俗入裁判的实践(参见汤建国等:《习惯在民事审判中的运用——江苏省姜堰市人民法院的实践》,人民法院出版社 2008 年版,第 1 页以下)。

有机组成部分。这种认可,与法学理论中通常所讲的认可无所区别,它是法律创制的一种方式。这种认可与授权,站在立法者的立场上,一定是对既有的民间规范进行筛选的结果,因此,与法律一样,属于正式法源,直接产生法律效力。法院和法官引用其裁判案件,与引用法律中其他的所有的规定裁判相关案件在效力上是一样的、无所区别的。因此,它不是我这里所要重点论述的对象,也不属于司法中运用民间法救济法律合法性缺陷的资源和方式。

(2)间接认可和授权,即在法律中赋予民间法以法律渊源的地位,自然,这里所赋予的,也仅是非正式法源的地位。这是一种弥散性和抽象性的授权。例如,当法律认可、赋予习惯以法律渊源地位时,就意味着所有习惯都可能作为法律渊源。但实际上一种习惯能否成为司法裁判的规范参考或依据,必须经过法律过滤和司法过程的过滤。法律的过滤乃是对违反公序良俗的习惯明确剔除出法律渊源;司法过程的过滤乃是法官结合当下案情,并在法律本身存在合法性缺陷,且在法律之内无法构建裁判规范时,选择使用民间规范来构造裁判规范。显然,这时,究竟是否选择运用民间法,进而究竟选择适用哪种民间法,完全属于法官的放任性的、自由裁量性的"权利"范畴。只是如前所述,法官必须为这一选择承担论证义务,以说明选择其作为裁判准据的合理性。

(3)权利性放任。国家立法对待民间法的态度,还可以是权利性放任,即把人们是否根据民间法而交往行为,视为公民的权利。这是按权利推定的原则予以处理的,它强调凡法律未禁止者皆可推定为权利。显然,和前两种认可与授权相比较,这是把人们根据民间法的行为纳入权利范畴进行考量的处理方式,其范围和内容虽然和前两者有交叉,但比前两者更为宽泛。例如,订婚习惯和彩礼习惯,尽管不为法律所直接认可,但在我国公民的婚姻成立过程中具有普遍影响,对此,只要公民选择尊重相关习惯,都应视为法律上权利性放任的结果。尤其值得关注的是,在我国农村地区,因为性别比例的严重失调,彩礼水涨船高,即使在甘肃等地的一些贫困山区,彩礼费用动辄要 10 万元以上甚至 20 多万元!这种情形,虽然不符合男女平等的原则,也具有借婚诈财的性质,从而对公共秩序带来不少负面影响,但国家立法不能强行禁止高彩礼,因为毕竟这是私权利范畴,只能对其做权利性放任。对司法而言,如果遇到相关案件,理应按权利性放任的方案引入相关规范,作为裁判规范。

至于民间法进入司法,作为法律合法性缺陷之外部救济方式的程序性要求,事实上即法官对民间法的识别程序或者查明程序,即民间法要经过司法过滤,作出司法审查,才可以最终作为法律合法性缺陷外部救济的方式被运用。在这方面,笔者曾有多篇论述的基本观点也散见于这些论述中,[①]故不再赘述。这里想进一步探讨的有如下几点,即法官对民间法的合法性审查、合理性审查、与案件事实的适切性审查以及据之而构建裁判规范。

(1)合法性审查。顾名思义,这是法官根据法律的精神和原则审查民间法的合法性的活动。之所以强调以法律精神和原则为根据,是因为法律规则中或者没有具体的相关规定,或者相关规定无以调整其所欲调整的社会关系。只有符合法律精神和原则的民间法,才可以被法官用来作为案件裁判、构造裁判规范的参照或依据。相关精神和原则,主要涉及公序良俗问题。不符合公序良俗的民间法,虽然在权利放任性意义上可以被公民运用,但不能引为司法裁判中构建裁判规范的参照和依据。这意味着只有经过了合法性审查而被选择的民间法,才有资格作为救济法律合法性缺陷的规范参考,才有条件对法律合法性缺陷以外部救济。

(2)合理性审查。我们知道,在哲学中,合理性或正当性乃是合法性的上位概念。但在法学中,一般来说,合理性(正当性)是合法性的下位概念,尽管有些法学家如凯尔森、施密特等仍以"准正当性"支持合法性。[②] 因此,当法官对民间法作出合法性审查之后,还面临着合理性审查问题。合理性审查的内容,大概不外乎前文提及的把握司法视角的民间法应注意的八个方面,特别是从第二到第七方面的内容(第一方面的内容属于合法性审查的范畴)。这些内容,都直接涉及法官所要运用的民间法是否具有规范性、现实性,是否对人们交往行为中的权利义务具有调整性。显然,只有符合这些特征的民间法,司法才得引为建构裁判规范的参照和依据,并作为从外部救济法律合法性缺陷的规范参考;否则,就无法承担这一任务。

(3)适切性审查。合法性审查与合理性审查之后,法官接着要进行的,是对民间法的适切性审查。它是指审查某种具体的民间法和当下案

---

① 谢晖:《初论民间规范对法律方法的可能贡献》,载《现代法学》2006 年第 5 期;《论民间法与裁判规范》,载《法学研究》2011 年第 2 期;《论民间规范司法适用的前提和场域》,载《法学论坛》2011 年第 3 期;《论民间法与纠纷解决》,载《法律科学》2011 年第 6 期;《论民间法结构于正式秩序的方式》,载《政法论坛》2016 年第 1 期等。

② 吴冠军:《正当性与合法性之三叉路口——韦伯,哈贝马斯,凯尔森与施米特》,载许章润编:《清华法学》(第 5 辑),清华大学出版社 2004 年版,第 46 ~ 94 页。

件的适切程度,因为司法中对民间法的运用,是法律合法性出现技术缺陷的结果,也是司法面对当下具体案情的结果。在成文法国家,其目的不是“司法立法”、创制先例,而是裁判当下的案件,给当事人以具有法律效力的交代,并恢复因此受到破坏的社会秩序。所以,一种具体的民间法是否与当下的案件事实相适切,就是法官据之构建裁判规范,进而裁判案件的关键所系。显然,这是法官在芜杂的民间法的制度事实中发现法律的活动。经此活动,法官所相中的与案件事实相适切的具体的民间法,才是从外部救济法律合法性缺陷的真正的、最终的规范参考。

(4)裁判规范的建构。所谓裁判规范,是指“法官在司法中,援引或运用一定的规则,以直接适用于个案的规范。裁判规范分为两种:一种是经由法官对一定规范的援引直接形成的裁判规范;另一种是法官运用一定规范而构造的裁判规范。民间法作为法律渊源,既可以被法官直接援引,作为裁判规范,也可以被法官运用,作为构造裁判规范的‘原材料’”。[①] 法官依据民间法而建构裁判规范,是法官在前三个步骤审查的基础上,通过严谨的论证活动,直接把民间法代入当下案件事实,从而使案件在法律和程序上得以解决的过程。所以,这时的裁判规范,既来自案件事实之外,也被结构在案件裁判之中。在一定意义上,所谓“被结构在案件裁判之中”,指的就是判决书中的裁判理由部分——它即是判决书中的规范部分。至此,某一民间法对法律合法性缺陷进行外部救济的使命,就在具体个案中得以完成。

① 谢晖:《论民间法与裁判规范》,载《法学研究》2011 年第 2 期。

民间法对法律合法性缺陷外部救济之范围*

在《论民间法对法律合法性缺陷的外部救济》一文中，笔者对法律的合法性缺陷及其救济问题，对民间法以及民间法何以作为法律合法性缺陷外部救济之资源问题，对民间法救济法律合法性缺陷的条件和程序问题等都做了较为详细的、但是一般性的阐述，因此，尚未进入究竟在何种情形下，民间法对法律的合法性缺陷予以外部救济的话题。那么，具体说来，在法律出现何种合法性缺陷时，民间法才能出场作为其外部救济的资源和方式？笔者认为，只有在发生了如下四种情形时，才有此必要：(1)调整不安(法律意义倒错)；(2)调整不到(法律意义缺漏)；(3)调整不能(法律意义冲突)；(4)调整不定(法律意义模糊)。下面拟就这些问题分别展开论述，以期进一步完善对前述话题的讨论。但是，这一话题的讨论是以对法律合法性缺陷的救济类型之二分为基础的。其类型可分为"内部救济"和"外部救济"(民间法救济)，其中"外部救济"一定是"内部救济"不及的产物。

一、民间法对法律调整不安/意义(价值)倒错之救济

法律应具有安定性，但法律的安定性取决于人们按照法律而为时的价值满足感。倘若法律的调整不但不能满足人们的价值需要，让人们在价值上有获得

---

* 本文原载《东方法学》2017年第4期。

感,反而让人们失去既有的价值安定感,就表明法律价值有缺陷,就会产生法律之调整不安的现象,就需要对法律意义(价值)倒错予以救济。那么,如何理解法律意义倒错?法律意义出现缺陷后是坚持法律既定的价值,还是推倒重来,或者以其他方式予以补救?如果是,则民间法在补救法律意义倒错时能够发挥何种作用?这些问题,是研究民间法对法律意义倒错之救济的先导性话题。

(一)法律意义(价值)倒错的含义即法律调整不安

法律之意义缺陷,首先表现为价值缺陷。所谓法律的价值缺陷,是指法律背离了社会主体的一般需要、社会交往的公共常识或者人类社会的一般道德情感。一言以蔽之,是指法律缺乏其正当性。因此,法律之价值缺陷,可以换言之为法律正当性的缺乏。什么是正当性?或者什么是价值正当性?完全可以说,与所有的"大词"一样,这或许是一个人言言殊的问题,因为价值本身就是个人言言殊的话题,因此,便产生了著名的"价值多元主义"和"价值相对主义"这类主张。不过这并不是因为价值多元或相对,人们悠游其间、无所事事、得过且过的平庸主义或不偏不倚、不论是非、好坏兼收的"中庸"主义;反之,越是价值多元、相对,越需要人们睁大眼睛,用心思考,在不同的价值之间甄别选择,选取能够成为人类"共识"、并最终规范人们行为的价值。故价值多元和相对反倒为"为权利而斗争"、为价值而斗争开发了条件,一如有人评价拉德布鲁赫时所言:

> "拉德布鲁赫的相对主义……是斗争的相对主义,而非犹豫不决的相对主义……是与歌德理性的人文主义相近的'积极的相对主义'……像马克斯·韦伯和古斯塔夫·拉德布鲁赫这类与实证主义者对立的相对主义者共有一种根本的属性:'他们不仅在法律的发展中,而且也在日常的法律应用中信奉伦理价值之炽热的和运动的意义。'"①

法律价值之所以是和正当性紧密勾连,甚至一而二、二而一的话题,是因为法律本身是一套人为建构的意义体系。众所周知,法律是以国家名义颁布并建构的行为规范体系,但是,它不仅是一套交往行为规范体系,也是人们生活的意义安排和价值追求。所谓生活的意义,归根结底存在于人们的交往行为中,这种交往行为,只有体现为价值体系时,才能

---

① [德]阿尔图·考夫曼:《古斯塔夫·拉德布鲁赫传——法律思想家、哲学家和社会民主主义者》,舒国滢译,法律出版社2004年版,第130~132页。

更为持久地、深入人心地调整人们的交往行为，才能既体现交往规则的正当性，也借此实现人们交往行为的取效性。可见，这种价值正当性，其前提要建立在人们多元、相对价值之共识基础上，价值多元、相对不存，价值正当性就无比较必要；价值正当性不存，价值多元、相对就只能导致混乱。故价值正当性完全可以放在价值共识立场上谈论。对此，有人指出：

> "……由机械而呆板的习惯化所保证的合法性并不能提供秩序以有效性，使之成为一个有约束力和示范性的稳定秩序。故此所有统治者都不得不制造某种关于他们具有天生优越性的神话，用韦伯的话说，'任何统治都企图唤起并维持对它的"正当性"的信仰'。在这个意义上（韦伯的意义上），正当化（legitimation）乃是一个统治集团为他们自己所作出的要求；与此对应的，正当性（legitimacy）则涉及上述要求被受统治群体接受和认可的条件，'服从正当秩序的行动'意味着要求受统治群体自觉地取向于一种被预设为有效的共识。"①

因此，与正当性大体相当的法律价值，乃是一个和价值共识、沟通理性相联系的概念。这意味着价值多元、相对乃是一个事实，而未必每种事实都是正当的。当然，也可以进而说，正当性本身和价值一样，在实践中可能是个人言言殊、各执一词的概念，因此，才决定了民主的正当性。但这照例并不意味着每种正当性主张实际上都是"正当性"。这样一来，势必给价值正当性的评判带来了重重困难：究竟什么是合乎价值的，或者什么是正当性的？其实，无论价值还是正当性概念，都只能被置于人们的交流体系中时，才有评判意义。假设人和人之间"老死不相往来"，那么，所谓价值也罢，正当性也罢，就都没有比较的必要，就都陷入那种"绝对的相对性"之中了，那本身是对相对性的解构。

在这个意义上，毫无疑问，价值也罢，正当性也罢，其实质指向的是可比较、可交流和可评判。它是以主体性为前提的一种行为体系，即它必须是以承认每个人的主体地位为基础的，但是，这并不表明每个主体自己的主张对公共交往都具有正当的价值属性。那么，究竟如何才能获得价值正当性？这一问题，只有付诸人们的交往行为，并在交往行为中经由论辩、交涉、协商后才有可能，因此，它是在各种不同的价值和正当

---

① 吴冠军：《正当性与合法性之三叉路口——韦伯、哈贝马斯，凯尔森与施米特》，载许章润编：《清华法学》（第5辑），清华大学出版社2004年版，第51页。

性理念中寻求可通约的、共识性的理念。没有共识，不能通约，就不能代表公共交往中的价值正当性。唯其如此，价值正当性只有在价值交往、比较和辩驳协商中才能实现。它的一般实现通道，便是正当程序。

问题在于，毕竟法律同时又是一种主权者的命令体系，它虽然是主体交涉的结果，但并不一定会保障主体之间的完全交涉，甚至每每表现不出来交涉协商的特征，反成为完全无交涉的纯粹命令，这是其价值倒错形成的主因。它虽然对未来主体的交往行为有预见性，但能够预见的毕竟是有限的。所以，法律总是位处在可预见的前瞻性和不可预见的滞后性之间，这是其价值倒错形成的另一原因。法律应当体现出价值宽容的原则，但在实践中，它不能、也不可能完全体现出价值的同等对待。特别对那些在一定意义上，内容具有相反特征的价值——如效率与公平、自由与秩序而言，更是如此。因此，对待不同价值之苦乐不均，是导致法律价值倒错的另一重要原因。由此可见，法律自然会肩负国家的、民族的、一国公民的，甚至全人类的价值使命，但因种种原因，也会导致其意义（价值）出现种种倒错。

法律价值倒错的具体表现，既可能是对社会主体一般需要的睽违，它意味着法律不但无以维系社会价值，反而是社会价值的破坏者。纳粹法律的价值观正是如此。也可能是法律对社会交往之公共常识的违背，特别是当此种公共常识带有价值评判的性质时，如以法律命令手段强制人们"破四旧，立四新"等就是如此。也可能是法律对人类社会的、不同民族或族群的一般道德情感之僭越，一旦僭越了道德情感，也意味着法律在实践中会受到价值负累。可见，法律，哪怕号称再完备、再理性的法律，不可能不产生价值倒错。法律存在价值缺陷是常态、是绝对的，法律无价值缺陷不但不能说是例外，而且应当说完全不可能。进一步的问题在于，既然法律总会存在价值倒错，那么，在实践中应如何对待有价值缺陷的法律？换言之，对有价值倒错的法律，人们也要亦步亦趋，还是面对法律的价值倒错，人类必须设法矫正价值倒错，救济法律之价值不足？在法学理论上，众所周知，这是个众说纷纭的问题。

（二）法律价值出现倒错后如何处理

说法律是一套主体交往的意义体系，相当于说它是一套价值体系。但一般说来，法律作为主体交往行为体系和价值体系，只有与主体之交往方式和价值需要相契合时，才能对主体之交往和需要产生实效；反之，一旦法律背离主体的交往方式和价值需要，则不但不能产生实效，而且不具有价值和实践效力。即便硬性地使其调整社会关系,所带来的也只是法律调整不安,是对法律安定性及法律秩序安定性的悖反。所以,此时需要其他规范出场,以替代法律,调整法律欲调整的社会事实。这无论在社会实践的立场上,还是在不少法学理论的主张中,似乎是天经地义的。

然而,这种看法与分析实证主义法学的观点是抵牾的,因此,这种天经地义在他们那里被打上了问号。因为在该法学流派看来,法律即便存在价值缺陷,也还是法律,只要它出自主权者的命令,就有主权强制的社会效力和权威,就应当服从,哪怕其与道德价值冲突。因此,即使法律存在价值倒错,也需要人们尽力服从:"……法律本身可能是邪恶的,在这种情况下,拒绝服从是我们的道德义务,但法律仍然是法律。"①奥斯丁的这种观念,得到了拉兹的系统论证:

> "权威的本质要求服从,即使我们认为这种服从与行为理由相冲突。由此可见,服从于权威毫无理性可言。同样,自治原则允许我们根据自己对各种道德问题的判断行为。由于有时权威要求之行为与我们的判断相冲突,因此它要求我们放弃个人的道德自治。既然所有实践性问题与道德因素有关,那么,实践性权威否认道德自治,结果导致实践性权威的不道德。"
>
> "合法性政治权威在某种程度上必须是有效权威。这是实质性政治原则的题中应有之义(如拥有政治权威的主要理由之一是它在社会协作方面颇有助益;知识和专长并不能赋予某人统治的权利,它们是政治权威的次要理由)。它不要求对权威概念或政治权威概念做理论分析。"②

这种有关法律的论断,不仅在立法视角把法律作为"主权者的命令",而且在司法和法律的其他运行视角,也把其作为主权者推动的结果,似乎法律一旦产生,就形成了一种依从于主权者权威的"自治"的、与社会之间隔绝的规范空间。司法等法律运行活动也不过是对"主权者命令"的实践延伸,或者是在法律运行的实践层面进一步印证了"主权者命

---

① [美]罗斯科·庞德:《法律与道德》,陈林林译,中国政法大学出版社 2003 年版,第 50 页。

② [英]约瑟夫·拉兹:《法律的权威——法律与道德论文集》,朱峰译,法律出版社 2005 年版,第 3~4、7 页。

令”,从而把作为行为规范主体的社会公众及其对法律的接受排除于理论考量之外。这样,必然意味着即使法律存在价值缺陷,也只能在法律内部寻求救济之道,而不能在法律之外寻求之。也因此,便在该流派的法学家心目中形成所谓“法律自治”、法律“逻辑自足”的主张。事实上,法律确实应当是自治的、逻辑自足的,但它不是与社会隔绝的自治,而是在社会中的自治。一种与社会失去了信息交换的法律,自然,只能如同一潭死水,不止出现价值倒错,而且还因此日益腐臭。

显然,这是该流派及其主张的重要缺陷。法律,无论从其来源讲,还是就其作用言,都既是社会的产物,又作用于社会。作为社会的产物,意味着它并非主权者聪明大脑的主观建构,而是社会实践和主体交往关系的观念化、抽象化、规范化表达。正因如此,在民治社会,通过或者代议制,或者全民公决制来收集、整理、提升规范体系,使其从社会规范升华为主权者制定的国家规范。作为作用于社会的规范,意味着其贯彻落实绝非仅仅靠主权力量建立的公权机构就能够胜任愉快;反之,凡是受法律规范调整的社会主体,对于法律的贯彻落实而言皆是动力。因为法律绝非仅仅是作用于司法机关,或者被司法所运用的“裁判规范”,而且更是针对普罗大众日常洒扫应对的“行为规范”。埃利希曾把法律划分为“行为规范”和“裁判规范”两类:前者与人们的日常活动相关,后者只为法院裁判案件所适用。他指出:

> “裁判规范像所有的社会规范一样是一种行为规则,但确实只为法院适用,它至少主要不是一种为在日常生活中活动的人设定的规则,而是为对他人的行为进行裁判的人设定的规则。因此,就裁判规范是一种法律规范而言,它表现为一种特殊种类的法律规范,区别于包含一般行为规则的法律规范。”
>
> “裁判规范始终不仅是团体的内部秩序,而且甚至不同于团体的内部秩序。即使裁判规范直接以明确的词句表达的团体秩序为基础,即使它完全来源于某种会社章程,来源于某个契约或者某个遗嘱,它同团体的内部秩序仍旧是两码事:因为纠纷的关系不再是和平的关系。一种曾经很有适应能力、灵活可变的东西被某种固定不变的东西所取代,模糊的轮廓被清晰的、鲜明的线条所取代,在词义上经常被添加某种连当事人也搞不清楚的含义。但争讼中的法官必须超越这一点对提交其裁决的关系来履行职责,而只要这些关系不被过问,则对日常

生活中的团体是完全陌生的；对于法官的这些职责，团体的内部秩序也很少或者根本提供不了什么教导。在这种情形下，法官必须独立地、不依赖于后者来利用裁判规范。”①

行为规范与裁判规范的两分本身表明，在法律贯彻落实时，社会应有的作用——法律不仅是司法的，也是社会的。退一步讲，即便法律是司法的，社会也不是任由司法“依法”摆布的，社会自身会对法律以及司法裁判是否符合人们的价值要求、是否符合社会一般的交往方式作出“裁断”。不但如此，一旦法律出现价值缺陷后，或者需要在法律之内，或者需要在法律之外寻求救济资源。因此，站在社会法学的立场，当法律出现价值倒错，且在法律之内找不到救济它的资源时，寻求法律之外的救济资源，是理所当然，无须异议的。

与此同时，不得不提及价值法学的相关主张，特别是富勒的主张。在提到法律的内在道德和外在道德的冲突时，他既强调了一种二难选择的事实，也指出折中性选择本身的必要性：

“站在法律的内在道德的立场上来看，理想的状态显然是法律不随时间的流逝而改变。但是，情势的变更或人们的意识的改变显然会要求法律的实质目的也相应的变化，有时甚至是令人不安的频繁变动。在这里，我们往往被迫行驶于变幻莫测和纹丝不动之间的一条左右摇摆的航道上，支持我们的信念并不是‘我们所选择的是唯一正确的航线’，而是：‘无论如何，我们必须尽量避开暗藏在两边的险滩。’”

“法律应当在时间之流中保持稳定以及法律不应当使人们服从法律的行为遭遇不可逾越的障碍，这两项要求同时都是人们希望坚持的……此时，寻求一条必定会使两项要求都打折扣的中间道路再次变得势在必行。”②

这也表明，在富勒这位通常被誉为当代价值法学代言人的笔下，法律的内在道德与外在道德互不否定，当两者出现冲突时，必须寻求救济。这种救济的理想形态是所谓“中间道路”，但在笔者看来，实践的形态每每只能是偏于一端的道路：只要能在“内在道德”中找到救济资源，对法律之价值缺陷的救济，走“内在道德”的路线何尝不可；否则，就只能走

① ［奥］欧根·埃利希：《法社会学原理》，舒国滢译，中国大百科全书出版社2009年版，第127、128～129页。

② ［美］富勒：《法律的道德性》，郑戈译，商务印书馆2009年版，第53～54页。

“外在道德”的路线了。总之,在这里,法律完全不变的教条被打破,取而代之的是:只要法律出现价值倒错,就必须寻求救济之路。其中一条救济之路,就是在法律之外寻求救济资源,即寻求民间法的救济。那么,民间法何以并如何作为法律价值倒错的救济资源和方式?

(三)民间法何以并如何作为法律价值倒错的救济方式

如果法律是以国家名义颁布的并要求人们遵行的规范体系的话,那么,民间法就是以社会形态存在的规范资源。国家法作为一种逻辑自足的规范体系,它并不是封闭的体系;[①]相反,它与社会其他系统会有信息沟通与互动,其直接表现就在与国家法和民间法的信息沟通与互动上。因为任何社会,在本质上是一种组织化的存在,是人们交往行为的一种组织模式。能够把人们组织在一起的,一定是人们共同遵循的规范体系。在此意义上讲,没有规范,就没有组织。国家与社会,国家法与民间法的这种关系机理,是决定民间法为什么并如何作为法律价值倒错之救济资源和救济方式之根本——一言以蔽之,只有通过价值比较和价值衡量,对民间法与国家法之间的价值优劣作出判断,才能决定民间法是否需要、并能够对国家法律的价值倒错施以外部救济。

论述至此,就需要在价值比较和价值衡量的立场上,对国家法与民间法冲突的类型做一简要总结,并在此基础上进一步说明民间法救济国家法价值倒错的能与不能,以及如果能的话,其救济国家法价值倒错的基本方式。大体说来,这种冲突可以一分为三:

(1)因为民间法的价值缺陷导致国家法与民间法的冲突,即国家法代表着社会的整体利益、整体价值追求和道德方向,而民间法的既有价值内容却与之无法和谐共处,反而成为拆解国家法先进价值之缘由,尤其是考虑到民间法的本土背景和国家法的西方背景,如作为民间法重要组成部分的习惯法即为例证。“习惯法,作为非洲人民的法律,反映了传统的非洲文化;而引进的西方法律的制度体系,则反映了西方的价值和态度”“非洲习惯法通常被认为代表旧的社会秩序,是站在西方法律所构建的新社会秩序的对立面的”。[②] 这在我们这个激烈的社会变革时代更

① 卢曼认为:“法律系统是一个规范上封闭的系统……它通过对自身内部的一些要素赋予法律特性而将其作为法律上相关的统一体而产生出来。”([德]尼可拉斯·卢曼:《法社会学》,宾凯等译,上海世纪出版集团2013年版,第225页。)

② T. W. Bennett and T. Vermeulen, “Codification of Customary Law”, *Journal of African Law*, Vol. 24, No. 2 (Autumn, 1980), p. 206.

容易呈现。所以,长期以来,这类事例在我国俯拾皆是。譬如,曾经在国内不少城市推行的鞭炮“禁放令”或“限放令”,本来是一项既有利于环境保护,更有利于国民身心健康的法令。但因为传统法俗或者民间法的深刻影响,这一措施在很多城市基本处于失效状态,致不少城市又废除该法令,导致一到春节期间,不少城市满城弥漫硝烟味,乌烟瘴气过节日。[①]

在这种冲突面前,国家法价值即使一时半会儿不能被民间法所接受,也不能以民间法价值取代国家法,民间法也没有资格救济国家法价值,因为国家法不存在价值倒错;相反,必须设法以国家法价值来改造民间社会,修正民间法价值之不足,这主要表现为民间法的“不成文性,没有法律价值的文字记录可以保存,且民间法知识是通过口口相传,一代一代的记忆容易产生错误,缺乏明确的清晰性和精确性”。[②] 在这方面,近代以来我国的制度实践,基本上是一个以国家法或“准国家法”(如执政党政策、行政命令等)强力改造社会、改造民间的过程。无论经济领域的洋务运动及其以改革为名的延伸,社会 - 文化领域的新文化运动及其以“文化革命”为名的延伸,还是制度领域的清末新政及其以民国、共和国为名的延伸等,实质上都以迅速变迁中的、全新的国家法改造和替代民间法。在这一过程中尽管出现过种种问题,但只要不抱偏见,中国已大体赖此而走向了现代国家之路,且成为正在崛起于世界民族之林的一员,却是个不争的事实。在这里,民间法价值不但无以救济国家法价值之缺陷,反而自己是需要被救济的对象。下面所谓民间法对国家法价值倒错的救济,恰恰是在承认国家法价值基础上,通过民间法以修补其价值倒错现象。

(2)因为国家法与民间法各自的价值缺陷导致两者的冲突。立法者因为对社会实情的把握不够或不准确,可能会在立法方面引致价值缺陷。与此同时,如果立法完全按照某类或某种民间法的精神或规制面向而制定,照例会带来法律价值之缺陷。这种情形,表明国家法与民间法两者各有价值欠缺。因此,处理两者价值冲突的基本方式,是在两者的

---

① 2017 年春节期间,上海等继续实行“限放令”的城市,空气质量基本处于优良状态,而废除“禁放令”或“限放令”的城市,如北京、长沙等地,空气中弥漫着乌烟瘴气,严重地妨害着公民健康。

② T. W. Bennett and T. Vermeulen, “Codification of Customary Law”, *Journal of African Law*, Vol. 24, No. 2 (Autumn, 1980), p. 212.

交织交换基础上，互为修补机制，即以国家法中价值合理性的内容来救济或改造民间法中的价值缺欠；以民间法中价值合理性的内容来补救国家法中的价值缺欠。这种互有缺陷、互为救济机制的过程，可以视为两者的动态博弈过程。显然，这不是在此应重点阐述的内容。

(3)因为国家法的价值倒错导致国家法与民间法冲突。如前所述，国家法并非一定是价值合理的。作为人为建构的社会规范，它会因为立法者的认知缺陷，会因为法律的相对稳定和社会的不断发展，也会因为立法者的价值取向等而形成价值倒错。如前所述，认定其价值倒错的基本标准，是它对社会主体一般需要、社会交往公共常识或者人类社会一般道德情感的违背。因此，价值冲突的责任方在国家法，而不在民间法。这时，毫无疑问，需要救济的是国家法价值，同时，民间法作为主体日常生活交往秩序的维护者，作为人们一般社会需要的提供者和满足者，作为公民一般道德情感的寄托者，也有资格补救国家法价值的缺陷。"习惯构成了国际法的一个主要来源，并且已经派生出诸多规则，而这些规则正支配着主权国家之间的关系。国际习惯法的约束效力来源于主权国家。主权国家通过他们自己的行动和实践表示出对某一习惯规范受约束和遵循。"①

具体说来，民间法对国家法价值缺陷的救济方式有两种：非日常方式和日常方式。前者是指通过制定、修改法律的方式以实现，我们知道，这是一种程序拖沓、成本高昂的救济方式，非迫不得已，国家并不采行此种救济方式，因此，它不是国家法价值缺陷的日常救济机制。后者则又可分为两种。第一种是人们在日常生活中坚守民间法的价值，而对价值倒错的国家法或者不予理会，或者在对民间法的行为选择中自然矫正、救济国家法价值之缺陷。这既可以体现在民间法的日常运用中，即民间法对人们行为的日常规范上，也可以体现在通过民间法解决社会纠纷上，尤其体现在民间调解一类的决疑解纷机制上。显然，在这种情形下，民间法成为事实上的、埃利希意义上的"活法"或"行为规范"。

但笔者更想讲的是第二种，即国家司法机关通过引用民间法进行个案裁判，以纠正和救济国家法价值之不足。它之所以重要，既在于在国家法上，司法机关是社会纠纷的正式处理机构，也在于从具体细节看，司法是国家法价值缺陷之日常的且正式的救济者。说它是日常的救济者，

---

① Vincy Fon and Francesco Parisi, "Stability and Change In International Customary Law", *Supreme Court Economic Review*, Vol. 17, No. 1 (February 2009), p. 279.

是因为司法虽然在具体个案中发现了国家法价值之倒错,但在国家法体系内找不到救济方案时,司法寻求民间法的力量和具体规范以解决,从而在细节上,在国家法的运行过程中保持国家法的总体有效,补救国家法之价值不足。说它是正式的,是因为在成文法国家,是经由司法来决定案件的最终裁判结果的,因此,法律赋予了司法以纠纷裁判的终裁权。一旦其因国家法的价值倒错而引用民间法裁判案件,证明其在个案中以民间法为根据,正式地补救了法律价值之倒错,也导致纠纷以国家(司法)的名义,宣告解决。[①] 在判例法国家,当先例存在这类价值倒错时,因为"现例"本身的法律效力,故只要其引入民间法进行裁判,不但意味着国家法的价值倒错在个案中得以救济和矫正,而且意味着表达民间法价值的新判例和新法律的产出,即价值有倒错的法律或先例,因为该裁判的产出有了法律内的替代方案。

二、民间法对法律调整不到/意义空缺之救济

法律应具有普遍性,这是指法律对于其所调整的时空、对象范围内的所有相关社会关系都应纳入其中,从而对社会关系进行"无缝"调整。但生活中的法律,并非学理上的逻辑设计,因此,法律本身对人们生活事实和交往关系的挂一漏万实在难以避免。立法者不是万能的神灵,能事无巨细地把一切生活事实和交往关系纳入法律调整之毂,且对未来在法律上作出准确无误的判断和规范,因此,法律对其调整对象有所遗漏,无可避免。法律不但不可能"无缝"地调整社会关系,反而会不断出现漏洞,实为经常。设法借助法律方法以救济法律漏洞,是司法面临的重要的任务。而探究法律漏洞之因由,是展开此问题之前提。

(一)法律漏洞的含义、因由及法律调整不到

什么是法律漏洞?梁慧星综合不同国家和地区不同学者的观点,得出了如下的结论:

> "所谓法律漏洞,含义如下:其一,指现行制定法在体系上存在缺陷即不完全性;其二,因此缺陷的存在影响现行法应有功能;其三,此缺陷之存在影响立法意图。可将法律漏洞定义

---

① 我们知道,"二战"后著名的"纽伦堡神判"和"东京审判",所针对的都是"法西斯国家"内国法上法律价值之倒错。其审判结果皆是以人类一般的价值原则——一种全人类都应恪守的应属于民间法的价值原则取代了具体国家的法律规定。尽管对此无论在事实上还是学术上都有争议,但裁判的结果,却开辟了一个以人类一般价值的民间信念取代具体国家法律中价值倒错的事实(参见余先予等:《东京审判始末》,浙江人民出版社1986年版,第1页以下;何勤华等:《纽伦堡神判:对德国法西斯的法律清算》,商务印书馆2015年版,第1页以下)。

为，现行法体系上存在影响法律功能，且违反立法意图之不完全性。”

“所谓不完全性，指现行法上欠缺当前事态所必要的规范，或规范不完全，或有补充必要。但什么样的场合应承认法律有不完全性，与法律解释之界限问题有关。”①

这一关于法律漏洞的界定，在内涵上倒不存在什么问题，但在因由以及外延上仍然存在问题。因为所谓“现行的制定法体系”的“不完全性”，所针对的是目前的、当下的，或者可预见的社会关系。对目前的、当下的社会关系观察不全面，因此，在立法上对当前事项未曾规范，这固然是法律漏洞；对未来应当预见并加以规范的事项未曾预见，因此，在立法上没有可靠规范而导致的法律漏洞，也是法律漏洞。所以，法律漏洞生成的原因不仅如作者所言。此外，还有一种情形也会导致法律漏洞，即人类的智识无法预见，但社会、科技的迅速发展导出了全新的社会事实，从而因法律应对不及而生成法律漏洞。例如，曾几何时，土地所有权的权能上到天空，下到地底。但立法当时，立法者没有预见到此后飞行器的广泛迅速发展、地下资源的整体性开发等都对既有的法律规定提出挑战。当法律对这些新型的事实规范不足时，必须通过立法或者其他方式规范新出现的社会事实，弥补因此所生的法律漏洞。

或以为，这种情形不是法律漏洞问题，而属于新领域的产生，从而需要统筹立法的问题。这样的观点看似有理，但实质禁不住推敲。因为所谓法律漏洞，是以既有法律为前提的，是司法遇到纠纷后需要裁判纠纷，但裁断纠纷的法律根据不足时才“发现”的。因此，法律是否有漏洞，司法才是先知先觉者，即司法更容易像古诗中描写的那样“近水楼台先得月”“春江水暖鸭先知”般地感知法律漏洞，因为司法者必须想方设法寻找规范，裁判案件。

正因如此，只要在个案裁判时，现有法律提供不了有效的裁判根据，法官不能据之作出有效的裁判，就视为法律有漏洞，无论法律漏洞是针对立法当时之当下事实，还是针对立法之后不可预见的未来事实。所以，法律漏洞在实质上是法律供给不足，司法中面对的法律漏洞，乃是法律供给不足的产物。在这个意义上，只要司法面对个案而法律供给不足难以下判，就意味着存在法律漏洞，需要司法出面补充漏洞。可见，离开

---

① 梁慧星：《民法解释学》，中国政法大学出版社 1995 年版，第 251 ~ 252 页。

司法而谈法律漏洞，不是不可，但其法学意义和在司法面对法律漏洞时谈论它不可同日而语。也可以推知，法律漏洞在外延上可以一分为二。一是法律面对立法当时的生活事实和交往关系，或者面对未来可预见的生活事实和交往关系而有所疏漏或没有预见，因此，而出现了法律漏洞。这时，法律漏洞才违反立法意图。二是立法当时，对未来将要发生的生活事实和社会交往关系根本无从认知，但在法律有效期间发生了和该法律相关的生活事实和交往关系，从而出现法律漏洞。显然，此种法律漏洞并不存在“违反立法意图”的问题。它是人类认知有限的当然结果。

两种不同的法律漏洞类型，在处理上应没有实质的区别。只是相对而言，在成文法国家，第一种类型的法律漏洞，更适宜通过司法裁判的救济方式来处理，因为毕竟相关的社会关系在总体上已经被成文法规制下来，全面地作用于生活事实和交往行为。即使通过立法处理，也一般是通过修改程序以处理。第二种类型的法律漏洞，虽然也能够运用司法救济的方式予以处理，但更正式也更妥当的处理方式，是通过立法来救济之，毕竟它意味着一类虽然与以往的社会关系原理类似，但内容完全不同之社会生活事实和交往关系的出现。法律一旦出现漏洞，就意味着法律调整不到，意味着法律秩序存在缺漏，从而也意味着人们生活无所适从，因此，设法救济这一意义缺漏，就是完善法律及其调整秩序之必然。

在成文法国家，对法律漏洞的根本处理方式是立法；在判例法国家，相关的判例同时成为法律。就前者而言，立法既需要针对重大事项，也需要经历冗杂拖沓的程序，因此，无论从成本，还是从解决案件纠纷的迫切程度讲，并不是一出现法律漏洞，就可以启动立法程序的。同时，一旦一有法律漏洞，就启动立法救济资源，极容易导致立法本身的严肃性受损，也容易导致法律之间出现新的冲突。因此，在成文法国家，通过立法救济法律漏洞（尤其第一种法律漏洞）时，需要坚守节约（立法资源）的原则。除非情非得已、迫不得已，一般不启动立法对法律漏洞的救济程序，哪怕仅仅是启动对既有法律的删改增添程序，也需权衡再三、慎之又慎。因为对一般的法律漏洞而言，运用立法救济，不太合算。这样，对救济法律漏洞而言，就势必需要运用司法手段，才能获得更佳的救济效果。其中在司法救济中，除了通过法律规范的内部救济，就是司法者引入民间法的外部救济。

（二）民间法作为法律漏洞救济资源的性质：国家的还是民间的

民间法在救济法律漏洞时，究竟是以国家法的面目出现的，还是以国家法替代者和补救者的身份出现的？这要看人们对民间法性质的理解和界定。有一种观点在介绍作为民间法的习惯法时，把习惯和习惯法两分，径直把后者作为国家法的一部分看待。例如，奥斯丁就强调：

> "……习惯，当其被法院所适用的时候，而且，当其被司法判决作为根据，并被国家权力所强制实施的时候，也就自然转变为了实际存在的由人制定的法的一部分。但是，在法院适用之前，当其还没有法律制裁的外在形式的时候，习惯，仅仅是实际存在的社会道德的一种规则。这一规则，普遍地被公民或臣民所遵守……习惯具有一种力量，但是这一力量，仅仅来自普遍性的对违反习惯的谴责舆论。"
>
> "……可以将习惯法视为一类实际存在的社会道德规则。从这一角度来看，习惯法，产生于被统治者的普遍顺从，而不是来自于社会政治地位高低的权力配置，或者政治主权者的制定。但是，如果我们将习惯法，看做是经由道德规则转变而来的实际存在的由人制定的法，那么，习惯法，就是由国家确立的。当国家在制定法中，将习惯明确规定出来的时候，国家是以直接形式确立习惯法的。与此不同，如果习惯是由国家中的司法机构所适用的，那么，国家是以间接方式确立习惯法的。"①

奥斯丁如此区分习惯和习惯法，确实给人以极大启发。但这一界定仍忽视了一个细节，那就是当一位司法者首次"吃螃蟹"，运用某一习惯（法）进入司法，作为构造裁判规范的理据时，其并无"法律制裁的外在形式"，那么，对司法者而言，它究竟是习惯还是习惯法？显然，这是个需要继续探讨的话题。因为它涉及奥斯丁上述影响甚大的结论之周延与否。

在司法中，对一项国家法之外的社会规范（民间法）的适用，大概可以分为两个阶段：第一个阶段是考察该社会规范能否作为裁判规范的建构资源，即法官能否参照该社会规范构建裁判规范，以裁判当下案件；第二个阶段是依据该社会规范构建了裁判规范，对当下案件作出了生效的裁判。显然，无论在法官的心目中还是在普通公民的心目中，表达在此裁判之外的该社会规范和表达在此判决当中的该社会规范，无论就功能而言，还是就性质来讲，是完全有别的。前者对司法者而言，仅仅是裁判资源，对法律而言，仅仅是外在于法律的潜在替代者。而后者对司法者

---

① ［英］约翰·奥斯丁：《法理学的范围》，刘星译，中国法制出版社 2002 年版，第 38～39 页。

而言，是证明裁判结论有效性的依据，对法律而言，依然被结构在法律结构的强制体系中。特别在判例法国家，因此使得该社会规范径直成为判例法。

上述区别，不是无关紧要的，它涉及民间法在漏洞补充中的地位问题。在逻辑上讲，如果包括习惯法在内的民间法就是国家法的一部分，那么，把其作为国家法漏洞的"外部救济"的说法就不成立，就多此一举。换言之，所谓民间法对法律漏洞的救济，仍是国家法内部救济的一部分，而不是与内部救济分庭抗礼的外部救济；反之，如果它并非国家法之一部分，则意味着用民间法救济法律漏洞，是司法把裁判规范的触角伸向了其他社会规范。因之，民间法仅是供司法裁判案件，救济法律漏洞的备用资源，是救济法律漏洞的替代方案。

就事实而言，把包括习惯法在内的民间法作为构建裁判规范的资源，和依据这种资源来构建裁判规范，并对和法律漏洞相关的案件作出裁判，显然属于两种不同的制度事实——在第一种情形下，民间法属于小传统意义上的制度事实；在第二种情形下，民间法已经被结构在大传统中，成为大传统意义上的制度事实，特别在判例法国家，它业已成为国家法的一部分。所以，不能将两者混为一谈。这样看来，当一项民间法作为救济法律漏洞的备用方案被法官使用的时候，它并不属于国家法，尽管从法律权利、法律原则和法律精神的视角看，是能够被法律所容纳或宽容的对象，但它毕竟不是可以强制执行的规范体系，而只是法官选择运用并自由裁剪的规范内容，是属于法官自由裁量权的范畴，如在非洲的许多国家，习惯法和宪法中的平等条款是相矛盾的，那么在碰到具体的案例时，"法官有权裁决那些涉及习惯法与平等条款相冲突的案例。法官可以设置条件以便那些相冲突的习惯法可以被改变为符合平等条款，但这些条件的设置必须也要符合宪法的基本要义"。①

自由裁量权究竟是一项权力，还是权利？对此，人们或许有不同的看法。笔者认为，其既有权力的属性，也有权利的属性。司法自由裁量权也是如此。就它是一项由国家司法机关行使的、和司法责任相对应的裁判选择行为的根据，且其自由裁量的裁判结果对案件当事人产生实际约束力而言，它是一项权力。就法官在自由裁量权范围内可以斟酌行使裁量权，只要行使是合理的、必要的，法官就不因此而承担责任而言，它

---

① Navi Pillay, "Legal Eye: Equality and Customary Law, Empowering Women for Gender Equity", No. 20, *Politics, Power and Democracy* (1994), p. 45.

又是一项权利。也因此,法官是法律的最终表达者,“法官有权说出最后的论断”。这无论在英美,还是德国,皆如此:

“在社会的立法机构与司法机构中,针对该社会的法律是什么与不是什么这个问题,恰是由司法机构作出最后的断言……‘无论是谁,只要他拥有解释成文法或口头法的绝对权威,就所有的意图和目标而言,这个人而不是最先写下或说出法律的人,才是真正的造法者。’这一点甚至在德国也获得了认可:‘司法判决与制定法一样,同是国家运用其造法权力的体现。与法律的立法决策相类似,司法决策也充斥着国家的权力与强制力。法院的决定具备法律的强制力;它包含了法律所有的强制力。就其所涉的范围而论,一项司法决策具备确定的权力,是有法律约束力的指令,它比起制定法更加充分、有力,实施起来更为直接,而后者不过是对法律的抽象表述而已。法律的权力强于立法权,司法判决即便与制定法相冲突,也常常会自我维持。对于国家法律规章方面的权力来说,不是其立法机构,而是其司法机构说出国家最后的断言。’”①

法官的自由裁量权作用于国家法是如此,其运用民间法来裁判案件时,就更是可想而知。具体说来,面对瀚如烟海的民间法资源,法官究竟选择将何种民间法资源投入案件裁判中,构建裁判规范,解决当下纠纷?显然,这既是法院行使国家司法权力的体现:是法律给了其这样的权力!当然,也是司法的独立性质给了其这样的选择权利。司法的此种性质如此重要,以致“在法官作出判决的瞬间,被别的观点,或者被任何形式的外部权势或压力所控制或影响,法官就不复存在了。宣布决定的法官,其作出的决定哪怕是受到其他意志的微小影响,他也不是法官……法院必须摆脱胁迫,不受任何控制和影响,否则他们便不再是法院了”。②

综上所述,当法官面对疑难案件,或者当法律存在意义空缺(法律漏洞),且无法通过诸如类推适用这样的内部救济方式予以救济,而不得不

---

① [美]约翰·奇普曼·格雷:《法律的性质与渊源》,马驰译,中国政法大学出版社2012年版,第147~148页。显然,这与我们所熟悉的孟德斯鸠的下述名言背道而驰:“国家的法官不过是法律的代言人,不过是一些呆板的人物,既不能缓和法律的威力,也不能缓和法律的严峻。”([法]孟德斯鸠:《论法的精神》(上册),张雁深译,商务印书馆1961年版,第163页)这足以表明在法律认识史上,人们对法院和法官地位的不同看法,也表明法官地位本身在实践中的变迁。

② 这是美国法学家亨利·卢米斯的观点,参见[美]罗杰·科特威尔:《法律社会学导论》,潘大松等译,华夏出版社1989年版,第237页。

向外部寻求民间法的救济时,民间法在实质上并不像一些分析实证主义者所讲的那样,就立马成为出自法官的国家法;反之,其在本质上仍是与国家法相对应的民间法,是作为国家法内部救济不及时的替代者。只有当法官已然作出裁判后,在奉行判例法的国家,才可能成为一般的法律;在奉行严格成文法的国家,才对两造发生法律的效力。

(三)内部救济穷尽:民间法救济法律漏洞的一般原则

众所周知,对法官而言,一例纠纷起诉到法院后,即便没有和纠纷事实对应的具体法律规定,也不是其拒绝裁判的理由。法官不得拒绝裁判,这是人们耳熟能详的格言。但法官所面对的纠纷,可能在法律上是意义明确的,也可能在法律上是根本没有规定的。在前种情形下好办,法官就像孟德斯鸠所说的那样,做"法律的代言人"即可。但在后种情形下究竟如何处理?对此,孟德斯鸠对君主国和共和国也开出了如下的原则:"法律明确时,法官遵照法律;法律不明确时,法官则探求法律的精神。"①

诚然,这是一个值得令人称道并对保全法律的逻辑自足而言不无意义的原则。但问题是,一方面,只要有这一原则,则他对法官呆板的论述就告破产(这与本文题旨无关,不论);另一方面,无论法官如何探究法律精神,最终总是要为寻求案件裁判做准备。如果不是本着这一目的,则探求法律精神的意义就大打折扣,甚至无功而返。这意味着法官在法律供给不足时,面对当下案件,不仅要探究法律精神,而且要在具体的规范情境下探求之。而具体的规范情境无非两种:一种是(法律)内部规范;另一种是(法律)外部规范。这样一来,法官探究法律精神的过程,可以分别视为把法律精神和内部规范与外部规范相结合的过程。

法律精神和内部规范的结合,实质上是法官在法律内部找法(法律发现)的活动。此时法官所找的,自然不是与当下案件能够严丝合缝地衔接的规则,因为目前的法律上没有这样的规则,而是寻求法律上和当下案件相接近的规则,即通过类推来适用于当下案件。所谓类推,从广义上讲,一切类型化的命名活动皆是类推,因为这种命名总是把众多不同的事物作出归类的处理。在这个意义上,立法和法律活动中的类型化命名,自然也属于类推之列。但这里的类推,显然不是指此意义上的类推,而是指当法律出现漏洞,法官在法律内不寻找与案件事实最相类似

① [法]孟德斯鸠:《论法的精神》(上册),张雁深译,商务印书馆1961年版,第163页。

的、能够适切于案件事实的法律规范进行裁判时，以其他的类似规范进行裁判。因此，它是“……以一个证明为重要的观点为标准，而将不同事物相同处理之思想”。[①] 显然，无论对当下案件的裁判而言，还是因之对法律漏洞的补充而言，当法官之目光凝聚于法律精神和内部规范之结合时，实质上是展开对法律漏洞的内部救济。显然，这与民间法如何救济法律漏洞无关，故不展开。法律精神和外部规范结合，其实就是指法官把法律精神代入民间法的过程。换言之，这是法官以现行法的精神为基础，在外部规范（民间法）中发现法律，以作为某一纠纷没有可裁判的法律依据，即法律有漏洞情形下的裁判问题。毫无疑问，这是法律漏洞的一种外部救济措施，是法律的外部发现。韩国殖民地时期法院的诸多做法即为有力例证：

“殖民地时期习惯法建设的最大成就是塑造了韩国的现代民法和现代司法。朝鲜在 1910 年被日本吞并后，虽然殖民地当局颁布日本的民事法律作为朝鲜的通用法律，但同时颁布命令朝鲜人之间的绝大多数法律的私人关系仍旧适用韩国的习惯。因为高丽人时期的朝鲜没有成文的私法，因此习惯法的改造就被委托给法官和法学学者，他们查明并用西方的法学概念解释朝鲜习惯法。殖民地时期的法庭坚持相信来源于过去流行行为的习惯法，并且他们经常把习惯与理性相结合加以改造，然后与西方法律历史的发展做类比。”[②]

这一发现，须坚守一个原则，即内部救济穷尽原则。所谓内部救济穷尽原则。简言之，是法官面对当下案件，在法律内部找不到，或发现不了案件事实与法律的对接关系。考夫曼把法律发现界定为：

“是一种使生活事实与规范相互对应，一种调适，一种同化的过程。”

“一方面，生活事实必须具有规范的资格，必须与规范产生关系，必须符合规范……‘固有的涵摄’……‘涵摄’在此不能被理解为逻辑的三段论法，而应理解为在规范观点下对特定生活事实的筛选。法律人的才能主要不在认识制定法，而正是在于

---

① ［德］亚图·考夫曼：《类推与“事物本质”——兼论类型理论》，吴从周译，学林文化事业有限公司 1999 年版，第 26 页。

② Marie Seong - Hak Kim, “Customary Law and Colonial Jurisprudence in Korea”, *The American Journal of Comparative Law*, Vol. 57, No. 1 (Winter, 2009), p. 205.

有能力能够在法律的——规范的观点之下分析生活事实。”

“……另一方面，规范必须与生活事实进入一种关系，它必须符合事物。这就是我们所称的‘解释’，探求规范的法律意义。”①

但是，法律发现在法律内部总有穷尽的情况发生，同时，在司法救济中，外部救济（民间法的救济）乃是在穷尽了内部救济基础上，迫不得已的一种救济资源选取（发现）和救济方式。这意味着只要法官以法律精神为指引，在法律内部能够发现类推适用的规范资源，就应当在法律内部发现法律，而不应当把目光位移到法律外部，寻求外部规范（民间法）对裁判的支援。但问题恰恰是，在前述两类法律漏洞中，都可能存在法官穷尽了法律内部资源，但仍没找到合适的并用来类推救济法律漏洞的法律条款。这时，法官就不得不把目光投向法律外部，寻求外部规范对法律漏洞的救济。

一般说来，对第一类法律漏洞（法律面对立法当时的生活事实和交往关系，或者面对未来的可预见的生活事实和交往关系时，因为认识不到位而在立法上出现不周延的法律漏洞），在法律内部发现类似的条款进行类推以救济之，较为容易，原因在于这类事实的规定性与法律规定的同构特征。但并不尽然，能否在其中发现类似条款，借以类推，构建裁判规范，仍在两可之间。法官在法律之内找不到类似条款，不是裁判豁免的理由。此时，尽心竭力地发现法律外的裁判资源，是法官“事中应有之责”。例如，随着虚拟网络的发展，虚拟财产及其纠纷不断涌现，②虚拟财产究竟是不是财产，就不仅是一个对财产法的法律解释活动，也是法官把当下案情中所蕴涵的规定性，以及虚拟财产的主人们在网络世界的习惯性做法代入法律解释的活动，当然，这也意味着法官把其心智作用于这一解释中。诚如考夫曼所言：

“立法以及法律发现（司法）都是一种法律规范与生活事实

---

① ［德］亚图·考夫曼：《类推与“事物本质”——兼论类型理论》（中文版序），吴从周译，学林文化事业有限公司1999年版，第33～34页。

② 著名的“百万QQ号被盗案”“QQ农场资产离婚析产案”“网游虚拟财产案”等，都典型地说明在虚拟网络领域财产的法律保护话题（参见《虚拟财产保护陷入困境》，载http://www.lawtime.cn/info/shangwu/xnccbh/201108119709.html，2017年3月9日访问）。在学理上，我国学者对虚拟财产的探讨不可谓少，早在近10年前，法律出版社就出版了相关专著（参见刘惠荣：《虚拟财产法律保护体系的构建》，法律出版社2008年版，第1页以下），这几年，相关论著更如雨后春笋。

的调适,一种当为与存在对应、同化的过程。但这种过程的前提在于:有一个使规范与事实获得一致的'第三者'存在,亦即在当为与存在之间有一个调和者存在。我们需要一个同时能代表特殊与普遍,事实与规范的构造物。这个调和者就是'法律理由',就是'意义',它不仅存在法律中,也同时存在生活事实中。法律理解意谓着在'意义'中产生对应,意谓着'事物本质'。这种理解不是一种在实体存有论中的对应,而是一种在关系中的对应。"①

而对第二类法律漏洞(因立法当时难以预见,立法之后产生了法律未曾调整的相关事实而形成的法律漏洞),一般说来,要在法律内部发现类推的资源,通过类推以救济之,较为困难。原因在于这类事实本身的规定性与当前法律规范的差异性或许更大,因此,正如前述,这更是需要通过立法来加以救济的一个领域。但问题在于,当法官遇到了这样的纠纷事实和诉讼时,即便案件事实的规定性与当前法律之规定有一定距离,仍需遵循法律精神,在法律外部寻求裁判案件的具体规范,从而把案件事实纳入法律秩序体系中,通过司法圆润、补救、维护并最终实现法治秩序。在这里,尽管需要贯彻内部救济穷尽的原则,但更多时候,却体现为法官结合法律精神,在外部发现救济规范的行为。

明了了穷尽内部救济这一民间法作为救济法律漏洞的原则,还需要继续探究民间法进入司法,作为裁判案件、并救济法律漏洞的程序、条件和具体方法。对此,一方面,学界已有一些探究;②另一方面,笔者在其他文中已有原则论述③,故本文不再展开。经此论述,我们大体能够了解民间法作为法律规范违其普遍性宗旨,出现漏洞,对生活事实和交往关系调整不到时的外部救济机制,以及这一救济的一般意义和运作原则。

三、民间法对法律调整不能/意义冲突之救济

尽管在法学理论上讲,法律应是个逻辑周延的自足体系,它不但在逻辑上要求体系自足,而且在事实上要求体系内部,甚至体系与生活事

① [德]亚图·考夫曼:《类推与"事物本质"——兼论类型理论》(中文版序),吴从周译,学林文化事业有限公司1999年版,第4页。

② 王林敏:《民间习惯的司法识别》,中国政法大学出版社2011年版,第67页以下;姜世波、王彬:《习惯规则的形成机制及其查明研究》,中国政法大学出版社2012年版,第198页以下;贾焕银:《民间规范的司法运用——基于漏洞补充与民间规范关联性的分析》,中国政法大学出版社2010年版,第68页以下。

③ 谢晖:《论民间法对法律合法性缺陷的外部救济》,载《东方法学》2017年第4期。

实和交往关系之间保持某种对应性,即法律作为规范体系要与它所调整的社会事实之间保持体系上的融洽。因为所有法律既是对社会关系的命名和规范,也是用来调整这些社会关系的。这样一来,法律就理应必须保持其内部体系和内部关系的融贯性,也应保持其与它所要调整的社会关系之间的关联性。但事实上,法律又很难完全做到其内在体系的融贯性,也很难随时保障它与社会关系之间的关联。因此,法律的意义冲突就会在实践中不断呈现。那么,如何理解法律意义之冲突?进而,面对不同的法律意义冲突,法官在何种情形下才能借助民间法以救济?

(一)法律意义冲突的含义、类型及法律调整不能

法律意义冲突是一个和上述法律的融贯性紧密相关的话题。那么,何谓法律的融贯性?对此,不同学者有不同的界定,但大体上这一概念包含消极和积极两个方面。前者即法律体系的内部无矛盾性,后者指法律体系之各要素、各部分之间要有相关性、联系性。

> "融贯性的概念由两部分要素组成:在消极面上,它意味着连贯性这种无逻辑矛盾的要求;在积极面上,又意味着体系要素间的积极关联,这种关联不仅是效力上的衍生关系,也包含着评价上的相互支持和证立。而如果考虑到无矛盾同样是支持与证立的要求之一,那么可以说,融贯性就意味着相互的支持与证立。"①

但是,这种在理论上对法律体系的应然期待,并不总是,甚至总是不是法律体系的现实,因而不是也不可能是法律体系的本质属性,而毋宁是人们对它的一种乌托邦式的期望,是一种对法律完美地协调社会关系,解决主体纠纷,维系社会秩序的应然期待。当然,这种应然期待必须建立在期待可能性基础上,因此,它不应是凌空蹈虚、毫无根据的"瞎想"。因此,所谓法律体系的融贯性,与其说是对法律最美好的追求,不如说是对法律更美好的追求。诚如一句广告词所言,法律"没有最好,只有更好"。所以:

> "融贯性并非对于法律体系的绝对要求,立法者颁布不融贯的法律是可能的。而如果法律体系的不融贯没有为立法者所注意和解决,那么随之而对法律体系所施加的融贯性要求对这个体系而言就是一种被追求或可欲的品质……而非它本身

---

① 雷磊:《法律体系、法律方法与法治》,中国政法大学出版社2016年版,第81页。

所拥有的品质……法律体系的融贯性可以是或高或低的，而两个法律体系之间的融贯性程度也可加以量上的比较。作为可欲而又具有程度差异的品质，融贯性对于法律体系施加了这样一种外部要求：一个法律体系内各部分间的融贯性程度越高，这个体系就相应地越好……而所谓的'越好'，不仅仅具有美学上的意义，更是一种道德品质……"[①]

既然融贯性之于法律，仅仅是一种期待可能性前提之下的追求，既然我们所面对的法律"没有最好，只有更好"，那就必然意味着现实中的法律，存在融贯性缺陷是必然的，不存在融贯性缺陷的法律几乎是不可能的。所谓法律融贯性缺陷，用我习用的表述词汇，就是指法律意义之冲突。因此，法律意义冲突就是指法律体系的不融贯状态。一旦法律意义出现冲突，就无法通过法律调整把社会事实置于有序的、和谐的状态下。

但是，法律意义的冲突还不仅指法律体系内部的不融贯，即不仅是指法律体系内部的意义冲突，简称内部视角的意义冲突。除此之外，法律和它所欲调整的社会事实之间也常常会出现冲突，笔者把这种冲突称为外部视角的意义冲突，它所导致的直接结果就是法律"调整不能"，[②]即法律调整的结果，不但不能实现社会事实的秩序化，反而只能出现南辕北辙的情形，其结果是法律越多，秩序越坏，法律与秩序之间背道而驰。例如，"在上埃及（埃及南部地区——笔者注），许多村落和乡镇中的长者，他们通常召开会议以解决纠纷，而这些会议是独立于国家政权之外的，主要用于处理灌溉纠纷、土地纠纷、继承纠纷以及杀人纠纷等，他们所适用的主要是习惯法而非法律，之所以如此，在于相较于法律适用中产生的官僚腐败，习惯法的适用更为熟悉且透明"。[③] 所以，这种不融贯和法律体系内部的不融贯相比较，是更容易给法律秩序，乃至人们心灵带来巨大伤害的事体。为什么？因为它意味着人们对法律及法律秩序的绝望！

我们知道，归根结底，法律要以社会为基础，而不是相反，社会以法律为基础。不但如此，法律的目的，是为社会关系的有序而设，而不是社

---

① 雷磊：《法律体系、法律方法与法治》，中国政法大学出版社 2016 年版，第 83 页。

② 谢晖：《法律哲学》，湖南人民出版社 2009 年版，第 157 页以下。

③ Hans Christian Korsholm Nielsen, "State and Customary Law in Upper Egypt", *Islamic Law and Society*, Vol. 13, No. 1, Customary Law in North Africa and the Arab East (2006), p. 123.

会为法律而设。社会与法律之间的这种决定与被决定、目的与手段的关系决定了法律的融贯性需要结合社会关系的连带性而生成。众所周知，所谓社会关系的连带性是与社会分工紧密联系的概念，一个社会分工越是发达，人们之间的相互需要也越是强烈，其间的连带关系自然也更为紧密。这也意味着这种连带性也是与主体性紧密相关的概念，因为是社会分工，导致了人们个体存在、个体精神和个体意志的发现。个体性越发达，人与人之间的连带关系不但不会松懈，反而会自发地越来越紧密。因为每个个体都深刻地意识到只有依赖于其他个体，从而形成社会连带的集体，独立的个体才既有必要，也有可能。所以，涂尔干强调说：

"分工绝对不会造成社会的支解和崩溃，它的各个部分的功能都彼此充分地联系在一起，倾向于形成一种平衡，形成一种自我调节机制……尽管各种社会功能总想共同求得相互间的适应，达成彼此固定的关系，但就另一方面而言，这种适应模式要想成为一种行为规范，就必须要靠某个群体的权威来维持。事实上，所谓规范不仅仅是一种习惯上的行为模式，而是一种义务上的行为模式，也就是说，它在某种程度上不允许个人任意行事。只有建构完整的社会才能拥有道德和物质的最高地位，它不可避免地要为个人立法，同样，也只有集体构成的道德实体才能凌驾于私人之上。"①

社会本质的连带关系与社会的规范性联系如此紧密，但它并不意味着必然地、自动地转化为和法律的联系。尽管基于人类生活的需要，法律必须想方设法地把社会关系的方方面面纳入其中。但事实上，法律不可能复写生活事实和交往关系，也不可能复写蕴含在生活事实和交往关系中的规定性。立法者的智虑达不到这个层次，人类又找不到一个万能的立法者让立法与生活事实、交往关系严丝合缝地实现对接。更重要的是，包括法律在内的所有社会规范，其基本调整方式是对变幻莫测的生活事实与交往关系的抽象表达，在此种抽象的过程中，能否做到抽象事物对具象事实的全面涵摄、无缝对接和调整？显然这是更值得思考的话题。事实证明，这只是一个乌托邦理想——尽管它是砺人上进、求致更高的乌托邦理想。

这表明，所谓融贯性的追求，不仅及于法律体系内部，而且必须关联

---

① [法]埃米尔·涂尔干：《社会分工论》(第2版序言)，渠东译，三联书店2000年版，第16~17页。

法律所欲调整的社会事实，即法律规范与社会事实的融贯性。只有这样，一方面，在法律体系内部不融贯时，可以寻求法律之外的规范事实予以救济；另一方面，当法律体系外部——法律体系与其所欲调整的对象不融贯时，直接以事实的规定性，矫正法律的融贯性缺陷。从而在另一视角上，以人们的生活事实和交往关系来救济法律的融贯性缺陷，解决因此导致的法律调整不能问题。

（二）法律意义内部冲突的民间法救济

所谓法律意义的内部冲突，是指法律体系内部之规范与规范之间、法律与法律之间出现内容相互不对应，意义相互冲突对立的矛盾状态。也就是说，法律体系内部出现了不融贯的状态。众所周知，对法律意义的内部冲突，一般的救济方案是在法律内部寻求救济资源，即予以内部救济。最典型的诸如效力识别，即在冲突的法律之间，根据阶层效力之高低，选择位阶高的法律作为当下案件裁判的根据。这一过程，一般只是检讨法律内部效力之紊乱多元，或者规范之大前提的紊乱多元，并不检讨规范本身的事实合法性问题，即不检讨作为司法推理大前提的法律规范是否与它所调整的对象之间具有对应关系的问题。因此，严格说来，对层级效力冲突的规范选择，大体上属于法律内部证成的范畴。尽管它也需要比较、斟酌并选择在当前案件中所适用的法律，即案件裁判大前提的合理性问题：

> "内部证成处理的问题是：判断是否从为了证立而引述的前提中逻辑地推导出来，或者说，它涉及的是从既定法律推理前提中推导出作为结论的法律判断的有效性问题。"①

既然它主要是一种内部证成，因此，一般不存在通过外部救济以解决法律冲突的必要，即没有适用民间法以救济法律内部冲突之必要。换言之，一般说来，法律内部冲突并不能形成法律的调整不能，只是在法官面前出现了选择何者裁判，才能更好地解决案件的问题。不过即使在这里，当经由效力识别后所发现的最高效力的法律，仍与案件事实不能衔接或不能完全衔接时，不排除适用民间法以外部救济之可能。

更重要的是，法律的内部冲突还不止层级效力之间法律的冲突。除此之外，法律还存在第二种意义的内部冲突，即水平效力法律间的意义冲突。它是指在水平效力的法律之间，如基本法和基本法之间、行政法

---

① 雷磊：《类比推理论证——以德国学说为出发点》，中国政法大学出版社 2011 年版，第 181 页。

规和行政法规之间出现的冲突。法律体系内部一旦出现这种冲突时，用来救济的基本方法是：法官在案件事实和水平效力的法律规范之间目光流盼，来回穿梭，以选择最适合当下案情的规范进行裁判。显然，这也属于上述内部证成的范畴，只是这种内部证成和层级效力之法律出现冲突时的内部证成有所不同。前者只是在规范之间比较，后者还必须从规范和规范适用的对象——案件事实之间比较。因此，对于究竟选择何种规范裁判当下的案件，法官在冲突的规范之间，具有一定的自由裁量权。但自由裁量权的基本根据，是看选择何种规范裁判，最有利于当事人的利益保护，因此，这里必须引进利益衡量的法律方法。由此可见，尽管在水平效力的法律之间发生冲突时，法官究竟选择何者裁判当下案件，主要是一个内部证成的问题，但因为其只有和案件事实结合后，才能抉择适用哪种规范更有利于当事人权益的保护，因此，法官也担负为此做外部证成的义务。

不过上述情形，并没有因法律冲突导致法律调整不能，而只是让究竟适用哪种规范解决当下案件出现紊乱和一定程度的疑难。因此，一般说来，利益衡量仍是司法中面对法律冲突的一种内部救济措施，一般不会涉及外部救济问题。

但是，在面对层级效力的法律冲突和水平效力的法律冲突时，也可能存在这样的情形：法官考量了两个，甚至两个以上冲突的法律规范，虽然层级效力最高的法律对当下案件具有适用性（对层级效力的法律冲突而言），或者它们都对当下案件具有适用性（对水平效力的法律冲突而言），但一方面，并未从中衡量出适用何者（针对水平效力的法律冲突）更有利于当下案情的裁判，更有利于当事人利益之保护，更有利于社会秩序的保障和维护；另一方面，最高层级效力的法律（针对层级效力的法律冲突），两个或多个冲突的规范（针对水平效力的法律冲突）尽管与当下案件都有明显关联，但并非都完全适切于当下案件的裁判，作为当下案件裁判时没有逻辑瑕疵的大前提。对当事人利益的保护而言，反倒是结合国家法，同时也参照运用法律之外的民间法予以综合创造，重新构建裁判规范以裁判案件，才能更加切合案件，既维护案件当事人的利益，又保护社会的整体法益。

在这方面，曾在国内引起很大反响的"姜堰经验"——一种把民俗引入民事司法裁判的经验，就是典型。"姜堰经验"的初期所涉及的案件主要是彩礼纠纷、分家析产纠纷、抚养赡养纠纷、相邻关系纠纷、丧葬纠纷以及交易习惯纠纷等。[①] 对这一类的案件，从法律规定来看，并非无法可依，但从当地民俗来看，根据法律处理的结果，总会导致当事人，乃至当地民众接受的困难。原因何在？就在于法律的一些规定与当地通行的习惯做法有所出入。这样一来，如何寻求国家法律、民事习惯、当下案情之间的交合点，作出既符合法律规范要求的裁判，也能被地方习惯所接纳、被当事人所接受的裁判，从而在法律、习惯和案情之间来回穿梭，寻找对应点？这些都构成此类案件中法官的独特思维方式。

显然，这时法官所肩负的论证义务，不仅是予以内部（规范）证成，而且要作出外部（社会）证成。外部证成的对象指“前提的正确性和可靠性问题”。[②] 在利益衡量（特别对水平效力的法律意义冲突之救济而言）中，内部（规范）证成和外部（社会）证成的结果往往大相径庭。因为内部证成坚持的是法律的内在标准，而外部证成则坚持的是社会之于法律的外在标准。对此，焦宝乾曾总结道：

> “内在标准注重既有法律规定对当下个案衡量的拘束，外在标准强调超越既有规定，而从裁判者立场作出判断。前者体现的是司法克制的立场，后者则是司法能动立场。可见，同样在进行利益衡量，是依据内在标准还是外在标准，其结果可能出入很大。”[③]

对法官而言，这提出了一个复杂话题，法官首先要对冲突的层级效力中最高效力的法律或同样冲突的水平效力的法律是否正确与可靠作出论证（内部证成），一旦其不正确、不可靠或者不完全正确、不完全可靠，那么，法官就必须目光外移，从民间法，或者从国家法与民间法的结合中，寻求裁判案件的资源，构造裁判规范，以作为法律推理的逻辑大前提（外部证成）。这时，法官针对当下案情，不仅要对冲突的层级效力的法律之正确、可靠性，或者对冲突的水平效力的法律之正确、可靠性作出外部证成，而且还要对与冲突的层级效力中最高效力的法律或冲突的水平效力的法律相关的民间法作出适格与否的外部证成。自然，对法官而言，这是一种复杂论证，是把内部证成与外部证成相结合的论证。

---

① 汤建国等：《习惯在民事审判中的运用——江苏省姜堰市人民法院的实践》，人民法院出版社 2008 年版，第 46～77 页。

② 雷磊：《类比推理论证——以德国学说为出发点》，中国政法大学出版社 2011 年版，第 181 页。

③ 焦宝乾：《衡量的难题——对几种利益衡量标准的探讨》，载《杭州师范大学学报》（社会科学版）2010 年第 5 期。

但无论如何，上述情形都表明在法律内部出现冲突时，尽管一般情况下，并不必然导致法律的调整不能，从而并不必然意味着外部救济之必要，所以，民间法在这种情形下出场的机会很少。但并不尽然，特别在那些传统力量甚为强大、多元、复杂的国家或地区，国家法律不可能完美无缺地适用于所有的地方，因此，一例案件，特别是日常民事案件所面对的法律，其正确性和可靠性总是相对的，在法律体系内部存在规范冲突的情形下，此种情形尤甚。这就为法官结合民间法裁判，以矫正冲突的法律之正确与可靠缺陷，作出更有利于当事人权利保护，社会秩序维护以及被两造和社会所接受的裁判，创造了条件。这也意味着民间法之于法律意义的内部冲突，也能发挥一定的救济（外部救济）作用。

（三）法律意义外部冲突的民间法救济

简言之，所谓法律意义的外部冲突，是指法律规范和它所欲调整对象之间的“不对应”状态，或者矛盾状态。自近代以来，人们越来越多地依赖法律以全方位地调整社会关系。其他所有的社会控制方式，都被置于法律的视野中予以打量。所以，法律不仅是人们行为的调整、规范和评价机制，也是其他社会规范的调整、规范和评价机制。对此，庞德曾强调：

> “今日，法律秩序成为了一种最重要、最有效的社会控制形式。其他所有的社会控制方式，都从属于法律方式，并在后者的审察之下运作。古代社会控制的有效方式——宗教、族群内部纪律（或类似的诫规）和社会习俗，如今已逐渐将其在调控体系中的主导地位让给了组织化政治团体的主张。”①

但是，法律秩序凌驾于其他一切社会规范之上的统治，绝不是说法律的统治就可以逃离社会的制约而任意安排。反之，法律规范的产出和布置，必须建立在社会需要和社会关系基础上；否则，法律对社会的控制，就不可能奏效。在这个意义上，完全可以说庞德曾描述的古代法律以习惯为核心的那种内容宣告，在法律主治的时代并未过时——法律主治的时代绝不是无视习惯，更不会抛弃习惯，只是对习惯赋予了一种全新的形式和效力罢了。对此，庞德又论述道：

> “我们必须记得，最初的立法不过是对普遍接受的传统进行了发布。因此不同社会控制——通过大众行为的习惯，通过

① ［美］罗斯科·庞德：《法律与道德》，陈林林译，中国政法大学出版社2003年版，第37页。

宣示那些习惯的规范,以及通过成文法规的社会控制——之间的分析性界限,在很长一段时期内是极细微的,并且只能逐渐得到承认。而那些成文法规,最初是自发制定的,那时被认为不过是对习惯进行了发布;之后,它们被有意识地予以制定,但仍假托是在宣示习惯;最后,它们作为新规则被自觉地予以制定。"①

在庞德这份有关法律与习惯关系史的简单勾勒中,似乎法律愈益发达,其距离习惯越远;法律的发达程度与法律中的习惯之稀薄程度成反比。在我看来,这样的结论,逃离了法律奠基于社会的基本学理。按照这一学理,越是法律主治,越需要强化法律与社会的契合程度,否则,法律无法获得社会的接受,就会变成法律与社会两张皮、互不粘连的情形。那不但无以实现法律对社会的调整,反而会导致法律多少与社会秩序强弱之间形成反比关系:法律越多,社会秩序越弱,法律越少,社会秩序越强。毫无疑问,这种情况一旦出现,只能是对法律资源的浪费,是人们法律期望的破灭。它带来的是对社会秩序的物质的和心理的双重打击。

所以,在笔者看来,越是法律"作为新规则被自觉地予以制定"的时代,越需要法律对社会事实作出严谨认真的观察、总结和考量,越需要关注社会事实中本身蕴涵的规定性以及人们面对社会事实的"行动中的法律";否则,制定法面对社会事实越是自负,越想以制定法的创造精神去实现对社会的改造,就越容易导致法律意义的外部冲突,反致法律对社会事实的调整不能。对于因法律意义外部冲突导致的法律调整不能,司法救济方案不应再纠缠于法律的内部规定,而应通过法律的外部发现予以救济,即法官或者在既有法律之外的其他社会规范中发现裁判案件的规范资源——这是法律的外部发现,它属于法官运用民间法构造裁判规范的活动,这里不予赘述,或者在案件事实的规定性中寻求救济方案。笔者曾把这一方案,称为"事实替代",它大体是指:

"在司法中,完成事实替代的最重要的方法,就是在案件事实中发现事物的规定性。这种规定性不仅决定着构造本案裁判规范的根据,而且也决定着法官为何不适用既有的法律。因为只有申明和案件事实相关的规定性,才能从实质上说明和论证这一事实之规定性与当下法律规定内容的明显差异。也才

① [美]罗斯科·庞德:《法律与道德》,陈林林译,中国政法大学出版社2003年版,第38页。

能在既有法律和它所欲调整的对象的冲突中，寻求到一种恰如其分的解决方案。这种解决方案，就是通过对事物规定性的认知，以事实替代法律。即在事物规定性中寻求案件的裁判根据，而不是盲目适用公然违背社会事实的当下法律。"①

接着的问题是，事实替代与民间法有何关联？这一问题，不能不让人联想到"事物的本质"或"事物的规定性"这样的话题。何为事物本质？不同的法学家对此作出了很多并不相同的论述。② 在笔者看来，事物的本质有二。一是任何事物，都有其存在和运转的规定性，这种规定性就是事物本质；我们的生活事实，照样存在这种规定性。二是事物本质之于人类认识的对应，其外在表现，也体现在事物与人类交往行为规则的对应上。法律作为人类交往行为的规范体系，其基本目的，就是要把规范建构在事物本质之上，开发出和事物本质对应的"意义"出来。这种意义，在考夫曼的笔下，也被命名为事物本质：

"……立法程序与法律发现程序的调和者就是'意义'，在该意义中法律理念或者说法律规范与生活事实必须同一，因此，它们能够彼此'相对应'（意义关系的同一性），这种意义我们亦称之为'事物本质'。'事物本质'是一种观点，在观点中存在与当为相互遭遇，它是现实与价值互相联系（'对应'）的方法论上所在。因此，从事实推论至规范，或者从规范推论到事实，一直是一种有关'事物本质'的推论。'事物本质'是类推（类似推论）的关键点，它不仅是立法也是法律发现之类推过程的关键点。因此，它是事物正义与规范正义之间的中间点，而且本身是在所有法律认识中均会关系到的、客观法律意义的固有负载者。"③

这一事物本质的理论，不仅把第一种事物本质以及对此种本质的规范表达勾连起来，而且把勾连两者的主体认识过程也置诸其中，构建了类推认知世界的意义或本质。法官对第一种事物规定性的发现，既可以在人们面对这种事物的反复的规范化的行为中总结，也可以在这种事物

---

① 谢晖：《法律哲学》，湖南人民出版社2009年版，第252页。

② 相关综述性论述，参见［德］亚图·考夫曼：《类推与"事物本质"——兼论类型理论》，吴从周译，学林文化事业有限公司1999年版，第38～39页。

③ ［德］亚图·考夫曼：《类推与"事物本质"——兼论类型理论》，吴从周译，学林文化事业有限公司1999年版，第38页。

的固有属性中总结。无论人们面对该事物的反复的规范化的行为，还是该事物的固有属性，都属于笔者所讲的民间法的范畴。因此，以“事实替代”来救济法律意义的外部冲突，解决法律调整不能的困境，实质上就是以民间法来救济法律意义的外部冲突，为当下案件的裁判找到“事实替代”的规范理据——以“事物本质”替代现行法律规定，消解法律和它欲调整的对象之间的意义冲突。

四、民间法对法律调整不定/意义模糊之救济

法律应是具有清晰性的社会规范，它必须以明晰、准确的语言表达生活事实和交往规范，体现事物关系的规定性。这种明晰性既指法律体系内部法律与法律之间、法律规范与法律规范之间关系之明晰——如果它们之间存在不明晰情形，则意味着法律出现了意义冲突（对此，在前文中我已经做了专门论述，这里不再重述），也指法律的字义和语义之意义明晰——倘若其意义不明晰，则构成法律意义的模糊。这里专门就法律意义模糊与法律调整不定的关联，民间法对法律意义模糊的外部救济及其方式，予以阐述。

（一）法律意义模糊的含义及法律调整不定

法律意义模糊是法律意义明晰要求的相反情形，就词义而言，是指法律规定不明晰。就广义而言，如前所述，它包括了法律意义冲突和法律的词义、句子模糊两个方面。就狭义而言，它仅仅指后者，即法律概念、法律规则（法律的表达句式）、法律原则意义不清晰的情形。由此可见，在外延上大体可以把法律意义之模糊一分为三：

（1）法律概念之意义模糊。概念、规则和原则，是法律构成模式的基本材料，其中法律概念是基础，法律规则是包含了法律概念的具体的、确定的行为方案，而法律原则，则是对法律模式之精神宗旨的一般性概括。作为一部法律的原则，它贯穿在该法律的所有概念和规则中；作为一种法律体系的原则，它贯穿于该法律体系的所有法律及其概念和规则中。所谓概念，一言以蔽之，即以语言文字方式对对象的命名。法律概念，顾名思义，是表现在法律中的对事物予以命名的那些词汇。例如，财产、种类物、特定物、意思自治、犯罪、刑罚、主刑、附加刑、罚金、起诉、受理、答辩状、法庭辩论、一审程序、二审程序、终审判决等词汇，都是法律中的概念。所以，法律概念是个指涉十分宽泛的范畴，法律所调整的人类的生活事实和交往关系有多宽泛，法律的概念就相应地有多宽泛。因此，诸如有关主体、客体、行为、权利、义务、责任、程序等的规定，都要借用一个

一个的概念在法律中以阐明。

在这个意义上,法律概念是构造法律体系的基础材料。法律概念的这一特征及地位,要求其必须内涵清楚明白,外延界限分明;否则,就会出现法律概念的模糊。例如,“周岁”这个具有法律意义的概念,究竟如何计算?是以公元历计算,还是以农历或其他历法计算?是以出生当天起算,还是出生第二天起算?如果法律中不能予以明确交代,仅仅规定周岁这样的词汇,就意味着这一词汇(概念)的意义是模糊的,就需要通过法律解释方法予以释明和救济。

(2)法律规则之意义模糊。法律规则即法定的行为指向。它具体规定了人们的权利义务,以及运用权利、遵循义务后的法律后果,因此,它事实上要给人们的行为以具体的指向:或者指向行为的放任,即规定权利;或者指向行为的禁止,即规定禁止性义务;或者指向行为的必须、应当,即规定必行性义务。法律就是通过“可以”“不得”“必须”“应当”①等词汇,以一定的句式来给人们规定权利义务,从而明确人们行为指向的。因此,它理应以明晰的文字给人们确定的指向,让人们在行为选择时有所适从。但这只是一种应然性要求。在实践中,法律规则的模糊并不罕见,这正是法律解释等法律方法应运而生的缘由所在。

法律规则模糊和法律概念模糊之间,具有一定的关联。具体来说,法律概念模糊,则法律规则必然模糊,法律规则模糊,却未必法律概念模糊。不过,关联归关联,法律概念模糊和法律规则模糊毕竟是两码事。法律概念的模糊往往体现为命名失误,但法律规则的模糊常常表现在句式表达的错误上,因此,把两者分开来论述就有必要。

(3)法律原则之意义模糊。从表面上看,法律原则本身是一个有意义伸缩的法律领域,它尽管贯穿在一部法律或一个法律体系内部的所有方面,但唯其如此,让人觉得无处不在处处在,其意义本来就不是一个明晰的领域,因此,谈论法律原则之意义模糊,似乎多此一举。诚然,任何一项大的原则,都会生成无数多的解释,所谓“有一百位读者,就有一百个哈姆莱特”,之于说明人们对法律原则的理解,可谓适论。例如,自由这一被世界绝大多数国家的法律所认可的原则,在卢梭的笔下,被描绘

---

① 相关研究参见喻中:《论授权规则——以“可以”一词为视角》,山东人民出版社2008年版,第4~339页;魏治勋:《禁止性法律规范的概念》,山东人民出版社2008年版,第38~448页;钱锦宇:《法体系的规范性根基——基本必为性规范研究》,山东人民出版社2011年版,第19~324页;周赟:《“应当”一词的法哲学研究》,山东人民出版社2008年版,第51~320页等。

成这样："人是生而自由的，但却无往不在枷锁之中。自以为是其他一切主人的人，反而比其他一切更是奴隶。"[①]而那位被梁启超形容为"生于自由，死于自由"的法国伟大女杰罗兰夫人，在其临终之际更是疑惑："呜呼，自由自由，天下古今几多之罪恶，假汝之名以行！"[②]由此足见一项原则在实践中的模糊情境。

但这不意味着模糊就理应是法律原则的特征；反之，法律原则发散于法律或法律体系的各个部分之中的事实，证明人们在运用这些规则行为时，对规则明晰的要求同时也是对原则明晰的要求。而在法律没有明文规定，或者法律的明文规定出现意义冲突、意义模糊的情形时，法官以法律原则及其精神为准据，寻求内部视角或外部视角的裁判资源，为构建裁判规范，裁决当下案件做准备，皆意味着对法律原则明晰性的要求。所以，法律原则模糊，并非其应有之义，反而是必须通过法律方法予以矫正和救济的领域。

弄清法律意义模糊的外延，是为进一步消除和救济法律意义模糊而做准备，因为对法律而言，意义模糊就意味着法律的调整不定，所谓调整不定，就是指人们面对法律，没有预期，或者法律调整的预期不明。法律对人们交往的基本作用，就在于提供稳定的预期，以便透过法律，知悉哪些事禁做、应做或可做，哪些则相反，并同时对其行为选择的后果作出预测。法律可预期与公民免于恐怖是相辅相成的话题。人们对其行为及后果没有预期，必然意味着对行为结果心存疑虑，意味着担心，甚至恐惧。而有了法律，但因为法律意义模糊而调整不定，不仅意味着法律预期之不在，而且必然影响人们对法律的内心期待和行为依赖，因此，它所导致的不仅是预期模糊、内心恐惧，更重要的是它会导致人们对法律及其秩序丧失信任。

司法面对法律意义模糊，救济的方法一般有法律解释、法律推理和法律论证。[③] 一般说来，这些解释、推理和论证，应是内部视角的，因此，似乎难以涉及外部救济，难以和民间法的救济相勾连。但事实上，无论上述哪种方法，都可能涉及外部救济问题，如法律解释除了文义（平义）解释、目的解释之外，只要涉及诸如限缩解释、扩张解释、历史解释、社会解释等时，都把解释的视域投向外部规范，投向民间法；再如，法律推理

---

① [法]卢梭：《社会契约论》，何兆武译，商务印书馆1980年版，第8页。

② 梁启超：《罗兰夫人传》，载《饮冰室合集》(6)，中华书局（印影本）1989年版，第1页。

③ 谢晖：《法律哲学》，湖南人民出版社2009年版，第29页以下。

(以及推理的竞争——法律论证),除了根据内部规范资源进行推理或论证外,还可以引入外部规范资源(民间法)予以推理或论证,甚至还可以以常识为根据做论证。[1]

(二)法律意义模糊的外部(民间法)释明

法律意义模糊的最常用的救济方式,就是法律解释。所谓法律解释,就是借助清楚、明晰的语言文字,把法律中意义模糊的部分和内容加以释明的活动。尽管在大多数情形下,法律解释所遵循的基本原则是内部解释,即根据法律文本的固有意义进行解释。但一方面,在法律文本的本来意义具有多种,且其中有些符合人们的生活事实和交往关系,有些则反之,不符合人们的生活事实和交往关系时,人们往往用生活事实和交往关系中本来的意义(生活常识)来解释法律的意义。笔者把这种情形,称为常识解释。另一方面,在司法中,法律解释活动所针对的不仅是对法律规范的意义说明,而且也是对法律与案件事实关联程度和关联内容的解释,因此,法律解释中自然含有事实解释的成分,对此,笔者称为事实解释。这两种类型的法律解释,其实都涉及对法律模糊的外部救济,即民间法被纳入法律解释体系中,或作为法律解释的根据,或作为法律解释的参照。下面对此分别予以说明。

(1)常识解释——以民间法作为补强法律意义之参照。常识解释,顾名思义,就是以日常生活和交往的常识性内容去阐释法律。常识解释的对象是:虽然法律上有相关规定,且规定本身很明晰,但不具体的情形。我们知道,法律理应源自人们的日常生活,或者至少不能背离人们的日常生活,但在法律实践中,特别在地域广大、历史悠久、文化多元的成文法国家的实践中,情况则不仅是规范表达要符合生活事实那么简单,因为:一方面,法律要尽量趋向于统一和一元,而它必须在人们的生活方式、文化背景以及规范交往多元的基础之上实现法律的统一和一元,这就不可避免地可能把立法者的主观愿望和意志代入法律中。当立法者的愿望和意志与多元文化、多元生活方式不矛盾时,法律的内容就表达着生活事实和日常交往的内容;反之,当立法和法律中表达的愿望和意志过于自信,悖反了生活事实和多元生活的需要时,自然,要对立法作出和生活事实、日常交往相关的解释。只有这样,法律才能在实践中通行并被人们所接受。这就容易导致虽然法律规定的内容是明确的,但

---

① 谢晖:《事实推理与常识裁判——简单道义案件的一种裁判技巧》,载《法学》2012 年第 9 期。

明确的内容未必具体。这些内容一旦细化,就出现法律意义模糊的情形,也就需要借助民间法资源对之予以解释。另一方面,在这样的国家,所有立法活动,本来既是对人们生活事实和交往规范的抽象提升,但同时又是立法者的一种创造活动。在一定意义上,所谓对生活事实和交往规范的抽象提升、规范处理,本身必然意味着立法者的创造。因为立法者的抽象过程,建立在其对生活事实和交往规范的独特的"阅读"、理解基础上。只要有理解,就有创造,诚如伽达默尔所言:"所有理解性的阅读始终是一种再创造和解释。"①不仅如此,立法者作为能动的创造者,作为理解中"前见"的拥有者,作为一种精神主体,他还时刻不忘寻求立法中的创造,②这种创造,既要承袭人类共有的价值和行为方式,也要表达民族固有的价值和行为方式,还要突出立法者自身的价值需要和价值选择。这种立法者的创造欲望和创造实践,固然有利于分散、凌乱、多元和粗糙的生活事实的类型化、规范化和抽象化,但同时不可避免地会在某些环节、某些领域逃离人们的生活事实和交往规范。这时,一旦法律意义出现模糊,则运用生活事实和交往规范中的常识予以解释,补强法律规定具体性之不足,就不失为救济法律意义模糊的一种选项。

可见,所谓常识解释,就是以生活事实和日常交往的规范性为参照,在法律意义明晰,但不具体的情形下,运用民间法以具体地释明法律意义,克服法律模糊的活动。例如,在刑法中有关"危害显著轻微的,不认为是犯罪"这一规定,尽管是明晰的,但显著轻微的情形具体包含哪些却是不具体的,因而在实践中是模糊的。一位已满 16 岁的少年,抢了一位 12 岁的女孩 1 角 5 分钱(35 年前),公诉方以抢劫罪起诉这位少年。辩护人则强调:首先,这位少年之构成抢夺,不构成抢劫;其次,其行为显著轻微,不构成犯罪。结果法院采纳了律师的辩护意见,以当时人们的生活常识说明其危害显著轻微,判决少年无罪。再如,在《婚姻法》中,强制

---

① [德]汉斯·格奥尔格·加达默尔:《真理与方法——哲学诠释学的基本特征》(上卷),洪汉鼎译,上海译文出版社 1999 年版,第 210 页。

② 如《德国民法典》突出了社会本位和民族精神,以表明其对《法国民法典》的超越。我国在民法典制定问题上,有些学者为了突出这种创造性,提出了"新人文主义民法典"的概念,以超越"物文主义的民法典"(参见徐国栋:《两种民法典起草思路:新人文主义对物文主义》,载 http://www.romanlaw.cn/sub2-33.htm,2017 年 3 月 11 日访问);还有人针对《民法总则》(草案),专门论述了其创造性所在(参见陈华彬:《论我国〈民法总则(草案)〉的构造、创新与完善》,载《比较法研究》2016 年第 5 期)。这足以表明我国在制定《民法总则》即民法典过程中,学者们的创造要求、欲望和冲动。自然,这些要求不仅是学理上的,也事实上被代入立法草案中去。可以预料,也会被代入正式立法之中。

离婚的条件是感情确已破裂。虽然这一规定本身是明晰的，但它又是不具体的。究竟如何理解感情确已破裂？如下例证（案件）就很典型：妻子基于爱情，生了别人的孩子，丈夫得知后与其天天吵架。女方诉诸法院要求离婚，丈夫却坚决不离婚，强调他和妻子有感情。一审法院基于“宁拆一座庙，不拆一对人”的古训，加之山区男子婚姻不易，判决驳回妻子诉讼，不予离婚。后妻子提起上诉，发回重审后，法官深入该村庄，走村串户，了解当地民俗，公认为“男的戴了绿帽子，女的还给别人生了娃，两人咋能生活到一起？”最终根据生活经验和常识，法院裁判准予两人离婚。①

显然，上述两例案件在裁判中，法院皆是以日常生活和交往常识的规定性，以补强法律规定具体化不足的缺陷，释明法律，克服法律模糊。②当然，应留意的是，并不是说日常生活标准在任何情形下都可以作为释明法律的资源，如年龄的计算问题，在我国广大乡村地区，大多采用农历标准，但法律规定公历标准。在此种情形下，即使日常生活标准再合理，在涉及纠纷裁判时也要遵从法律标准。这也意味着常识解释不能深入其间，赋予法律另一种意义；反之，它必须受法律标准之规范和节制，服从法律标准。这种情形，我把它称为常识解释的排除。

（2）事实解释——以民间法作为释明法律意义之参照。事实解释的对象是：虽然法律规定具体地涵盖了它所调整的社会关系，但面临有些特殊的社会关系时，它能否调整，呈现出模糊的情形。在法律解释的逻辑路向上，常识解释是因为对规范的理解标准之探求而自然延伸到通过常识去释明规范；事实解释则不然，它的逻辑路向是由对特殊的案件事实之解释，再返回到法律中进行检验，看其是否符合某种法律规范的要求。所以，常识解释是法律意义模糊的一般外部解释方法；而事实解释是法律意义模糊的特殊外部解释方法。例如，在法律上，相邻关系的规

---

① 上述两例案件，皆为笔者所亲历。曾引起很大反响的北京“雷洋案”、天津“赵春华气枪案”、内蒙古“王力军收购玉米案”的相关处理或裁判，之所以引起社会的普遍不安和不满，原因就在于办案机关（检察院、法院）对公民日常生活中一些常识性规定的公然违背。

② 在我国古代不少法律解释和司法裁判中，已有这种把常识、常情代入到法律意义释明中的情形。如“夫盗千钱，妻所匿三百，可（何）以论妻？妻智（知）夫盗而匿之，当以三百论为盗；不智（知），为收”。（睡虎地秦墓竹简整理小组：《睡虎地秦墓竹简》，文物出版社 1978 年版，第 157 页）可以肯定，在彼时的法律上，夫妻共谋盗窃肯定是犯罪，但妻子收藏了丈夫盗来的财物，妻子是否构成共谋犯罪？对此，秦朝的法律解释者依据人们的生活常识作出了明显有利于保障该妻子“权利”的解释——该妻子不因此被认定为犯罪，进而追究其刑事责任。

定一般是清楚的,但现实中的相邻关系实在太多,不胜枚举,法律只能作一般性的规定,且大多数相邻关系的法律规定所调整的是相邻的物质—行为利益关系,如通行权、用水权、采光权等。那么,对和那些风俗习惯相关的不具有物质内容,只具有精神利益的相邻关系,是否以相邻关系的法律规定来调整?显然,法律规定并不明晰。

法院在这类案件的裁判中,显然,既有类似的法律规定,但又并不完全吻合,所以,只能通过对案件事实的解释,进一步充实法律的相关规定,以释明案件的规范意义,也释明法律的意义模糊。但必须交代的是,这与前述法律意义缺漏情形下,法律"调整不到"时对民间法的类推适用相比,看似有很多相像之处,但其实并不相同。基本的区别在于前者针对的是法律意义模糊,后者针对的是法律意义缺漏;前者是解释适用,后者是类推适用;前者有明确的法律与案件事实相对应,即使对应不那么完全妥适,而后者案件事实却完全没有可对应的法律,只是法官或者在法律内部,或者结合法律精神在法律外部刻意寻找和案件事实贴近的、类似的规范。

(三)法律意义模糊的外部(民间法)推理(论证)

法律意义模糊救济的另两种措施是法律推理和法律论证。这是两种不同的法律方法,但又是内部紧密联系的方法。广义上的法律推理,是一个包含了演绎推理(三段论)、归纳推理(主要在事实认定和解释中)和类比推理的逻辑思维活动。但狭义上的法律推理,一般仅指以既有法律规定为大前提,以案件事实为小前提,并把小前提代入大前提进行推理的思维活动。但法律论证却不同。在法律论证中,虽然参与论辩的主体从事的都是逻辑活动,不可避免地要运用法律推理展开其逻辑思维过程,但单个的、独自的逻辑推理不构成论证。法律论证是在理想的言谈情境下,人们以理性的力量、逻辑的思维参与司法中法律论辩的活动。哈贝马斯在总结阿列克西和 Aulis Aarnio 的理论时曾分别指出:

> "'理性规则'充分显示了在时间向度、社会向度和实质性向度中必须采取的那些理想化:无尽的时间,无限制的参与,充分的无强制性。在合理的商谈中,我们假定具备这样一些交往条件:第一,它们阻止对论辩的不受合理推动的中断;第二,它们通过人们对论辩过程的普遍、平等的了解和平等、对称的参与而确保在议题之选择和最好信息最好理由之接纳这两方面的自由;第三,它们排除理解过程内外所产生的任何强制,而只

承认更好的论据的强制力量，所以，除合作地寻求真理之外的其他动机都被中立化。”

“‘论证程序本身上是一种对话。这是一连串的提问和回答，在这些问答的基础上将提出支持性的和驳斥性的论据。……对话者只有当这论证导致一串融贯的陈述，并且这串陈述满足［某些］标准［首先是同有效法律相联系的标准——引者］的时候，才能合理地接受这个诠释……之所以如此，是因为仅仅法律推理的标准并不保障论证材料的融贯性。全部理由还必须以一种合理的方式加以运用。’……当然，对于法律商谈来说，一个仅限于法律共同体之边界的特定的理想观众就足够了。构成这些观众的是这样一些合理的人们，他们允许由更好的论据的无强制的力量来决定他们是采取‘是’的立场还是‘否’的立场——虽然仅仅是在一种他们已经共享的具体的生活形式的情境之内。”①

可见，在一定意义上，法律论证是针对一个案件，两个或两个以上的不同主张及其逻辑推理，为了事实认定和法律适用的目的，根据给定的程序和条件，参与论辩、阐述理由、公平竞争，以获取说理优势，最终追求妥协共识的活动。这一概念，已然揭示了法律推理和法律论证之间的联系与区别。法律论证必须依赖于法律推理，但法律推理未必能形成法律论证；法律推理只需要给定的条件即可，但法律论证不仅需要给定的条件，而且各种条件之间要达到融贯；法律推理倾向于符合论的真理观，而法律论证却倾向于共识论的真理观；法律推理是主体对单个论点的自主推理活动，法律论证是主体对各不相同的多个论点的论辩交涉活动。②

辨析法律推理和法律论证之间的联系与区别，不是这里的最终目的，这里的最终目的是要说明无论是在法律推理中，还是在法律论证中，逻辑大前提的运用，既可能是既有法律所规定的，但也可能是在法律意义模糊情形下，推理或论辩主体以法律之外的规范资源作为推理或论证

---

① ［德］哈贝马斯：《在事实与规范之间——关于法律和民主法治国的商谈理论》，童世骏译，三联书店2003年版，第281～282、294页。另可参见［德］罗伯特·阿列克西：《法律论证理论——作为法律证立理论的理性论辩理论》，舒国滢译，中国法制出版社2002年版，第221～260页。

② 当然，这种逻辑推理的竞争，既可以是由不同的多个主体所共同地、平等地参与的，也可能是由一个主体自设自证了多个相近、相反的逻辑推理，以补强说理效果而进行的。所以，其关键并不在于参与主体的多元，而在于参与论证的逻辑推理以及证明事实的多元。

的参照，即法官寻求运用民间法进行的推理和论证。这集中体现在法律推理和论证中的常识推理与习惯裁断、生活论辩和妥协共识两种情形中。

(1)常识推理与习惯裁断。常识推理是专业推理的对称。众所周知，司法活动被公认为是一项专业性极强的活动，因此，从业者需要专门的专业化训练。但是，所谓专门的专业化训练，不仅指法官要接受法律规则的训练，对法律规定烂熟于心，或者至少懂得如何在浩瀚的法律条文中寻找裁判案件的具体法条；也指法官必须形成专业的思维，这种思维既是根据法律规则思考和裁断的思维，也是根据法律精神和原则思考和裁断的思维。根据前者，司法活动如布朗所言："法官完全不立法。一个先前的既成规则就在那里，埋藏在或者是掩藏在习惯法的肌体之中。法官所做的一切就是剥开其外衣，在我们的眼前展示它的身姿。"①但根据后者，司法的性质就发生了变化，法官：

> "……必须像立法者那样从经验、研究和反思中获取他的知识；简言之，就是从生活本身获取。事实上，这就是立法者的工作和法官的工作相接的触点。方法的选择，价值的评估，最终都必须以类似的、用以支持不同方法和价值的考虑因素作为指南。实际上，每个法官都在他能力限度内进行立法。无疑，对法官来说，这些限度都比较局促。他只是在空白处立法，他填补着法律中的空缺地带。"②

其实，法官的这种"创造"，不仅在"法律中的空缺地带"，如前所述，在法律意义的冲突地带以及法律意义的模糊地带，法官都可以通过引入外部规范——民间法进行外部的利益衡量或者外部的法律解释、法律推理。其中在外部的法律推理中，又存在两种情形。一种是以常识的态度，把人们的交往习惯代入司法裁判之中，以释明模糊的法律意义，作出具有一般经验意义的常识推理和习惯裁断；另一种是以专业态度，结合法律精神和原则，把民间法代入裁判活动，作出某种经由充分论证所支持的"高级裁判"，之所以是高级的，因为它是法官的一种"造法活动"。可见，法官在司法中适用民间法的"创造"活动，发生在"低级"和"高级"两种场合：一种是运用事实中所蕴含的常识进行推断；另一种是把案件事实、民间法代入法律精神中进行推断和裁判。后者不是用来救济法律

---

① [美]本杰明·卡多佐：《司法过程的性质》，苏力译，商务印书馆1998年版，第77页。

② [美]本杰明·卡多佐：《司法过程的性质》，苏力译，商务印书馆1998年版，第70页。

意义模糊的,因此,应被排除在常识推理和习惯裁判的范畴外。只有前者,才是经由推理活动而克服法律意义模糊的行为。

(2)生活论辩和妥协共识。如前所述,法律论证是诸多不同的法律推理参与其中,就事实定性和法律适用进行论辩的活动。它既可以运用于法律意义空缺和法律意义冲突的情形下——因此,通常和其他法律方法相结合,形成所谓法律方法的复杂适用,[①]也可以、且经常被运用于法律意义模糊时,作为法律意义模糊的救济方法。和法律推理相比,法律论证更容易运用民间法的内容,因为多种不同推理方案在竞争时,很难共同恪守法律的内在标准,况且法律的内在标准本身是意义模糊的。所以,人们可以就意义模糊的法律尽量寻求内部视角的推理方案,也可以寻求外部视角的推理方案。当这些方案汇集而成为法律论证活动时,自然,其更容易也必须要包含、容纳借助民间法的外部推理来参与论证。

在这个意义上,通过法律论证以救济法律意义模糊,乃是把人们对意义模糊的法律之规范理解与社会理解,内部理解与外部理解,职业理解与生活理解结合起来,通过不同推理方案之间的相互竞争、平等辩驳、寻求共识以解决法律意义模糊,并进而为案件裁判提供方案的活动。因此,要以这种论辩解决法律意义模糊,首先,要进行无强迫的公平辩驳;其次,辩驳的结果要达成一定共识——所谓达成"共识的真理";再次,共识不是一方压迫另一方的结果——那不叫共识——共识一定是论辩的双方或多方妥协的结果,没有妥协,就很难有共识;最后,妥协的前提是以理服人,以论辩策略、论辩结果及其支持材料的融贯为根据。可见,在通过法律论证救济法律意义之模糊这一手段中,生活、常识、外部视角以及民间法等,都可能是论辩活动的积极的"参与者"。因此,民间法在这里不仅是法律论证的一般意义上的参与者,而且是法律意义模糊、并通过论证手段救济这一模糊时的外在标准。对此,不妨再引一段卡多佐的话,加以说明,并同时结束本文:

> "……我们寻求习惯,至少很多时候不是为了创造新规则,而是为了找到一些检验标准,以便确定应如何适用一些既定的规则。"[②]

---

① 谢晖:《论司法方法的复杂适用》,载《法律科学》2012 年第 6 期;《论法律方法及其复杂适用的顺位》,载《山东大学学报》(社会科学版)2015 年第 4 期。

② [美]本杰明·卡多佐:《司法过程的性质》,苏力译,商务印书馆 1998 年版,第 36 页。

民间法研究的学术范型*

自从20世纪90年代以来，一种被称为民间法①的社会规范，引起了法学界较为普遍的关注，至今，已经形成我国法学界较有规模的专门研究内容和研究对象。② 除了强调以民间法或者习惯法这样的词汇及其实际规范为研究对象的专门学术领域外，类似的研究，还有本土资源论的研究、替代性纠纷解决机制论的研究以及私力救济论的研究等。对此，大体上都可以归类为民间法研究的领域。所以，民间法研究，就是以一个国家的民间规范为研究对象，寻求这一研究

---

* 本文原载《政法论坛》2011年第4期。

① 这一研究对象，或被称为习惯法、非正式法等。但仔细分析，习惯法这个称谓尚不能涵盖民间法的范围，或者习惯法与民间法之间是一种种属关系。而从经济学之非正式制度中引申出来的非正式法，则更多地强调人们在经济交易领域里的交往规则，同时，非正式制度及规范只讲究自生自发的那一部分，而对自觉地生成的民间法并未包含其中，民间法和这一概念之间只是一种交叉关系。

② 这一研究领域，在20世纪90年代初，只有零星的一些成果产出，还主要集中在宗教法，特别是伊斯兰教法和民族习惯法领域，有代表性的是吴云贵：《伊斯兰教法概略》《真主的法度》（以上两书分别由中国社会科学出版社1993年、1994年版）；范宏贵：《中国少数民族习惯法》（吉林教育出版社1990年版）等。但到20世纪90年代中期以后，法学界积极进入该研究领域，特别是在少数民族习惯法、乡规民约、替代性纠纷解决机制、中国传统法律与习惯以及法文化等方面，研究成果层出不穷，各类论著超过百余。而21世纪以来，学界对民间法、习惯法、替代性纠纷解决方式、私力救济等相关问题的研究更是热情未减。其中《民间法》（山东人民出版社/济南出版社）、"民间法文丛"（中国政法大学出版社）、"民间法专栏"（《山东大学学报》）、"民间法/民族习惯法专栏"（《甘肃政法学院学报》）以及每年一度的"全国民间法/民族习惯法"学术研讨会，是以"民间法"命名的相关研究的集中展示舞台。

对象对社会秩序的调整和结构方式，或者寻求这一对象和公民日常交往间互动关系的学术研究领域。本文拟通过民间法的概念范型、问题意识、研究旨趣以及民间法与规范法学整合研究的可能性问题等，对民间法研究的范型[①]问题做些总结和梳理，并提出“行为—裁判”这一民间法研究的新范型。

一、民间法的概念范型——与相关概念的比较

对民间法概念的范型研究，我们可以选取两种不同的视角或者立场，第一种视角是：从规范内部的相关概念出发，探究民间法的概念范型，这可以称为“内部视角”。第二种视角是：从规范外部的相关概念出发，探究民间法的概念范型，这可以称之为“外部视角”。

就“内部视角”而言，一般认为，民间法是一个相对于官方法、正式法和国家法的概念。这样的看法能否完全成立？能否完全表达民间法的恰当位置？这还需从认真界定官方法、正式法和国家法等这些概念入手，以期获得对民间法恰当定位的进一步认识。

在字面意义上看，民间相对于官方，民间法也应相对于官方法，这好像是顺理成章的。不过仅从字面意义和人们的日常实践出发，我们还可以发现如下不同的情形：官方法的概念可以在如下两个层面运用：一是由官方制定的法；二是适用于官方内部交往关系的法。

第一层意义上的官方法，在前资本主义社会广泛并彻底地存在。“夫生法者君也，守法者臣也，法于法者民也”，[②]清楚地阐发了法律产生的基本机制，所以，法律不过是“宪令著于官府，赏罚必于民心”[③]而已。即使被世人所称道的《罗马法》的制定，尽管吸收了不少法学家的伟大智慧，具有“法学家法”的特征，但究竟哪些法学家的智慧足以成为法律，决定者不在法学家，而在于皇帝查士丁尼。所以，其最辉煌的法典也以“查

---

① 自从梁治平出版《清代习惯法：社会与国家》（中国政法大学出版社 1996 年版）以来，很多学者依据梁先生关于“社会－国家”之研究路径，称相关研究为民间法研究范式[参见厉尽国：《法学研究中的“民间法”范式》，载谢晖等主编：《民间法》（第 4 卷），山东人民出版社 2005 年版；厉尽国：《民间法范式：建构中国主体性法学的理论尝试》，载《求索》2007 年第 5 期；王启梁：《习惯法/民间法范式的批判性理解——简论社会控制概念在法学研究中的运用可能》，载《现代法学》2006 年第 6 期；魏志勋：《民间法研究范式辨正》，载《甘肃政法学院学报》2007 年第 2 期；易军：《论民间法范式的哲学渊源》，载《法制与经济》2007 年第 10 期；吕明：《“民间法立场”生成路径辨异》，载《宁夏社会科学》2010 年第 3 期等]，笔者认为，这未尝不可，但由于“范式”这一概念，在库恩那里有所专指，因此，我在这里用范型这个词、而不用范式。

② 《管子·任法》。

③ 《韩非子·定法》。

士丁尼法典"命名。但是自近代以来,随着代议制立法模式的发展,特别是新近出现的全民公决制立法模式的发展,那种纯粹的官方制定法或许只停留在法律草案的起草上。在制定环节,法律明显地社会化了,因此,法律越来越成为一种约,这种约不同于《圣经》那种"信仰 – 服从"意义上的约,也不同于古代法律那种"压制 – 服从"上的约,而是"交涉 – 选择"意义上的约。每位议员或者选民投票的过程,可以看做签约的过程。所以,在立法层面,纯粹的"官方法"在民治国家已不复存在。法律自身越来越成为官民互动的产物,其结构呈现为官方与民间、民间与民间交涉和互动的情形。尽管这种交涉和互动并不能完全替代自治的民间规范的存在,因此,即使在这种约之外,仍然有正式法律和民间法二元分制的情形存在。但即便如此,这仍然是一种官方法,官方与民间的交涉、议院或选民的投票,并不能改变其官方法的本性,因为这一切,都是在官方的主持和运作之下完成的,任何民间都无力完成这样的使命。所以,与民间法对称关系的官方法,在这里也只能勉强成立,而不是完全成立。

官方法的第二层含义,其实仅指行政法学中所谓的"内部行政法"及其他国家机构组织法、调整公务人员关系的法等。显然,这层意义上的官方法,无法和民间法之间构成对称关系。所以,这层意义上的官方法,也并不能纳入本文的论述之列。

正式法的概念,来自正式制度这个概念的影响,什么是正式制度,后文笔者还将提到并做系统论述。正式法,一般是指由国家出面主持制定的法律制度。一般情形下,正式法都在国家意义上获得了某种合法性和正当性,因此,几乎是和国家法相若的概念。但尽管如此,正式法还可以运用于其他场合,但是,在一个非宗教的国家,宗教法又属于非正式法的范畴。还有,如果按照制度经济学对正式制度的界定,只要是自觉产生的制度,都是正式制度,那么,可以类推,只要是自觉地产生的规则,都是正式规则。但这些正式规则有些属于国家法范畴,有些则属于民间法范畴。所以,如上两种情形就决定了:一方面,正式法本身具有相对性,所以应分清正式法所运用的不同场域及不同含义;另一方面,正式法和民间法具有某种意义上的交合性,或者两个概念是一种交叉关系,因此,以正式法作为民间法的对称,也不太合理。

国家法则是指由国家出面,通过一定的方式,包括君主命令方式、代议制方式或者全民公决方式等所制定的,在一个国家具有普遍效力的法律。法学家之所以把法律界定为"主权者的命令",①就是在这层意义上讲的。一个国家普遍有效的法律,只能由国家出面制定,不论采取何种方式。在美国,一种行业的规则,尽管每每由学者组织起草,但能否在某些州甚至在美国全境获得普遍的法律效力,必须通过各州的议会批准,从而要经过一个国家或官方的表决、"过滤"程序;否则,就不可能获得普遍性。没有普遍性就意味着没有来自国家的强制保障力。譬如小费,虽然在西方世界很普遍,但除了个别小费在法律上有明令外,其他都是一种靠习惯等民间规范维持的交往内容。在很大程度上,它的实现需要靠交往行为人的自觉和习惯。一旦交往行为人没这种习惯和自觉,不给服务者小费,服务者除了终止对其服务,就很难依靠强制力来维护其权益。民间法则是指在一切国家法之外,对人们的交往行为及权利义务分配具有现实调整作用的社会规范。在这个意义上,民间法和国家法最能获得对称关系。因此,笔者只倾向于民间法是国家法的对称这一判断。

在以上分析中,事实上可以把官方法、正式法两个作为民间法对称的概念抛除,尽管不是说这种结论毫无道理,但在逻辑上不甚严谨,因此,以之对照来阐述民间法,可能文题不对、论述不通。只有国家法这个概念,才堪称真正是民间法的对称,所以,可以这样界定民间法:民间法是国家法的对称,是国家法之外,用来进行社会控制和社会秩序构造的规范系统。其功能既可作为国家法的补充这一配角而存在,也可作为促进国家法进行革故鼎新的主角而存在。接着,笔者将从外部视角探讨民间法与相关关联概念的联系和区别。

笔者这里所讲的外部视角,是指把视野从法学移出来,进一步观察民间法与相关概念的联系与区别。在法学视角探讨的民间法这个概念,不仅在法律上、法学上与相关概念具有很紧密的关联,而且因为民间法这一问题本身和社会学、人类学及经济学等学科具有紧密的关联,甚至民间法本身也往往是这些学科的研究对象,所以,和相关学科的一些基础性概念也具有紧密的关系。在这里,笔者主要选取民间法的近似概念,如小传统、非正式制度、地方性知识等进行比较。这一比较的内容显然和在内部视角上,笔者选取其对称概念比较有所不同。

小传统这一概念是社会学上的一个概念,是美国学者罗伯特·雷德

① Jeremy Bentham, *Of Laws in General*, The Athlone Press, 1970, p. 1.

斐最早在《农民社会与文化》一书中所提出的概念。小传统的对称是大传统,它们是指在一个复杂社会中文化的分布形态。两者的意思分别是指:一种具有地方性、区域性、非正统性、非传统性地位的文化传统谓之小传统;反之,那种处于优势地位、中心地位和具有全局性、普适性架构的文化传统,则属于大传统。在雷德斐看来,农民社会就属于代表小传统的社会,而都市社会则属于代表大传统的社会。这一分析范型,后来被进一步发展为精英文化和大众文化这一对分析范型,①以进一步说明作为精英文化的大传统对作为大众文化的小传统具有参与性、渗透性,因此,两者之间在交流中具有信息、交往和影响的不对称性。笔者所言的小传统,在如上基础上,特别强调在一定空间内处于非正统、非主流和非中心地位的文化传统,它更多地属于社会范畴,相应地,大传统属于国家范畴。当然如果进一步引申,即使在和国家相对的社会中,也存在大、小传统之别,如在一个结构、成分复杂的村落里,"能人"(精英)和普通村民之间,就存在这种区别。② 在这个意义上,作为人们日常生活和日常交往秩序构造根据的民间法,一般说来担当着小传统的角色。尽管它和人们的日常生活、日常交往紧密相关,但由于它的区域性、地方性、分散性和非普适性,使它不可能成为主流、正统和中心。但并不是所有的民间法都具有这些属性,如春节、端午、清明、中秋等对中华民族具有普遍规范作用的节庆,其行为规范尽管属于民间法范畴,但具有明显的普遍、正统、主流和中心等特征。所以,一般说来,可以用小传统这一概念概纳民间法的概念,但并不尽然,小传统的概念并不能涵盖民间法。另外,小传统这一概念的着眼点是文化,而民间法的着眼点是作为文化表现的规范,在这个意义上,民间法也不能涵盖小传统。所以,这两个分属于社会学和法学的概念之间是一种交叉关系——尽管可以一般性地把民间法纳入小传统中。

非正式制度是制度经济学上所使用的一个概念,它的对称是正式制度。非正式制度强调人们在交往行为中自发地产生的交往规则得到社会的认同和接受,从而形成对社会的约束和控制,因此,又被称为非正式控制或非正式规则,举凡风俗、习惯、日常生活和交往方式、伦理道德、意

---

① 郑萍:《村落视野中的大传统和小传统》,载《读书》2005年第7期。

② 在这方面,陈柏峰所著的《乡村江湖——两湖平原"混混"研究》(中国政法大学出版社2010年版),给我们提供了一幅乡村精英成长的比较生动的画卷。

识形态[①]等,都构成非正式制度。而正式制度则是指通过国家、地方或者其他社会组织通过专门制定程序所制定的交往规则的总称。[②] 在正式制度中,国家法律始终处于核心地位。在这种对制度的二元分析框架中,可以看出,那些作为自生自发秩序构造者的民间法,大都归类于非正式制度,但随着主体智慧的越来越高,人们交往能力的越来越强,文字工具的交往运用越来越多,所以,民间法的形成,越来越具有自觉性,它的集中表现,就是乡规民约、社会组织章程和规则的日渐发达。而这种民间法则被归为正式制度体系中。这样,民间法和非正式制度以及正式制度之间,都具有明显的交叉性。民间法自身成为跨越非正式制度和正式制度的规范形态。在这里可明显看出民间法和非正式制度的联系与区别。所以,不能想当然地把民间法归类于非正式制度中。除此之外,非正式制度也特别关注文化因素,而民间法更关注规范本身及其功能,尤其是其日常生活中的秩序构造功能和纠纷解决功能。所以,用非正式制度来概纳民间法这一概念,也显然存在问题。

地方性知识,是普适性知识的对称,这是美国人类学家格尔茨在研究初民社会的民间规范时所提出的概念,他强调不同的族群有不同的规范知识,由一系列个案所提供的样本表明,地方性知识在人类学视野中,是一种更常见的主体交往行为的规范根据。与之相对的普适性知识,并不是格尔茨所着意的内容,但无论如何,在规范的世界,确实存在普适性知识,否则,人类就不可能依赖规范,建立什么世界秩序,实现什么全球交往。笔者认为,普适性知识有两种情形。一种是放之四海而皆准的普适性知识,如交往以信,人无信而不立就是典型的放之四海而皆准的普适性知识。另一种是“地方性的普适性”。世人耳熟能详的入国问禁、入乡随俗,就典型地反映了地方性的普适性。如果做不到这一点,就不可能与人交往、沟通,不可能获得交往的效果。就民间法而言,它在本质上讲的就是一种地方性知识,尽管在民间法中,在一定区域范围之内,也会存在一些普适性的内容,

---

① 把意识形态也界定为非正式制度,存有不同的看法。因为意识形态既可以是因为正式制度而生成的,也可以是因为非正式制度而生成的。只有因非正式制度生成的意识形态,才能被纳入小传统的范畴。这是在中性意义上界定意识形态时的结论。如果把意识形态界定为我们熟悉的那种政治意识形态,那么,可以说所有的意识形态都属于正式制度的范畴,是正式制度的结构内容。当然,这里还涉及人们对制度的基本看法。如果人们把制度仅仅理解为规则,是一码事,如果把制度理解为从规则、意识、主体、行为和反馈的一个有机结构体,则是另一码事。

② [美]道格拉斯·诺斯:《经济史中的结构与变迁》,陈郁等译,上海三联书店1991年版,第1页以下。

如之于中国人而言，春节在某种意义上就是具有普适性的知识，但这并不能在总体上影响民间法是地方性知识的基本判断。这样，在外部视角上看，民间法和地方性知识这一人类学概念之间，更具有契合性。

综上所述，民间法的概念范型，从内部视角或者规范比较视角看，是与国家法相对称的概念；从外部视角或者事实比较视角看，是与地方性知识相契合的概念。

二、民间法的问题意识

民间法的概念范型可提供给我们进一步分析民间法的问题意识：这种问题意识既来自民间法与国家法的比较，也来自民间法与地方性知识的比较。

从国家法的视角来看，首先涉及的问题是：国家法能否提供一种自足的社会规范和社会约束与控制机制？近代以来，随着道德控制和宗教控制日渐让位于法律控制，[①]法律越来越获得交往行为中人们的依赖和认同，法律成为人们日常生活和交往中须臾不可分离的事物，以致人从规范的动物[②]变成人是法律的动物、理性的动物。法律不仅是人类构造社会的结构性要素，而且是人之为人的结构性要素，因此，法律已经内化到人的心理结构和行为结构中，而不仅仅是外在的人们交往行为的一种指南。

这种事实，产出了一种重要的人造对象或人造事实，即制度事实。所以，我们每天面对的，既有物质事实，又有精神事实，还有制度—规范事实。尤为重要的是，和人们交往行为相关的物质事实，皆被纳入制度－规范事实的框架中。所谓“市场经济就是法治经济”的判断，绝非一句时髦的口号，而是市场经济的经验之谈。而和人们交往行为相关的精神事实，也越来越具有法律的意义——只要人们能够在法律上请求精神赔偿，也就意味着日常精神的未受损状态，是法律在对它做隐形的保障——因为精神自由，我们才需要法律；因为法律保障，我们才精神自由。由此可见，制度－规范事实，成了架通物质世界和精神世界的一座桥梁。这正是法律在这个时代能成为社会架构的结构性因素，并进而成

① 庞德认为，自16世纪以来，人类的控制方式，由道德、宗教和法律三者共同履行，主要让位于法律的控制（参见［美］庞德：《法律的社会控制　法律的任务》，沈宗灵译，商务印书馆1984年版，第131页以下）。其实，对这种看法还可以稍加修改：之前的社会控制，是由道德、宗教和法律分别承担的，而近代以来的社会控制，主要体现为法律的控制形式，道德控制和宗教控制被法律控制所吸收。在这个意义上，社会控制技术在内容上，仍然具有某种三位一体的特征。

② 对于“人是规范的动物”之论述，参见谢晖：《法哲学讲演录》，广西师范大学出版社2007年版，第92页以下。

为人们心灵架构的结构性因素之基本缘由。这集中表达了我们时代法律的社会控制使命和能力。

也正是法律的这种近乎霸权地位的约束和控制能力,是法律这种对我们心灵世界的内构能力,让人们生出了对法律更高的期待:法律应当是一种自足的话语和行动体系。法律应当提供给人们交往行为的基本规范,并因此成为人们精神依赖的规范纽带。特别是分析实证法学、或者规范法学的创生,把法律的自足性要求和向度推向了法学学术的最前沿。迄今为止,最纯粹和最专门的法律学术,就诞生在这种对法律自足性的假设之下。[①] 尽管对这样的假设及观点,来自价值层面、社会层面和经济分析层面的法学家们,提出了种种挑战,[②]但这都没改变当今世界法学的基本格局——规范分析法学的主导地位。这不仅是对规范分析法学本身的鼓舞,而且更是对其法律自足性假设的鼓舞。

然而,法律果真是自足的吗?法律果真能够实现对社会秩序的无缝地调整吗?如果不是这样,在法律失调的时候该怎么办?是重新寻求人们心灵的自我控制,甚至以某种神圣力量,或者圣人行止来纯洁、范导我们的心灵和行为,还是寻求可替代的规范救济方案?如果是后者,那么,民间法能否起作用?如能,又能起到什么作用?这一系列的问题,是民间法研究有无必要展开并能否展开的关键原因所在,也由此开发了民间法的问题世界。

法律果真能实现无缝地调整吗?老聃云"法网恢恢,疏而不漏",这种断言,以一种形而上的精神,给我们一种有关法律、规范的"法自然"意义上的训导。在终极意义上,这一训导的精当毋庸置疑,但在当下意义上讲,如果人们都痴迷于这种箴言,只能被现实世界中法律调整的诸多问题所困扰。法律确实不是也不可能是一个完备无疑、疏而不失的自足系统,即使人们把法律设计成一种由法官可以识别、解释、自由心证与采信的开放系统,法律仍然做不到自足地解决一切社会问题,更何况在成

---

① [英]奥斯丁:《法理学的范围》,刘星译,中国法制出版社 2002 年版;哈特:《法律的概念》,张文显等译,中国大百科全书出版社 1996 年版;拉兹:《法律的权威》,朱峰译,法律出版社 2005 年版等。

② [美]富勒:《法律的道德性》,郑戈译,商务印书馆 2005 年版;[美]德沃金:《认真对待权利》,信春鹰等译,中国大百科全书出版社 1998 年版。法社会学家们和法经济学家们尽管没有专门针对规范法学家的主张发起挑战,但他们的研究对象、关注重点和分析框架,本身是更为彻底地对规范分析法学的挑战。参见[美]霍贝尔:《初民的法律》,周勇译,中国社会科学出版社 1993 年版;[美]昂格尔:《现代社会中的法律》,吴玉章等译,译林出版社 2001 年版;[美]波斯纳:《法律的经济分析》(上、下),将兆康译,中国大百科全书出版社 1997 年版等。

文法世界，法律和法治还要尽量反对法官的识别、解释及自由心证。在此情此景下，法律果真能实现自足的调整吗？很难！法律不仅不能解决一些人的精神皈依问题，而且对交往行为中发生的诸多社会关系，也无力全然回应。如果说在那种社会交往关系相对简单的时代，法律还能勉强地做到这一点的话，那么，在这个人世越来越充满变数的时代，法律的调整，虽不能说捉襟见肘，但至少也是无法自足。于是，人们不得不改变对法的理念认知，来重新圆润有关法的自足性问题，这或许是"回应型法"这一理念提出的原因。但这一观念的提出本身就印证了国家法自足性的缺陷。

既然国家法并不能自足地调整主体交往的秩序，那么，如何救济国家法的这种不足？寻求神圣事物的外在控制？这一招，在科学昌明的今天早已不太灵验，即使在特别讲究宗教信仰的西方世界，它仅仅是社会控制的一种配角，甚至也被安排并附属到法律体系中。难道是寻求个人的内心道德自控，或者圣人的道德示范吗？这一做法，事实证明，已经是去年的皇历，在今年不管用了。如果寻求自律的控制，在法律上，不过是人们行使了一种权利而已；如果寻求上智下愚的道德示范和控制，则只能埋葬人类已有的平等体验，开人类历史的倒车——谁能保障示范者就永远能按照示范的模样做下去？在这些都不太灵验的情形下，在我看来，可替代、或者可补救的方案，只能在规范事实中去寻找，这种规范事实，就是和国家法相对应的民间法。

国家法对民间法的对应，可以在两个层面展开：

一是向后的反顾。当国家法的过分超前，影响了它对民间法的兼顾时，或者国家法自身的缺漏，需要在既有的规范中寻求灵感和依据时，回过头来在民间中寻求救济和解决的手段。虽然，这是一种回首观望的过程，因此，会被那些抱守法律"进步"理念的学者所讥讪，但这对解决当下的问题而言，特别对解决迫在眉睫的纠纷而言，对当事人所面对的迫要的诉求而言，自是"进步"理念所无法替代的。我国近年来在司法中所涌现出的引民俗入司法的尝试和举措，就是在国家法问题不断时，通过向后看以寻求民间法救济的典型例证，其特别值得学界关注。[①] 这仅是针

---

① 这在江苏省姜堰市人民法院的实践中，已经形成一种制度。参见汤建国等编：《习惯在民事司法中的运用——江苏省姜堰市人民法院的实践》，人民法院出版社 2008 年版。在山东东营、陕西洋县等地，也形成了参照民间法来处理纠纷的所谓"能动司法"。虽然这些举措必须要设置有前提性制约；否则，很值得质疑。但既有的探索，大多确针对的是现有法律的欠缺，这就提供我们反思的空间。

对国家机关——法院处理纠纷而言，至于在其他替代性纠纷解决机制中，这种向后的反顾，更其必然。

二是向前的瞻望。这里需要再次用到“回应型法”这个概念。[①] 随着现代科学技术的推动，现代社会结构、主体交往方式等出现了全新的变化，包括法律在内的一切计划，都可以用得上“计划没有变化快”这句俗语。法律只能对已出现的、规律性的问题作出一般性、前瞻性的规定，但无法对随时出现的、规定性尚不明的事物作出明确的规定。然而，在这个所谓一日千里的变化时代，只要有相关的吁求，对国家而言就应当有相关的应对方案，特别是在纠纷问题上，即使是法律没有规定、不能调整的社会关系，只要因之发生了纠纷，并诉请司法解决，司法就理应给出解决方案。而这种解决方案在法律中全然不见，法官就只能通过“诉求-回应”的方式，构造案件的裁判方案。这里应是一个法官法意和社会民意的沟通过程，是“回应型法”的创制过程。这种向前的瞻望，在很大程度上，就是人们面对新生的交往事实，从中寻求交往事实本身规定性的过程，也是寻求交往主体之诉求和态度的过程，是寻求变迁社会中民间法的存在形式、功能和作用的过程。恰恰是这样的瞻望和回应型法的生成，回答了一种“民间法消亡论”的假设，[②]使民间法在和国家法的互相救济中延长。

如上情形，就是在民间法和国家法相比较的视角来看，民间法研究之所以必要并有用的问题意识之所在。下面笔者将进一步从民间法和地方性知识的关联视角，继续寻求民间法研究的有关问题意识。

民间法研究，主要是从法学视角的研究，而不是从社会学或者人类学视角的研究，最多也只能说是法学、社会学和人类学交叉视角的研究。法学视角与社会学、人类学视角研究的基本不同点在于：法学视角的研究，必须追求实用和实效，所以，它不只关心民间法的事实层面，还关心民间法运用的技术层面和价值-功能层面。而社会学、人类学视角的研究，更多地关心民间法的事实层面，关心民间法在现实生活当中是怎样存在的。虽然有这么些区别，但民间法自身作为一种制度事实，无论它

① “回应型法”的理念，是法学家塞尔茨尼克等提出的和“压制型法”“自治型法”相对应的人类历史上第三种法的类型（参见[美]塞尔茨尼克、诺内特：《转变社会中的法律与社会——迈向回应型法》，张志铭等译，中国政法大学出版社2004年版，第81页以下）。笔者认为这一总结，绝非作者们大胆的想象，而是当世法律发展的一种事实。

② 魏志勋：《“民间法消亡论”的内在逻辑及其批判》，载《山东大学学报》2011年第2期。

以非正式形式存在(如习惯法),还是以正式形式存在(如行会纪律、企业章程),都首先是作为事实而存在。因此,运用社会学、人类学的基本方法,探究清楚其事实的层面,就是民间法研究的前提。至于历史上的民间法,尽管也有研究的价值,但与其说它是法学研究,不如说它是历史研究,因为这种研究更符合历史学的价值旨趣和研究思路。所以,研究现实中的民间法,首先要面对的是对民间法存在之事实的了解和把握。在这方面,地方性知识的论断,恰好提供了一种方便。

虽然“法律是地方性知识”这一说法,几乎是一种关于法律的定性,但是,如果我们抛开这一说法定性的一面,单就这一说法提供的方法论意义来看,它至少给我们指明了:要研究法律,研究社会规范性命题,立基于宏观社会学层面未尝不可,但立基于微观社会学视角更为靠谱,因为即使宏观社会学视角的研究,一旦涉及分类问题,也就必须进入微观领域;否则,就是无本之木。所以,“地方性知识”论所提供的这一方法论视角,比它作为实体的定性判断更重要。可惜,不少学者更看重的是该结论作为实体的定性判断,而不是作为方法的研究指导。笔者认为,“地方性知识”对民间法而言,提供了如下两个方面的问题意识:

第一,该论断为民间法研究提供了合法性基础,从而为民间法的研究提供了必要。如前所述,民间法研究的基本宗旨在于用,而不在于挖掘事实本身。如此,则寻求民间法调整现实世界中人们交往行为的秩序,就是这一研究首要的目的。而“地方性知识”论,正好提供了一种有关法律-规范运作及其实效的基本理论框架。真正有用且有效的规范,并不是在消灭地方性基础上成长起来的,并不是以理所当然的“普适性”为前提成长起来的,而是以地方性为前提,通过地方性的对话、交涉、博弈而成长起来的,因此,地方性是普适性的前提,而不是普适性是地方性的前提。这正是联邦制国家立国的逻辑基础。这种理论上的说明,为民间法这种地方性知识的实践运用,提供了智识支撑,这样,对民间法这种地方性知识的研究,就在地方性知识的命题中获得了真理性与合法性。

第二,该论断为民间法研究提供了方法论支撑,从而为民间法的研究提供了可能。前文已经有言,“地方性知识”论更重要的作用,是提供人们一种方法论的根据。对民间法研究而言,重要之处不在建立逻辑推演的理论体系,而在寻求事实编织的交往秩序,所以,民间法研究的主要方法,是寻求秩序构造的地方性实证资料,并在此基础上寻求理论突破。由此可以得出结论:民间法论在本质上应是一种归纳的理论,而不是演绎的理论。在这个意义上,尽管我国已经发表和出版了很多民间法研究的论著,但相当一部分研究并不符合民间法研究的这种归纳理路,包括笔者的研究在内。而有些实证性很强的研究成果,却缺乏必要的综合、归纳和理论提升,影响了其学术价值和实践意义。这正是需要民间法研究者设法在“地方性知识”论的方法原则基础上,解决目前民间法研究的“瓶颈”问题。

综上所述,“地方性知识”论,既为民间法研究在实用和必要意义上提供了合法性基础,也为民间法在可能和工具意义上提供了方法指南。这两个方面,使民间法研究作为法学研究的一支,而不是社会学和人类学研究的一支,获得了问题意识,也有了研究的必要与可能。

三、民间法的研究旨趣

民间法研究的学术旨趣,在于寻求民间法的功能定位。对此,既可以在事实－对象层面立论,也可以在学术－观念层面立论。事实－对象层面的立论,着眼点是民间法在社会控制和秩序调整中实际应承担的规范角色;而学术－观念层面的立论,则侧重于民间法研究在学理上的定位,包括如何推进民间法研究,如何理解民间法研究的方法,如何确立民间法研究的基本范畴,如何推进民间法的创新性研究等。

上述后一问题,笔者将在本文第四部分中展开,这里先就前一问题展开论述。“事实－对象”层面的立论,在我国已然形成几种研究范型。对此,可用纠纷解决和规范运用为界,分为两种:一种是外部功能的研究,即站在一般社会秩序构造的视角,梳理民间法研究的问题意识、范畴和范型问题;另一种是内部功能的研究,即站在纠纷解决和秩序恢复这一视角,来梳理民间法研究的问题意识以及范畴和范型问题。先来看外部功能视角的研究。

在外部功能视角的研究中,我国已经形成了两种研究范型和主张。一种是“社会－国家”范型。这一范型的研究,以梁治平为代表。1996年,梁治平出版了《清代习惯法:社会与国家》[①]这部书。作者的书名本身就已经表明,“社会－国家”范型,成为其自觉地研究清代习惯法的一种思维进路和分析工具。众所周知,梁先生以研究法律文化问题而闻名于世。他早年的研究,更倾向于比较法律文化,特别是在中西的比较中发现中西法律文化的异同,并且其通过比较和实证所得出的一系列结

---

① 该书由中国政法大学出版社1996年版。

论,往往以褒西抑中而广受社会急剧变革中追求“进步”的人们的称赞,在20世纪80年代的中国法学学坛,可谓独树一帜。这之后不久,他在专注于中国法律文化的研究中,观念世界发生了深刻的变化,强调对中国法律文化的某种“同情的理解”,[①]走向了文化和法治保守。[②] 而到了《清代习惯法:社会与国家》一书出版时,他更痛感到“我们无法令人满意地透过国家法观察到当时社会的变化,尤其是以日常经济活动为重要内容的民众生活世界的变化”。因为“以执行道德为使命的国家法,视‘户婚田土钱债’一类事务为‘薄物细故’,从来不予重视”。[③] 从中可见,引发梁先生对民间法予以高度关注的,是国家法的明显不足这一问题意识。

尽管梁先生的问题意识是从研究法律史问题而切入的,又尽管梁先生所处的时代,国家法的调整范围已然发生了巨大的变化,“户婚田土钱债”已经从“薄物细故”,发展成为当代中国法律体系中最重要的内容,从“根本大法”到“基本法律”,都予以具体规定。但这并不意味着梁先生的问题意识及研究范型已不复存在、没有必要;相反,一方面,传统法律文化所遗留的法律意识,依然看中刑事领域,轻视甚至忽略民事等日常生活领域,另一方面,即使日常生活领域已然被纳入法律调整的范畴,但社会与国家的二元存在依然如故,日常生活领域的规范形态和在国家层面规定给日常生活的规范内容,还有很大区别。特别是在我国这样一个地域广袤、人口众多、民族复杂、文化体系多样的国度,情形更是如此。所以,“社会-国家”范型并未因国家法调整面的大规模变化而改型,“社会-国家”范型的民间法研究依然有效,并且从目前国内有关民间法、习惯法的研究论著看,站在这一立场、围绕这一范型进行研究的论著可谓琳琅满目。关注乡土习惯法、民族习惯法的学者,每每站在国家法与民间法二元存在的立场上,寻求人们交往秩序的建构。

这种“社会-国家”的研究范型,其立场既是法律的,具有内部功能和宗旨,但更是社会/政治的,从根本上讲,这一研究就是要寻求用规范(法律)整体地架构社会交往和政治生活秩序的可能方式。当国家法不能一力完成这一使命时,借助民间法来共同调整人们社会交往和政治团结的秩序,不但是可欲的,而且是现实的。这就决定了“社会-国家”范

---

① 相关的主要研究成果及观点,收集在梁治平:《法辨》,贵州人民出版社1992年版和《寻求自然秩序中的和谐》,中国政法大学出版社1991年版两书中,可参见。

② 谢晖:《法治保守主义思潮评析》,载《法学研究》2007年第6期。

③ 梁治平:《清代习惯法:社会与国家》,中国政法大学出版社1996年版,第15页。

型的民间法研究,其旨归是“民间法 - 国家法 = 社会秩序建构”。

在民间法外部功能的研究中,“移植 - 本土”也是特别值得关注的一种范型。20 世纪 80 年代,特别是 90 年代,随着我国市场化体制改革的日渐深化,规范经济的使命和要求日渐突出。为解决相关问题,大规模的立法活动在我国展开,而学术界对于立法的基本期望,建立在法律移植这一理论上。无论是在法理学界,还是在部门法学界,法律移植论的主张者每每借助全球化、普适性等社会/哲学理论来阐释中国法律发展的基本路向。事实也证明,迄今为止,我国法律体系的建设,基本上走了一条移植西方发达国家法律的道路。面对这种学说,有些学者也进行了一些反思,但当时方从海外留学归来的苏力的主张,犹如狂飙突进,持续地影响了中国法学界十数年,至今仍是我国当代法学界影响最大的学说之一。从 1996 年苏力的《法治及其本土资源》①出版以来,其主张就被法学界命名为“本土资源论”。作者在该书中断言:“现代的作为一种制度的法治……不可能靠‘变法’或移植来建立,而必须从中国的本土资源中演化创造出来。”②自此开始,“移植 - 本土”范型的民间法研究就产生了。

如前所述,这一范型的问题意识来自对大规模的国家法移植论的反思。这一反思的深刻之处就在于抛弃了人云亦云的法治建设模式,强调在本土资源中寻求法治建设的资源和可能方案。虽然这一观点甫一产生,就受到我国法学界的广泛质疑和批判,可以说是共和国成立以来,我国法学界争议最多、最大、最持久的学术观点,但也正是这一观点,在摆脱了意识形态法学的桎梏后,进一步把我国法学推向了多元化的境地。如今,民间法/习惯法研究的蓬勃开展,在很大程度上是受这一观念直接影响的结果。

如果说梁治平的研究更多地取向向后反顾,寻求社会规范的历史流变和来龙去脉的话,那么,苏力的研究则更多地取向当下和前瞻,寻求当代中国人交往行为中创造的活生生的规范事实,并强调国家法治建设必须对这些规范事实予以高度的关注,甚至应寻求在这些规范事实中构造和安排法治的发展。这些规范事实,尽管包含了传统,但不仅指向传统,更指向我国公民的日常生活及其创造。所以,在这里事实上已经提出了

---

① 该书由中国政法大学出版社 1996 年出版。

② 苏力:《法治及其本土资源》,中国政法大学出版社 1996 年版,第 17 页。

中国法治建设中须坚持“主体中国”①的问题。在国家法规范不力的时候,社会也罢,学术界也罢,都在法律的运用和实践层面,寻求国家法“调整不能”的一些替代方案——这涉及民间法研究之内部视角的功能问题,笔者将在下文中进一步探讨。

“移植-本土”范型,在关切点上和“社会-国家”范型没有两样,两者共同强调的是国家法治在整体战略上如何走的问题,因此,它不仅关乎法律自身的建设,而且因之关注中国的社会走向、政治走向、经济走向等一系列问题。不仅关注司法或社会纠纷解决层面的规范问题,更关注社会交往、政治参与和经济生活的一般安排问题。如果可以借用埃利希的“行为规范”和“裁判规范”②这一对概念的话,那么,民间法外部功能的研究范型及其问题意识,是站在为公民建立行为规范的视角;而如下所论述的民间法内部功能的研究范型及其问题意识,却是站在为纠纷解决寻求裁判规范的视角(尽管相关研究者尚没有形成这种自觉意识)。

如果说外部视角的民间法研究,所关注的是在宏观视野中一个国家如何建立有效的交往秩序,从而设立人们交往的行为规范的话,那么,微观视角的民间法研究,则缩小了关注的范围,强调民间规范与社会纠纷之间的解决问题,并由此进一步深入民间规范作为裁判规范的可能性问题(尽管这一问题还没有得到论者们应有的关注)。如果继续分类,则我国在内部功能视角的民间法研究,也有如下两种不同的范型:

第一种是“公力-私力救济”范型。这一范型要么在实效意义上强调和公力救济相对的纠纷解决方式——私力救济的现实有效性。徐昕的《论私力救济》③一书,就是从这一视角研究纠纷解决,并进一步研究民间法问题的集大成之作。特别是作者通过在华南一些农村地区所收集到的纠纷解决的实际材料,详尽地分析了私力救济的一些学理问题。要么在实用意义上强调人们选择私力救济的动机问题,从而引入经济分析方法,来阐释私力救济的成本—效益关系。桑本谦的《论私人之间的

① 十余年后,邓正来基于法学的立场,提出了主体性中国的法治理想图景(参见邓正来:《中国法学向何处去:构建“中国法律理想图景”时代的论纲》,商务印书馆1996年版)。虽然邓在文中也对苏提出了批评,但其在法治问题上的观点,并没有超出苏的论旨。他们的观点,都可谓“主体性中国”的法治立场。不过苏更关注演化,邓更关注建构。

② 埃利希对“行为规范”和“裁判规范”的论述,参见[奥]尤根·埃利希:《法社会学原理》,舒国滢译,中国大百科全书出版社2009年版,第126页以下。

③ 该书由中国政法大学出版社2005年出版。

监控与惩罚》①一书，通过经济分析方法的运用，对私人之间的惩罚与合作（私力救济）问题作出了饶有趣味的研究。尽管作者的着力点是以私人之间的监控与惩罚为例，来证成其经济分析方法问题的，但在这一研究中，也阴差阳错地为民间法的研究提供了可在成本－效益层面进入的分析思路。

这种“私力救济”论，既原生于对国家解决纠纷有限性和不足处的认识——程序拖沓、成本昂贵、过于专业、参与不便等，都限制了对人们纠纷的灵活解决，也起因于对现实生活中私力救济实存及其功能的关注。在国家（公力）纠纷解决机制之外，私力救济作为纠纷解决的一种实际存在，其功能与公力救济相比较，有其独特之处，并且更容易获得当事人的接受，有时其成本更小，收获更丰。而私力救济的规范基础一般不是国家法，而是民间法——虽然在私力救济中也可能会聘请一些懂得国家法的人士，从而参酌甚至规避国家法的有关规定来解决问题。这样，“私力救济”论作为一种纠纷解决的事实研究，它所关注的更多的是纠纷解决的过程和效果问题，不太关注纠纷解决中的合法与否等问题，因此，更具有社会学的白描性质（尽管《论私力救济》和《论私人之间的监控与惩罚》这两本书都不是白描的）。这是它和后面论及的“司法－替代”范型的重要区别。

第二种是“司法－替代”范型。这一研究范型的代表性学者是范愉。多年来，她一直在关注替代性纠纷解决机制的研究。她出版的《非诉讼纠纷解决机制研究》一书，是这一研究范型的代表之作。② 在该书中，作者对各种替代性纠纷解决方式进行了归纳和总结。不但如此，她还进一步地把替代性纠纷解决机制的研究，推广到教学领域，编著并出版了相关的教材。③ 这一研究范型，因其明显的实用性、合法性，被实务部门广泛关注，也在我国相关替代性纠纷解决机制的建设中起到了积极的作用。

随着社会交往越来越密集，社会纠纷越来越纷杂，纠纷的正式解决（司法解决）成本越来越昂贵，诉讼程序越来越拖沓，在各主要西方发达国家，司法之外，兴起了一种替代性纠纷解决机制。这种解决机制，作为

---

① 该书由山东人民出版社 1996 年出版。

② 该书由中国人民大学出版社 2006 年出版。

③ 如范愉主编：《ADR 原理与实务》，厦门大学出版社 2002 年版；《非诉讼程序（ADR）教程》（21 世纪法学系列教材），中国人民大学出版社 2002 年版等。

司法解决纠纷的补充，是一种正式化、体制化的纠纷解决方式。而在我国，长期以来，司法仅仅是解决纠纷的渠道之一，并且事实上还不是最权威的纠纷解决渠道（尽管法律上是如此），因此，作为司法替代性的体制产品多种多样，诸如行政调解、信访、人民调解等纠纷解决方式，都在实际上分散和替代着部分司法的纠纷解决职能。这是在我国研究替代性纠纷解决机制的天然优势所在，同时，也是“司法－替代”范型的问题意识之所在。这一研究范型中，一般比较关注解决方案的合法性问题，因为它所关注的对象本身是体制内的纠纷解决行为。这种合法性关注并不意味着替代性纠纷解决的规范依据都是国家法；反之，至少在中国，替代性纠纷解决的主要规范依据来自民间法，只是这些民间法不能公然违背国家法的原则和精神而已。也是在这里，这一范型和民间法之间就有了事实上和逻辑上的关联。

但是，无论是在私力救济，还是在替代性纠纷解决中，民间规范能否作为一种裁判依据？或者说在这类救济方式中要不要裁判规范？尽管在笔者的意识中，在那些很专门化的私力救济和替代性纠纷解决方案中，还是需要一些裁判规范的，这也就意味着民间规范在这里可能生成为裁判规范。但事实上，一方面，由于在私力救济和替代性纠纷解决中，当事人、纠纷解决人在地位上都是平等的，都是参与人，当事人自身参与对规范的选择过程，所以，裁决规范的专门性就大打折扣；另一方面，笔者迄今也没有看到上述有代表性的研究者，就私力救济或替代性纠纷解决方案中，民间法作为裁判规范的问题作出过专门的论述，或者提供过专门的材料。因此，尽管在笔者看来，即使在上述纠纷解决方案中，仍然会存在裁判规范的问题，但既有的理论并没有自觉地、有意识地把这一问题引出来，予以专门关注。这也就为笔者在下文拟尝着论述这一问题提供了条件和方便。

四、一种新范型：“行为－裁判”范型

虽然站在外部视角，借助“社会－国家”和“移植－本土”这样的范型对民间法的研究，能够在国家秩序和制度建设的宏观层面说明民间法的重要功能，但它不能进一步说明，当一个国家大规模的立法任务完成之后，或者一个国家对其整体秩序的设计方案完成之后，缘何还存在民间法的问题，也不能说明此后缘何还需要对民间法进行法理研究的需要问题。所以，这一研究，只能解决民间法研究与社会秩序构造的一个断面，不能解决民间法研究之于社会秩序构造的整体问题；只能提供民间

法在人们交往中作为行为规范的方面，不能提供民间法在纠纷解决中作为裁判规范的方面。这是在外部视角研究民间法时的利弊所在。

由此更进一步，站在内部视角，借助“公力－私力救济”和“司法－替代”等范型而对民间法的研究，直接深入民间法和纠纷解决这一较小的但是更重要的领域，从而一方面，使人们更容易见识法学对民间法研究的重要使命——实用的价值；另一方面，使人们了解民间法不仅在法律制定和秩序预设中具有作用，而且在法律体系化的背景下，在制度运行和纠纷解决中依然会发生作用；再一方面，有可能深化人们对借助民间法安排或构造裁判规范的理解。在这三点中，内部视角既有的研究在前两个方面成绩斐然，但在后一点上被明显地忽视了。所以，笔者在此提出一种民间法研究的新范型“行为－裁判”范型，以期对之作出补救。为论述这一范型，首先需要再简单地展开笔者对行为规范和裁判规范的认识。

行为规范是预设在某种规范管辖范围内对所有主体都有效的规范。这种规范有时候是备而少用的，如《企业破产法》尽管规定了破产制度，但该法在我国目前很少运用。即使运用甚少，但为相关行为提供了一种基本的行为规范。有时候是日用而不知的，例如人们在商场买货，或因买货而纳税，再比如根据合同乘坐火车等，虽然人们是根据法律做了，但很少有人把这样一些普通的事情和法律联系起来，更没有想到自己是在行使一种法律行为。行为规范是适用于大众的，是所有大众在日常生活中都能感知并被运用的。当然，行为规范可以作为裁判规范，只要法官在个案中认为必要，就可以作为裁判规范而引用。

而裁判规范却不同。裁判规范更多的是给纠纷解决的主体制定的。在人们的法律生活中，纠纷和纠纷解决是最重要、最具有戏剧冲突效果和高潮效应的法律现象。人们日常的交往行为，尽管和法律相关，但正如前述，法律要么备而不用，要么日用而不知，所以，在日常行为中，我们感觉不到法律的作用。但在纠纷及其解决中，就完全不是这样。纠纷本身的冲突效应引致人们对纠纷解决的格外关注，作为裁判者使用的裁判规范，在这种情形下，也就更显其要。一言以蔽之，行为规范更多地是给大众制定的，可谓大众规范；而裁判规范主要是为裁判者制定的，可谓专家规范。裁判规范未必能成为行为规范，但行为规范一定能成为裁判规范，这就是两者的一般关系。

裁判规范又可以分为两种情形。第一种情形是法官直接以法律作为裁判规范。可以说,当法官在司法裁判中直接引用法律条文作判决时,相关法律条文就是法官所运用的裁判规范。在奉行法条主义和严格规则模式的大陆法系国家,一般说来,裁判规范概由国家法律所产出,所以,尽量规定详尽、用词准确、考究、专业的法律内容,就是立法者必须关注的问题;否则,就很难成为丁是丁,卯是卯,不容任何变通的裁判规范。事实也正是如此。尽管大陆法系国家都制定了比较严格的法律,但词不达意等语言自身的毛病、时过境迁等法律难免的缺漏、自由裁量、自由心证等法律的授权以及有些公法领域,特别是行政法领域的判例法机制等,都导致法官在法律之外,仍然可以构建裁判规范,从而民间法在这些国家的司法中,也可能被作为法官构造裁判规范的来源和根据。

第二种情形是法官构造的裁判规范,即法官根据当下案由,在既有规则的识别、比较、辨析中,构造对当下案件直接适用的规范。[①] 前已述及,在大陆法系国家,虽然更多地强调严格规则,但法官构造裁判规范不可避免。至于在英美法系国家,法官所构造裁判规范的情形,更属经常。众所周知,英美法系实行判例法体制,他们的成文法,也常由判例法整理、汇编和提升而来,所以,立法和法官智慧直接关联。在判例法中,尽管遵循先例是一个基本的前提,是法治的一个大框架,但先例常常汗牛充栋,不堪遵循。这时,先例识别这一重要的技术,就成为法官在构造裁判规范中重要的权力根据和技术手法。

说它是权力根据,因为在相似判例的识别中,究竟采用何种先例作为当下案件裁判的根据,由办案法官决定,这自然是一种权力;说它是技术手法,说明法官在相关裁判中,在面对如此多的先例时,如何选择一种和当下案情更加吻合的先例,让当事人、其他社会主体心悦诚服地接受法官的裁判,这必须靠严密的说理和论证才能完成。但论述至此,仍然引不出民间法在英美法系法官构建裁判规范时,究竟可能起到什么作用的问题,因为无论遵循先例也罢,还是先例识别也罢,都是法官围绕着先例——法律打圈圈,因此,法官并没有机会和民间法有关联。然而,问题还在后面:英美法系法官的裁判,之所以都能成为后例的先例,端在于法

---

① 对这类裁判规范,我国法学界已经开始关注,如陈金钊:《论审判规范》,载《比较法研究》1999 年第 3、4 期;厉尽国:载《论裁判规则及其公共性》,载《法律方法》(第 5 卷),山东人民出版社 2006 年版,第 165 页;赵耀彤:《论裁判规范》,载《法律方法》(第 6 卷),第 356 页;尹士强:《论裁判规范》,南京师范大学 2009 年法学硕士论文;张其山:《裁判规范的创立原则》,载《政治与法律》2009 年第 10 期等。

官在每个判例中总是注入了创造心智。我把它称为“现例创造”。①

“现例创造”意味着法官不仅要遵循先例,不仅能进行先例识别,而且要针对当下案情,发现法律,创造足以作为后例之先例的判例。这时,法官就不仅要在先例中寻求裁判的根据和灵感,而且还可以在民间法、社会道德、社会常识、情理甚至在一定时空范围内可接受的观念中寻求构造裁判规范的因素或者法源,所以,正是在“现例创造”这个环节,英美法系的法官拥有了把民间法引入司法裁判的可能。然而,对英美法系的法官而言,“现例创造”是其裁判的日常行为,因之,民间法被引入,作为构造裁判规范的可能性也大为增加。

这样,民间规范作为裁判规范的可能性也就一目了然。那么,民间法究竟在何种情形下才能作为法官构造裁判规范的法律渊源?对此,仍需要沿着上述思路,分别就大陆法系与英美法系、制定法模式和判例法模式、严格规则模式和正当程序模式来论述。

大陆法系强调制定法,强调法治的严格规则模式,但是,前述法律自身的无法自洽、自足,导致了在大陆法系民间法研究的问题意识。那么,具体到裁判领域,特别是在法官构造裁判规范时,在何种情形下才适宜引入民间规范?笔者以为,这主要有如下两种情形。

第一种情形是法律和社会冲突时。法律冲突分为内部冲突和外部冲突两个方面。内部冲突即法律规范之间的冲突,对此,法律上的救济措施可以是效力识别(针对上、下位法律的冲突),也可以是利益－价值衡量(针对水平效力法律的冲突)。外部冲突即法律与社会的冲突,对此,虽可以寻求政治和立法框架下解决,但当政治和立法框架没有解决,司法却因个案裁判遇到这样的问题时,只能选择“事实替代”的方案解决。这一方案的实现,则需要法官进行裁判规范的构造才能完成。在这里,法官的裁判构造对民间法的引入就完全有了可能。

第二种情形是在法律出现漏洞时。法律漏洞在法律方法上的救济措施可以是类推适用,但在法律中无法找到最相类似的条文时,则只能通过法律发现或法律续造等方法来救济,这时,民间法为法官发现法律、并用来救济法律之不足和漏洞,提供了最便捷的条件和规范依据。② 所以,在法官从事法律发现和法律续造的场合,也是法官运用民间规范,构

---

① 参见谢晖:《论判例规则》,载《法治论坛》2008 年第 2 期。

② 如上关于对法律冲突、法律漏洞及其救济方法(法律方法)的详细论述,参见谢晖:《法律哲学》,湖南人民出版社 2009 年版,第 157 页以下。

造裁判规范最恰当、也最经常的场合。除此之外，在严格规则模式下，法官不能借助民间法构造裁判规范。当然，这只是用于判决结案的案件，在调解结案的案件中，本身赋予了当事人选择规范的权利，所以，一旦当事人选择了通过民间规范调解案件，就意味着民间法在调解中被直接适用，因此，一般不存在法官构造裁判规范的问题。

英美法系强调判例法，强调正当程序原则。在这种情形下，如果说大陆法系国家的法官引入民间法构造裁判规范，每每是为了解决法律的病理性问题的话，[①]那么，在英美法系国家，法官经由遵循先例、先例识别再到"现例创造"，从而运用民间法构造裁判规范，乃是一种过程性或程序性的问题，而不是解决法律的病理性问题。因为"现例创造"对法官制作判例而言一般是必需的；否则，就无法成为新的先例。尽管在"现例创造"中，法官未必一定要引入民间法构造裁判规范，他也可用社会道德、意识形态、流行见解、法律学说等构造裁判规范，但至少，民间规范是其构造裁判规范的一个可能选项——一种必要的法源。

如上问题的阐明，旨在进一步论述民间法研究中的"行为 - 裁判"范型。如果说民间法主要是一种行为规范(或者是在普罗大众的日常交往中自生自发地产生的，或者是为普罗大众的日常交往而有意制定的行为规范)的话，那么，在纠纷解决中，它也只是在当事人可以选择适用规范的场合才能被运用；反之，在当事人没有规范运用选择权的场合，它一般就不能被适用。但在实践中，这种结论会遗漏一种事实：即使在当事人不能选择适用规范的、最严格的纠纷解决方式——司法裁判中，法官仍然会选择民间法作为司法裁判的法源，这样，把民间法仅仅理解和界定为行为规范就不太合适了，它也可能成为裁判规范。于是，"行为 - 裁判"范型的问题意识就产生了。不但如此，而且这种问题意识及研究范型，无论对于实践而言，还是对于法学自身而言，都会产生前述其他民间法研究的范型所无法替代的效果。

从司法实践而言，这一范型强化了司法以民间法作为法源的意识。无论是在严格规则模式下，还是在正当程序模式下，对借助民间法构造裁判规范的肯认，事实上强化了司法的效应：一方面，让作为行为规范并且对人们的日常交往具有重大影响的民间法借助司法，取得某种合法性，以软化民间法和国家法可能存在的重大冲突，弥合民间交往秩序和

---

① 谢晖：《法律的病理与医理》，载谢晖：《沟通理性与法治》，厦门大学出版社 2011 年版。

国家法定秩序可能存在的缝隙;另一方面,在坚持程序优先、恪守法律精神、遵循法律方法的前提下,突出法官裁判的创造价值,使法官及其司法在国家秩序的构造中发挥更大的作用。显然,这对审判独立和法官在司法中可能的创造而言,是至关重要的。在这里不仅可以发现法官对个案的裁判、从而对法律秩序和正义的恢复性维护,而且还可以发现法官通过裁判规范的构造,通过司法裁判,创制一种新秩序的可能和事实。

对法学理论而言,如果说前述"社会－国家"范型和"移植－本土"范型的民间法研究,既可以归入政治学研究、社会学研究,当然,也可以归入法学研究的话;又如果说前述"公力－私力救济"范型和"司法－替代"范型,既可以归入到社会学研究、人类学研究,也可以归入法学研究的话,那么,本文提出的"行为－裁判"范型,更典型地是一种法学的研究,也是在这里,本来作为法律社会学研究对象的民间法,可能被纳入纯粹法学的框架内,被所谓正宗的法学——规范分析法学所吸收。所以,以"行为－裁判"为范型的民间法研究,可以较好地实现法社会学和规范法学在某种意义上的整合,并进而突出民间法研究对司法的意义,突出民间法和规范法学之间的可能逻辑勾连。

在具体的研究领域和研究内容上,"行为－裁判"范型之民间法研究的突破口是有关民间法与裁判规范的构造关系问题的研究,对此,笔者在前文中已经有简略交待,其中更详细的问题,笔者将另文撰述。这一范型更广阔和深入的研究,一是民间法和法律方法的结合研究,这已经在我国有了一个较好的开端;①二是司法裁判中运用民间法的个案研究,这也在近些年随着我国相关个案的不断产生,引起了学界一定程度的重视。②

总之,民间法研究可以有完全不同的范型,不同研究范型的运用,也完全可以根据学者们关注点的不同而各异,但至少有一点,站在司法视

---

① 谢晖:《初论民间法对法律方法的可能贡献》,载《现代法学》2006年第5期;贾焕银:《民间规范的司法运用——关于漏洞补充与民间规范的关联性分析》,中国政法大学出版社2010年版;张晓萍:《论民间法的司法运用》,中国政法大学出版社2010年版;张韬:《民间法与法律推理的相关性研究》,山东大学2007年硕士学位论文;巩方健:《民间法与法律解释的相关性研究》,山东大学2007年硕士学位论文;淡乐蓉:《刍论民间法对法律方法的可能贡献》,载《山东大学法律评论》2007年卷;淡乐蓉:《论司法过程中民间法法源的位阶》,载《湖南公安高等专科学校学报》2007年第1期等。

② 姜福东:《法官如何对待民间规范?——"顶盆过继案"的法理解读》,载《甘肃政法学院学报》2007年第4期;《祭奠的权利与祭奠权纠纷》,载《河北法学》2008年第5期等。

角，从“行为－裁判”这一范型出发，是民间法研究可欲、可期又可行的一条路子，并且这条路子提供了民间法研究更靠近法律问题（司法）和法学（规范法学）题旨的方案。

跋

这是近十年间，我出版的第二部论文集。2001年，我的第一部论文集《法的思辨与实证》由法律出版社出版，题目虽这样称，但书中主题并不集中，该书涉及的内容，几乎囊括了我所有的法学学术兴趣。整整十年之后，我终于有了这部专题研讨一个问题的论文集。

本文集的内容，基本上是我近十年间研讨民间法问题的学术心得。21世纪伊始，为了刻意追求法学的多样化发展，培养学生广泛的、多层面的、多角度的学术兴趣，我尝试运用自己所在的学术平台，通过分工合作，促进以民间法为进路的事实研究、以法律方法为进路的规范研究以及以人权为进路的价值研究。经过持续不断的共同努力，在一个学术共同体内，无论从学术成果上，还是人才培养上，都取得了一定的成效。但尽管如此，了解我的读者不会陌生，我的研究兴趣和成果，主要集中在法哲学和法律方法领域。对民间法，直到目前为止，我还没有一部像样的研究作品问世。尽管谈起民间法，无论是毁之者，还是誉之者，我都不时能被相关的学者提到。但令我汗颜的是，在这个领域谈论学术心得的时候，我只能动动嘴皮，文字性地论述，不过有几篇散见于报刊的相关论文。说实话，这让我面对像张冠梓、徐晓光、高其才、于语和、吴大华、龙大轩、周世中等专研该领域学术问题的学者时，不无尴尬。他们的学术建树，使我在组织一些活动时，每每感觉像抢人家果实、占人家地盘一般。

不过没有在相关领域行文集著,并不意味着我在这方面没有任何心得。其中结合自己既有的研究领域,如何把民间法的研究与权利问题、或者与法律方法问题紧密结合,从而不唯民间法是什么的人类学路线,更求民间法能如何的法学实用路线,是我一直在思考和探索的问题。基于此,我曾有意识地指导完成了相关多篇硕士学位论文和博士学位论文。而自己的研究,也要么结合民间法与权利问题而展开,要么结合民间法与法律方法问题而运笔。其中对前者可谓浅尝辄止,一两篇文章后,再没有更多的进取;而对后者,却一直保持着浓厚的兴趣。这也是我近期行文的主要领域,并尝试通过这种努力,寻求一种民间法研究的新范型。这在本书的有关篇什中,明显可见。

文集之所以要命名为《大、小传统的沟通理性——民间法初论》,一是我曾经有同名文章行世,并且这也是我在该领域公开发表的第一篇理论性较强的文章,此前虽发表有《回族法文化研究概说》等论文,但都集中于某种具体的民间法文化领域,并不能在民间法研究的整体上产生说服力。二是本书几乎所有篇什,都涉及大、小传统的冲突、沟通和互补问题,所以,"大、小传统的沟通理性",乃是贯穿全书的主线。书中缀集的15篇论文,大体上分为三个方面:民间法的学理问题、民间法在人们日常交往中的功能问题和民间法在纠纷解决中的功能问题。上述主题,在这三个分命题中都有明显的体现。

收入本书的文章,最早的一篇写于20世纪最后一年(发表虽略晚些),而最晚的则是新近才杀青的作品。在这个意义上讲,这是一部跨世纪的作品。因为时间跨度较长,所以,书中的内容,既有前后观点、词汇运用的连续和连贯,也有其变化与断裂。譬如以往的文字基本上用"民间规范"这个词汇,而近期的作品喜用"民间法"这一词汇。尽管对后一用法,法学界诘问、反对者甚多,但恰恰是这种诘问和反对,反倒强化了我对这一词汇的用法。或许这不是出自理性的考量,而仅仅是一种心理反弹或条件反射的后果,但这种变化,却既是我的一种行动事实,也是一种心理事实。究竟原因何在,我一时也说不清道不明,也就只能给好之者提供一个研究标本——如果真有研究价值的话。

本书15篇论文中的12篇已发表或即将发表。昨天在翻弄其原载出处时,我发现了一个饶有趣味的问题:其中一半以上已发表的内容,集中刊发在《现代法学》(4篇)和《学习与探索》(3篇)上。这尽管是一种巧合,但或许也反映了这些刊物对相关论题的兴趣。其他刊发的刊物分别是《法学论坛》(2篇)、《东岳论丛》(1篇)、《求是学刊》(1篇)和《山东公安专科学校学报》(1篇)。为此,借本书出版之机,我要向上述刊物的负责人和编辑张永和教授,龙大轩教授、副主编,冯向辉编审、副主编,朱磊编辑,陈泽渊主编,陆士勋研究员、主编,康敬奎副主编,李锡海教授、主编等表示由衷的谢意!众所周知,自来编辑们的嫁衣,是作者们"光鲜"的因由。真所谓佛要金装,人要衣装,作者要编辑装。本书是我主编的"民间法文丛"之一种,原定首批10种图书其他皆已出版,但我的书稿却一直延宕至今,只能和第二批图书一起出版,对此,我只好抱愧于李传敢社长、张越副总编以及期待它早日面世的那些读者。本书的注释完善工作,弟子尚海涛所做甚多,我不能不在此表示谢忱!

本书不过是我在民间法领域探索的初步心得,其中错讹浅陋,自属必然,特别是文章内容,坚持我一贯的思辨风格,对民间法研究更有价值的实证资料,很显脆弱。对此,期待读者们能毁之判之,助我更进之。

陇右天水学士　谢　晖

2011年春节谨记于端砚斋

增订版附记

本书增订版增加了我新近完成的3篇文章，分别是：《作为人权的习惯权利》《民间法对法律合法性缺陷的外部救济》和《民间法对法律合法性缺陷外部救济之范围》。三篇论文分别发表于《法学评论》《东方法学》和《政法论坛》。感谢秦前红、孙建伟、王人博、孙国栋诸位编辑界同人的抬爱！

2017年3月15日于长沙

图书在版编目(CIP)数据

大、小传统的沟通理性：民间法初论 / 谢晖著. --
北京：法律出版社, 2019
ISBN 978 -7 -5197 -3065 -9

Ⅰ. ①大… Ⅱ. ①谢… Ⅲ. ①习惯法 - 中国 - 文集
Ⅳ. ①D920.4 -53

中国版本图书馆 CIP 数据核字(2019)第 020557 号

大、小传统的沟通理性:民间法初论
DA、XIAO CHUANTONG DE GOUTONG LIXING:
MINJIAN FA CHULUN

谢 晖 著

策划编辑 周丽君
责任编辑 周丽君
装帧设计 贾丹丹

出版 法律出版社
总发行 中国法律图书有限公司
经销 新华书店
印刷 固安华明印业有限公司
责任校对 晁明慧
责任印制 张建伟

编辑统筹 独立项目策划部
开本 720 毫米×960 毫米 1/16
印张 25.25
字数 390 千
版本 2019 年 2 月第 1 版
印次 2019 年 2 月第 1 次印刷

法律出版社/北京市丰台区莲花池西里 7 号(100073)
网址/www. lawpress. com. cn
投稿邮箱/info@ lawpress. com. cn
举报维权邮箱/jbwq@ lawpress. com. cn
销售热线/010 - 83938336
咨询电话/010 - 63939796

中国法律图书有限公司/北京市丰台区莲花池西里 7 号(100073)
全国各地中法图分、子公司销售电话:
统一销售客服/400 - 660 - 6393
第一法律书店/010 - 83938334/8335
西安分公司/029 - 85330678
重庆分公司/023 - 67453036
上海分公司/021 - 62071639/1636
深圳分公司/0755 - 83072995

书号:ISBN 978 - 7 - 5197 - 3065 - 9
定价:89.00 元
(如有缺页或倒装,中国法律图书有限公司负责退换)